Dokumente zur modernen Schweizer Architektur

Otto Rudolf Salvisberg (1882–1940)

Die andere Moderne

O. R. SALVISBERG

D I E   A N D E R E   M O D E R N E

Werkkatalog und Biographie von Claude Lichtenstein
Thematische Beiträge von Bernhard Furrer, Kristiana Hartmann, Heinrich Helfenstein, Ulrike Jehle-Schulte Strathaus, Claude Lichtenstein, Stanislaus von Moos, Arthur Rüegg, Angela Schönberger, Martin Steinmann, Ernst Strebel, Christian Sumi

g t a

Ausstellung und Monographie
Otto Rudolf Salvisberg (1882–1940)

Eidgenössische Technische Hochschule Zürich
Institut für Geschichte und Theorie der Architektur

Institutsleitung:
Vorsteher: Heinz Ronner
Stellv. Vorsteherin: Katharina Medici-Mall
Thomas Boga, André Corboz, Reinhold Hohl,
Dorothee Huber, Christina Reble,
Ernst Strebel, Adolf Max Vogt

Stiftung Pro Helvetia

I + B Architekten, Itten + Brechbühl AG

Koordination:
Regina Gonthier

Wanderausstellung
Otto Rudolf Salvisberg – Ein Architekt zwischen Tradition und Moderne

Konzept und Realisation:
Bruno Jenni
Irma Noseda
Christian Sumi

Photoarbeiten:
Heinrich Helfenstein

Modellbau:
Reto Vollenweider
EPFL (Werkstatt der Architekturabteilung)

Ausstellungsorte in der Schweiz:
Kornhaus Bern, 1.2.–3.3.85
Architekturmuseum Basel, 23.3.–28.4.85
Museum für Gestaltung Zürich, 22.5.–4.8.85
EPF Lausanne, 23.10.–14.11.85

Monographie
Otto Rudolf Salvisberg – Die andere Moderne

Redaktion:
Christina Reble
Martin Steinmann

Gestaltung:
Kurt Eckert
Anna Müller

Photolithos:
Hans Strübi, Opfikon-Glattbrugg

Gesamtherstellung:
Karl Schwegler AG, Zürich

 gta Verlag
ETH Hönggerberg, 8093 Zürich
ISBN 3-85676-025-3

INHALT

Aufsätze

Anhang

EINE ANDERE

MARTIN STEINMANN
CLAUDE LICHTENSTEIN

Der Titel dieses Buches über den Architekten Otto Rudolf Salvisberg impliziert zweierlei: erstens, dass dieser ein Vertreter der Moderne war und zweitens, dass die Moderne, die er vertrat, nicht die Architektur ist, die man gewöhnlich mit diesem Begriff meint, sondern eben eine *andere* Moderne. Aber schon das Wort *gewöhnlich* schafft neue Schwierigkeiten und wirft die Frage nach dieser Andersartigkeit auf: Wenn man sich einen Entwurf von Salvisberg um 1930 vor Augen hält wie das SUVA-Haus in Bern, 1930–31, so weist es wesentliche Merkmale der modernen Architektur auf: einfache Formen, breite Fenster, die in der Fassade gleichmässig angeordnet sind, flache Mauern, gesimslos abgeschlossene Fassaden, ein flaches Dach ... Mit einem schnellen Vergleich könnte man auf Erich Mendelsohns Kaufhaus Schocken in Chemnitz, 1928–29, hinweisen, das nun sicher ein zentrales Werk dieser Architektur ist.[1] Für den «Mann – oder die Frau – auf der Strasse», das heisst für die allgemeine Vorstellung von Architektur, die sie vertreten, gehört Salvisberg um 1930 zur Moderne, nicht zur einen oder zur *anderen,* sondern einfach zur Moderne.

In den Büchern über diese Architektur aber kommt Salvisberg, mit wenigen Ausnahmen, nicht vor. Der Begriff der *anderen* Moderne ist vorderhand also weniger von der Architektur um 1930 aus gebildet, als von dem aus, was über sie geschrieben wurde, und zwar von einer Geschichtsschreibung, die sich die Werte der Moderne zu eigen gemacht hat. Es sind die Werte einer Architektur, die ihre eigenen Grundlagen – *«die architektonischen Folgerungen aus den neuen technischen Mitteln»*[2] – erklärt. Man kann sie aus diesem Grund didaktisch nennen. Die Architektur eines Salvisberg dagegen erklärt nichts; ihre Grundlagen sind implizit, nicht explizit. So können die wenig mit ihr anfangen, die Architektur als «Dokument» verstehen, wie ein Kritiker schon 1927 im Zusammenhang mit Salvisberg geschrieben hat.[3]

Dieser Mangel an didaktischer Haltung ist sicher ein Grund, dass Salvisbergs Formen als nicht wirklich modern gelten. In den Augen einer strengen Moderne sind sie Stilformen, wie sie dem 19. Jahrhundert als Maskerade vorgeworfen werden. Die Zeitschrift *ABC* warnt in ihrem letzten Heft, 1928, vor den Architekten, *«die ihre Ware mit ‚modernem Gestaltungswillen' auffrischen».* Und als Salvisberg im gleichen Jahr an die ETH gewählt wird, schreibt Sigfried Giedion ironisch,

1

dieser sei nun auch zum flachen Dach – Zeichen der Moderne tout court – übergegangen.[4]

Von da aus stellt sich die Frage: Handelt es sich im Falle von Salvisberg um äusserliche, dem Geschmack der Zeit für einfache, glatte Formen entgegenkommende Zeichen für «modernsein», oder handelt es sich um Formen, die einen eigenen Sinn haben, auch wenn sie nicht denkbar sind ohne die Moderne?

Um eine Antwort zu geben ist es notwendig, Salvisbergs Entwicklung auf ihren biographischen und geschichtlichen Hintergrund zu beziehen. Bei Leonardo Benevolo erscheint Salvisberg als einer der *«Architekten, die schon vor dem Krieg zum Zuge gekommen war(en)».*[5] Die Beschreibung seiner Bauten als Verbindung von traditioneller und neuer Architektur gehört zu den wenigen Versuchen, ihn aus dem Schwarz-weiss der Geschichtsschreibung zu befreien. Wie wir zeigen wollen, trifft sie den Kern von Salvisbergs Werk.

Statt von traditioneller Architektur sollte man von traditionalistischer Architektur sprechen und sie damit auf Vorstellungen beziehen, die sich am Ende des 19. Jahrhunderts herausbilden. Es ist schwierig, sie in allgemeiner Weise zu klassifizieren, aber man kann zwei Linien nennen: die eine stützt sich auf die «Gesetze der Architektur», wie sie namentlich der Klassizismus vertritt, die andere auf die Regeln des Handwerks. Beiden gemeinsam ist, dass sie sich gegen den Historismus bzw. gegen die Verwendung geschichtlicher Stile wenden.[6] Die Bedeutung dieser auf das Bauen am Anfang des 19. Jahrhunderts zurückgehenden – und nach einem Buch von Paul Mebes *Um 1800* genannten – Bewegung für die Entwicklung der neuen Architektur wird oft nicht

MODERNE?

wahrgenommen. Dabei gilt ihr zentrales Anliegen, die Vereinfachung und Versachlichung der Formen, auch für die Moderne. Nur setzt diese die neuen mechanisierten Bauweisen voraus.

In seiner bemerkenswerten Einleitung zur 2. Auflage von *Um 1800,* die am Ende des Krieges erschienen ist, beschreibt Walter Curt Behrendt, wie sich als Folge des Historismus von neuem der Wunsch nach der «*reinen, den Typus verkörpernden Form*» zeige, dem der Klassizismus entgegenkommt mit seiner Ausbildung klarer und einfacher Baukörper und flächiger Wände und mit seiner strengen, auf die Wirkung der Proportionen vertrauenden Gliederung. «*Solche pädagogischen Eigenschaften sind es, die den Klassizismus immer wieder in Zeiten der Schwäche (...) Bedeutung gewinnen lassen.*»[7]

Die Werte der bürgerlichen Architektur um 1800, Einfachheit und Sachlichkeit, erlauben den bürgerlichen Schichten in Deutschland aber auch, in dieser Architektur einen Ausdruck für ihr Lebensgefühl am Ende des Krieges zu finden, das auch das Ende der wilhelminischen Gesellschaft bedeutet.

Die neue Wendung zum Klassizismus ist für Behrendt indessen nur ein Weg, um sich den «*Gesetzen der Architektur*» zu nähern; es sei nun die Aufgabe, durch das «*Motiv*» zur Form durchzudringen.[8] Wir denken, dass Salvisberg diesen Weg macht. Wir denken, dass er seine Formen, ausgehend von einem süddeutsch gefärbten Klassizismus, schrittweise vereinfacht, ohne dass er die Vorstellungen der traditionalistischen Architektur ganz aufgeben würde: er verwirklicht sie mit den neuen Formen. Diese Feststellung führt aber zur Frage zurück, ob diese Formen modern sind oder ob sie «modernsein» bedeuten und aus diesem Grund Verwendung finden.

Wir wollen ihr im folgenden nachgehen, indem wir eine Gruppe von Bauten herausgreifen, die Salvisberg um 1930 entworfen hat und die in ihrer Art – als städtische Geschäfts- oder Verwaltungsbauten – einigermassen vergleichbar sind. Dabei konzentrieren wir uns auf die Gestaltung der Fassaden. Eine solche Beschränkung lässt sich nicht nur mit dem für diese Einleitung zur Verfügung stehenden Platz rechtfertigen. Wie wir zeigen werden, sind diese Fassaden ein Spiegel für Salvisbergs Verhältnis zur Moderne.

Die ersten Entwürfe von Salvisberg, die man zur neuen Architektur rechnen kann, stammen aus dem Jahr

2

dorf, die er in Abstimmung mit Bruno Taut baut, seien von dieser Feststellung ausgenommen.) Nach der Siedlung Stuttgart-Weissenhof, 1927, und Behrendts Buch *Der Sieg des neuen Baustils* aus dem gleichen Jahr, das eine Photographie dieser Siedlung – fahnengeschmückt – auf dem Umschlag zeigt, ist diese Architektur in ihren Vorstellungen soweit gefestigt, dass sie als Stil in Erscheinung tritt. Das kommt auch in Behrendts Buch zum Ausdruck, das mit seinen ersten Sätzen die Merkmale beschreibt, durch die sich «*die Bauten des neuen Stils (...) aus ihrer Umgebung herausheben*».[9] Wie die Bilder zeigen, handle es sich um Bauten «*von einfacher, strenger Form und klarem Aufbau, mit glatten, flächigen Mauern, mit flachem Dach*» und so weiter; diese Merkmale sind bekannt, wir brauchen nicht weiter zu zitieren.

1 *O.R. Salvisberg: SUVA-Haus, Bern, 1930–31*
2 *Erich Mendelsohn: Kaufhaus Schocken, Chemnitz, 1928–29*

---

1 Bruno Zevi bezeichnet das Kaufhaus Schocken als eines der Hauptwerke des Rationalismus, in *Erich Mendelsohn,* Katalog der Ausstellung in Berlin, 1968, S. 7.
2 Die erste der sechs Fragen, die Le Corbusier am 1. Kongress der Congrès Internationaux d'Architecture Moderne CIAM 1928 in La Sarraz vorlegte, lautete so und bezog sich, in den Erläuterungen, auf die «Fünf Punkte».
3 Paul Westheim, *Salvisberg,* Neue Werkkunst, Berlin 1927, S. 7.
4 Hans Schmidt und Mart Stam, Einleitung zu *ABC,* 1927–28/4, S. 1; Sigfried Giedion, «Die Krisis der Architekturschulen», *Neue Zürcher Zeitung,* 16. Dezember 1928.
5 Leonardo Benevolo, *Geschichte der Architektur des 19. und 20. Jahrhunderts,* deutsche Ausgabe München 1964, Bd. 2, S. 178.
6 S. Martin Steinmann, «Arbeit als Wissen und Arbeit als Bild – Zur Tradition der ‚gewöhnlichen' Architektur», in *Das Abenteuer der Ideen,* Katalog zur Ausstellung in Berlin, 1984, S. 195–206.
7 Walter Curt Behrendt, Einleitung zur 2. Auflage von Paul Mebes: *Um 1800,* München 1918, S. 8.
8 Walter Curt Behrendt, Einleitung, a.a.O., S. 10.
9 Walter Curt Behrendt, *Der Sieg des neuen Baustils,* Stuttgart 1927,

Dass sie in verschiedenen Ländern auftreten, bestätigt Behrendt eine innere Notwendigkeit: was die Bewegung antreibe, sei nicht die Suche nach neuen Formen, es *«ist der Wille, zu den Grundlagen allen Bauens zurückzukehren»*. Man erinnert sich an die Bemerkung, die Behrendt zehn Jahre früher über die Bedeutung des Klassizismus gemacht hat.

Beim Geschäftshaus Dierig in Berlin, 1928 (Kat. Nr. 124), verwendet Salvisberg glatte Bänder von Mauerwerk abwechselnd mit Bändern von vorgesetzten Fenstern; abgeschlossen wird die Fassade oben durch eine Art Hauptgesimse aus Klinker. Es handelt sich um die Modernisierung eines älteren Geschäftshauses, das eiserne Stützen aufweist. Diese von einer Quaderung verdeckten Stützen deckt Salvisberg seinerseits mit Feldern aus dunkel gestrichenem Blech ab, die die gleiche Breite wie die Fenster haben. Die Fenster der einzelnen Geschosse werden also zu einem Band zusammengeschlossen, obschon die technischen Voraussetzungen des Bandfensters nicht gegeben sind. Verwendet er es, weil es zu einem Zeichen der Moderne geworden ist?

Die Antwort weist in zwei Richtungen: Einerseits ist das Vorbild von Mendelsohns Geschäftshaus-Architektur unverkennbar. Anderseits finden wir die gleiche Massnahme bei Salvisberg schon früher, nämlich im 1912 gebauten Geschäftshaus Prächtel (Kat. Nr. 19), wo die Pfeiler zwischen den Fenstern durch Reliefs «aufgelöst» sind. Mit Recht ist darauf hingewiesen worden, dass dieses Werk *«nicht nur ein Vorläufer von Salvisbergs eigenen Bauten für die Deutsche Krankenversicherung (1929–30) und die Schweizer Unfallversicherung (1930–31), sondern auch Mendelsohns Kaufhaus Schokken (1928) und weiterer Bauten der 20er Jahre (war)»*.[10] Salvisberg greift beim Geschäftshaus Dierig also ein eigenes Thema wieder auf, allerdings in expressionistischer Dehnung. Aber es ist ein Thema, das inzwischen von der Moderne mit Beschlag belegt worden ist.

Seine schönste Form findet es im Kaufhaus Schocken in Chemnitz, das Mendelsohn 1928–29 baut: Der Baukörper ist in die einfachste, von der Biegung der Strasse allerdings in Spannung versetzte Form gebracht. Fünf Bänder von gleichen Fenstern ziehen sich über die ganze Länge der Fassade. Sie sind nicht von Stützen unterbrochen, so dass die mit Platten verkleideten Brüstungen zu schweben scheinen. Erst nach einer Weile entdeckt man die zurückgesetzten Stützen mit den auskragenden Balken, die sie tragen. Das Bürohaus aus Beton, das Ludwig Mies van der Rohe 1924 entworfen hat, zeigt diese Balken und damit die Konstruktion des Gebäudes auf den ersten Blick. Das meinen wir mit didaktischer Architektur. Beim Kaufhaus Schocken dagegen geht es nicht um die Konstruktion, es geht um die Wirkung, die damit erzielt werden kann.

Es ist die Wirkung eines schwerelosen Volumens, die für Henry-Russell Hitchcock und Philip Johnson der erste der drei Grundsätze ist, in denen sie den neuen bzw. internationalen Stil – wie sie ihr Buch nennen – zusammenfassen: *«architecture as volume»*. Die Konstruktion dieser Architektur besteht in Stützen, die mit Vorteil zurückgesetzt werden. Dieser Sachverhalt soll zum Ausdruck gebracht werden: *«Stil ist Charakter»*, heisst es im Kapitel über den ersten Punkt. *«Der Architekt, der im internationalen Stil baut, sucht den Charakter seiner Konstruktion zu zeigen.»* Das aber erreicht er am besten, wenn sein Bau als Volumen wirkt.[11] Der Bau, der dieser Forderung in besonderem Mass entspricht, ist nun aber das Kaufhaus Schocken in Chemnitz, das sich unter den Beispielen findet, die in *Der internationale Stil* enthalten sind.

Das Buch, das für eine Ausstellung im Museum of Modern Art, 1932, geschrieben wurde, ist nicht einfach eine Bestandesaufnahme der neuen Architektur. Es ist seine Absicht, die Schwelle festzulegen, die diese Architektur gegen 1930 überschritten hat: die Schwelle, die man mit der Anerkennung der Form bzw. des Stils – als Rahmen von Form-Entscheidungen – bestimmen kann. Wie der Leiter des Museums, Alfred Barr, in der Einleitung schreibt, haben die Verfasser deswegen nicht versucht, die technischen und wirtschaftlichen Grundlagen der neuen Architektur darzustellen, obschon ihnen deren Wichtigkeit klar sei, ihre Darstellung gelte den ästhetischen Grundlagen; und er benennt die Schwelle schliesslich, wenn er als eine andere – genauere – Bezeichnung dieser Architektur *«Post-Funktionalismus»* vorschlägt.[12]

Die letzten zwei, drei Abschnitte unseres Beitrages sollten sichtbar machen, dass sich in der Zeit, in der sich Salvisberg der neuen Architektur nähert, *«ohne ganz die Neigung zu stilistischen Entlehnungen aufzugeben»*[13], das Sprechen über die Moderne selber verändert: es schliesst die Frage des Ausdrucks mehr und mehr ein.

Doch kommen wir zum Entwurf von Salvisberg, der, schon von der Aufgabe her, dem Kaufhaus Schocken am nächsten liegt: zum nicht verwirklichten Entwurf für das Kaufhaus Wertheim in Berlin, 1928–29 (Kat. Nr. 142). Er zeigt die gleichen langen Fensterbänder, die sich – nicht zuletzt durch Mendelsohns Bauten – als Emblem für eine dem Tempo der Grossstadt entsprechende Architektur festgesetzt haben. Anders als im beschriebenen Kaufhaus Schocken liegen die Stützen im Entwurf von Salvisberg aber in der Ebene der Fassade und sind – wieder mit Verkleidungen aus Blech? – den Fenstern angeglichen, um die Wirkung von Bändern zu erzielen.

Dass Salvisberg den letzten Schritt nicht macht, wie etwa Carl Hubacher und Rudolf Steiger im Z-Haus in Zürich, 1931–32[14], und die Stützen zurücksetzt, hat praktische Gründe: er will die Geschossflächen nicht mit ihnen verstellen. Wichtiger aber ist, dass er seinen architektonischen Vorstellungen nicht entspricht, wie der nächste Entwurf belegt. Er klärt Salvisbergs Beziehung zur Moderne. Es handelt sich um den Entwurf für das SUVA-Haus in Bern, 1930–31 (Kat. Nr. 158).

Mit seiner gebogenen Form gleicht der Bau auf den ersten Blick dem Kaufhaus Schocken, auch wenn er, wegen den vortretenden Treppenhäusern, nicht die gleiche Spannung aufweist. Ein zweiter Blick aber macht klar, dass er ganz anders ist, und zwar in einer Weise, die es rechtfertigt, von einer *anderen* Moderne zu sprechen. Die Stützen liegen wieder in der Ebene der Fassade. Sie werden aber nicht mehr von den Brüstungen unterschieden, wie zuletzt im Haus der Deutschen Krankenversicherung in Berlin, 1929–30 (Kat. Nr. 144); sie sind mit den gleichen Platten aus Kalkstein verkleidet, so dass die Fassade als eine grosse homogene Fläche wirkt, aus der die Fenster ausgestanzt scheinen. Diese Wirkung finden wir schon in früheren Bauten. Indem Salvisberg nun die Fläche zwischen den Fenstern aufs äusserste reduziert, erreicht diese einen Punkt, wo die Fassade gewissermassen changiert: es hängt vom Standpunkt ab, den wir einnehmen, ob sie eine Wand- oder eine Stützenarchitektur ist.

Diese Feststellung hat eine breitere Geltung. Eine Beschreibung des SUVA-Hauses liefert gegensätzliche Begriffe: es wirkt gleichzeitig schwer *und* leicht, derb *und* elegant, horizontal *und* vertikal, und so weiter. Damit aber liegt es quer zu Bewegungen, die ein Negativ brauchen, um sich zu bestimmen. Ein Beispiel wären die zwei kleinen Zeichnungen, mit denen Le Corbusier das «*moderne*» Haus, das auf Stützen, auf Grund des Gegensatzes erklärt, die es zum «*alten*» Haus bildet.[15]

Es kann also nicht verwundern, dass Salvisberg, im Vorfeld seiner Wahl an die ETH, von den Vertretern der Moderne ein Mangel an Entschiedenheit vorgehalten wird.[16] In Wirklichkeit *will* er sich nicht in dieser Weise für das eine oder das andere entscheiden, sondern will – unter den Bedingungen, die durch die neuen Bauweisen gegeben sind – Vorstellungen ausgleichen, die in den Augen der Moderne gegensätzlich sind (und deren Verbindung sie nur als Kompromiss sehen kann). Diese ausgleichende Haltung, die die Fassade des SUVA-Hauses bestimmt, können wir als Kern von Salvisbergs Architektur – wahrscheinlich auch von Salvisberg selber[17] – identifizieren. Sie bestimmt diese Architektur bis ins einzelne: Der Entwurf für das SUVA-Haus sieht Fenster vor, die nur horizontal geteilt sind, wie beim Haus der Deutschen Krankenversicherung. Bei der Ausführung entscheidet sich Salvisberg, sie mit zwei Sprossen auch vertikal zu teilen. So wiederholen die Fenster im kleinen das Ausgleichen gegensätzlicher Begriffe, das diese Fassade auszeichnet.

Der Eindruck von Spannungslosigkeit, der sich daraus zu ergeben scheint, löst sich auf, wenn man auf den zweiten Blick, den diese Architektur verlangt[18], diese Mechanik erkennt. Sie dient zur Gestaltung der grossen, homogenen Form, die Salvisbergs Ziel bleibt. Das Dach, das alle Teile eines Bauernhauses zusammenfasst, hat diese Form[19], und auch das flache Dach, wenn es allgemein vorgeschrieben wäre, würde homogenisieren möglich, eine Bauaufgabe im Sinn der Moderne «organisch» zu entwickeln, ohne dabei die klare Bauform aufzugeben. Das Kinderspital in Zürich, 1937–39 (Kat. Nr. 193), ist ein schönes Beispiel dafür, indem seine verschieden hohen Teile mit einem durchgehenden Dachkranzgesimse – das dort, wo das Dach betretbar ist, in Wirklichkeit zur Brüstung gehört – zusammengefasst werden.

Vor Salvisbergs Bauten machen wir oft die Erfahrung, dass sie unscheinbarer wirken, als wir sie im Kopf hatten. Diese Wirkung ist wahrscheinlich darauf zurückzuführen, dass unsere Aufmerksamkeit von den einzelnen, sich gleichenden Formen auf das Ganze gelenkt wird, in dem sie begründet sind. Den Formen kommt wenig eigenes Gewicht zu. Stanislaus von Moos hat diese Tatsache so beschrieben: Salvisberg scheue sich, die Geste eines Entwurfes bei der Ausführung durch einzelne Formen zu unterstreichen, wie es Mendelsohn tut, mit dem Salvisberg befreundet ist; er nehme sie bei der Ausführung im Gegenteil zurück bis zur «*Indifferenz*».[21] Dieses Wort ist positiv gemeint. Indifferenz hat zur Folge, dass wir die Bauten Salvisbergs «zerstreut» wahrnehmen, oder genauer, dass sie die Zerstreuung nicht durchbrechen, mit der wir Architektur im täglichen Leben wahrnehmen.[22] Sie sind «Hintergrund» für dieses Leben, so wie es Adolf Loos von den Gebrauchsgegenständen fordert, was Bauten *auch* sind: sie sollen nicht den Blick auf sich ziehen.[23] Wir möchten einschränken: nicht den ersten Blick.

---

10 Christiane Klebs, «Salvisbergs Bauten in Berlin bis 1920», in *werk-archithese*, 1977/10, S. 19.

11 Henry-Russell Hitchcock und Philip Johnson, *The International Style*, New York 1932, neue Auflage New York 1966, S. 40–49, im besonderen S. 44. Die anderen Prinzipien sind «*Regelmässigkeit*» und «*Ornamentlosigkeit*».

12 Alfred Barr, Preface, in *The International Style*, a.a.O., S. 13 und 14.

13 Leonardo Benevolo, *Geschichte*, a.a.O., S. 282.

14 S. *Um 1930 in Zürich*, Katalog der Ausstellung in Zürich, 1977, S. 159–169; Claude Lichtenstein, «Das moderne Zürich», *werk-archithese*, 1978/23–24, S. 9–11.

15 S. *Le Corbusier*, Katalog der Ausstellung in Lugano, 1980, Tafel I, Zeichnung für einen Vortrag.

16 Joseph Gantner, «Die Besetzung der Professuren für Baukunst an der ETH», *National Zeitung*, 29. August 1928. Dort heisst es abschliessend: «Die Architekturabteilung der ETH braucht ein bestimmtes Gesicht, keinen Januskopf. Ein neues Gesicht aber muss sich gen Morgen wenden.»

17 Für Leser, die sich mit Astrologie befassen: Salvisberg ist am 19. Oktober (1882) geboren, sein Sternzeichen ist also die Waage.

18 S. Stanislaus von Moos, «Architektur auf den zweiten Blick – oder: Salvisberg heute», in *werk-archithese*, 1977/10, S. 3–6.

19 Otto Rudolf Salvisberg, «Technik und Formausdruck im Bauen», in *Technische Rundschau*, 1933/51, S. 2. (Vgl. Anhang, S. 230.)

20 «Würden endlich nur Vollgeschosse mit flach geneigten Dächern (...) vorgeschrieben, so dürften unsere neuen Siedlungen wieder den einheitlichen Charakter erhalten, den wir (...) vermissen.» loc. cit.

21 Stanislaus von Moos: «Architektur auf den zweiten Blick – oder Salvisberg heute», in *werk-archithese*, 1977/10, S. 6. Dort heisst es als Fazit: «Von Salvisberg kann man vielleicht lernen, wie eine Architektur interessant (ist), ohne interessant zu tun.»

22 Das Wort ist im Sinne von Walter Benjamin gebraucht, der Architektur als Prototyp einer Kunst bezeichnet hat, die «in der Zerstreuung» aufgenommen werde, in *Das Kunstwerk im Zeitalter seiner technischen Reproduzierbarkeit*, neue Auflage Frankfurt 1970, S. 46–47.

[illegible] gegen Tiere aus

Ein letztes Beispiel zeigt zwei Massnahmen, die Salvisberg in dieser Absicht trifft: das Lehrgebäude des Maschinenlaboratoriums der ETH in Zürich, 1931–34 (Kat. Nr. 163). Dieser Trakt enthält auf drei Geschossen Vorlesungs- und Zeichensäle mit Fenstern, die wegen ihrer Grösse einen starken Gegensatz bilden zu den «Resten» der Wand. Wie beim SUVA-Haus liegen die Fenster nur wenig hinter der Verkleidung der Fassade zurück. Dabei sind sie so geteilt, dass sich die Scheiben und die Platten dieser Verkleidung in ihrer Struktur gleichen und sich mittels dieser Homogenisierung zu einer Fläche verbinden. (In *Der internationale Stil* werden gerade diese Massnahmen genannt, um der Wand eine flächenhafte Wirkung zu geben.[24])

«Bauen heisst, einzelne Elemente zu einem Ganzen zusammenfügen», schreibt Salvisberg, und zwar, wie er präzisiert, nach technischen Begriffen, die man erlernen kann.[25] Es braucht nur einen kurzen Blick auf seine Bauten um zu erkennen, dass mit Zusammenfügen nicht Montieren gemeint ist im Sinn der Moderne, nicht Verbindung, bei der die Teile sichtbar bleiben, sondern Verschmelzung. Wir haben das an der Fassade des SUVA-Hauses dargestellt: Salvisberg will die Konstruktion eines Baues nicht im einzelnen erklären oder deklarieren. Stützen, wie sie Eisen und Beton möglich machen, sind zwar ein wichtiges neues Mittel, aber es wäre falsch anzunehmen, wie er an anderer Stelle schreibt, *«dass sich durch neue (...) Bauweisen von selbst ein neuer Formausdruck ergeben würde»*[26]. Dieser ergibt sich erst durch eine Gestaltung, die über die Notwendigkeit oder Sachlichkeit – von Salvisberg ist dieses Wort in Anführungszeichen gesetzt – hinausgeht.

Die Instanz dieser Gestaltung ist die Bauaufgabe oder genauer deren Charakter; *«jede Bauaufgabe erfordert klares architektonisches Erkennen»*[27]. Ein Mittel ist für Salvisberg die Wirkung des Materials, aus dem er seine im Grunde genommen einfachen architektonischen Formen bildet. Vom Maschinenlaboratorium schreibt er in diesem Sinn, er habe versucht, *«durch lichte Farben, durch Stahl, Glas, helle Hölzer und viel Licht»* ihm den Charakter einer Hochschule zu geben.[28] Ein anderes Mittel sind die Proportionen. Für Behrendt beweist die Bedeutung der Proportionen *«als die wesentlichen Träger (...) der Wirkung»*, wieviel Sinnlichkeit im scheinbar nüchternen Klassizismus lebendig ist.[29] Man kann diese Feststellung auf die Bauten Salvisbergs übertragen. Mehr noch: ihre Indifferenz oder Nüchternheit ist gerade Voraussetzung, dass diese Mittel zur Wirkung kommen. Allerdings verlangen sie eine grosse künstlerische Sicherheit. Das macht die allgemeine *andere* Moderne klar, die sich nach und nach herausbildet: auch gute Bauten, wie die von den Brüdern Pfister 1933–34 für die Kantonale Verwaltung in Zürich erstellten, wirken, verglichen mit den Bauten eines Salvisberg, dumpf.

Wie aber verhalten sich – anderseits – Moderne und *andere* Moderne? – Wir sind in unseren Ausführungen von einem vereinfachenden, um nicht zu sagen simplifizierenden Begriff von Moderne ausgegangen, in der Absicht, das Wesen von Salvisbergs Architektur, wie mit einem Kontrastmittel, sichtbarer zu machen.[30] Nun ist die Moderne aber kein einfacher und auch kein fester Begriff. Im Gegenteil: um 1930 wird es unverkennbar, dass er sich um neue Werte bereichert. Unter ihnen im besonderen die *«malerische»* Wirkung des Materials, wie sie Jean Bingesser beschrieben hat am Beispiel der Schweizer Architektur nach 1930.[31]

Bedeutet das nun, dass sich die Frage nach der *anderen* Moderne von selbst erledigt, indem sich die beiden Linien, die wir in der Architektur des 20. Jahrhunderts isoliert haben, mehr und mehr vermischen? – Giedion hat später, nach dem 2. Weltkrieg, die Bedeutung von Salvisbergs Bauten anerkannt.[32] Wenn man an die Sehnsucht nach *«Gleichgewicht»* erinnert, die in seinen späteren Schriften zum Ausdruck kommt – Gleichgewicht zwischen der rationalen und der emotionalen Seite des Menschen –, so versteht man den Grund[33]: Ihre Architektur wird von einer gleichen Sehnsucht bestimmt.

Dennoch sind die Unterschiede zur Architektur der späteren Moderne nicht zu verkennen. Eines der schönsten Beispiele ist das Kantonsspital in Zürich, das 1942 schräg gegenüber vom Maschinenlaboratorium begonnen wurde. In einem Bericht schreiben die Architekten, sie hätten sich nicht gescheut, viele Materialien zu verwenden, *«für die gleiche Funktion wurde aber immer das gleiche Material eingesetzt»*[34]. Wenn man die Fassade betrachtet, erkennt man, dass sie didaktisch verwendet sind, dass sie die Konstruktion erklären. Das aber ist nicht Salvisbergs Auffassung von Architektur.

1941 widmete *Das Werk* Otto Rudolf Salvisberg ein Heft. Dort heisst es, fast in einem Nebensatz, Salvisberg habe es verstanden, die verschiedenen – technischen und ästhetischen – Gesichtspunkte auf einen einfachen Nenner zu bringen.[35] Diesen Eindruck hat man tatsächlich vor seinen Bauten. Dieses Können, und dieses Wollen, im Sinne des Riegelschen Kunstwollen, macht den Kern von Salvisbergs Architektur aus: die oft gegensätzlichen Gesichtspunkte zu einem *Ganzen* zu verbinden. – Auch an der späteren Moderne gemessen bleibt sie *anders*artig, *eigen*artig.

Keramik in der Wohnung: «Den ganzen Tag muss ich mich von dem Vieh anglotzen lassen. (...) Dazu bin ich nicht immer zu haben. Dafür bin ich nicht immer gestimmt. Indifferente Dinge will ich in meinem Zimmer sehen.» Adolf Loos: «Keramika», in *trotzdem*, Innsbruck 1931, S. 56.

24 Henry-Russell Hitchcock und Philip Johnson, *The International Style*, a.a.O., S. 45 und 51. Im Kapitel «Surfacing Materials» beschreiben sie ausführlich die Wirkung der verschiedensten Materialien.

25 Otto Rudolf Salvisberg, *Zeitfragen der Architektur*, 1937, Sonderdruck, S. 9. (Vgl. Anhang, S. 228.)

26 Otto Rudolf Salvisberg: «Technik und Formausdruck im Bauen», in *Technische Rundschau*, 1933/51, S. 2.

27 Otto Rudolf Salvisberg, *Zeitfragen*, a.a.O., S. 10.

28 Otto Rudolf Salvisberg, «Die Bauten des Maschinenlaboratoriums der ETH», *Einweihungsschrift*, Zürich 1935.

29 Walter Curt Behrendt: Einleitung, a.a.O., S. 22–23.

30 Dass wir damit in die Nachbarschaft eines grossen Teiles der Kritiker der Moderne geraten, ist uns schmerzlich bewusst.
31 Jean Bingesser, «Die Tradition des Neuen Bauens», in *weiterbauen...* Reprint, Zürich 1977, S. V–XIX.
32 Nach einer Aussage von Stanislaus von Moos bemerkte Giedion, als sie in den späteren 60er Jahren einmal am Kinderspital vorbeigingen, Salvisberg sei doch ein guter Architekt gewesen.
33 s. Sigfried Giedion, *Architektur und Gemeinschaft – Tagebuch einer Entwicklung,* Hamburg 1956.
34 Zitiert in Jean Bingesser, «Die Tradition...», a.a.O. Das Kantonsspital wurde 1942–53 von einer Arbeitsgemeinschaft gebaut, der unter anderen Max Ernst Haefeli, Werner Moser und Rudolf Steiger angehörten.
35 Roland Rohn, «Otto Rudolf Salvisberg», in *Das Werk,* 1941/11, S. 302.

WERKKATALOG

CLAUDE LICHTENSTEIN

Bestimmend für das Gesicht dieses Werkkatalogs ist der Zustand von Salvisbergs Nachlass, der – durch andere als durch Kriegseinwirkungen – stark dezimiert ist. Dies betrifft vor allem Pläne, Skizzen, Modelle und Korrespondenz. Gut erhalten sind die Photographien der ausgeführten Bauten und deren zeitgenössische Publikation.

Dies mutet allerdings charakteristisch an für Salvisberg, wenn man bedenkt, dass er jeweils renommierte lokale Photographen mit der umfassenden Dokumentation seiner Neubauten beauftragte: in Berlin die Photowerkstatt für Architektur von Arthur Köster, in Bern Franz Henn, in Zürich Heinrich Wolf-Bender und in Basel Robert Spreng. Diese Aufnahmen bestimmten auch das Bild der regelmässigen Publikation seiner Werke in verschiedenen deutschen und schweizerischen Architekturzeitschriften. Die Pläne, von wenigen Ausnahmen abgesehen, dienten hier der sachlichen Ergänzung.

Für die photographische Präsentation der einzelnen Bauten seit 1930 liess sich Salvisberg wahre «Möbel» anfertigen: 54× 37 cm breite, schwere Alben aus Mahagoni, ähnlich der edlen Ausstattung in den Repräsentationsräumen seiner Villen und Geschäftshäuser.

Der Zustand des Nachlasses und diese Art der Selbstdarstellung wurden bestimmend für das eher photographische Gesicht des vorliegenden Werkkatalogs.

Der Werkkatalog umfasst 73 Bauten und Projekte aus der im Anhang publizierten Werkliste, die beim jetzigen Forschungsstand 200 Objekte umfasst. Es galten folgende Auswahlkriterien:
- Die Auswahl musste der Bedeutung des Baus Rechnung tragen. Dies betrifft sowohl die architektonische und rezeptionsgeschichtliche Bedeutung von bekannten Bauten als auch die Qualität von weniger bekannten Werken.
- Die Auswahl sollte Salvisbergs Entwicklung widerspiegeln und es ermöglichen, ihn dadurch in der Architekturgeschichte zu situieren.
- Der Dokumentationsgrad eines Objektes sollte jenes Mass erfüllen, das notwendig ist, um sich ein konkretes Bild davon zu machen.

Unnötig zu sagen, dass die Auswahl zudem die persönlichen Züge des Autors trägt.

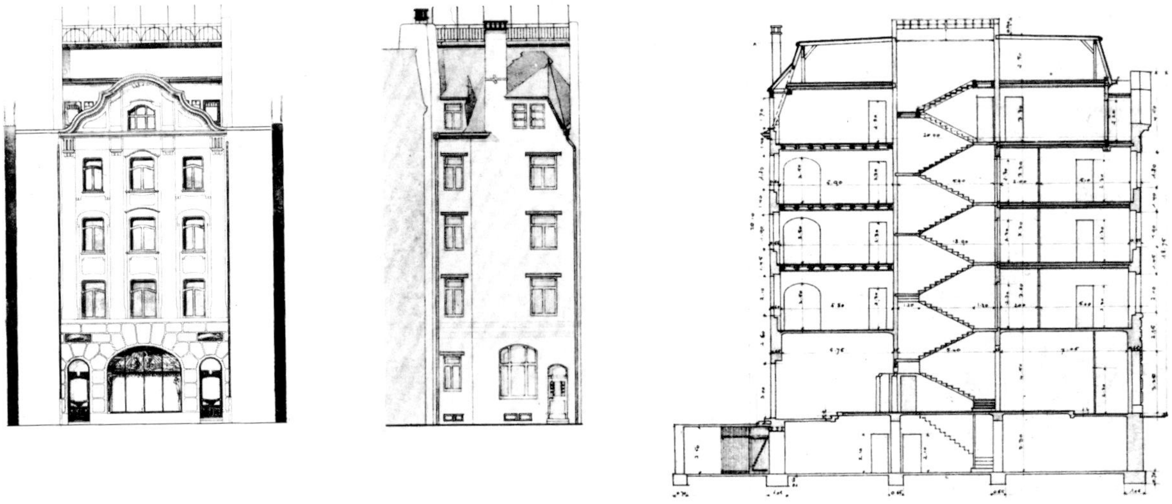

Diplomarbeit am Technikum Biel, 1904, «Eingebautes Wohnhaus». Fassaden, Schnitt, Grundrisse Parterre, 1., 2., 3. Obergeschoss, Dachstock, 1:400

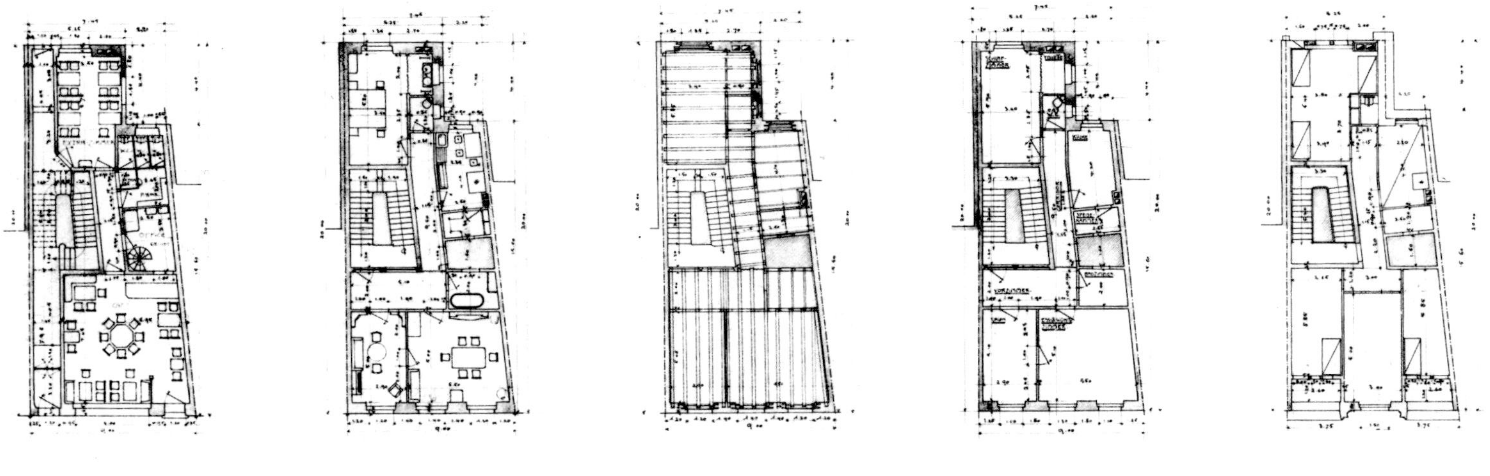

3 **Pavillonschule in Tavannes** (Berner Jura), 1907, Wettbewerbsentwurf

Diese Arbeit war Salvisbergs erster Wettbewerbserfolg und sein erster in einer Zeitschrift veröffentlichter Entwurf. Salvisberg nahm von Karlsruhe aus, wo er im Büro von Curjel und Moser arbeitete, am Wettbewerb teil. Der 4. Preis unter 40 Schweizer Architekten war die Belohnung für die (wohl grösstenteils nächtliche) Arbeit.

Auf einem drei Hektaren grossen Gelände mussten Schul-«Pavillons» und eine Turnhalle projektiert werden. Gruppierung und Anzahl der Pavillons war freigestellt; vorgeschrieben war nur die Anzahl der Klassenzimmer pro Pavillon – vier für je 50 Schüler –, die nach Süden oder Südosten gerichtet und gut belichtet und belüftet sein mussten. Die Anlage sollte «successive» erstellt werden können.

Verglichen mit den anderen publizierten Entwürfen – und auch mit Salvisbergs späteren Siedlungen – ist die Gruppierung seiner Bauten additiver und weniger auf die Erzeugung einer Gesamtfigur oder gar eines «Dorfbildes» ausgerichtet. Nur die Turnhalle mit zwei flankierenden Pavillons schafft ein «Zentralmotiv». Diese Interpretation des Themas bot sich damals wohl nicht als erste an, wurde aber verstanden.

Im Gegensatz zur Regelmässigkeit der Anlage verhielt sich Salvisberg innerhalb des einzelnen Pavillons freier und pragmatischer als seine Konkurrenten, z.B. in der Anordnung der Treppen. Er verzichtete auch auf eine gleichartige Behandlung der Klassenzimmer und stattete jeweils eines pro Geschoss auch mit einem Fenster gegen Osten aus. In der Proportion der Baukörper und der Linienführung der Dächer sind bereits Merkmale seiner späteren Architektur erkennbar, so die breit gelagerten Baukörper. Das Preisgericht urteilte wie folgt: «Die Architektur zeigt gutes Können, aber ungenügendes Studium. Die Dachformen sind teilweise in der Höhe übertrieben.»

1
2

11 **Cecilienplatz, Gartenstadt Frohnau,** 1911, Berlin-Frohnau, heute Zeltinger Platz, Wettbewerbsentwurf, 1. Preis

Die Teilnahme an diesem Wettbewerb dokumentiert das frühe Interesse Salvisbergs an städtebaulichen Aufgaben. Vorgegeben war der Bebauungsplan der Gartenstadt Frohnau aus dem Jahr 1908 (Architekten Brix und Genzmer). Gemäss dieser Planung wurde die gesamte Gartenstadt grundsätzlich von zwei halbkreisförmigen Plätzen aus erschlossen, die sich, getrennt durch den Einschnitt der verlängerten S-Bahn und miteinander verbunden durch eine Brücke, gegenüberlagen. Entscheidend für den Erfolg der Gartenstadt-Gründungen war im vor-automobilistischen Zeitalter die gute Erschliessung durch öffentliche Verkehrsmittel. Zu diesem Aggregat von zwei Plätzen gehörte denn auch der Bahnhof, von dem aus man «in wenigen Minuten», wie es im Werbeprospekt von Frohnau hiess, in die Stadt gelangen konnte.

«Centrum» war Salvisbergs Kennwort; das beweist, dass er die Aufgabe richtig erfasst hatte. Sein Entwurf zeichnet sich durch eine hohe Urbanität aus. Als Gegensatz zu den durchgrünten Wohnvierteln rundherum war Salvisbergs Cecilienplatz mit Arkaden ausgekleidet und so in seinem öffentlichen Wesen unterstrichen. Man kann bei diesen Arkaden, die vom Obergeschoss der Häuser aus als Terrassen betreten werden konnten, etwa an die Berner Lauben denken, deren praktischer Wert als Wetterschutz und deren städtische Qualität Salvisberg in seiner frühen Kindheit erfahren hatte.

1
2

3

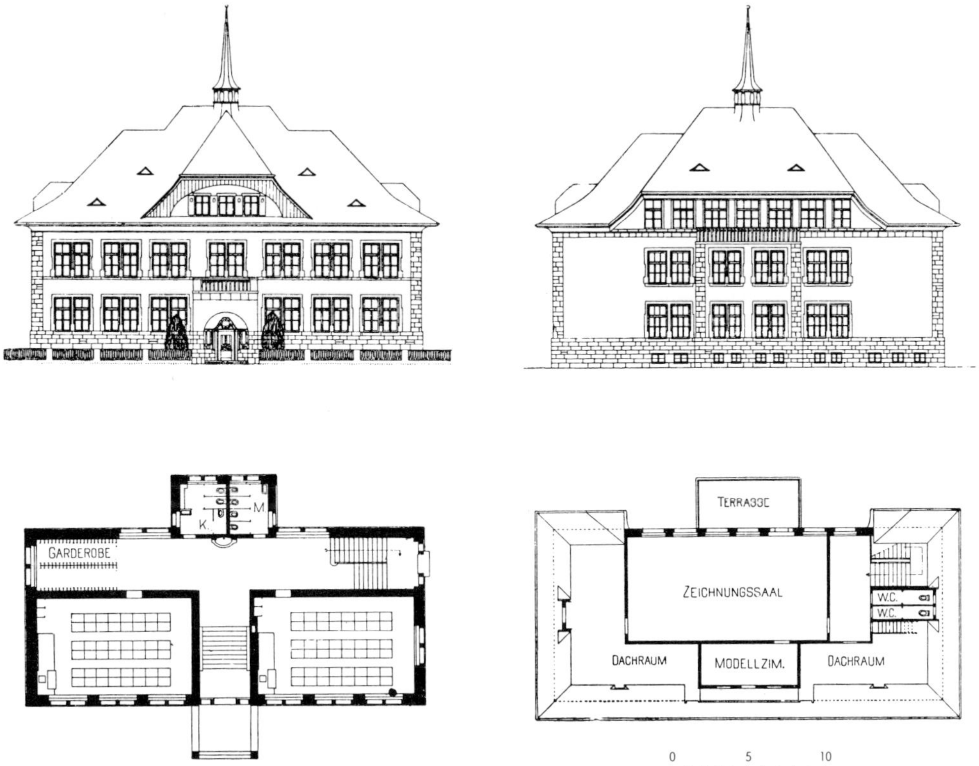

1 *Ansicht der Turnhalle*
2 *Vogelperspektive*
3 *Fassaden und Grundrisse des mittleren Pavillons, mit Zeichensaal, 1:500*

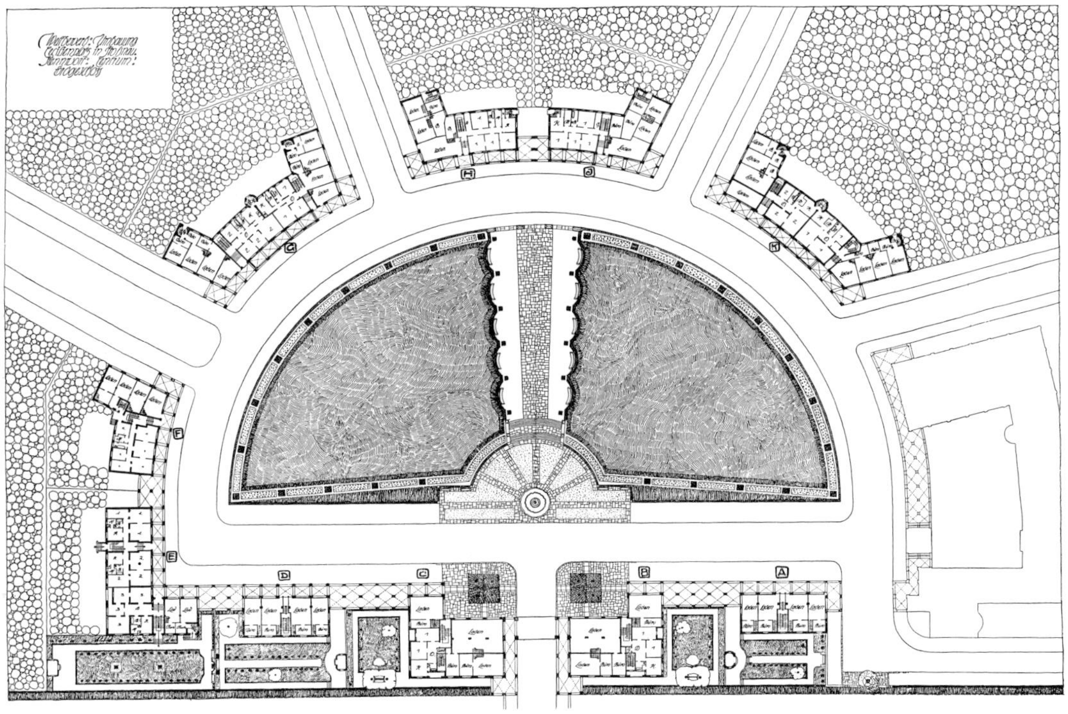

3

1 *Eingang zur Gartenstadt, mit Blick von der Brücke aus*
2 *Vogelperspektive*
3 *Grundriss ca. 1:2000*

12 **Knabenmittelschule Finsterwalde,** 1911, Wettbewerbsentwurf, 3. Preis[1]

1 Den 2. Preis errang Max Taut (1884–1967), dessen Entwurf in der Folge verwirklicht wurde.

1

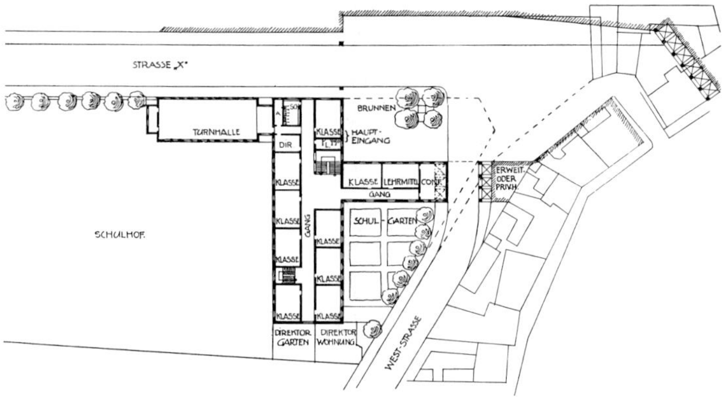

16 **Mietshaus am Hohenzollerndamm,** 1912 (im Büro Zimmerreimer), Berlin-Schmargendorf, Hohenzollerndamm 85–87/Egerstrasse 12 (zum Teil zerstört)

Salvisberg führte das Gebäude im Büro Zimmerreimer aus. Es umfasste in drei Abschnitten 20 herrschaftliche 6- und 8-Zimmer-Wohnungen, die auf einer dreieckförmigen Parzelle um einen Hof herum angeordnet wurden. Die Wohnräume lagen, wie damals üblich, ungeachtet der Himmelsrichtung gegen die Strasse, die Kammern der Dienstboten, die über separate Treppenhäuser erreicht wurden, gegen den (ziemlich engen) Hof. Hinsichtlich der Wohnform und des Lebenszuschnitts standen diese Häuser auf dem gesellschaftlichen Boden der Vorkriegsepoche. Die 6-Zimmer-Wohnungen hatten Grössen von 163 bis 222 m², die 8-Zimmer-Wohnungen solche von 250 und 290 m².

Städtebaulich unterscheidet sich dieser Entwurf von Bauten des Historismus durch die Entscheidung, die Gabelung zweier Strassen nicht als «Molenkopf» auszubilden, sondern den einen Flügel, jenen an der Egerstrasse, dem anderen unterzuordnen.

Das Gebäude war in einer zurückhaltenden Weise aussergewöhnlich; die Fassaden zeigten eine fast musikalische Bewegung, die Erker traten nicht, wie es damals in Berlin üblich war, hart aus der Wand heraus, sondern bildeten mit ihr ein zusammenhängendes Relief. In der sanften Bewegung der Fassaden lässt sich der Entwurf mit den beiden 1910 von Bruno Taut am Kottbusser Damm gebauten Mietshäusern vergleichen. Auch hat er, dank des Dekors an den Erkern, eine ähnliche textile Wirkung.

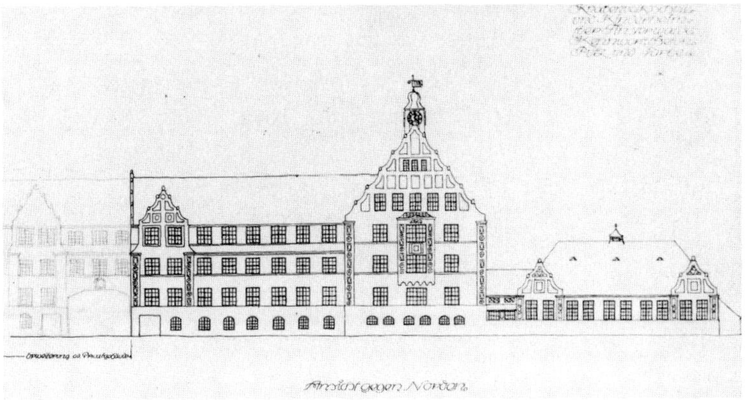

2

3

1 *Grundriss 1:2000, Norden oben*
2 *Nordansicht, links ist die Anschlussmöglichkeit an die bestehende Bebauung dargestellt*
3 *Perspektive*

1

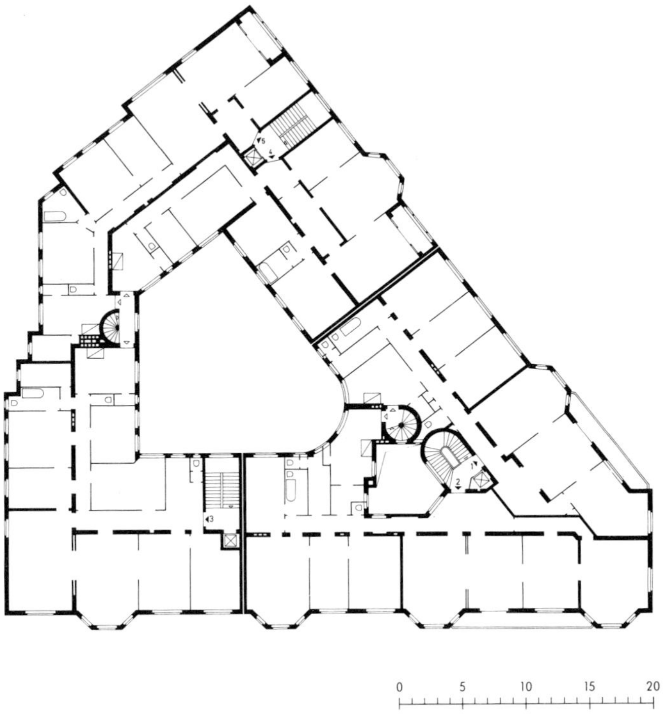

2

1 *Grundriss 1:600*
2 *Ansicht vom Hohenzollerndamm*

19 **Geschäftshaus Prächtel,** 1912 (im Büro Zimmerreimer), Berlin-Mitte, DDR, Schützenstrasse 53 (vermutlich zerstört)

Als Verfasser dieses Baues trat Paul Zimmerreimer auf, in dessen Büro Salvisberg arbeitete.[1] Möglicherweise stammte von Salvisberg nur die Fassade, hinter der sich ein Gebäude mit einem komplizierten, dem verwinkelten Grundstück entsprechenden Grundriss erstreckte. Dass ein Architekt zu einem vorliegenden Grundriss nur die Fassade entwarf, war in diesen Jahren des ausklingenden Historismus nicht unüblich; von Bruno Taut zum Beispiel sind mehrere frühe Entwürfe dieser Art bekannt.

Julius Posener bemerkte zu diesem Bau, er wirke «wie eine Vorwegnahme der Nachkriegsarchitektur».[2] Diese Äusserung weist wohl auf das Bemerkenswerte dieses Werkes hin, dessentwegen es 1925 auch in die Sammlung der «Blauen Bücher» aufgenommen wurde: Walter Müller-Wulckow schrieb dort, dass die Prächtel-Fassade, «in der die Stockwerklagerung durch plastische Zwischenstützen betont ist (...) in ihrer Flächigkeit eine beglückende Ruhe» zeige.[3] Salvisbergs ausgesprochene Vorliebe für glatte Flächen, die sich auch an den erstaunlich «modernen» Schaufenstern zeigt, war in den Jahren vor dem Ersten Weltkrieg aussergewöhnlich; zugleich war sie aber ohne das Lehrhaft-Grundsätzliche und Kämpferische, das 1910 die Wiener gegen Adolf Loos' Michaelerhaus aufgebracht hatte. Es scheint, dass Salvisberg die schlichten Flächen wollte, um anderseits die Aufmerksamkeit auf den plastischen Schmuck zu lenken, den er auf bestimmte Partien der Fassade beschränkte.

Diese Plastiken und Reliefs stammten von Paul Rudolf Henning und waren in schwarzer Keramik aus Velten (Mark Brandenburg) ausgeführt. Die Fassade war mit Muschelkalkplatten verkleidet, und zwar in einer bewusst a-tektonischen, nichtkonstruktiven Weise.

Die drei übereinander angeordneten Fensterbänder in der Dachschräge belichteten einen Dachraum (Archiv?). Die hinteren Teile des Gebäudes bestanden aus Sichtmauerwerk.

1 Z.B. in der *Berliner Architekturwelt*, 1913.
2 Julius Posener, *Berlin auf dem Wege zu einer neuen Architektur*, München 1979, S. 231.
3 Walter Müller-Wulckow, *Bauten der Arbeit und des Verkehrs*, Leipzig 1925, S. 10.

1

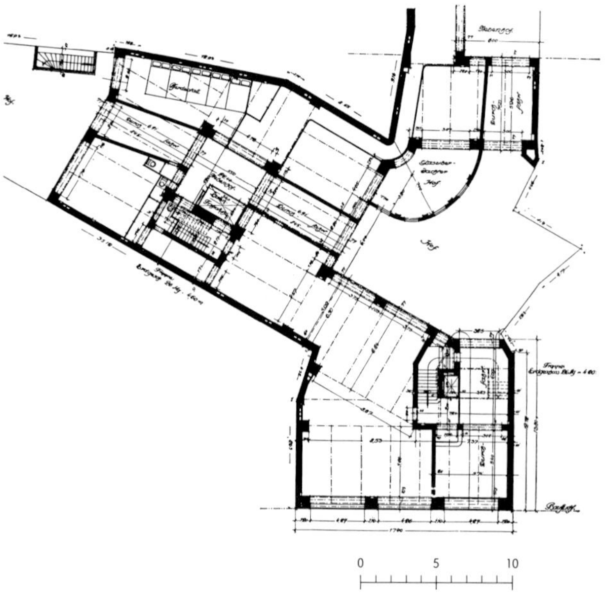

22 **Tanzlokal «Bal Tabarin»,** um 1912 (im Büro Zimmerreimer), Berlin-Mitte, DDR, Jägerstrasse 58, heute Otto-Nuschke-Strasse (verändert)

Es handelte sich um den Umbau eines schmalen, viergeschossigen Wohnhauses, über dessen ursprüngliches Aussehen keine Zeugnisse vorliegen. Das Äussere zeigt mit seinem sparsamen, auf wenige Stellen konzentrierten Schmuck (Fenster- und Türgewände aus türkisgrünen Veltener Keramiksteinen) eine ähnliche Konzeption wie das Mietshaus am Hohenzollerndamm (Nr. 16) oder wie das Geschäftshaus Prächtel (Nr. 19), wobei dessen Fassade und die des Bal Tabarin gelesen werden können wie eine horizontale und eine vertikale Variante des Zusammenwirkens von Fläche, Öffnung und gliederndem Element (Stütze bzw. Brüstung). Auch hier stammt der plastische Schmuck von Henning. Die kreisrunden Fenster unter dem Hauptgesimse wie auch die über diesem angeordneten schlichten Keramikbuchstaben waren ungewöhnlich und sollten z.T. 15 Jahre später in ähnlicher Form wieder verwendet werden (Scherk-Laden, Nr. 110).

Im Erdgeschoss lagen das Vestibül, die Garderobe und die Kasse. Eine Treppe führte zum Tanzsaal hinauf, der, zweigeschossig, mit einem umlaufenden Logenkranz, das erste und zweite Obergeschoss einnahm; die Aussenwand der Logen ist hinter den Fenstern des zweiten Obergeschosses erkennbar. Im dritten Obergeschoss befanden sich Wohnräume.

Soweit sich das auf Grund der Photographien beurteilen lässt, scheint es Salvisberg gelungen zu sein, trotz den knappen Platzverhältnissen einen Raum zu schaffen, der sich grosszügig entfaltete. Die Wandbespannung des Hauptgeschosses bildete mit ihren strengen, geraden Linien einen markanten Gegensatz zum bewegten oberen Raumteil, der sich mit den zahlreichen Kurven gleichsam auszudehnen schien. Die beschwingte, vom Rokoko und vom Jugendstil beeinflusste Formensprache hat die Beton-Technologie zur stillschweigenden Voraussetzung. «Wie hätte ein anderer, der weniger tektonische Struktur in sich hat, einer, der von der modischen Kunstgewerbelei erfüllt ist, ein intimes Ballhaus wie das Tabarin aufgemacht. Salvisberg hat diesem Amüsierwinkel (...) die prickelnde Tanzhaus-Stimmung gegeben, aber es ist wie immer bei ihm der Raum der Stimmungsträger.»[1]

1 Paul Westheim, «Architekturen von O.R. Salvisberg, Berlin», in *MBF*, 1914/3, S. 115.

1

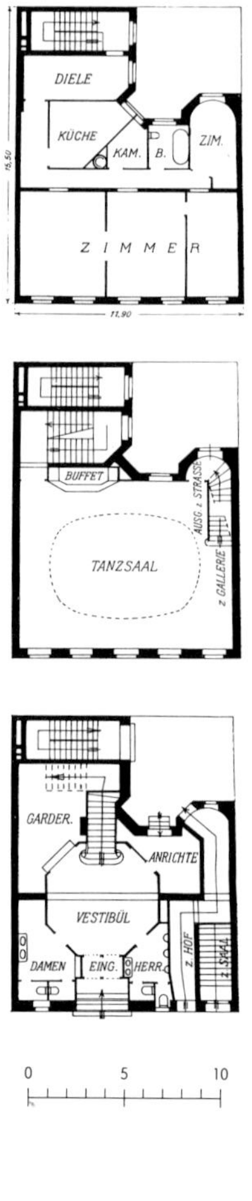

2

3

1 *Grundriss Obergeschoss 1:600*
2 *Ansicht*
3 *Fassadenausschnitt*

2

3

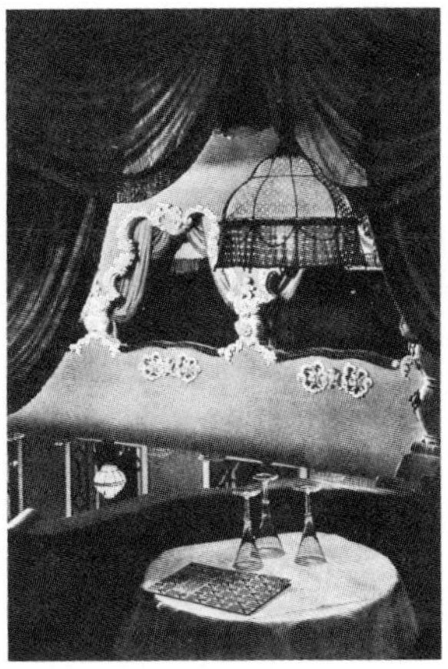

4

1 *Grundrisse Erdgeschoss, 1. und 3. Obergeschoss 1:500*
2 *Tanzboden mit Orchester-Empore, darüber Logen*
3 *Aussenansicht*
4 *Ausblick aus einer Loge*

24 **Geschäftshaus «Lindenhaus»**, 1912–13, Berlin-Kreuzberg, Ecke Lindenstrasse/Oranienstrasse (1965 abgebrochen)

Wenn Salvisberg einmal Pionier war, dann mit diesem Bau. «Nur mit Mühe und unter Hinweis auf alle praktischen und materiellen Vorteile einer schwulstigen, vorgeklebten Säulenfassade gegenüber konnte ich 1913 das erste reine Beton-Geschäftshaus Berlins durchsetzen», sagte er 20 Jahre später.[1]

Paul Westheim schrieb 1914: «Das Lindenhaus gehört zu den Bauten, die über das Wesen des Betons neue Erkenntnisse liefern»; dieser Baustoff sei nämlich «nur so lange als etwas Charakterloses anzusehen, als keiner da ist, ihm den ihm eigentümlichen Charakter zu geben, aus dem Stoff die ihm wesensgemässe Form herauszureissen.»[2] Diese (werkbündlerisch anmutende) Forderung war für Westheim mit dem Lindenhaus erfüllt worden. Die Betonbauweise war damals keineswegs mehr neu. Neu war, dass dieser Baustoff nicht verkleidet, sondern zum architektonischen Ausdrucksmittel gemacht wurde. Man muss zu Max Bergs Jahrhunderthalle in Breslau (ebenfalls 1913) gehen, um eine derart konsequente Verwendung des Betons zu finden (wobei Bergs Werk, als ein Ingenieurbauwerk dieser Grösse, nur die Wahl liess zwischen Stahl oder Beton; Salvisberg entschied sich dagegen aus künstlerischen Gründen für sein Material). «Das Lindenhaus ist ein Bau, der so nicht in Werk- oder Backstein hätte aufgeführt werden können, der auch seinen Formcharakter dem Beton zu verdanken hat. Der Architekt Otto Salvisberg (ein Schweizer, der in der Öffentlichkeit noch nicht recht hervortreten konnte, weil sein Name hinter einer Unternehmerfirma, die die jetzige Krisis wegschwemmte, versteckt war) ging davon aus, dass die Betonmasse zwischen Holzverschalungen zu stampfen wäre, dass also dieses Verfahren technisch und wirtschaftlich nach der breiten Flächenentfaltung verlange. Jede Profilierung muss um schweres Geld erst in Holz geschnitzt werden. So kam er dazu, den ganzen Bau auf die Flächenwirkung hin anzulegen. (...) Die körnige Struktur der gestampften Masse wurde als Materialreiz erhalten, ebenso die Streifungen und kleinen Ungenauigkeiten, die sich aus den übereinanderliegenden Bohlen ergeben. Die Fenster sollten nicht zu Unterbrechungen in diesem Mauergefüge werden, so wurden sie, breit und gross, an die Aussenseite der Wanderungen gelegt, um (...) das Flächenhafte noch zu steigern.»[3]

Für den heutigen Betrachter, der diese Folgerungen in einer viel weitergehenden Weise erfahren hat, sind aber auch die Merkmale erwähnenswert, derentwegen die Flächigkeit und Einfachheit des Lindenhauses nur eine relative ist. Grosse Fensterflächen gab es andernorts auch, aber meist in «lichtheischenden Pfeilerfronten» (Müller-Wulckow), also an Beispielen einer vertikal betonten Architektur (Messel, Behrens, Höger usw.). Die Pfeiler des Lindenhauses sind mit einem Achsmass von mehr als sieben Metern zu weit voneinander entfernt, um in der Reihung zusammenhängend zu wirken. Deshalb sind die Obergeschosse auf Brüstungshöhe mit fein profilierten, schattenwerfenden Gesimsen umzogen, die dem leichten Relief der Pfeiler folgen und so die Fassade in eine spürbare Bewegung versetzen. Die Photographien vermitteln einen guten Eindruck vom räumlichen Atem dieser horizontalen Linien, die offensichtlich auf eine tangentiale Sicht hin angelegt waren.

Das Erdgeschoss war mit schwarzbraunen keramischen Tonplatten verkleidet, die zum Farbton des Sichtbetons passten, zugleich aber die Schaufenster in einer «würdigen» Form umrahmten. Die plastischen Keramiken stammten von Henning, der bereits am «Prächtel»-Haus beteiligt gewesen war.

Aufschlussreich ist die dreiachsige Front entlang der Lindenstrasse. Die dritte Achse war nicht nur als Übergang zum Nachbargebäude ausgebildet, sondern suggerierte durch eine leichte Zurücksetzung und das Fehlen eines Dachüberstands auch einen allfälligen zweiten Bauabschnitt. Dabei wäre eine Verschränkung entstanden zwischen diesem (beliebig langen) zweiten Teil und dem zweiachsigen Hauptbau, der unter seinem markanten Dach[4] als Eckrisalit betont gewesen wäre. Erich Mendelsohn hat sich mit dem Columbushaus 1930 analog verhalten. Es ging darum, mit markanten Gebäuden feste Punkte in der dynamisch sich verändernden Grossstadt zu schaffen.[5]

1 Otto Rudolf Salvisberg, «Technik und Formausdruck im Bauen» (Vortrag), in *Technische Rundschau*, 1933/51, S. 1–3.
2 Paul Westheim, «Das Lindenhaus von Otto Salvisberg», in *Tonindustrie-Zeitung*, 1914/140, S. 1.
3 Paul Westheim, «Berliner Neubauten», in *Frankfurter Zeitung*, 4.9.1913.
4 Nach Otto Brechbühl war dieses Dach demjenigen des Palazzo della Ragione in Padua nachempfunden – ein Bau, den Salvisberg sehr bewundert habe (Gespräch mit O.B., 1977).
5 Das Lindenhaus wurde wegen einer geplanten Expressstrasse 1965 abgerissen, die in der Folge nicht gebaut wurde.

2

3
4

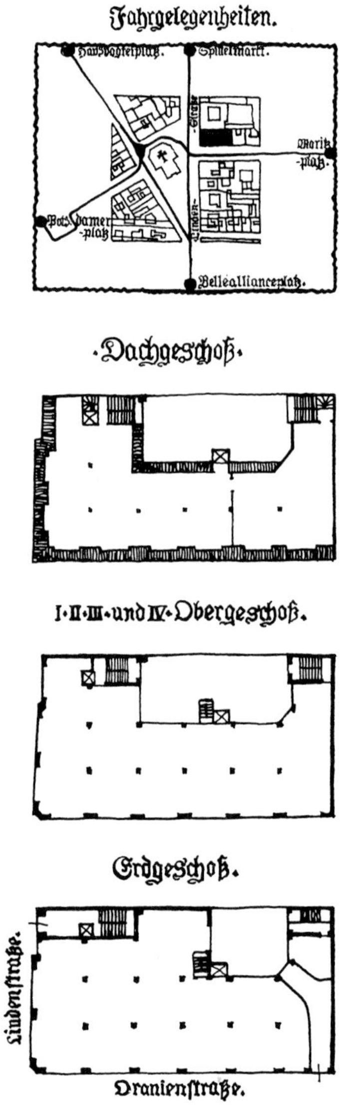

5

1 *Ansicht von Westen, Ecke Linden-/Oranienstrasse*
2 *Eingang an der Lindenstrasse*
3 *Dachgeschoss (Eisenbeton-Konstruktion)*
4 *Fassadenausschnitt Oranienstrasse*
5 *Grundrisse 1:1000 / Lageplan, oberer Rand = Nordosten*
6 *Blick aus der Oranienstrasse gegen die Lindenstrasse*

6

30 **Stadthaus Solothurn,** 1914, 2 Wettbewerbsentwürfe, nicht ausgeführt

In diesem Wettbewerb hatten die Teilnehmer die Möglichkeit, zwei verschiedene Standorte zu bearbeiten: erstens den Platz vor dem Baslertor, zweitens ein Grundstück an der Barfüssergasse. Salvisberg reichte unter dem Kennwort «Zweck und Form» zwei Entwürfe ein, die mit dem 2. Preis ex aequo (Baslertor) bzw. dem 1. Preis (Barfüssergasse) ausgezeichnet wurden. Diese Anerkennung wurde in der deutschen Presse als «grossartiger Erfolg für die deutsche Architektenschaft» gefeiert. Hier gelangt der Entwurf zum Standort Baslertor zur Darstellung.

1

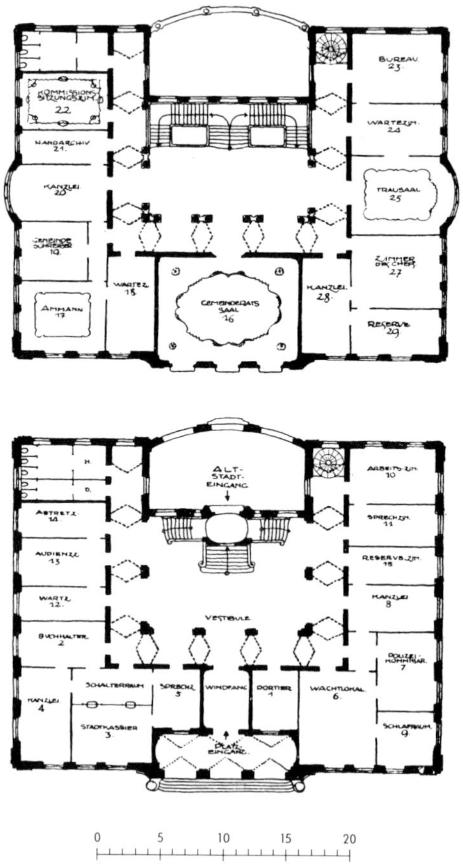

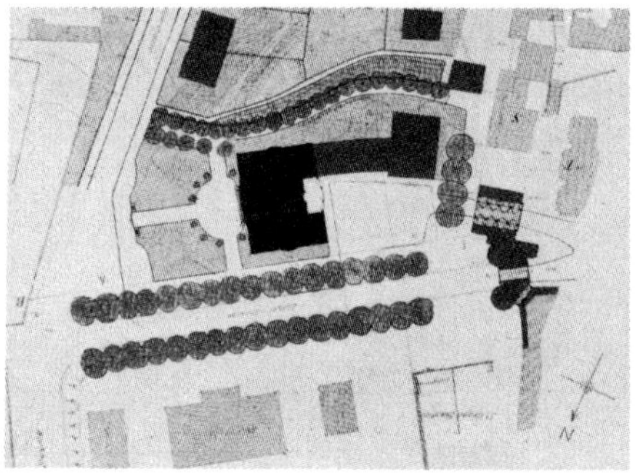

2
3

29 **Haus Schwintzer** 1914, Berlin-Zehlendorf, Argentinische Allee 7

Der Auftrag zum Bau dieses Hauses ermöglichte es Salvisberg, sich selbständig zu machen. Auf den ersten Blick unterscheidet es sich wesentlich von seinen Häusern aus der Zeit nach dem Ersten Weltkrieg. Mit nur einem Vollgeschoss, dem Mansardendach, der winkelförmigen Anlage und dem asymmetrisch in der Giebelwand liegenden Eingang entspricht es einer Bauweise, die im ersten Jahrzehnt weit verbreitet war. Man hat die Bestrebungen der Architektur nach der Jahrhundertwende als «Vereinfachung» beschrieben.[1] Salvisberg gehörte in die vorderste Front derer, die gegen die verbreitete Wohnhaus-«Romantik» kämpften, welche in ihrer Unbeholfenheit von Hermann Muthesius mit feiner Ironie beschrieben wurde: «In dem Streben nach Wechsel sind am selben Bau alle Materialien herangeholt und verwendet, die der Baumarkt bietet, und im allgemeinen hat man den Eindruck einer grossen Narretei. Es herrschen die Ideale des Maskenballs. Giebelchen, Erkerchen, Türmchen drängen und schieben sich förmlich. (...) Dazu gehört die Umgebung, die ihm der Landschaftsgärtner schafft. (...) Auf zwanzig Quadratruten Grundfläche imitiert er uns Berg und Tal, Felsengebirge und Wiesengrund. Eine zehn Meter lange, mit Zement ausgekleidete Pfütze ahmt die Verzweigungen des Vierwaldstätter Sees nach. Sinnlose Schlängelwege irren in allen Ecken umher ...»[2]

Die Fenster des Obergeschosses, die Salvisberg auf der Gartenseite des Hauses Schwintzer in einer langgestreckten Gaube zusammenfasste, sind – hier im Wohnhaus-Bau – ein beredtes Zeugnis für sein Interesse an grosszügigen Formen. Lehnt er sich auch an das jeweils herrschende architektonische Leitbild an, so dringt immer sein Wille zur grossen Linie durch.

«Für die Planung war, nach Mitteilung des Architekten, der Umstand von wesentlichem Einfluss, dass das Grundstück sich mit seiner Strassenseite nach Nordosten wendet. Dies hatte zur Folge, dass die Haupt-Wohnräume, unter tunlichster Ausnutzung der Breite an die Gartenseite, gegen Südosten hin gelegt wurden, während der Küchenflügel seinen Platz an der Strasse erhielt.»[3]

1 Julius Posener, *Berlin auf dem Wege zu einer neuen Architektur*, München 1979, S. 223–239.
2 Hermann Muthesius, «Die Bedingungen und die Anlage des modernen Landhauses», in ders. (Hg.), *Das Moderne Landhaus (und seine innere Ausstattung)*, München 1905, S. IV.
3 *Blätter für Architektur und Kunsthandwerk*, 1915, S. 18.

1

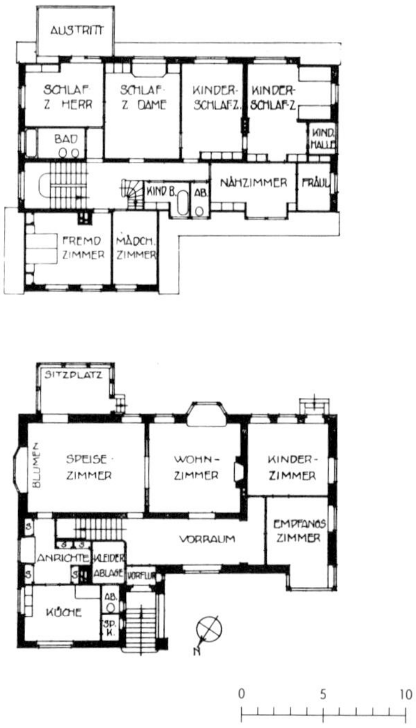

4

5

1 *Grundrisse Erd- und 1. Obergeschoss, 1:600*
2 *Ansicht*
3 *Situation*
4 *Ansicht von jenseits der Aare (Montage)*
5 *Anschluss ans Baslertor*

2

3

1 *Grundrisse Erd- und Obergeschoss, 1:500*
2 *Strassenansicht*
3 *Gartenansicht*

Vgl. Claude Lichtenstein, «Villen und Landhäuser 1911–1936».

Diese Siedlung mit 470 Häusern, vier Kilometer westlich von Wittenberg gelegen, war der erste derartige Grossauftrag für Salvisberg.[1] Er scheint es verstanden zu haben, sich gegenüber seinen zum Kriegsdienst eingezogenen deutschen Kollegen einen Vorsprung zu verschaffen, da er selber vom Dienst in der Schweizer Armee dispensiert war.

Salvisberg, der «das Schema wie kein zweiter verabscheut»[2], der aber auch «die meisten, wenn nicht alle die Fehler vermieden hat, durch welche die Siedlungsromantiker in der Nachkriegszeit das ganze Siedlungswesen so in Misskredit gebracht haben, dass man schon fast wieder von einer Sehnsucht nach dem Mietshaus sprechen kann»[3], Salvisberg also scheint sich aus dem starren Entweder-Oder der sich jahrelang befehdenden Ostendorf- und Fischer-Schulen auf seine eigene Art herausgehalten zu haben, indem er die neubarock-klassizistische Tendenz Friedrich Ostendorfs mit der «romantischen» Theodor Fischers zu verbinden wusste. Der Plan von Piesteritz zeugt von dieser Synthese.

Das Zentrum der Anlage wird von einem Aggregat aus dem rechteckigen Marktplatz, einem halbkreisförmigen Platz, dem Kaufhaus zwischen ihnen und einer von Süden her darauf bezogenen Erschliessungsachse gebildet (welche bezeichnenderweise «Unter den Linden» benannt wurde). Im Nordosten knüpfte der Siedlungsplan an einen bestehenden Feldweg an, der sich zu den beiden peripheren Erschliessungsstrassen erweiterte. Die locker-bestimmte Art dieses Plans zeichnet sich durch vielfältige, deutlich rhythmisierte Strassenbilder, Blickfänge und zahlreiche optische Abschlüsse aus. Salvisberg scheint bei gekrümmten Strassen die konkave Häuserreihe zu lieben, ihr konvexes Gegenüber aber nach Möglichkeit zu vermeiden, indem er dort durch eine ebenfalls konkave Häuserreihe platzartige Erweiterungen schafft. Vieles an diesem Plan verweist auf alte feudale Marktflecken.

Die Haustypen in Piesteritz folgen im wesentlichen dem Leitbild der Gartenstadt. Es sind Reihenhäuser, mit grösstenteils zwei Vollund einem Dachgeschoss, teilweise als Giebelhäuser ausgezeichnet. Die Arbeiterhäuser haben eine Wohnküche, die Werkmeisterhäuser eine Küche und eine Wohnstube, alle Häuser erhielten ein Bad. Das Bestreben der Kalkstickstoff-Werke (Düngemittel-Industrie) war es erklärtermassen, «für die Angestellten gesunde und behagliche Wohnungen zu schaffen und sie dadurch an ihre Arbeitsstätte zu fesseln».[4]

1 Im *Zentralblatt der Bauverwaltung*, 1919, wird als Urheber des Bebauungsplans der Geheime Baurat Prof. Gerlach genannt. Überall sonst ist von Salvisberg die Rede; möglicherweise haben die beiden hier zusammengearbeitet. Von Salvisberg stammen aber bestimmt die Bauten.
2 *Deutsche Allgemeine Zeitung*, 17.2.1929.
3 Paul Westheim, «Der praktische Baumeister», in *Das Werk*, 1925/1, S. 10.
4 *Zentralblatt der Bauverwaltung*, 1919, S. 529–535.

1

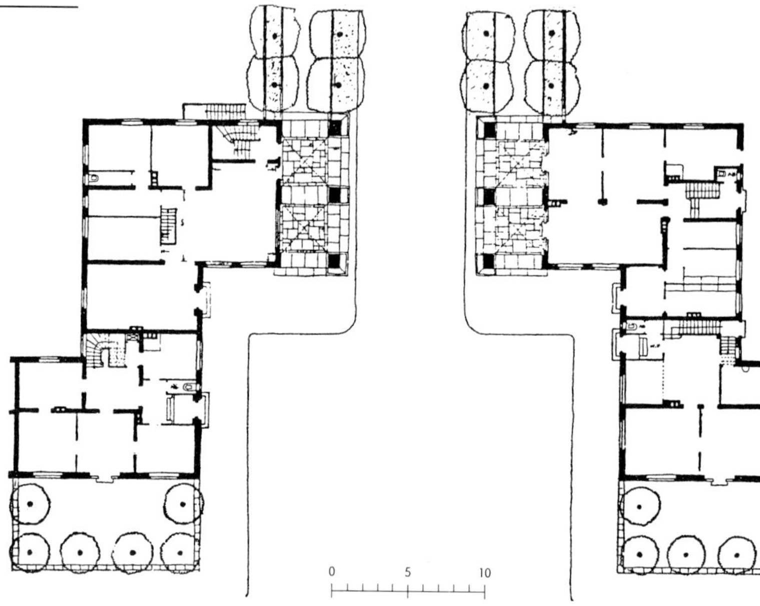

2

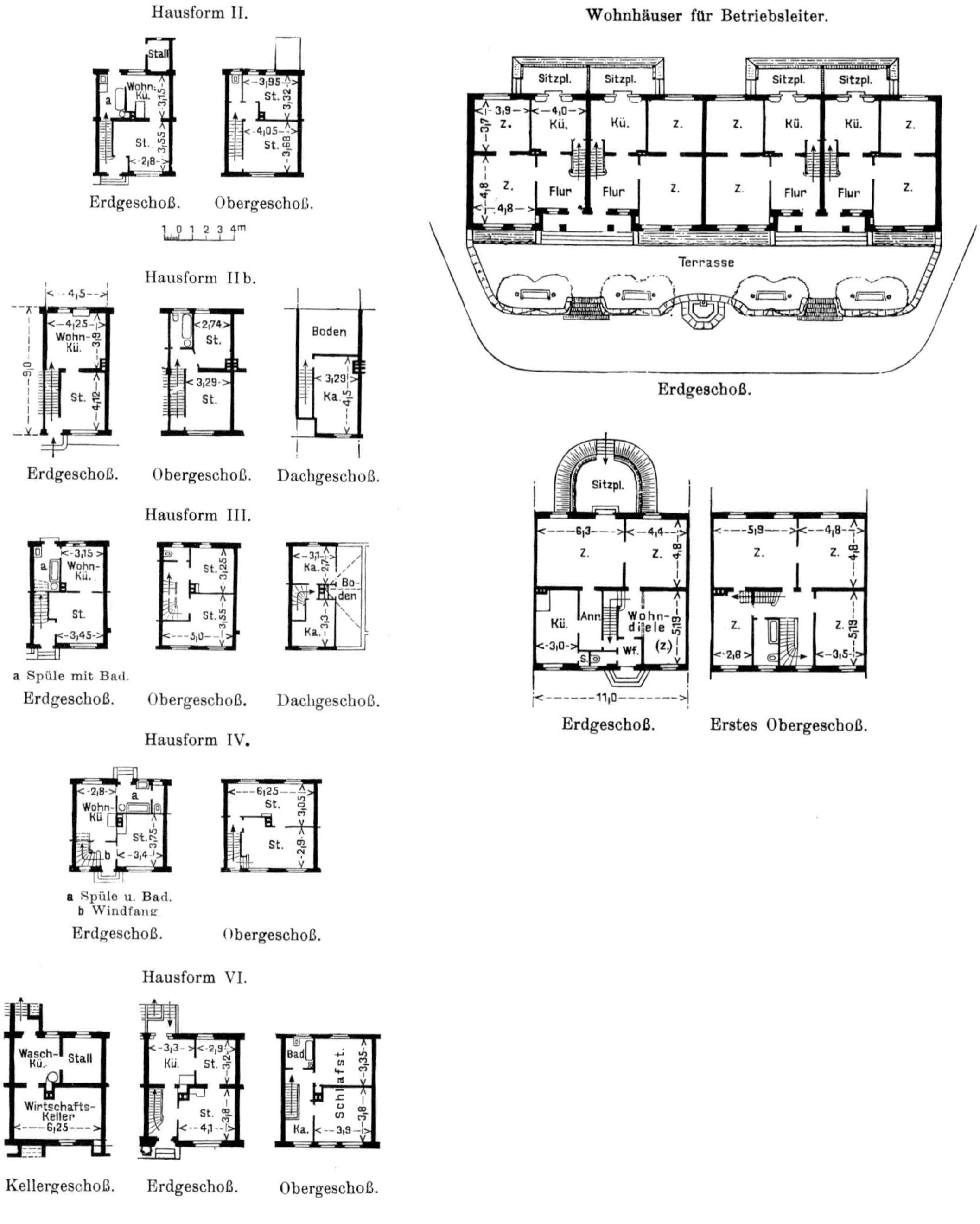

3

5

1 *Haupteingang zur Siedlung; Grundriss Erdgeschoss 1:500 mit Apotheke (links), Ladenhaus und Direktorhaus (rechts)*
2 *Grundrisse der verschiedenen Haustypen, 1:500 (aus: Zentralblatt der Bauverwaltung)*
3 *Ansichten. Oben: westliche Strasse; Apotheke. Mitte: Platzerweiterung an der westlichen Strasse; Wohnhof. Unten: Platz hinter dem Kaufhaus; Häusergruppe am Marktplatz*
4 *Situationsplan ca. 1:4000*
5 *Giebel-Doppelhaus*

Vgl. Kristiana Hartmann, «Von der Gartenstadt zur Grosssiedlung».

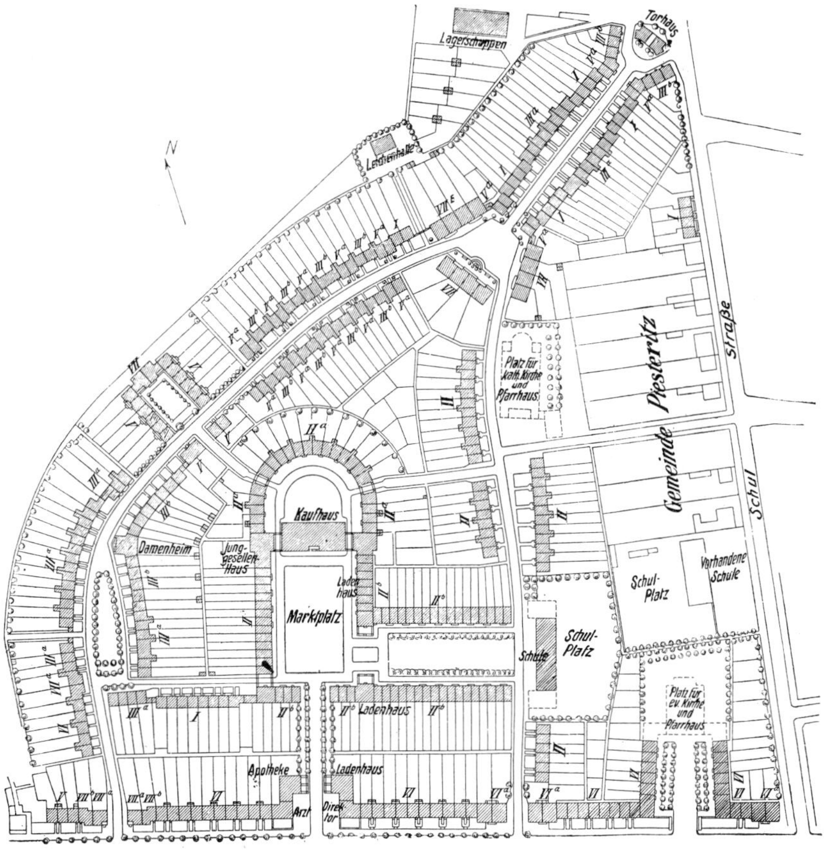

4

39 **Haus Richter,** 1919, Berlin-Dahlem, Rheinbabenallee 42

Das Haus Richter war Salvisbergs erstes Wohnhaus nach dem Krieg. Es vereinigt schon beinahe alle Merkmale seiner späteren Häuser bis gegen Ende des nächsten Jahrzehnts. Anders als noch das Haus Schwintzer (Nr. 29) besitzt das Haus eine klare Blockform. Das Walmdach unterstreicht deren Systematik durch die beiden Kamine an den Endpunkten des Firsts. Dem späteren typischen Wintergarten entspricht hier die nach Süden offene Gartenhalle mit der darüber liegenden Terrasse. Die Regelmässigkeit der Fensterordnung ist mit dem Treppenhausfenster in der Gartenfassade auf eine erstaunliche Weise durchbrochen. Ein Teil des Aushubs wurde auf der Gartenseite für die Aufschüttung einer niedrigen Terrasse verwendet, die zwischen Haus und Rasen vermittelt. Diese Massnahme hat Salvisberg auch später immer getroffen.

In zwei Punkten unterscheidet es sich allerdings von den späteren Häusern: erstens durch die Räume der Dienstboten im Untergeschoss, was nur dank einer seitlichen Abgrabung des Geländes möglich war – eine Anordnung, die von Muthesius in seinen Büchern abgelehnt wurde –, und zweitens durch die Disposition der Räume im Erdgeschoss, die zum Teil von der Orientierung des Hauses bedingt war. Seine Strassenfront liegt gegen Südwesten. Sie galt offenbar mehr als die Gartenfront, denn Wohn- und Herrenzimmer sind zur Strasse orientiert. Dieses Haus ist das einzige Salvisbergs, bei dem die Treppe ins Obergeschoss auf der Gartenseite liegt; sie wird über das Wohnzimmer erreicht. Der Hauseingang liegt ganz asymmetrisch an der Nordecke des Hauses. Seine Lage und das über dem Eingang angeordnete Schmuckbalkönchen in biedermeierlichen Formen – um 1920 eine gewisse Mode – bilden einen nicht reizlosen Widerspruch.

Im Grundriss ist entlang der ganzen Gartenseite in mustergültiger Klarheit die betrieblich begründete Abfolge von Küche, Anrichte unter dem Zwischenpodest der Treppe und dem Speisezimmer entwickelt, die in sehr ähnlicher Weise bei zahlreichen späteren Häusern Salvisbergs immer wieder vorkommt.

1

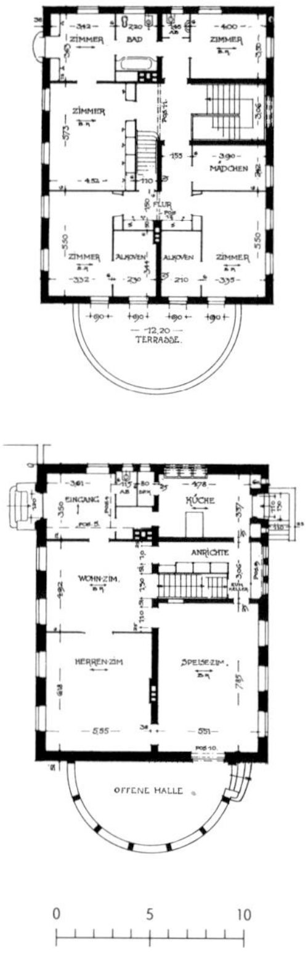

47 **Arbeitersiedlung der Weimann-Werke,** 1920–21, Schwaz, Böhmen, Tschechoslowakei

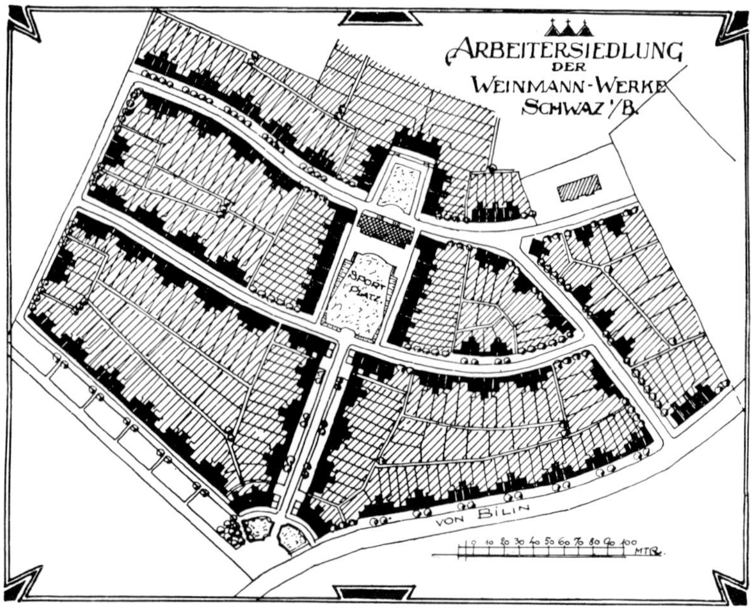

1

2
3
4

2

3
4

1 *Grundriss Erdgeschoss, Obergeschoss 1:500*
2 *Strassenansicht*
3 *Gartenseite von Nordosten*
4 *Gartenseite von Südosten*

5
6

1 *Situation 1:5000*
2 *Gartenseite einer Hauszeile*
3 *Kopfbau am Nordende der Siedlung*
4 *Einzelhaus*
5 *Ansicht auf den 1. Bauabschnitt, von Westen, links erkennbar der Kopfbau von Abb. 3*
6 *Blick durch die Siedlung in der Längsachse vom Kopfbau (Abb. 3) aus*

Vgl. Kristiana Hartmann, «Von der Gartenstadt zur Grosssiedlung».

48 **Heimstättensiedlung Wilmersdorf,** 1919–20, Berlin-Wilmersdorf, Hanauerstrasse

Die Siedlung wurde von der «Gemeinnützigen Aktiengesellschaft Heimstätten-Siedlung Berlin-Wilmersdorf» erstellt; Ausführende war die «Berlinische Boden-Gesellschaft». Der Magistrat von Wilmersdorf hatte den schmalen, im Norden von der S-Bahn begrenzten Landstreifen sehr günstig abgegeben, damit die Häuser zu möglichst niedrigen Preisen an Kriegsteilnehmer weiterverkauft werden konnten.

Die rationelle Ausnützung des Terrains machte es notwendig, die Häuserreihen senkrecht zur Strasse zu stellen. Die gleichmässigen Räume zwischen ihnen werden hinten durch Doppelhäuser (mit grösseren Nord-Süd-Typen) geschlossen. Das führte zu einer anderen Erschliessungsform, als sie damals in solchen Siedlungen üblich war: die Häuserreihen sind nicht paarweise zusammengefasst durch einen Hof. Sie weisen auch nicht eine Hof- und eine Gartenseite auf: anstelle von häuserbreiten Gärten entwarf Salvisberg eine puzzleartige Aufteilung des Bodens, bei der die Gärten der Häuser abwechselnd auf der West- oder auf der Ostseite liegen, aber die Breite von zwei Häusern haben.

Im Gegensatz zur Werkssiedlung Piesteritz handelte es sich hier um Häuser für den unteren Mittelstand. Die Haustypen weisen deswegen eine Stube und eine gesonderte Küche auf, die beide vom Flur aus erschlossen werden.

Die Häuser wurden bräunlich verputzt, in einem Farbton also, der als «Landhausfarbe» verstanden wurde. Ein schönes formales Detail bildet das Spalier im Erdgeschoss, das flächenbündig mit dem Obergeschoss ist, weil dieses gegenüber dem Erdgeschoss um einige Zentimeter auskragt. Im Gegensatz zu den etwas später in der Schweiz entstandenen Reihenhaussiedlungen von Hans Bernoulli ist hier kaum ein englischer Einfluss feststellbar.

1
2

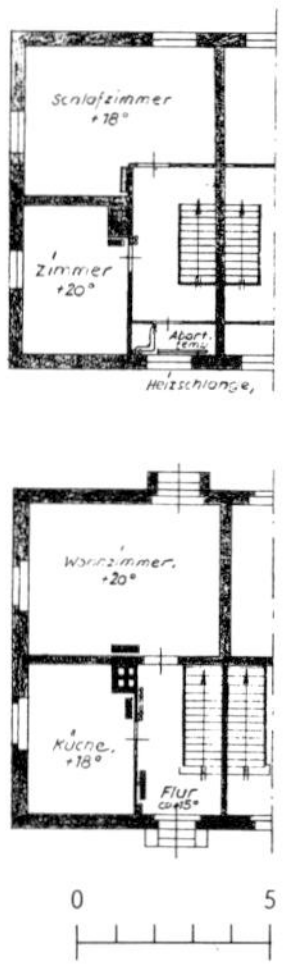

52 **Haus Salvisberg I,** 1921–22, erweitert und umgebaut um 1927, Berlin-Südende, Oehlertstrasse 13 (zerstört)

1

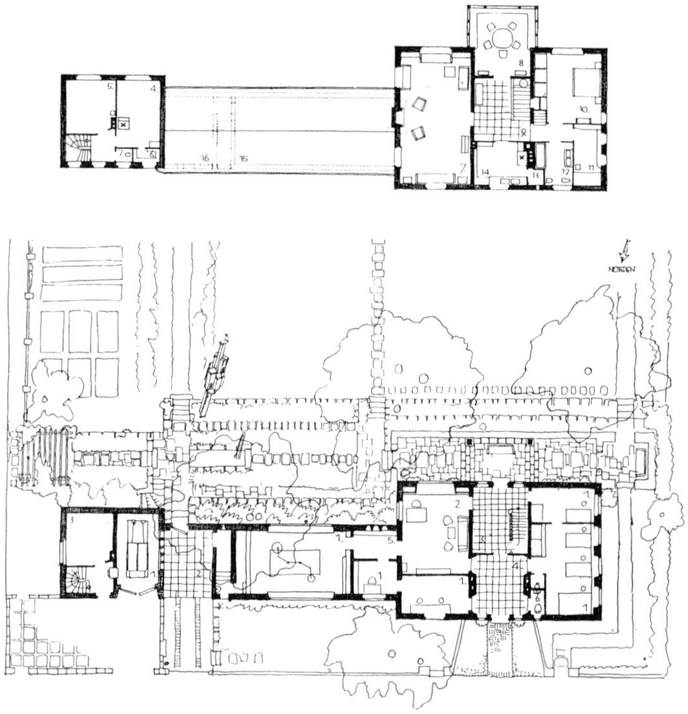

2
3
4

3

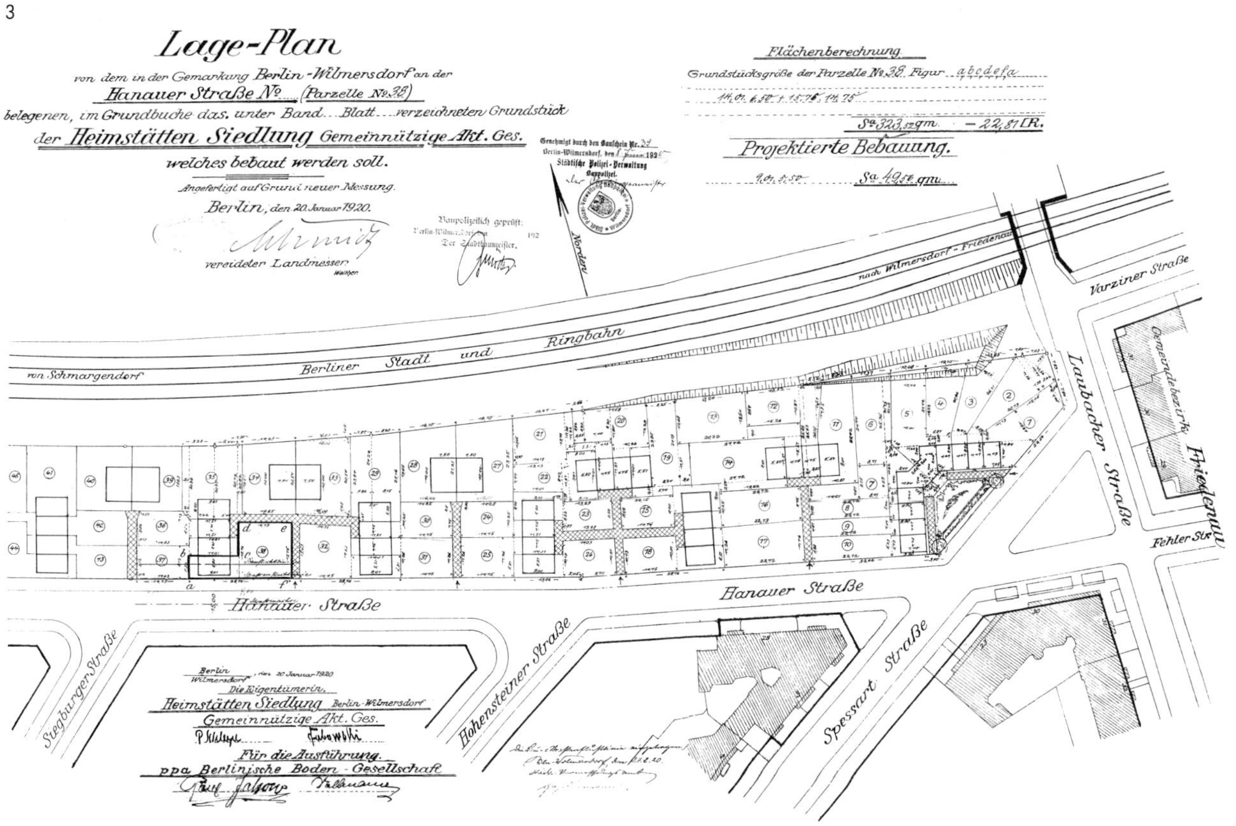

1 Siedlungskopf an der Spessartstrasse mit 10 Kleinhäusern
2 Grundrisse eines endständigen 3½-Zimmer-Normalhauses, 1:400 (Planaufnahme um 1950)
3 Siedlungsplan, östlicher Teil, 1:2000

5

6

1 *Grundrisse Erd- und Obergeschoss (1927), 1:500 (Hauptbau: 1 Ateliers, 2 Empfangszimmer, 3 Diele des Wohnteils, 4 Diele des Ateliers, 5 Bibliothek, 6 WC, 7 Wohnzimmer, 8 Esszimmer, darüber Sonnenbad, 9 Flur, 10 Schlafzimmer, 11 Kammer, 12 Bad, 13 Speisekammer, 14 Küche; Nebengebäude: Garage und Chauffeurwohnung)*

2 *Ansicht von der Strasse, vor 1927*
3 *Ansicht vom Garten, vor 1927*
4 *Ansicht vom Garten, nach dem Umbau, 1927; rechts das Atelier*
5 *Esszimmer auf ehemaligem Balkon, 1927*
6 *Salvisbergs Atelier; in alle Richtungen schwenkbare Lampen*

Vgl. Claude Lichtenstein, «Villen und Landhäuser 1911–36».

Mit dem Vox-Haus erhielt Salvisberg einen Auftrag von ausgesprochen weltstädtischem Charakter. Die junge Firma mit dem Slogan «Die Stimme der Welt» baute sich hier am Potsdamerplatz ein Stammhaus, eine «Sehenswürdigkeit ersten Ranges, wie man sie in der alten und neuen Welt kaum wiederfinden dürfte».[1] Die Vox-Gesellschaften stellten unter anderem Plattenspieler und Apparate für Telegraphie und Telephonie her. Es handelte sich um den Umbau einer früheren Bierschenke, eines Kaffeehauses und eines Kabaretts. Der Bau lag unmittelbar neben dem berühmten «Rheingold»-Haus von Bruno Schmitz.

Ein Grundriss ist nicht erhalten. Aus den Aufnahmen ist zu schliessen, dass durch den Umbau unter anderem drei Höfe über dem Erdgeschoss mit Glas gedeckt wurden, so dass sich die Ladenzone nun in einer grossen Bautiefe bis zum Hotel Esplanade erstreckte. In den Obergeschossen lagen die Verwaltungs- und Labor-Räume.

Von der Strasse aus trat man in den Empfangs- und Verkaufsraum, dessen Besonderheit ein «Gurtförderer» war, der Schallplatten aus dem Lager heraufschaffte. Der erste Lichthof, «Foyer» genannt, erschloss einen mahagonigetäfelten Vorführraum, ebenso einen Konzertsaal für 120 Personen, der sich hinter den stoffbespannten Glastüren befand und der, «ganz in Holz getäfelt, mit dem dunklen, mattblauen Gestühl und den verdeckten, abgedämpften Lichtquellen, besonders behaglich» war.[2] Der hinterste, kleinste Lichthof war ein Vorraum zu neun kleinen Kabinen.

Salvisberg steigerte geschickt das Besondere, das dem «Musikpalast»[3] damals an sich schon eigen war, mit den Mitteln des raffinierten Ausstatters: japanisch inspirierte Malerei in den dunklen Wandfeldern des Foyers und ein ganzes «japanisches Zimmer», eine zurückhaltende Verwendung von expressionistischen Motiven (Deckenstukkaturen, «Salvisberg-Dreizack» über dem Verbindungsgang zwischen dem ersten und dem zweiten Lichthof, der sich mit dem «Vox»-Signet zu einer dynamischen Gesamtfigur verband) und eine gekonnte Licht- (und wohl auch Farb-) Regie machen dieses Gebäude zu einem der wichtigen Beispiele für den Raumgestalter Salvisberg.

1 *Phonographische Zeitschrift,* 1922/21 S. 902.
2 *Berliner Börsen-Courier,* 16.10.22.
3 *Berliner Lokal-Anzeiger,* 5.10.22.

1

2
3
4

5
6

7
8

1 *Ansicht von der Potsdamerstrasse*
2 *1. Lichthof, «Foyer»*
3 *1. Lichthof*
4 *2. Lichthof*
5 *Vorführkabine*
6 *mahagony-getäfelter Vorführraum*
7 *3. Lichthof, Vorraum vor den Kabinen*
8 *1. Lichthof, Blick zum Verbindungsgang*

56 **Farbwerke Zoellner,** 1921–22, Erweiterung, Berlin-Neukölln, Köllnische Allee

1

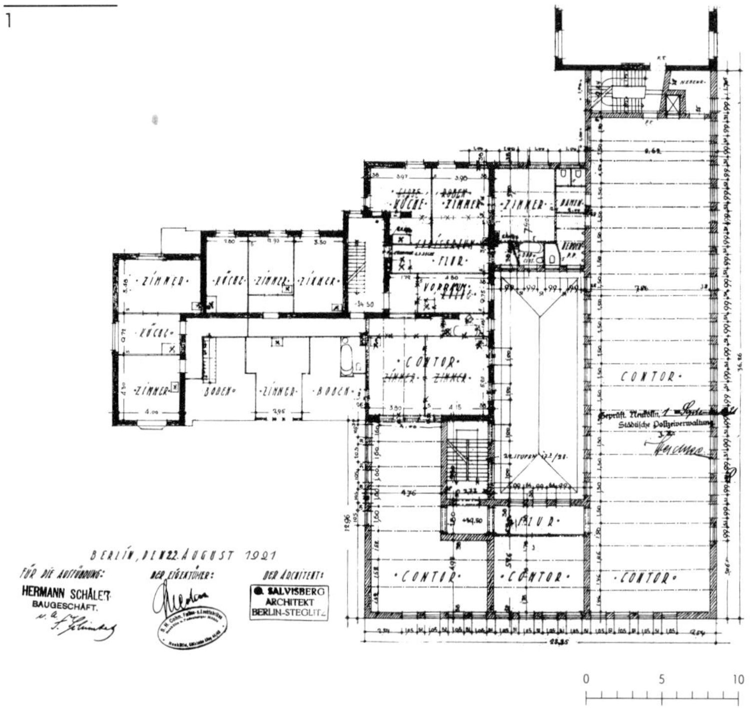

2

64 **«AHAG»-Typenhaus,** um 1923

Für den Bauunternehmer Adolf Sommerfeld[1] entwarf Salvisberg ein Typenhaus. Ob es je produziert wurde, liess sich nicht ermitteln. Auf dem Gelände am neuen Botanischen Garten, von dem im Verkaufsprospekt die Rede ist, wurden jedenfalls keine Häuser dieses Typs erstellt (wohl aber etwas später die Bauten Nr. 89, 97, 98).

Sommerfeld besass mehrere Sägewerke im Deutschen Reich, eines davon in Schneidemühl (Posen). Bei diesem Typenhaus scheint es sich indessen nicht um eine reine Holzkonstruktion zu handeln, vielmehr um eine Mischbauweise. Die Zusicherung «Ausführung friedensmässig» weist diesen Entwurf nicht etwa in die Jahre des Ersten Weltkriegs, sondern in die Zeit der Inflation, als zahlreiche Bauten von teilweise äusserst schlechter Qualität entstanden.

Die Grundrisse lassen einige Fragen offen, so z.B. nach den zwei als «Küche» bezeichneten Räumen im Erdgeschoss. Da im Obergeschoss-Plan offensichtlich die Steigung der Treppe falsch eingezeichnet ist, könnte es sich bei der angeblichen «Küche» rechts vom Eingang um eine Stube handeln.

1 Vgl. Angela Schönberger, «Salvisberg im kulturellen Klima Berlins».

1

3

1 *Grundriss Obergeschoss, 1:500, mit Altbau*
2 *Eingangsfront; der Eingang führt in die grosse Halle*
3 *Verkaufshalle mit Lichtdecke; Blick vom Eingang*

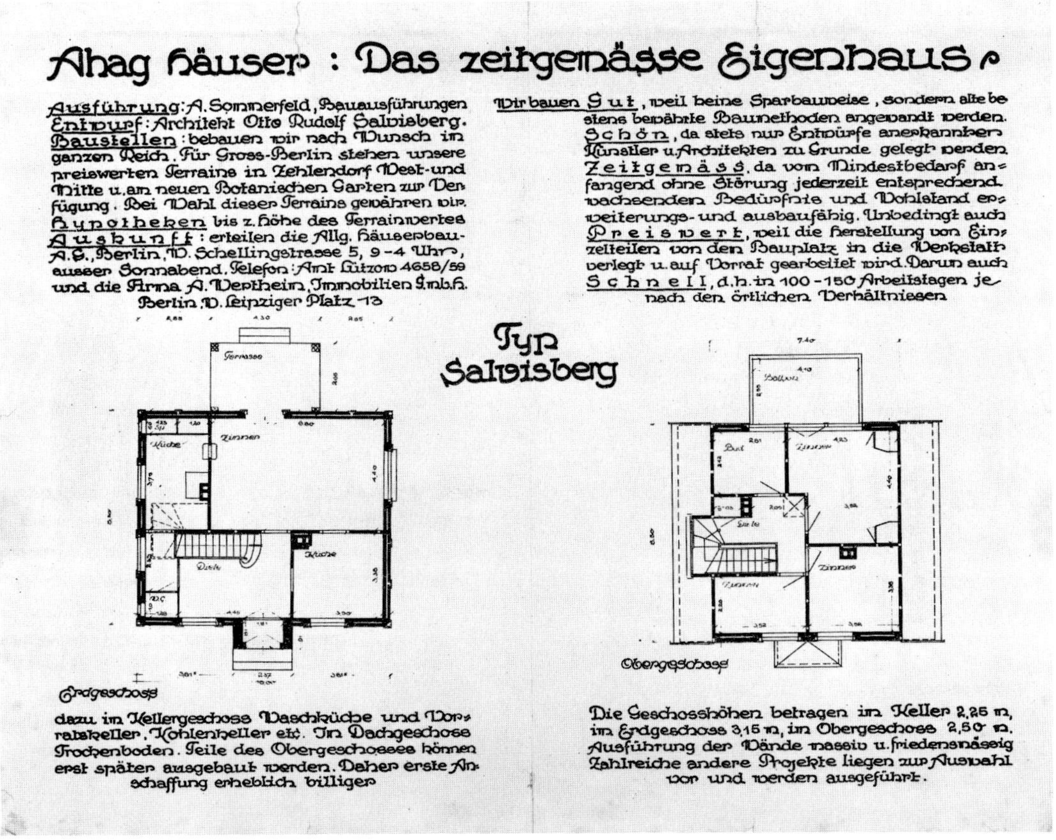

Ahag Häuser : Das zeitgemässe Eigenhaus

Ausführung: A. Sommerfeld, Bauausführungen
Entwurf: Architekt Otto Rudolf Salvisberg.
Baustellen: bebauen wir nach Wunsch im ganzen Reich. Für Gross-Berlin stehen unsere preiswerten Terrains in Zehlendorf West- und Mitte u. am neuen Botanischen Garten zur Verfügung. Bei Wahl dieser Terrains gewähren wir Hypotheken bis z. Höhe des Terrainwertes
Auskunft: erteilen die Allg. Häuserbau-A.G., Berlin, W. Schellingstrasse 5, 9–4 Uhr, ausser Sonnabend. Telefon: Amt Lützow 4658/59 und die Firma A. Wertheim, Immobilien G.m.b.H. Berlin W. Leipziger Platz 13

Wir bauen Gut, weil keine Sparbauweise, sondern alte bestens bewährte Baumethoden angewandt werden.
Schön, da stets nur Entwürfe anerkannter Künstler u. Architekten zu Grunde gelegt werden
Zeitgemäss, da vom Mindestbedarf anfangend ohne Störung jederzeit entsprechend wachsenden Bedürfnissen und Wohlstand erweiterungs- und ausbaufähig. Unbedingt auch
Preiswert, weil die Herstellung von Einzelteilen von dem Bauplatz in die Werkstatt verlegt u. auf Vorrat gearbeitet wird. Darum auch
Schnell, d.h. in 100–150 Arbeitstagen je nach den örtlichen Verhältnissen

Typ Salvisberg

dazu im Kellergeschoss Waschküche und Vorratskeller, Kohlenkeller etc. Im Dachgeschoss Trockenboden. Teile des Obergeschosses können erst später ausgebaut werden. Daher erste Anschaffung erheblich billiger

Die Geschosshöhen betragen im Keller 2,25 m, im Erdgeschoss 3,15 m, im Obergeschoss 2,50 m. Ausführung der Wände massiv u. friedensmässig. Zahlreiche andere Projekte liegen zur Auswahl vor und werden ausgeführt.

2

1 *Verkaufsprospekt; Modellaufnahme*
2 *Verkaufsprospekt; Grundrisse*

Vgl. Kristiana Hartmann, «Von der Gartenstadt zur Grosssiedlung».

74 **Haus Tang,** 1923–24, Berlin-Dahlem, Am Hirschsprung 48 (1977 abgebrochen)

3

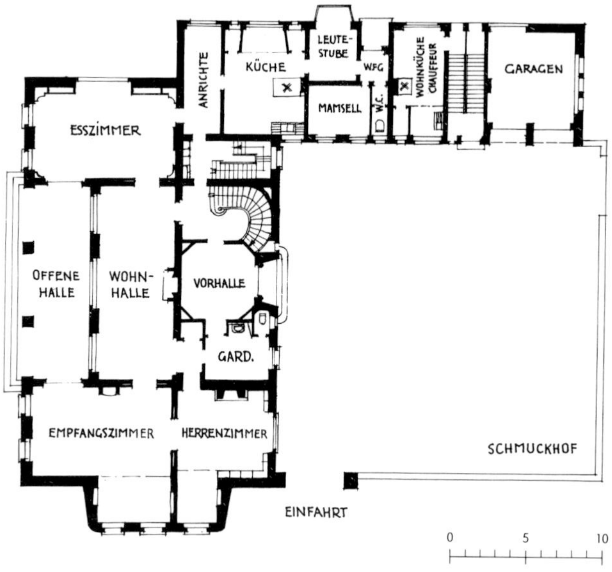

2
3

80 **«Sarotti»-Ausstellungspavillon,** 1924, «Anuga», Köln

Die Schokoladenfabrik Sarotti trat nach dem Ersten Weltkrieg mit Läden in Erscheinung, deren Architektur in einem unmittelbaren formalen Bezug zum Expressionismus stand. An der Schaffung dieses Firmengesichts hatte der Architekt Carl Stahl-Urach wohl den Hauptanteil. Im Salvisberg-Nachlass befinden sich Photographien von Stahl-Urachs Sarotti-Laden in München.[1] Das expressionistische Vokabular umfasste hier konisch nach oben auseinanderstrebende Vitrinen und Korpusse sowie ein vielfältig verschlungenes Linienwerk von Spitzbögen, Rauten und Kurven. Wahrscheinlich hat Salvisberg diese Photographien als Arbeitsunterlage für den vorliegenden Ausstellungspavillon erhalten.

Es ist aber offensichtlich, dass Salvisberg mit dieser Arbeit einen anderen Schwerpunkt setzen wollte. Traten in Stahl-Urachs Interieurs «gotische», «neobarocke» und «moderne» Elemente nebeneinander auf, reduzierte Salvisberg die Skala auf gerade, sich vielfältig überschneidende Linien. Man kann von geometrischem Expressionismus sprechen; formale Bezüge zu Bildern von Lyonel Feininger lassen sich hier herstellen.

Zwar ist die expressionistische Formensprache, die kurz nach dem Krieg die Hoffnung auf eine bessere Welt ausdrückte, hier zur Folie für einen kurzfristigen Lustgewinn durch Süssigkeiten geworden (eine gedankliche Verflachung, wie sie ähnlich auch bei unzähligen Bauten dieser Jahre auftrat). Anderseits bestand die Verbindung zwischen der Formenwelt dieses Pavillons und dessen Inhalt schon lange, nämlich in der beliebten deutschen Zuckertüte, die seit Menschengedenken prae-expressionistische Form-Assoziationen ausgelöst hatte.

1 abgebildet in *Moderne Ladenbauten* (Autor unbekannt), Berlin 1928.

4

5

1 *Grundriss Erdgeschoss 1:500, Norden ist rechts*
2 *Eingangshof*
3 *Zufahrt mit Torbogen, von Osten*
4 *Bad*
5 *Schlafzimmer im Obergeschoss*

Vgl. Claude Lichtenstein, «Villen und Landhäuser 1911–1936».

84 **Haus Jahn,** 1924, Berlin-Zehlendorf, Fürstenstrasse 11

1

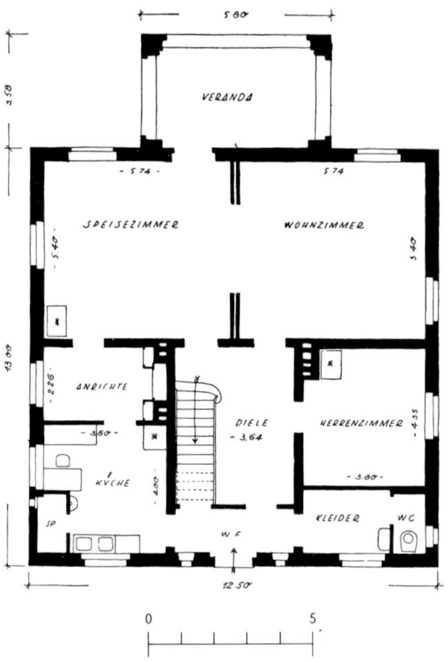

86 **Haus Krahner,** 1924–25, Berlin-Dahlem, Auf dem Grat 26

1

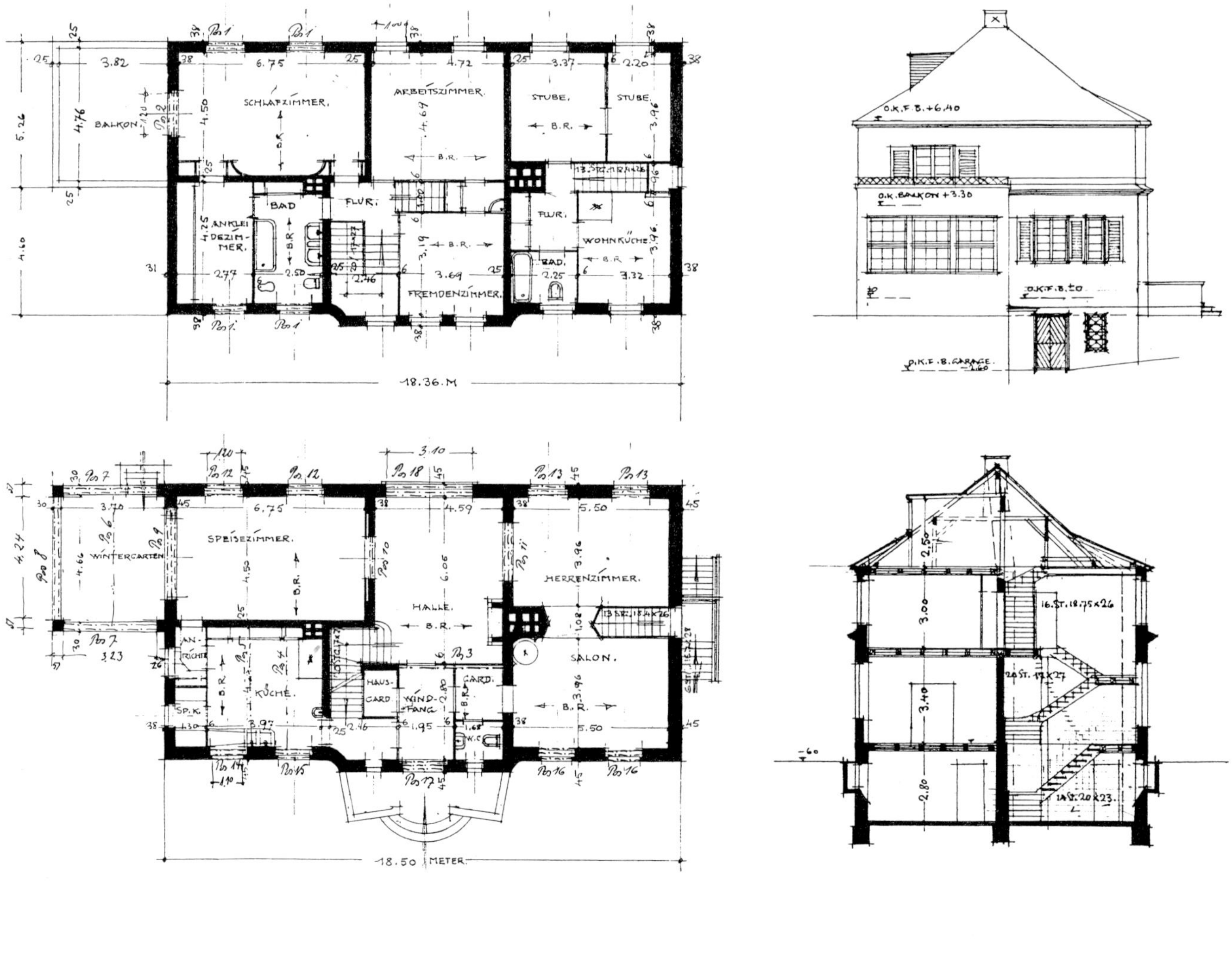

2

3

1 *Grundriss Erdgeschoss, 1:250*
2 *Strassenansicht*
3 *Ansicht vom Garten; über dem Wintergarten die Terrasse*

2

3

1 *Grundrisse Erdgeschoss und Obergeschoss/Querschnitt und Ostfassade, 1:250 (nach der Baueingabe)*
2 *Strassenansicht; das Obergeschoss ist um eine Steinbreite zurückversetzt; braunroter Feinputz (Aufnahme 1984)*
3 *Detail am Eingang*

87 Haus Happatz, 1925, Berlin-Zehlendorf, Waltraudstrasse 19

1

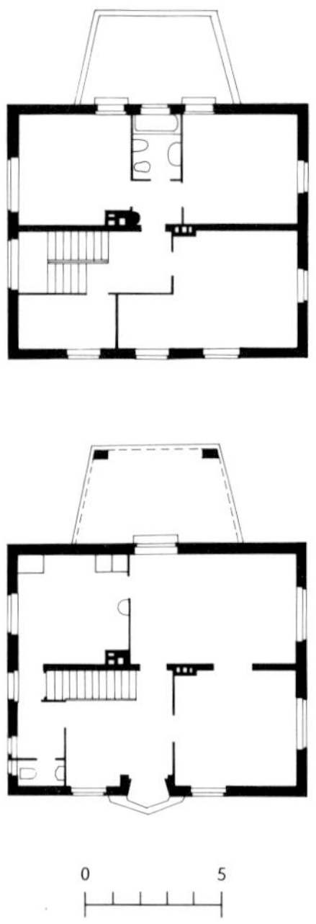

2

88 Mietshauskomplex Tempelhofer Feld, 1925, Wettbewerb, 1. Preis, nicht ausgeführt

Im Tempelhofer Feld sammelt sich preussische und Berliner Geschichte wie in einem Brennglas. Bis zur Jahrhundertwende – während um es herum die Mietkasernenviertel emporwuchsen – diente es als Exerzierplatz. 1903 verkaufte der Fiskus die 600 Hektaren Land an Spekulanten, die es mit fünfgeschossigen Miethäusern und einer Ausnützung von 70% hätten überbauen können. Diese «Ausschlachtung»[1] des Feldes wurde durch den Ersten Weltkrieg verhindert. 1918 wurde seine östliche Hälfte für den geplanten Flughafen ausgeschieden; im Westteil entstand eine gartenstadtähnliche Siedlung[2].

Gegenstand des vorliegenden Wettbewerbs, der unter den Berliner und einigen auswärtigen Architekten[3] ausgeschrieben wurde, war ein 750 Meter langer, 40 Meter tiefer Geländestreifen entlang der Berliner Strasse. Von den Vorschlägen zu dieser Randbebauung erwartete man zweierlei: erstens Wohnungen, die die neuzeitlichen Anschauungen der Wohnhygiene berücksichtigten, und zweitens eine eindrucksvolle städtebauliche Kulisse gegen das Flughafengelände. An der Stelle, wo die Paradestrasse auf die Berliner Strasse trifft, sollte ein 40 Meter hohes Verwaltungs- und Kontrollgebäude der Junkers-Flugzeugwerke entstehen, von dessen Dachterrasse aus das Flugfeld überblickt werden konnte.

91 Entwürfe wurden eingereicht. Salvisberg wurde mit einem von drei ersten Rängen ausgezeichnet. Das Preisgericht, dem u.a. Hans Poelzig angehörte, lobte die sinnreichen Grundrisse seiner Wohnungstypen und seine städtebauliche Lösung, d.h. die Gruppierung seiner Bauten, bemängelte aber die zu geringe Ausnützung des Areals. Besonderen Eindruck machte das von ihm vorgeschlagene Turmhaus. Während die Verfasser der anderen publizierten Entwürfe mehrheitlich die Vertikalität dieses Baues betonten, indem sie die Geschosse mit Lisenen zusammenfassten, interpretierte Salvisberg ihn als geschossweise geschichteten Bau, dessen Höhe durch Rückstaffelungen der oberen Geschosse unterstrichen wird. Salvisberg war hier erstmals mit dem Flachdach als einem architektonischen Thema konfrontiert. Der Fassadenaufbau des Junkers-Hochhauses war wenig später das bestimmende Element des zweiten Wettbewerbsentwurfs zum Berner Lory-Spital.

1 Der Begriff stammt von Werner Hegemann, der die Geschichte des Tempelhofer Feldes nachgezeichnet hat in seinem Buch *Das Steinerne Berlin* (1930), neue Auflage Berlin, Frankfurt/M, Wien 1963, S. 318.
2 Nach einem Entwurf von Stadtbaurat Bräuning; Bauträger war die Gemeinnützige Tempelhofer-Feld GmbH.
3 Unter diesen waren Paul Bonatz, Fritz Höger und Hans Scharoun.

1

3

4

1 *Grundrisse Erd- und Obergeschoss, 1:400*
2 *Eingang mit tiefblauer Holztüre und Klinkersteinen*
3 *Ansicht gegen die Strasse; um Steinbreite vorkragendes Obergeschoss*
4 *Gartenseite mit gedecktem Sitzplatz und Terrasse*

2

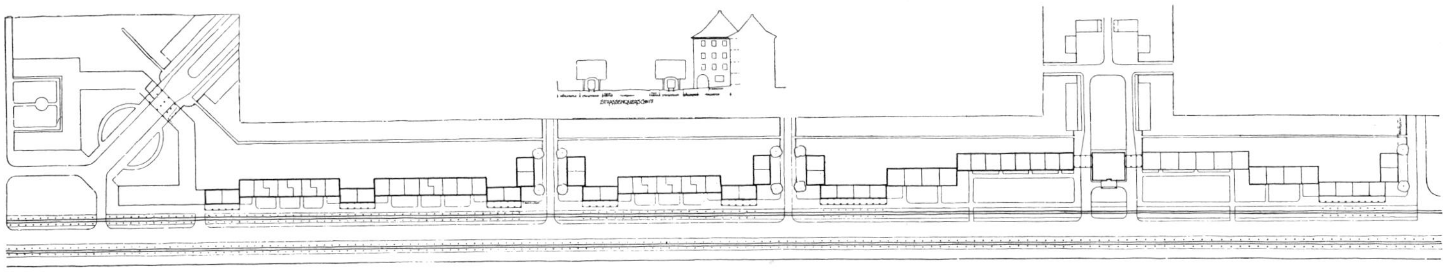

3

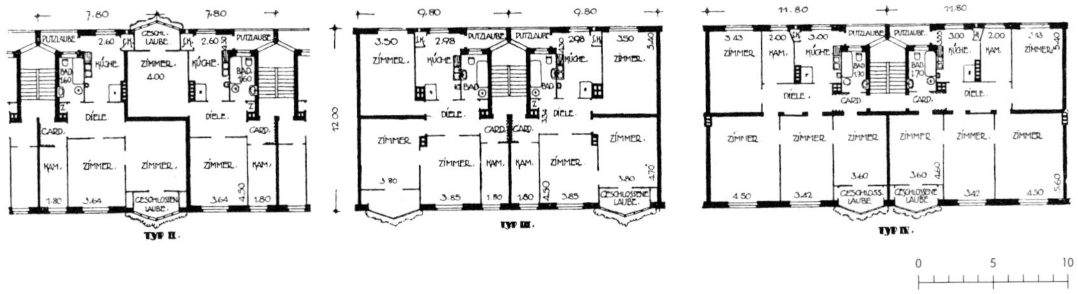

1 *Tangentialansicht gegen das Junkers-Hochhaus*
2 *Gesamtansicht; schematischer Grundriss, 1:5000 (unten die Berliner Strasse)*
3 *Wohnungs-Typengrundrisse, 1:500, links: 2½-Zimmer-Typ, mitte 3½-Zimmer-Typ, rechts 4½-Zimmer-Typ*

Die 30 Reihenhäuser wurden durch die «Allgemeine Häuserbau A.G. von 1872» (AHAG), die dem Unternehmer Adolf Sommerfeld[1] gehörte, errichtet. Sie ergaben eine Zeile von mehr als 250 Metern Länge. Mit einer Breite von rund acht Metern handelt es sich hier denn auch um einen anderen Haustyp als bei den Arbeiter-Reihenhäusern von Salvisbergs früheren Werkssiedlungen, nämlich einen zweiraumbreiten.

Infolge der Breite des Haustyps sind die Deckenbalken – anders als bei Reihenhäusern üblich – in der Tiefe des Grundrisses gespannt und liegen auf einer Mittelmauer auf. Diese konstruktive Ordnung bot die Freiheit einer von Geschoss zu Geschoss recht verschiedenen Raumeinteilung, da die Trennwände keine tragende Funktion auszuüben haben.[2] Damit sind Entsprechungen zu Salvisbergs Interpretation der Aufgabe «Geschäftshaus» (Nr. 24, 108, 199) feststellbar.

Die Häuser sind räumlich grosszügig bemessen. Ihre symmetrischen Fassaden weisen darauf hin, dass es sich bei ihnen eigentlich um kleine zusammengebaute Villen handelt (im Dachgeschoss befanden sich Kammern für Personal). Es ist deswegen konsequent, dass die Häuser mehr als bei den Arbeitersiedlungen individualisiert sind: zunächst durch eine reiche Variation von Farbtönen, dann auch durch verschiedene Arten von Haustüren, Fenstern und Gesimsen, die, bei Einheitlichkeit im Grossen, vielfache Kombinationen erlauben. Auf der übergeordneten, nämlich der städtebaulichen Ebene sind die Häuser dagegen gruppenweise unter einem Dach zusammengefasst und entsprechen damit dem Wettbewerbsentwurf für das Tempelhofer Feld (Nr. 88). Die Zeile reagiert mit einigen Stufen auf das leichte Gefälle der Hortensienstrasse. Ihre Enden sind durch dreigeschossige Hausgruppen betont. Ein besonderes Turmhaus bildet eine Zäsur an der Stelle, wo die Lilienstrasse in die Hortensienstrasse mündet, und schliesst diese räumlich ab.

1 Zur Person von Adolf Sommerfeld s. Biographie O.R. Salvisberg und Angela Schönberger, «Salvisberg im kulturellen Klima Berlins».
2 Diese Möglichkeit war von Le Corbusier in seinen «Fünf Punkten» (1925) nicht erwähnt worden, wo er den «plan libre» dem «plan paralysé» entgegenstellte, wobei in letzterem alle vier Wände eines Raumes als Tragwände fungieren.
3 Infolge der zeitlichen Nähe lässt sich wohl kaum sagen, welche der beiden Arbeiten die andere beeinflusst hat – oder ob sogar eine analoge Reaktion Salvisbergs vorliegt, mit der er zwei gleichzeitig bearbeitete Aufgaben löste.

1

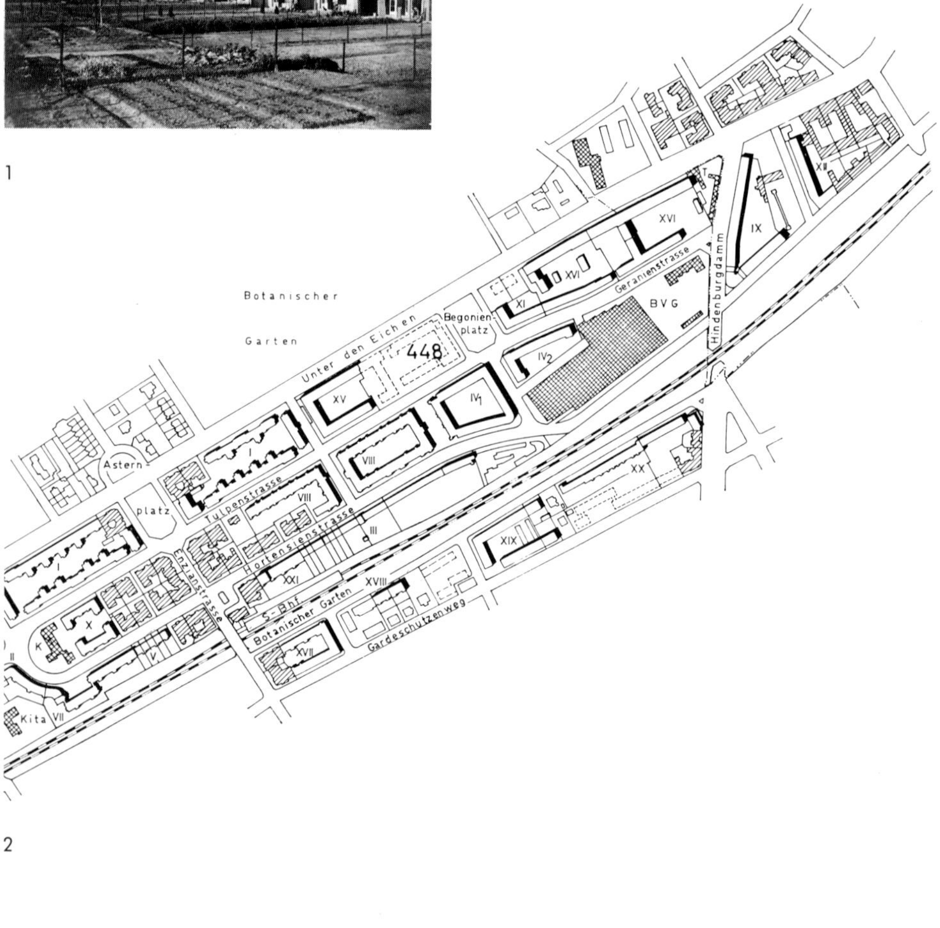

2

3

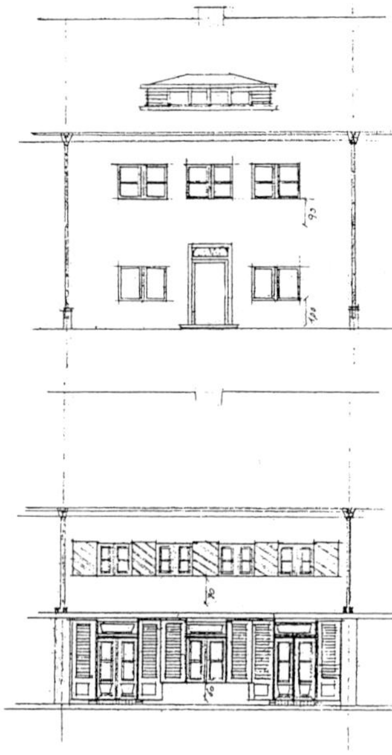

4

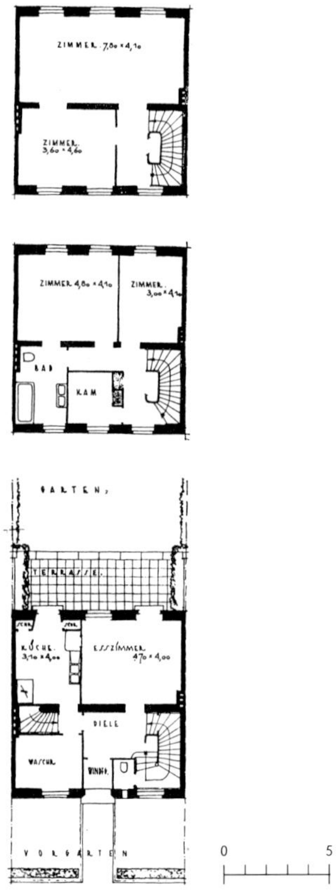

5

1 *Ansicht von Osten*
2 *Situation, ebenfalls sichtbar sind die Bauten Nr. 97 und 98 (IV 2 bzw. IV 1)*
3 *Strassenfront des Turmhauses (mit Atelier)*
4 *Strassen- bzw. Gartenseite eines Hauses*
5 *Grundrisse Erdgeschoss, 1., 2. Obergeschoss 1:400*
6 *Front gegen die Hortensienstrasse*
7 *Gartenseite des Turmhauses*

6
7

Neben der Reihenhauszeile an der Hortensienstrasse (Nr. 89) und auf demselben Gelände des Unternehmers Adolf Sommerfeld baute Salvisberg zwei viergeschossige Mietshäuser. Sie bilden unter anderem, symmetrisch aufeinander bezogen, den südlichen Abschluss des Geranienplatzes, welcher sich gegen die Hauptstrasse von Berlin nach Potsdam, Unter den Eichen, öffnet.[1] In den einander zugewandten Eckbauten sollten ursprünglich im Erdgeschoss Läden eingerichtet werden; sie wurden nicht ausgeführt. Die konischen Pfeilervorlagen der massiven Wand erinnern noch an die ursprüngliche Absicht.

Der östliche, winkelförmige Block wurde als «Freimietenhaus» bezeichnet, weil er nicht vom Wohnungsamt bewirtschaftet war. Die späteren Mieter beteiligten sich mit Baukostenzuschüssen an der Finanzierung des Hauses; dafür waren sie auf drei Jahre von der Miete befreit. Eine 3-Zimmer-Wohnung kostete an solchen Zuschüssen zwischen 5500 Goldmark (drittes Geschoss) und 6600 Goldmark (erstes Geschoss). Auch wenn dieses «Freimietenhaus» vielleicht nicht das einzige dieser Art war, und damit keine «Erfindung» Sommerfelds, war es in der Art seiner Finanzierung eine Ausnahme.

Die Wohnungstypen sind übliche 2- und 3-Zimmer-Wohnungen, ökonomisch dimensioniert und aufgebaut und jeweils paarweise zusammengefasst; Eckwohnungen umfassen 4 und 5 Zimmer. «Die Wohnungen haben durchweg elektrisches Licht, Gasanschluss, Loggia und ca. 60 m^2 Gemüseland pro Wohnung», hiess es im Verkaufsprospekt. Das Badezimmer, in anderen Städten bei vergleichbaren Wohnungen noch keineswegs selbstverständlich, war offenbar nicht mehr besonders erwähnenswert.

Das auffallendste äussere Merkmal des «Freimietenhauses» und des benachbarten Blocks ist der Dachüberstand von mehr als 1 Meter, der von den emporstrebenden und dabei zunehmend auskragenden Veranden gestützt zu werden scheint. In zeitgenössischen Kommentaren war davon die Rede, dass diese Form so durchaus überzeugend sei, «dass die spontane Ablehnung des Ungewohnten sich nach längerer Zeit der Betrachtung in Wohlwollen wandeln wird».[2]

Die kräftig wirkenden vertikalen Elemente von «Erkern» und Eingängen – hier durch einen noch deutlich expressionistischen Gestus dramatisiert – ermöglichten es Salvisberg, problemlos das leichte Gefälle der Strassen aufzunehmen: die Bezugsebene dieser Gebäude ist die Dachtraufe. In ähnlicher Zuordnung treten bei Salvisberg auch später Erker und Eingang als wichtige Formelemente auf (Nr. 139 und Nr. 188). Das war schon im Wettbewerb zur Randbebauung des Tempelhofer Feldes (Nr. 88) der Fall, in einer Arbeit, die auch hinsichtlich der Wohnungsgrundrisse auf die vorliegende Überbauung einen Einfluss gehabt hat.

Der starken Wirkung von Erkern und Dach hinterlegt ist die Flächigkeit der Bauten, die als aussergewöhnlich empfunden wurde. Die Fenster sind putzbündig eingesetzt, mit weissen Flügeln in grünem Rahmen. Gelbliche Faschen (glatte, rahmenartige Partien im Putz) umgeben jedes einzelne Fenster und situieren es in der rotbraunen Fläche des Rauhputzes.[3] Sockel und Erker sind gelblich, «in der Farbe des ostelbischen Sandstrandes»[4]; die Dachuntersicht ist ungegenständlich bunt bemalt.

Die zweite Baugruppe, eine geschlossene Randbebauung mit einem weiträumigen Innenhof, ist im wesentlichen mit dem Freimietenhaus identisch, mit der Ausnahme der Westseite, die einen grossen, zunächst unerklärlichen Gegensatz bildet. Im gleichen Zusammenhang, zur gleichen Zeit und vom selben Architekten gebaut, ist der Mietshauskomplex am Hortensienplatz architektonisch ganz anders behandelt. Diese Gruppe von drei Zweispännern ist nicht durch vertikale Elemente gegliedert und ansonst neutral und flächig wirkend, sondern von einem intensiven Liniennetz überzogen und auch volumetrisch stark in der Horizontalen betont. Die Fassade ist «erstaunlich kühn in rote und gelbweisse Streifen aufgeteilt»[5]; sie endet beidseits in breit gelagerten Wintergarten-Risaliten, die zu 4-Zimmer-Wohnungen gehören, aus denen sie über Eck nach aussen drängen: architektonisch und zeitlich passt dieses Element und seine Behandlung recht gut zwischen die beiden Wettbewerbsentwürfe zum Lory-Spital in Bern (Nr. 103). Auch hier wurde das Motiv des «Erkers» verwendet, und dies auch unter Bezug auf den Tempelhofer-Wettbewerb. Als dreieckige Ausweitung des Wohnzimmers tritt er nur leicht vor die Fassadenflucht vor und reicht bis zum Erdgeschoss herab; er verbindet das Gebäude satt mit dem – hier ausgeebneten – Gelände. Die Hauseingänge liegen in der Fläche zwischen den Erkern. Dadurch wird auch der Sinn dieser starken Streifung der Fassade klar: sie ermöglicht es, die Verschiebung der Fensterachsen im Bereich der Eingänge vollständig zu überspielen.

Es bleibt die Frage nach dem Grund für die Verschiedenartigkeit der architektonischen Interessen, die sich in dieser Überbauung manifestieren. Eine erste Begründung liegt darin, dass die Überbauung ein Fragment ist; ein dritter Teil, der dem Haus am Hortensienplatz gegenüberliegen sollte, wurde nicht gebaut. In diesem Zusammenhang hätte dieses Haus die Aufgabe gehabt, die beiden Teile optisch miteinander zu verklammern; die unbewältigte Nahtstelle zwischen den zwei «Sprachen» wäre dann zumindest weniger wichtig gewesen. Die zweite Antwort lautet: Beide Teile lassen sich als Bestrebungen verstehen, verschiedene formale Interessen, die möglicherweise durch den Tempelhofer-Wettbewerb ausgelöst wurden, zu verfolgen und auszuprobieren. Auch die späteren Wohnanlagen Salvisbergs gehen immer wieder auf die «beiden Möglichkeiten», die hier vorliegen, zurück.

1 Der (ältere) Asternplatz, einige hundert Meter stadtauswärts, weist dieselbe Grundanlage auf.
2 *Deutsche Bauhütte*, 1928/17, S. 259–260.
3 ebd.
4 ebd.
5 ebd.

1

2

3

4

5

6

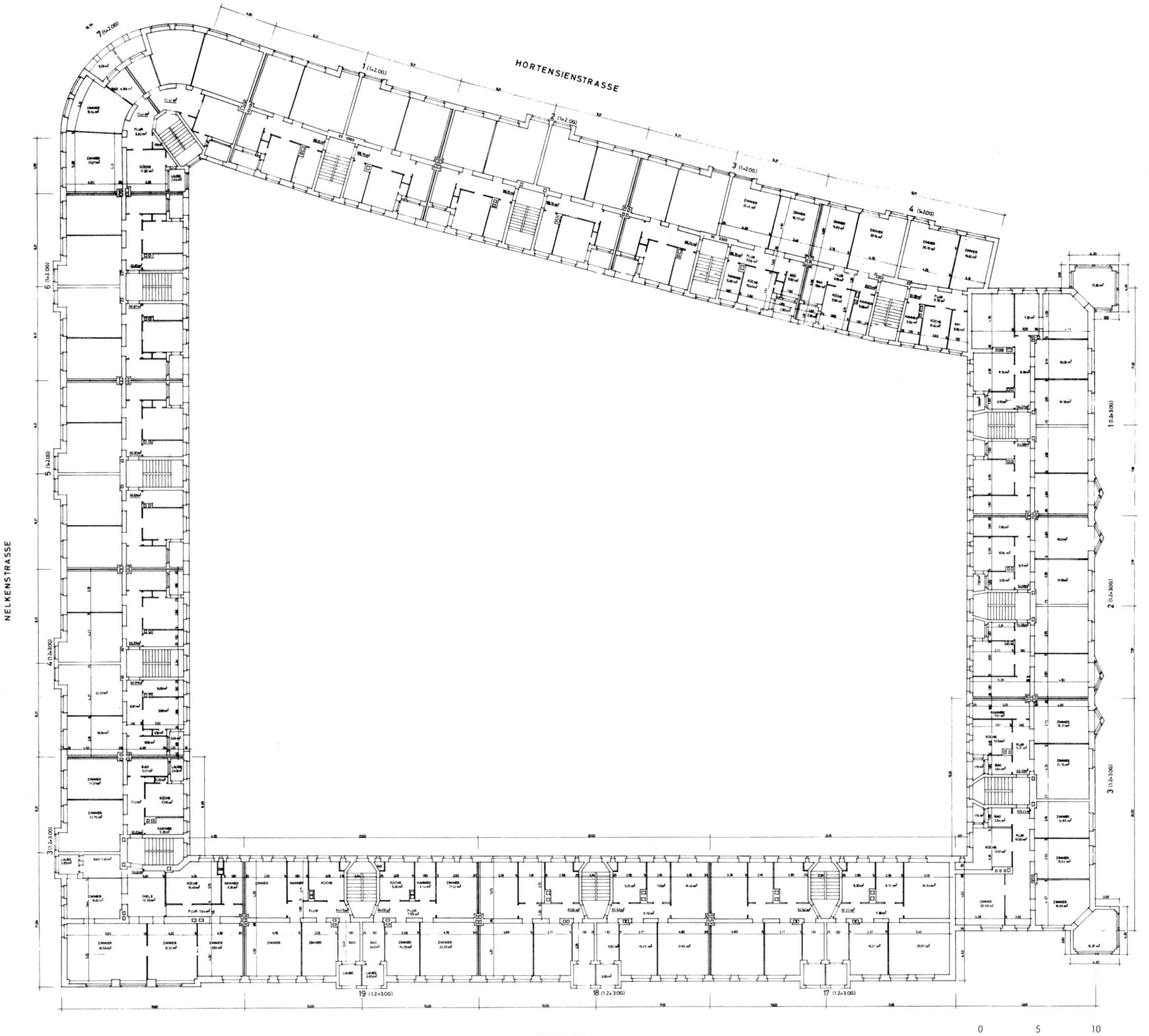

7

1 *Mietshaus am Hortensienplatz (Nr. 98)*
2 *Anschlussstelle zwischen den beiden Bauabschnitten*
3 *Freimietenhaus (Nr. 97), Begonienplatz*
4 *Freimietenhaus, Front entlang der Geranienstrasse*
5 *Front entlang der Hortensienstrasse*
6 *Grundriss zur Nr. 98, 1:500*
7 *Schaubild; im Hintergrund die Reihenhäuser (Nr. 89), rechts die Erweiterung, die dann aber durch einen anderen Architekten ausgeführt wurde*

99 **Mietshauskomplex Heiligendammer-/Doberanerstrasse,** 1925–26, Berlin-Schmargendorf

Diese und die benachbarte, unter Nr. 109 aufgeführte Überbauung wurden im Auftrag der «Deutschen Wehrmacht» durch die Wohnbau GmbH erstellt. Sie wurden für Familien von höheren Reichswehroffizieren gebaut, sind also keine Beispiele für den genossenschaftlichen oder gemeinnützigen Wohnungsbau. Entsprechend komfortabel und grosszügig wurden die Wohnungen angelegt.

Am repräsentativsten sind die Wohnungen an der Heiligendammerstrasse. Als Abbild der militärischen Hierarchie ihrer Bewohner sind hier die Geschosse höher als bei den anderen Bautrakten. Diese nach Süden liegenden Wohnungen besitzen eine vorgebaute verglaste Laube; sie bedingt, dass das Gebäude von der Baulinie zurückgesetzt wird – eine Massnahme, die Salvisberg aus Gründen des Städtebaus, der Repräsentation oder der Wohnkultur (um nicht zu sagen Wohnhygiene) immer wieder traf (vgl. z.B. Nr. 142, 186, 188).

Salvisbergs Aufmerksamkeit galt besonders der Ausbildung der Ecke. Wie auch bei anderen seiner Bauten wurde sie hier als Möglichkeit verstanden, eine volumetrische Interpretation der Überbauung zu vermitteln. Die einander zugewendeten Risalite dieses und des benachbarten Gebäudes (Nr. 109) geben einen Eindruck von der inneren Einteilung des Gebäudes – wobei Salvisberg die tatsächliche Disposition der Wohnungen bildwirksam «korrigiert». Zugleich schafft er durch die leicht vorgezogenen Partien die Andeutung eines Tores zur Doberanerstrasse und zum ruhigen Krampasplatz.

Die Häuser, in gepflegter Ausführung erstellt, sind gut erhalten. Der Sockel wurde mit Klinkern verblendet, die Geschosse sind durch Terrakotta-Gesimsbänder voneinander abgesetzt, die Putzflächen gelblich eingefärbt. Die Treppenhäuser (ohne Aufzüge) erhielten eine Bespannung aus schilfartigen Matten, farbige (gelb, rot, schwarz) gegossene Fensterscheiben mit Dreieck-Motiven und einen roten Läuferteppich. Anlässlich einer Überholung der Häuser vor einigen Jahren wurden diese Treppenhäuser leider verändert und dabei banalisiert.

1

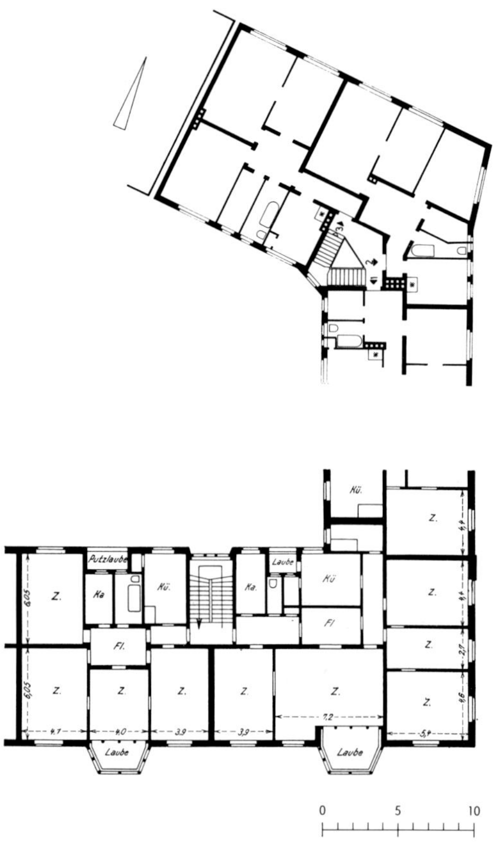

102 **Maschinen- und Apparatefabrik Geyer,** um 1926, Berlin-Adlershof, Adresse unbekannt

2

3

1 *Grundriss-Ausschnitte: oben Ecke gegen Krampasplatz, unten gegen Heiligendammerstrasse, 1:500*
2 *Ansicht von der Heiligendammerstrasse*
3 *Erker (im Hintergrund der Bau Nr. 109)*

Die Arbeit an dieser Bauaufgabe erstreckte sich über rund fünf Jahre: 1924 bis 1929. Am Anfang dieser Periode stand der erste Wettbewerbsentwurf, der in seiner persönlich gefärbten, neuklassizistischen («bernerischen») Behäbigkeit zwar gut zum bisherigen Werk Salvisbergs passte, aber noch kaum etwas von der wegweisenden Qualität des ausgeführten Baues ahnen liess. Ein zweiter, engerer Wettbewerb brach dann 1925 dem Neuen Bahn[1]; 1929, als die neue Architektur in Zeitschriften wie z.B. «Das Werk» eben erst Eingang gefunden hatte, konnte das Lory-Spital als ausgeführtes Beispiel der ersten Stunde gefeiert werden: «Was nun heute sich fertig präsentiert, ist mehr als nur ein neues Krankenhaus. Es handelt sich hier um den wohlgelungenen Versuch, die gestellte Aufgabe zu lösen durch restloses, man möchte fast sagen rücksichtsloses Herausarbeiten der Krankenhaus-Bedürfnisse.»[2]

Möglichst viel Licht, Luft und Ruhe für den Kranken: von dieser Aufgabenstellung aus näherten sich Salvisberg und Brechbühl den Vorstellungen des Neuen Bauens, die umgekehrt in den stützenlos auskragenden Liegehallen ihren suggestiven baulichen Ausdruck fanden. Ihretwegen war das Gebäude von der Aura des Neuen umgeben und wurde schon im Rohbau publiziert: ein Heft der deutschen Zeitschrift «Baugilde» zeigte auf der Titelseite eine Rohbau-Aufnahme dieser nicht weniger als 4 Meter auskragenden Elemente. Ihre endgültige Form mit der Verglasung erhielten die Liegehallen erst 1926. Die Architekten mussten sich gegen starke Widerstände der Ingenieure durchsetzen, die davor warnten, dass der Mechanismus für das Verschieben des Glasvorhanges durch das Kriechen der Betondecken unbrauchbar gemacht würde.[3] Entsprechend schwer wurde der Beton armiert. Es handelt sich also um einen Kraftakt, den man dem Gebäude auch ansieht: kräftige Pfeiler, Decken und mittragende Brüstungen wurden monolithisch miteinander verbunden. Anders als wichtige Gebäude des Neuen Bauens ist das Lory-Spital kein Beispiel für ein sparsames Konstruieren mittels knapp bemessener Stützen und Unterzüge[4], sondern ist aus der Materie des Betons *geformt;* es macht also das Kräftespiel in ähnlicher Weise sichtbar, wie Erich Mendelsohn es theoretisiert hatte.[5] Salvisbergs Bereitschaft zum Neuen war zu einem gewissen Zeitpunkt so gross, dass er statt des bis dahin vorgesehenen Walmdachs einen Dachgarten mit zwei (Schwimm-) Bassins und Rasenflächen anlegen wollte. Leider wurde diese Absicht nicht verwirklicht (aus welchen Gründen ist nicht bekannt); erst bei der «Elfenau» gelangte die Dachterrasse in vereinfachter Form zur Anwendung (Nr. 136).

1 Im Preisgericht sass unter anderen Karl Moser, was Salvisberg und Brechbühl veranlasste, im 2. Wettbewerb einen möglichst neuzeitlichen Entwurf vorzulegen (mitgeteilt von Otto Brechbühl, 1977).
2 *Das Werk,* 1929/7, S. 198 (Autor ungenannt).
3 Mitgeteilt von Rudolf Benteli, Bern (1980).
4 Wie z.B. das gleichzeitige Lungensanatorium «Zonnestraal» in Hilversum (Architektur Duiker und Bijvoet).
5 Erich Mendelsohn, «Dynamik und Funktion», in *Das Gesamtschaffen des Architekten,* Berlin 1930, S. 22–34.

3
4
5

2

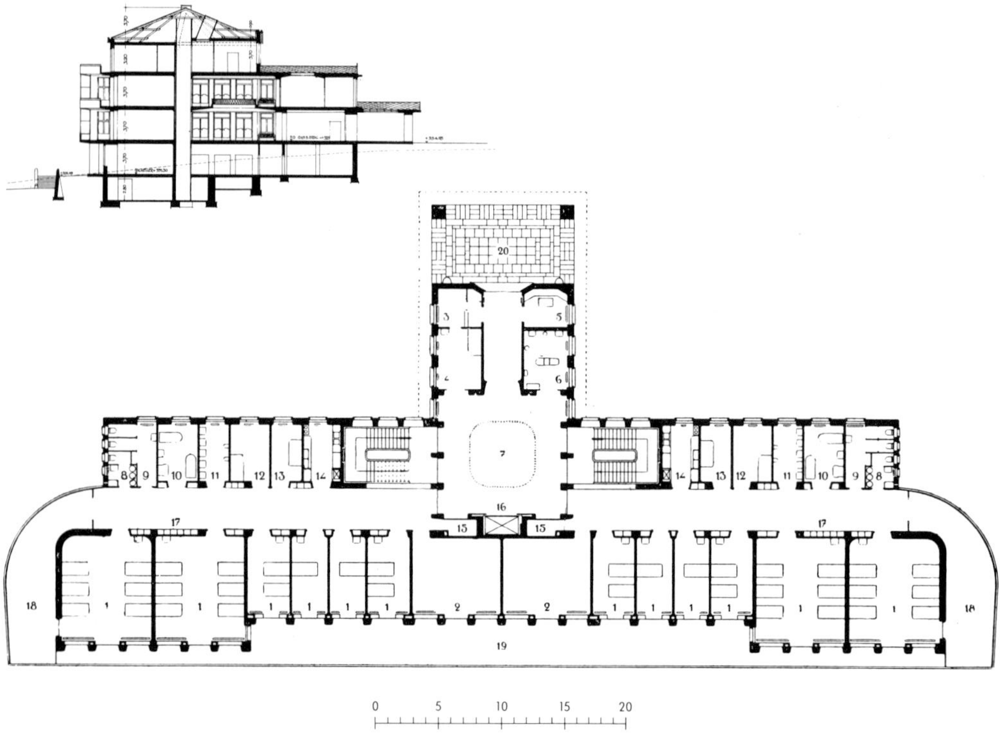

6
7

1 *Eingangshalle*
2 *Grundriss Erdgeschoss 1:600 / Schnitt 1:700*
3 *Östliche Liegeveranda mit zurückgeschobener Verglasung*
4 *mit geschlossener Verglasung*
5 *Küche*
6 *Westliche Liegeveranden im Rohbau*
7 *Armierung der Kragplatten*
8 *Ansicht von Südosten*
9 *Ansicht von Nordwesten*

Vgl. Christian Sumi, «Spitalbauten» / Bernhard Furrer, «Unser Umgang mit Salvisberg».

8
9

Die Siedlung war der erste Bauabschnitt der umfassenden Überbauung eines waldähnlichen Geländes in Zehlendorf, die 1929–30 nördlich der U-Bahn durch Bruno Taut allein weitergeführt wurde.[1] Der Bau dieser «Waldsiedlung» geht massgeblich auf die Initiative von Martin Wagner zurück, der damals, Anfang 1926, noch nicht Stadtbaurat von Berlin, aber Beauftragter der Gehag war.[2] Das Gelände war, völlig unüberbaut und unerschlossen, durch Adolf Sommerfeld von der Stadt erworben worden. Fred Forbat arbeitete für Sommerfeld einen ersten Bebauungsplan aus[3]; als aber die Gehag das Land von Sommerfeld erwarb, wurde Bruno Taut als deren Architekt mit der Aufgabe betraut. Ob Salvisberg auf Sommerfelds Veranlassung hin beigezogen wurde (vgl. Nr. 89, 97, 98), oder ob dies über andere Verbindungen geschah, ist nicht bekannt.

Die U-Bahn, die – als Einschnittbahn – das Gelände des ersten Bauabschnitts nordwärts begrenzt, war 1926 erst in groben Zügen geplant; ein U-Bahnhof Onkel Toms Hütte war zunächst nicht vorgesehen. Bereits 1930 war er, nach einem Entwurf Alfred Grenanders, gebaut. 1931 wurde er durch eine Ladenstrasse von Salvisberg erweitert, zu der Adolf Sommerfeld die Anregung gegeben hatte (Nr. 164). Diese Jahreszahlen beweisen, wie entschieden man auch in der Krisenzeit das Wohnbauprogramm vorantrieb.

Nach dem ursprünglichen Bebauungsplan war eine offene, landhausmässige, zweigeschossige Bebauung vorgesehen. Man dachte dabei an Einfamilienhäuser und Kleinvillen für den oberen Mittelstand, an dessen Steuerkraft der Bezirk Zehlendorf interessiert war. Dass die «linke» Gehag das Gelände erworben hatte, lief diesen Plänen zuwider und löste eine Polemik aus.

Von den 745 Wohnungen der Gehag-Siedlung liegen 354 in Vierfamilienhäusern (2½-Zimmer-Wohnungen; Architekt Bruno Taut), die übrigen 391 in dreigeschossigen 3½- und 4½-Zimmer-Reihenhäusern, wobei das dritte Geschoss als «Drempel» den Dachboden und einen vollwertigen Schlafraum enthält. Dieser dreigeschossige Typ war von der Gehag vorgeschrieben: aber auch wohlwollende Kritiker (z.B. Adolf Behne und Alexander Schwab) bezeichneten ihn als keineswegs vorbildlich: als unpraktische «Proletariervilla».

Die drei Architekten arbeiteten selbständig, aber «freiwillig und mit Überzeugung zu einem einheitlichen Gesamtton des Ganzen geeinigt»[4] den Bebauungsplan und die Grundrisse der Häuser in ihren durch das Los bestimmten Abschnitten aus.

Bestimmend für die ganze Siedlung war der Zeilenbau: Zeilen in Nordwest-Südost-Richtung, die sich auch durch eine subtile Gliederung der Strassen- und Gartenräume von der abstrakten, idealen Ost-West-Geometrie, z.B. der Karlsruher Dammerstock-Siedlung (1928–29), unterscheiden. Bemerkenswert ist, wie Salvisberg in seinem Abschnitt an einem seiner zentralen städtebaulichen Themen in abgewandelter Form festhielt. Um den Strassenraum zu gliedern und räumlich klar zu fassen, rückte er auch hier Häusergruppen – beidseits der Strassen – näher an diese heran und zeichnete sie besonders aus, nur tat er es nicht mehr mittels Kopfbauten und Arkaden (wie um 1920), sondern durch eine besondere Farbgebung der betreffenden Häuser.

War eine fröhliche Farbgebung das gemeinsame Ziel der drei Architekten, so hat Salvisberg besonders vielfältig mit diesem Mittel gearbeitet. Am Waldhüterpfad wurden die Häuser von gelb zu gelb-braun wechselnd abgetönt, am Fischtal hellblau; an der Reiherbeize waren sie cremefarben, die vorstehenden Häuser aber braunrot. Die verwendete Farbe war Keim'sche Mineralfarbe mit einer aus sich selbst heraus leuchtenden Pigmentierung.[5] Salvisberg machte die Mauer zwischen zwei Häusern sichtbar durch eine rote Klinker-Rollschicht, die in der gesamten Zeile gegenüber der Farbmodulation eine Konstante bildete. Die schmalen horizontalen Dachbodenfenster, die bei Salvisbergs Häusern durch dunkel gestrichene Holzlamellen bandartig verkleidet und mit der Schattenzone der Dachtraufe zusammengefasst sind, interpretieren die schmalen Hauseinheiten in einen horizontalen Verbund um.

Die ganze Siedlung wurde in Backstein-Massivbauweise errichtet. Die Decken über dem Kellergeschoss sind Massivdecken, die übrigen Holzbalkendecken. Salvisberg verwendete Normenfenster des Deutschen Normenausschusses, aber ohne Horizontalsprossen, im Gegensatz zu Häring und Taut, die breitere Fensterflügel anwandten.

Unmittelbar nach der Fertigstellung der Siedlung und südlich an sie anschliessend wurde von der Gagfah[6] eine weitere Siedlung gebaut. Sie entstand unter der Leitung von Heinrich Tessenow und umfasste Steildachhäuser verschiedener namhafter Architekten, darunter Hans Poelzig und Alexander Klein. Trotz der Beteiligten wurde sie im allgemeinen scharf kritisiert, da sie die Gehag-Siedlung funktionell und ästhetisch abriegelte und deren Einheitlichkeit schmälerte. In diesem «Dächerkrieg von Zehlendorf» schlug sich selbst die Illustriertenpresse mehrheitlich auf die Seite der Gehag, was für viele einen moralischen und künstlerischen Sieg der neuen Architektur bedeutete.

1 Siehe dazu Helge Pitz/Winfried Brenne, «Siedlung Onkel Tom Zehlendorf», in *Die Bauwerke und Kunstdenkmäler von Berlin,* Beiheft 1, Berlin/Rom/Florenz 1980.
2 Gehag = Gemeinnützige Heimstätten-Spar- und Bau-Aktiengesellschaft.
3 Hinweis durch Annemarie Jaeggi, Bauhaus-Archiv Berlin (1984).
4 Bruno Taut in *Die Baugilde,* 1926/17, S. 1017.
5 Die ursprüngliche Farbgebung ist durch Pitz und Brenne rekonstruiert worden und wird gegenwärtig an den Häusern wieder hergestellt.
6 Gagfah = Gemeinnützige Aktiengesellschaft für Angestelltenheimstätten.

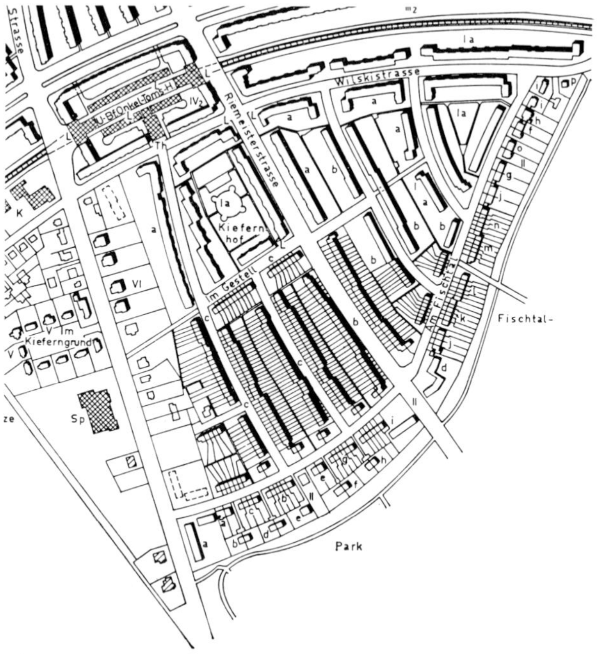

2

3

4

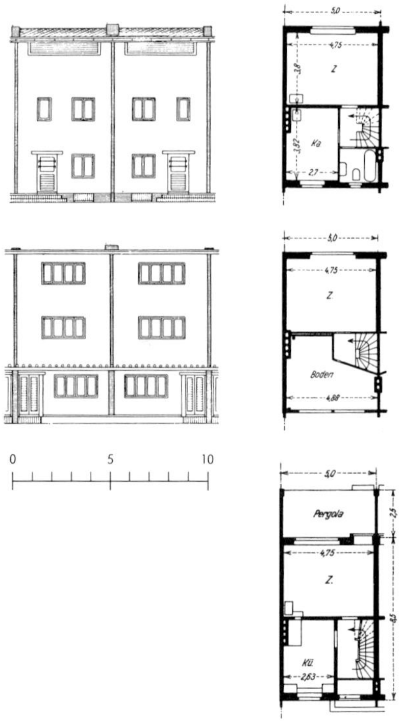

1 *Strassenansicht, 1984*
2 *Situationsplan 1:10 000,*
I a: Bauabschnitt Taut;
I b: Bauabschnitt Häring;
I c: Bauabschnitt Salvisberg
3 *Strassenansicht der 3½-Zimmer-Häuser*
4 *Strassen- und Gartenfassade (unten), Grundrisse 1:400*
5 *«Im Fischtal», 1928*
6 *Luftaufnahme; links im Bild die Gagfah-Siedlung*

Vgl. Kristiana Hartmann, «Von der Gartenstadt zur Grosssiedlung».

5
6

108 **Schweizerische Volksbank, Solothurn,** 1926–28, Solothurn, Wengistrasse 8 (teilweise verändert)

In seinen Vorlesungen an der ETH, einer Art Gebäudelehre, fasste Salvisberg die Anforderungen an ein Bankgebäude wie folgt zusammen: In der City, auf teurem Baugrund errichtet, müssten sie eine hohe Ausnützung aufweisen; Schalterhallen und Arbeitsräume verlangten viel Licht, was bei den notwendigen grossen Gebäudetiefen nur durch grosse Geschosshöhen und ein Maximum an Fensterflächen möglich sei. Doch «dieser gläserne Charakter entspricht nicht dem Wunsch des Geldmannes, der sein Geld in massiven, feuer- und diebessicheren Räumen, die auch dem Ansturm öffentlicher Unruhen zu widerstehen vermögen, anlegen möchte». Schliesslich: «Die kleine Fensterachse, die als günstiges Element für die innere Raumaufteilung angesehen werden kann, erschwert eine gewisse Monumentalität in der äusseren Gestaltung.»[1]

Die Volksbank Solothurn muss von Salvisberg noch Ende der 30er Jahre als durchaus aktuell betrachtet worden sein, denn er verwendete sie damals noch als Beispiel in seiner Vorlesung. Diese Äusserungen bringen auch sein gattungsspezifisches Denken zum Ausdruck, was erklärt, dass für ihn das gleichzeitige Entstehen dieser Bank und z.B. der Siedlung in Zehlendorf (Nr. 106) keinen Widerspruch darzustellen schien (auch die «Deutsche Bauzeitung» stellte 1929 diese Bank als Beispiel für die Gültigkeit des neuen Bauens vor).

Im Wettbewerb (1926) wurde der Vorschlag von Salvisberg und Brechbühl als der klarste und organisatorisch beste mit dem ersten Preis ausgezeichnet. Dank des Verzichtes auf einen Eingang in der Mittelachse war es ihnen gelungen, die Funktionsbereiche der Kundenhalle mit Bedienungsschaltern, der Buchhaltungsräume usw. auf einfache Weise mit dem konstruktiven Aufbau in Übereinstimmung zu bringen. Im ausgeführten Bau liegen die Archive nicht mehr im Dachstock und hinter zahlreichen Lukarnen, sondern unterhalb des höher gelegten Hauptgesimses und des flacheren Walmdaches, was gegenüber dem Wettbewerbsentwurf eine vorteilhafte Veränderung bedeutete. Die immer wieder anzutreffende Vorliebe Salvisbergs für eine blockhafte konzentrierte Architektur ist auch hier offenkundig und findet neben dem volumetrischen Aufbau auch im Material der Fassade (Verkleidung mit porösem, grünlichem Kunststein), im formalen Detail (Fenstergewände, Fugen, «aus der Fläche herausgeholtes» Relief in der Eingangsarkade) eine konsequente Durchbildung. Die Betonbalkendecke der Schalterhalle war mit einer Bemalung, die an Holzdecken erinnert, geschmückt, die Wände hingegen wurden mit Eschenholztäfer bewusst flächig ausgekleidet.

1 Otto Rudolf Salvisberg, «Bankgebäude», Vorlesungsmanuskript, unveröffentlicht.

1

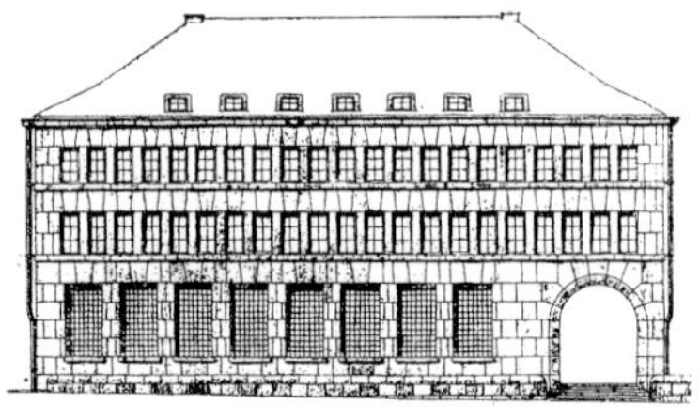

2

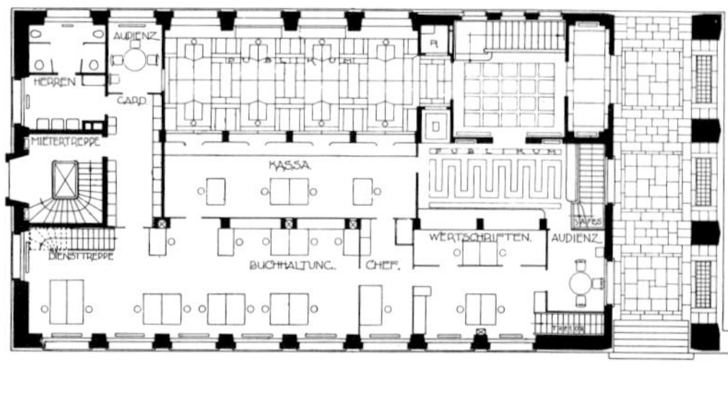

0 5 10

109 **Mietshauskomplex Heiligendammer-/Misdroyerstrasse,** 1927–28, Berlin-Schmargendorf (zerstört)

Dieser Wohnblock ist etwas später als der an der Heiligendammer-/Doberanerstrasse gebaut worden, an den er unmittelbar anschloss (Nr. 99). Bauherrin war auch hier die Wohnbau GmbH, und auch in diesen Wohnungen lebten Angehörige der Wehrmacht. Das Gebäude unterschied sich deutlich von seinem älteren Nachbarn: die Wohnungen waren kleiner und einfacher (sie waren aber mit Zentralheizung versehen). Dennoch wollte Salvisberg nicht auf die Rhythmisierung des Strassenraumes verzichten. Er erzeugte sie durch leichte, im Grundriss dreieckige Ausweitungen der Wohnzimmer über die sonst gerade Fassadenflucht hinaus (dabei von Erkern zu sprechen, wäre nicht richtig). Ein sich gegen die Strasse vorlehnendes Hauptgesimse aus mehreren Klinkersteinlagen verstärkte die dadurch entstehende Bewegung im Aufriss.

Das taten auch die Regenrinnen und die kastenförmigen Abfallrohre, die, tiefblau gestrichen, «lustig und unbekümmert»[1] vor den Graten dieser Ausweitungen angeordnet waren. Im Gegensatz zum älteren Wohnblock waren hier die – sprossenlosen – Fenster nur mehr durch die Flügelrahmen geteilt und durch putzbündige Klinkerflächen zu Bändern zusammengefasst. Die Westseite des Wohnblocks antwortete im volumetrischen Aufbau, durch die Loggien und die dazu gehörenden Klinker-Blumenkästen seinem Nachbarn. Das Gebäude wurde bei Kriegsende von einmarschierenden Truppen in Brand gesteckt und zerstört.

1 *Deutsche Bauhütte,* 1928/17, S. 260–261.

1

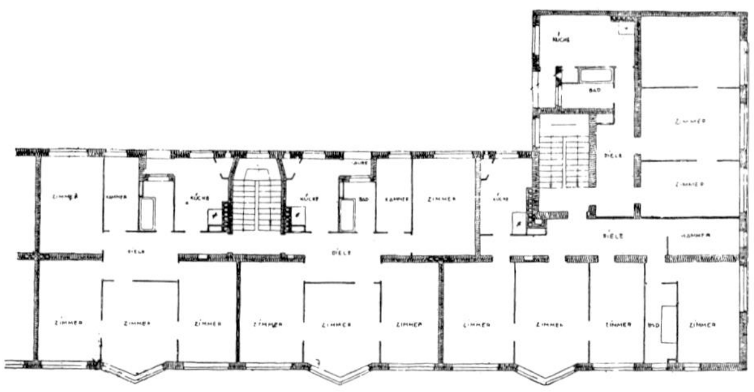

0 5 10

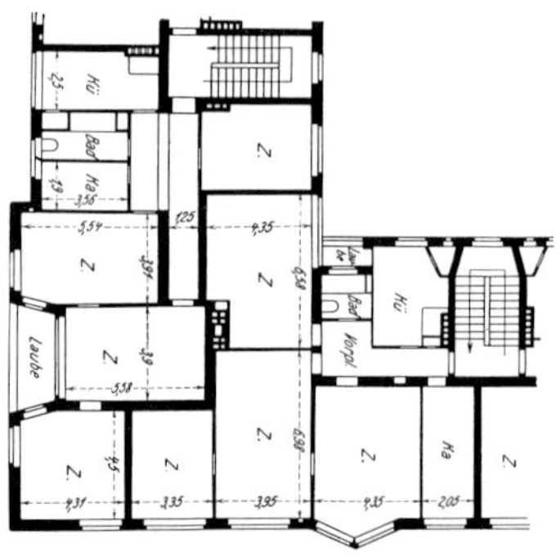

3

4
5

1 *Ansicht des Wettbewerbsprojektes*
2 *Grundriss Erdgeschoss des ausgeführten Baues, 1:500*
3 *Eingangsseite*
4 *Strassenfassade*
5 *Schalterhalle*

2

3

1 *Grundriss-Ausschnitte 1:500*
2 *Ansicht von Südwesten*
3 *Ansicht von Osten, im Hintergrund schwach erkennbar das Mietshaus an der Heiligendammer-/Doberanerstrasse (Nr. 99)*

110 **Parfümerie Scherk,** 1927, Berlin-Charlottenburg, Kurfürstendamm 231 (1965 abgebrochen)

Der Scherk-Laden erlangte rasch Berühmtheit, da er beispielhaft die Anforderungen an den modernen Ladenbau vorführte: den Passanten zum Anhalten, Schauen und Eintreten zu bewegen; einen zurückhaltenden, der Kostbarkeit der Artikel angemessenen architektonischen Rahmen zu bilden; schliesslich das elektrische Licht in seine Wirkung einzubeziehen: «Abends erst beginnt die Grossstadtstrasse zu leben beim Lichte der Bogenlampen. Das ist die Zeit, wo im Kleinhandel der grösste Umsatz erzielt wird und die grösste Kauflust vorhanden ist. Darum ist die Frage der künstlichen Beleuchtung des Ladens von so ausschlaggebender Bedeutung geworden. Die oberen Geschosse treten in das Dunkel des schwarzen Himmels zurück, nur da unten zu ebener Erde pulsiert das Leben.»[1]

Salvisberg bekannte sich mit dem Scherk-Laden eindeutig – und mit welcher Kompetenz! – zur Neuen Sachlichkeit. Das Ergebnis war nicht nüchtern, es war im Gegenteil eine eigentliche Verlockungsarchitektur. Bereits der Bauzaun war eine Stellungnahme zu diesem Thema. Seine weiss gestrichene, horizontal profilierte Holzbeplankung, die Beschriftung in betont modernen Typen mit den dunklen (blauen?) Trennbalken, die verdeckten, auf den eleganten Namenszug «Scherk» gerichteten Lichtquellen, sie waren darauf hin angelegt, die Besonderheit des Bauvorhabens an der weltstädtischen Geschäftsstrasse zu betonen.

Der Laden machte vergessen, dass es sich um einen Umbau handelte. Seine Strassenfront war so ausgebildet, als ob sie nicht auch das Gewicht der unveränderten Obergeschosse zu tragen hätte. Das Erdgeschoss war völlig verglast; nur der Sockel unter den Schaufenstern und deren Rahmung bestand aus Bronzeprofilen mit einer differenzierten Licht- und Schattenwirkung. Der Ladeneingang zwischen den einwärts gebogenen Schaufenstern zeigte das Bestreben, den Übergang von der Strasse in den Laden so sanft und fliessend als möglich zu gestalten. Das Obergeschoss lag hinter einer glatten, mit liegenden Muschelkalkplatten verkleideten Fläche, die, ohne sichtbare Abstützung, schwerelos auf den Schaufenstern aufzuliegen schien und sich durch ein feines Gesimse auch von den Obergeschossen absetzte. Das langgestreckte, kastenartig vorstehende (ebenfalls in Bronze gefasste) Schaufenster, über dem der Schriftzug angebracht war, vollendete die Eleganz dieses Geschäftes, bei dem Architektur und angebotene Ware sich in ihrer Kostbarkeit genau entsprachen. Nur ein Baufachmann konnte hinter dieser Fassade den beträchtlich dimensionierten Unterzug vermuten, der die Last der Obergeschosse abfing.

Der Laden selber war ebenso unangestrengt und sparsam instrumentiert. Die meisten Artikel waren in Vitrinen ausgestellt, die in die Wände eingelassen waren. Mit ihrer Beleuchtung (Soffitenlampen) erhellten sie auch den Raum, in dem wenige, schlichte Möbel standen: schwarze Tischchen und Hocker und wenige Podeste mit weiteren Artikeln. Der Boden war, ausser im Bereich des Eingangs (Parkett), mit hellem Spannteppich bedeckt.[2]

Der Laden, der in seiner Qualität und geschichtlichen Bedeutung als unübertroffen dargestellt worden ist[3], wurde 1965 abgebrochen, um dem Neubau des Wertheim-Warenhauses Platz zu machen.

1 *Moderne Ladenbauten,* E. Pollak-Verlag Berlin 1928, S. VIII.
2 Die Möbel waren vermutlich von Salvisberg entworfen.
3 Z.B. in *BusB,* VIII A, S. 195f. (Peter Güttler).

5

2
3
4

1 *Aussenansicht mit Altbau*
2 *Strassenfront*
3 *Innenraum, links der Eingang*
4 *Schaufenster und Eingang*
5 *Nachtaufnahme des Bauzauns*
6 *Rückwärtiger Bereich des Ladens (in Bild 3 erkennbar)*
7 *Bauzaun*

6
7

111 **Dreieinigkeitskirche,** 1927, Berlin-Steglitz, Ecke Albrechtstrasse/Filandastrasse

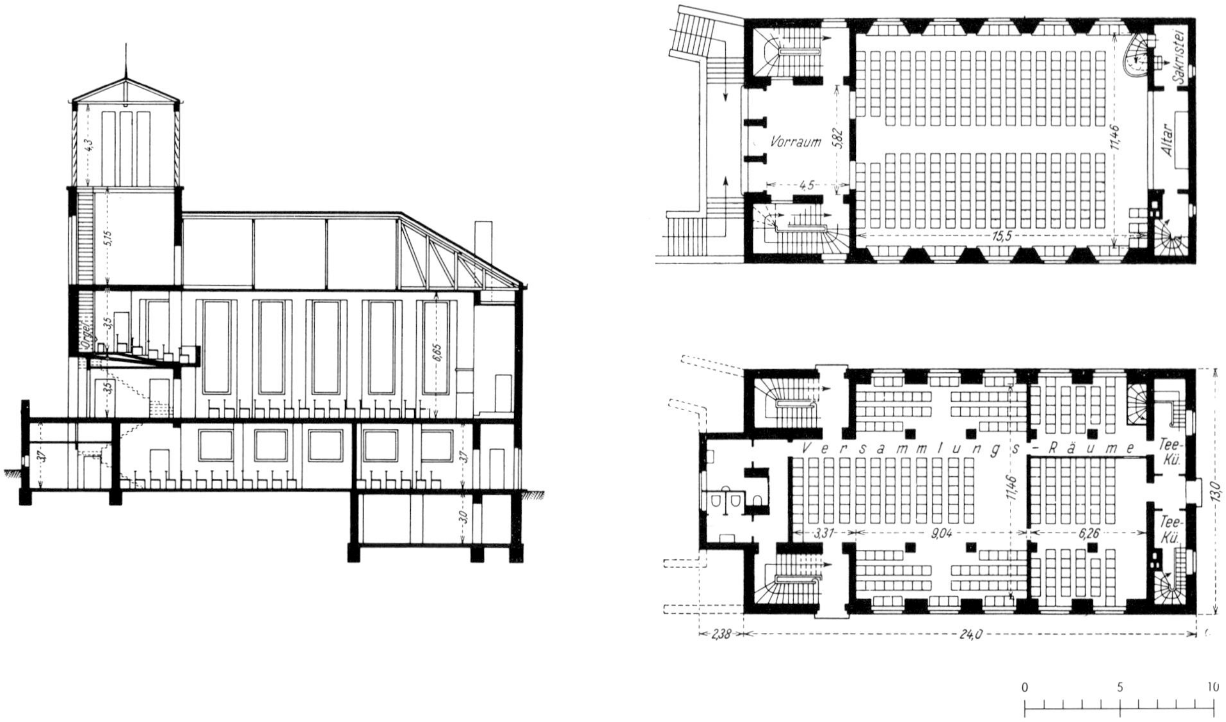

119 **Haus Brunn,** 1927, Berlin-Wilmersdorf, Bingerstrasse 53

Fast gleichzeitig mit der Dreieinigkeitskirche (Nr. 111) baute Salvisberg für Dr. Max Brunn, Mitglied von deren Baukommission, ein Wohnhaus. Es ist in zweifacher Hinsicht ungewöhnlich und ruft damit in Erinnerung, dass sein Baujahr, 1927, für die Erneuerung der Architektur von besonderer Bedeutung war[1]: Erstens befinden sich die Wohnräume im Obergeschoss und die Schlafzimmer im Erdgeschoss; zweitens macht das Haus mit seiner Schmalseite Front zur Strasse und ist in die Tiefe der Parzelle entwickelt. Die Wohnräume sind alle nach Süden gerichtet und dabei durch ihre erhöhte Lage dem Schattenbereich des südlichen Nachbarhauses entrückt.

Durch diese beiden Merkmale wurde beim Haus Brunn die traditionelle Bindung zwischen Haus und Strasse gelockert. Dabei macht sich ein Bewusstsein bemerkbar, das – in seinen städtebaulichen Folgerungen – zum «wissenschaftlichen» Zeilenbau führte, hier bei einem Grundstück, dessen Form und Exposition sich dafür anboten. Bezeichnend für Salvisbergs Fähigkeit, auf Neuerungen auf seine eigene Weise zu reagieren, ist der Vergleich dieses Hauses mit dem Haus Richter von 1919 (Nr. 39), dessen Strassenfront fast gleich, nämlich nach Südwesten, orientiert ist. Dort lag das Aussergewöhnliche am Eingang, der ganz gegen die Nordecke hin verschoben war, und in der daraus resultierenden Asymmetrie der Fassade. Beim Haus Brunn ging Salvisberg um den Schritt weiter, der den Zeilenbau ausmacht: das Haus, das nun senkrecht zur Strasse steht, ist einbündig: der Eingang, auch hier asymmetrisch angeordnet, führt im Innern als einseitig von Räumen flankierter Flur weiter.

Beim Äusseren bewahrheitet sich einmal mehr Julius Poseners Feststellung: «Salvisberg hat es stets verstanden, das Ungewöhnliche beherrscht vorzutragen»[2]. Das breite Fenster der Eingangsfassade tritt leicht vor die Hauswand vor (vgl. Scherk-Laden, Nr. 110!), doch im übrigen ist die herkömmliche Ikonographie beibehalten: Das Haus weist ein Walmdach auf, und obwohl Klappläden üblicherweise zum Abdunkeln der Schlafzimmer verwendet wurden – hier also im Erdgeschoss angezeigt wären –, sind sie an den Fenstern der Wohnräume angebracht. Salvisberg wollte lieber die gewohnte Form wahren, und die schrieb ein Obergeschoss mit Läden vor. Deren Farbe ist blau, die der Fensterrahmen rot.

1 Z.B. Weissenhof-Siedlung, Stuttgart; Völkerbund-Wettbewerb, Genf; Buchtitel von Walter Curt Behrendt, *Der Sieg des Neuen Baustils*, Stuttgart 1927.

2 Julius Posener, «Salvisberg in Berlin», in *werk/archithese*, 1977/10, S. 23.

1

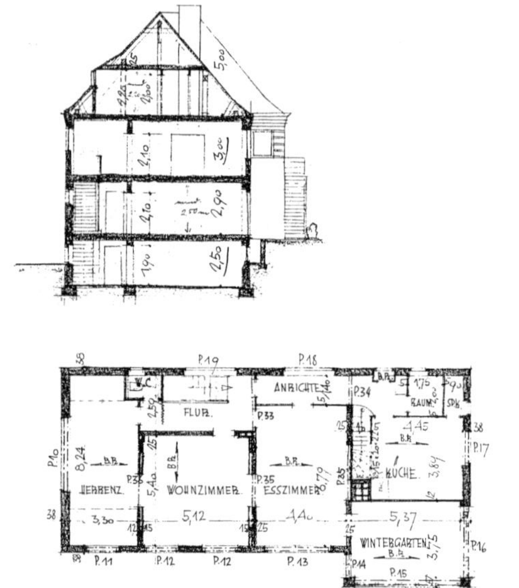

2

3

1 Längsschnitt und Grundriss 1:400; im Sockelgeschoss Versammlungsräume
2 Front gegen die Albrechtstrasse
3 Innenraum

2

3

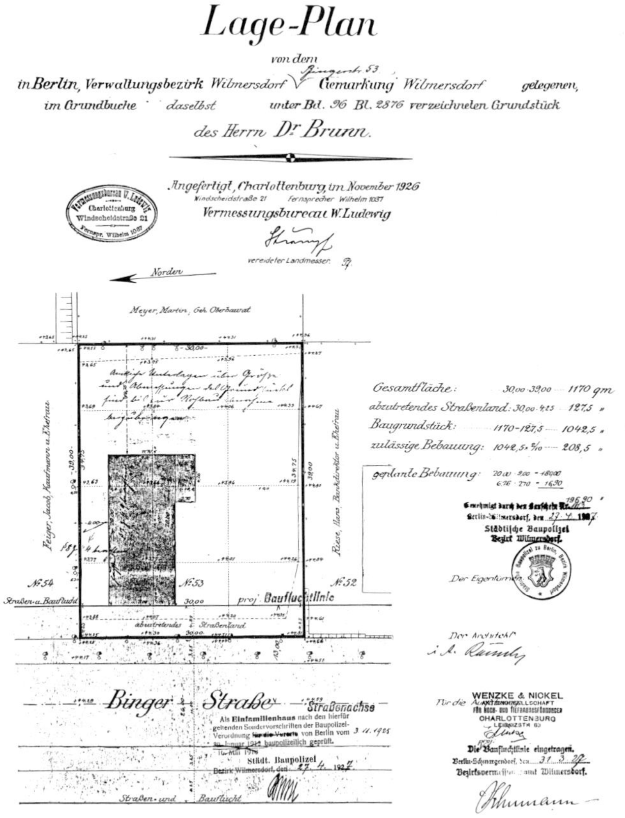

1 Querschnitt und Grundrisse 1:400 (nach den Baueingabeplänen)
2 Ansicht von der Bingerstrasse
3 Lageplan 1:1000

124 Geschäftshaus Dierig, um 1928, Berlin-Lankwitz, Ecke Kaiser Wilhelm-Strasse/Spandauer Strasse, Umbau (zerstört oder abgebrochen)

1

125 Filmfabrik Geyer, um 1928, Erweiterung, Berlin-Neukölln, Adresse unbekannt

1

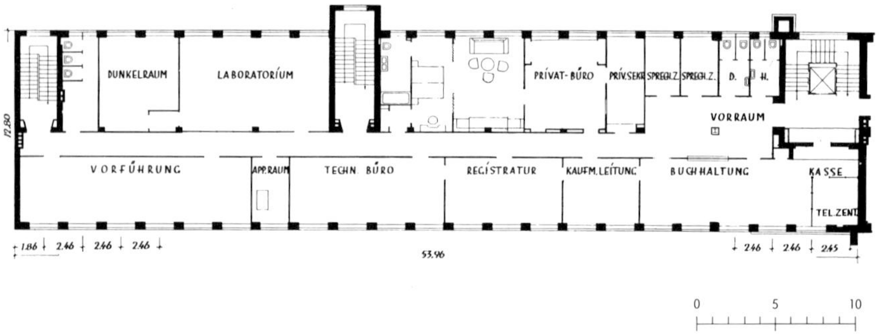

2
3

2

3

1 *Ansicht vor dem Umbau*
2 *Ansicht nach dem Umbau*
3 *Nachts*

4

1 *Grundriss 1. Obergeschoss 1:500*
2 *Hofseite*
3 *Empfang*
4 *Strassenseite*

Diese ausgedehnte Anlage entstand aus der Zusammenarbeit nicht nur zweier Architekten, sondern auch zweier Bauträger: Die «Berliner Strassenbahngesellschaft» (BVG) baute sich hier, südlich der Knobelsdorffstrasse, einen grossen Strassenbahnhof und 400 Wohnungen. Die «Wohn- und Baugenossenschaft von 1872» anderseits erweiterte ihre Überbauung an der Haeselerstrasse (die, vom Messel-Schüler Kolb 1905 erbaut, damals sehr fortschrittlich war) um rund 200 Wohnungen nördlich der Knobelsdorffstrasse.

Wenn auch die Anlage als Gemeinschaftswerk von Krämer und Salvisberg bezeichnet wurde, haben die Architekten die Ausarbeitung unter sich aufgeteilt.[1] Von Krämer stammt wohl das Motiv der symmetrisch aufeinander bezogenen Turmbauten. Er hatte es wenig zuvor (1926–28) an einer anderen grossen Überbauung für die BVG an der Müllerstrasse verwendet, dort aber in einer expressionistischen Formensprache. Hier entschied sich Krämer für eine einfachere – aber auch schematischere – Architektur. Es kann sein, dass er damit das Auseinanderfallen der Anlage in zwei Teile mit unterschiedlicher Formensprache verhindern wollte.

Ohne Zweifel ist die Turm- und Platzfolge Krämers der Blickfang der Anlage. Durch die Gebäude, die Portiken und Thoraks Skulpturen wird ein Wille zur Monumentalität ausgedrückt, der in der Form, in der er auftritt, überrascht. Man ist versucht, das Baujahr ein Jahrzehnt später anzusetzen. Das Baujahr ist indessen 1928. Die Anlage kann verstanden werden als «Stadttor»: tatsächlich war das Westend damals noch weitgehend unbebautes, freies Gelände vor der Stadt.

Neben der Dominanz dieses «Stadttors» wirkt Salvisbergs eigener Abschnitt fast unauffällig. Er hat damit eine überzeugende Lösung für das grundsätzliche Problem der zusammenhängenden Häuserreihe an einer ansteigenden Strasse gefunden. Die Knobelsdorffstrasse steigt hier rund acht Meter. Statt die einzelnen Häuser (Zweispännertypen) rein additiv, stumpf aneinanderstossend zu reihen, überspielte Salvisberg im Dachbereich den Höhenunterschied zwischen je zwei Häusern, indem er sie durch eine gemeinsame Trauflinie zusammenband. Die Serie dieser Trauflinien befindet sich im «Gegentakt» zu den scharf umrissenen erkerartigen Vorbauten. Wie bei einem Reissverschluss sind die einzelnen Teile miteinander verschränkt; sie rhythmisieren durch ihre Wiederholung nicht nur die Länge des Strassenraumes, sondern auch dessen Gefälle.

1 Die Signaturen der Pläne legen diesen Schluss nahe. Wir danken Herrn Dieter Radicke von der Plansammlung der TU Berlin für seine Hilfe.

2

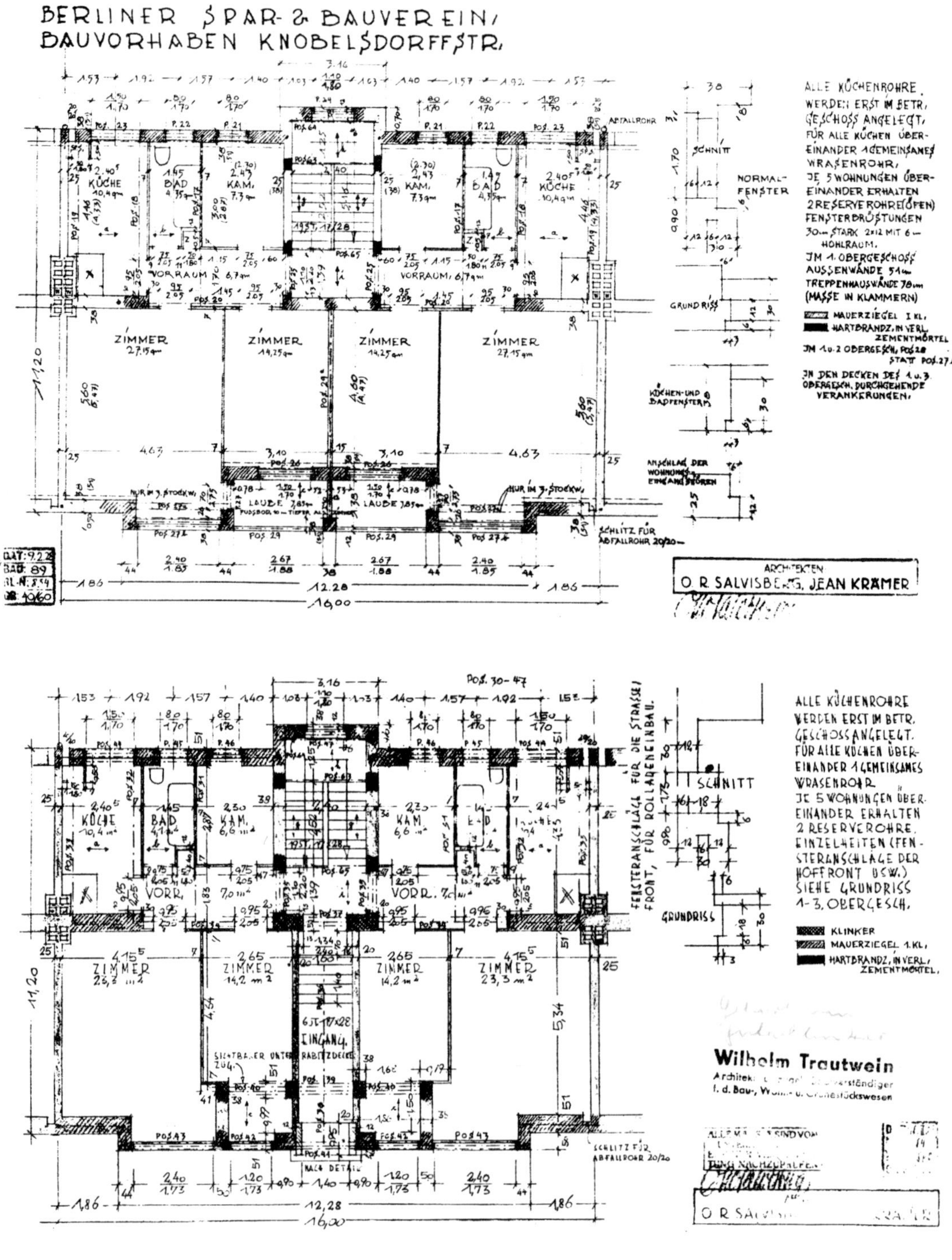

3

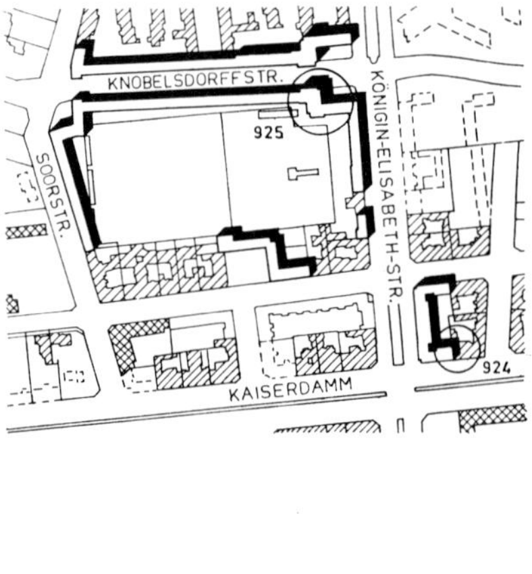

4

5
6

1 *Blick von Westen*
2 *Grundrisse eines Wohnhauses, Erd- und Obergeschoss, 1:200*
3 *Situation*
4 *Südfront der Zeile an der Knobelsdorffstrasse; Aufnahme 1984*
5 *Einer der beiden Turmbauten*
6 *Ansteigende Knobelsdorffstrasse und die Turmbauten; Aufnahme 1984*
7 *Aufriss, ca. 1:450; gut sichtbar die Verschränkung der Gebäudeteile dank der übergreifenden Dachflächen*

7

129 **Haus Wiertz,** 1928, Berlin-Dahlem, Patschkauer Weg 56 (verändert)

1
2

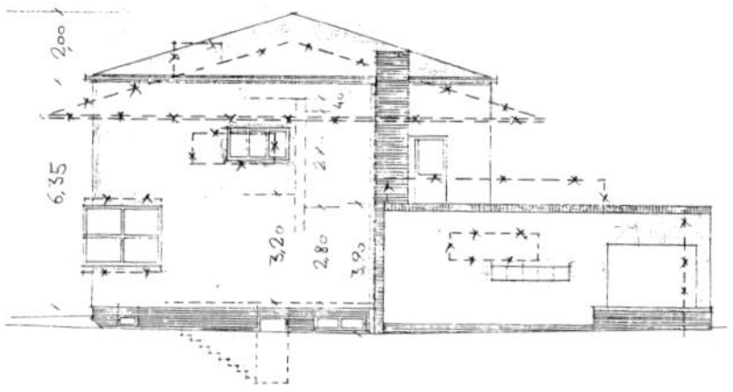

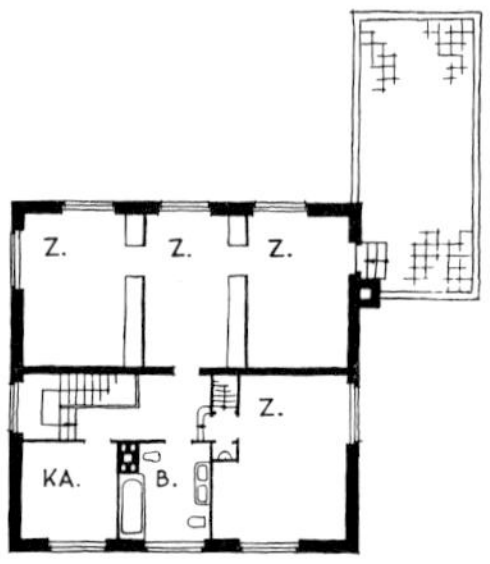

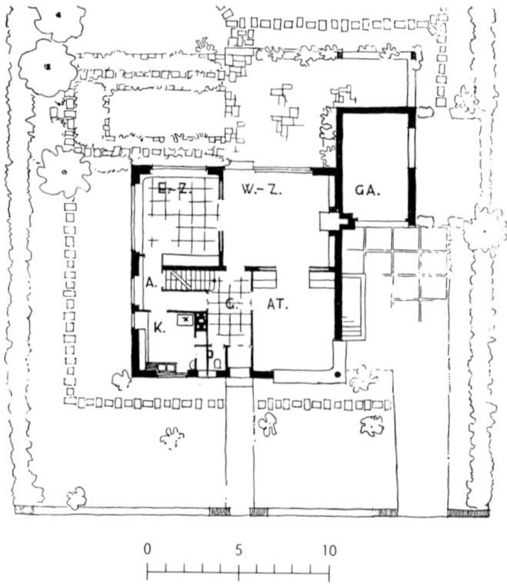

3
4

130 **Stabshaus Breslau,** 1928, Breslau, Polen, Gabitzstrasse (erhalten?)

1

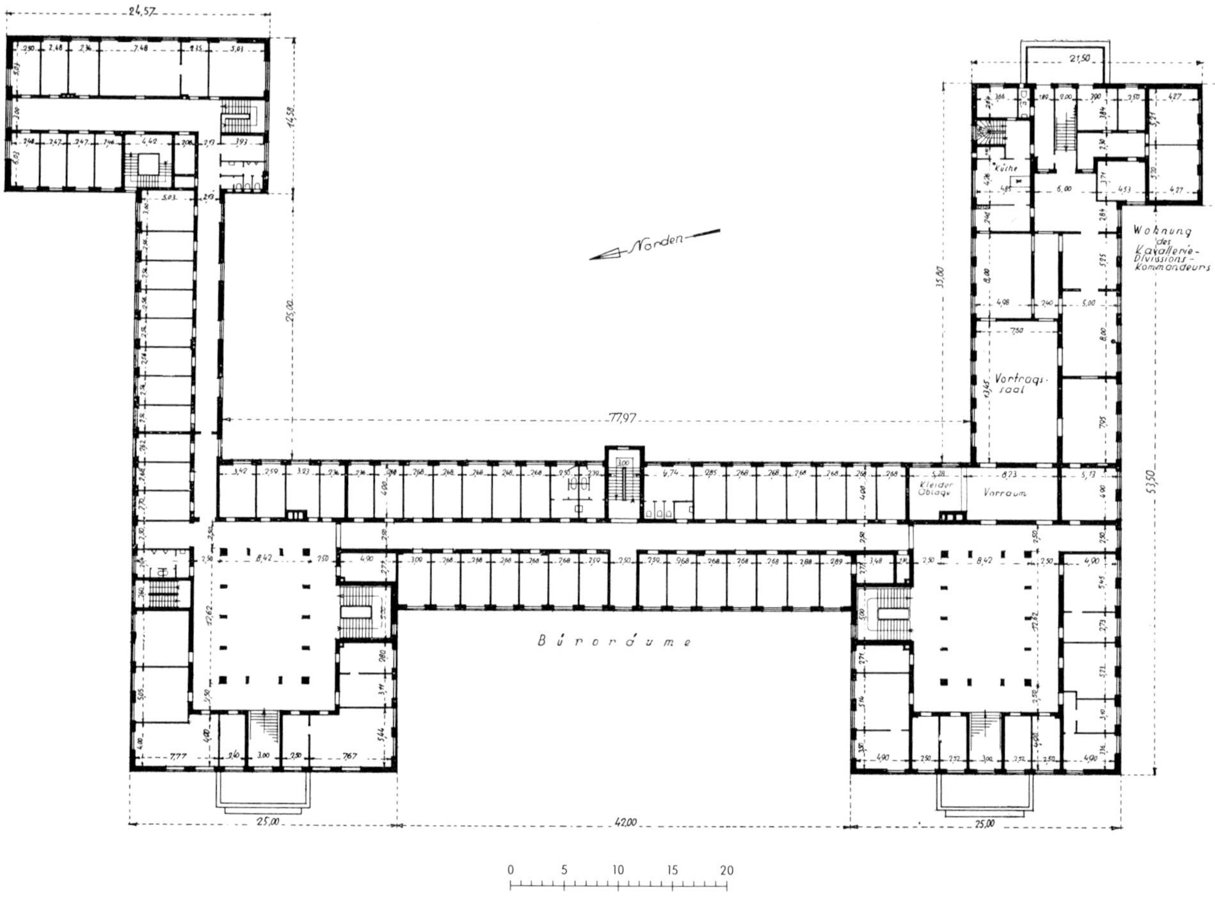

5

1 *Seitenfassade mit korrigiertem Dach (Abänderung der ursprünglichen Baueingabe durch Salvisberg)*
2 *Grundrisse 1:500*
3 *Gartenseite*
4 *Strassenseite; Eckfenster des Ateliers nach Nordosten und Nordwesten*
5 *Strassenansicht von Osten*

Vgl. Claude Lichtenstein, «Villen und Landhäuser 1911–1936».

2
3

1 *Grundriss des 1. Obergeschosses: Hauptgeschoss mit den Ehrenhallen, 1:700*
2 *Strassenansicht*
3 *Ehrenhalle; Blick von der Galerie im 2. Obergeschoss*

Die «Elfenau» bezeichnet vielleicht den Punkt von Salvisbergs und Brechbühls grösster Annäherung an das Neue Bauen. «Farbig bebändert bettet sich das breite Haus in das Grün seiner Umgebung. Frohmut ist sein Zeichen und spiegelt sich in blanken, grossen Scheiben hundertfältig wider. Licht dringt in es durch alle Poren ein und durchflutet die gesunden Räume (...) Muster der Zweckmässigkeit sind sie in ihrer architektonischen Ausgestaltung.»[1] In dieser schweizerischen Schulprosa aus der Einweihungsschrift ist die «internationale neue Architektur» treffend dargestellt.

Das Gebäude hatte drei Zwecken zu dienen: Erstens sollte es eine Heimstätte für junge (vor allem ledige) Mütter und deren Kinder sein; dies war der ursprüngliche Zweck des 1913 gegründeten Trägervereins. Zweitens, und um 1930 wichtiger: es sollte eine mustergültige Pflegestation für pflegebedürftige Säuglinge und Kleinkinder werden und für die vielfältigen Fortschritte der Medizin einen entsprechenden architektonischen Rahmen bilden. Drittens sollte das Haus als eine Ausbildungsstätte für Pflegerinnen diese Fortschritte weiterverbreiten helfen.

Die Stiftung schrieb im Februar 1928 unter einigen Berner Architekten einen Wettbewerb aus, auf Grund dessen bereits im Juni der Entwurf mit dem Kennwort «Geordneter Betrieb» zur Ausführung bestimmt wurde. Die Bauarbeiten begannen im April 1929, der Rohbau war nach nur drei Monaten fertig, im April 1930 wurde die «Elfenau» eingeweiht.

Der Bau ist ein Eisenbetonskelettbau. Die Decken wurden teils als trägerlose Hohlsteindecken, teils als massive Kragplatten (für Balkone und Kreissegmente) ausgebildet. Äusserst innovativ war der Gedanke, die Stützen entlang des Mittelgangs samt Unterzügen zweizuteilen, um die weitverzweigten Installationen horizontal und vertikal frei führen zu können.

Unverkennbar ist die Ähnlichkeit mit dem (wesentlich grösseren) Lory-Spital, beträchtlich aber auch die Entwicklung gegenüber diesem Vorbild, das weniger als ein Jahr vor der «Elfenau» eingeweiht wurde. Wie das Lory-Spital ist die «Elfenau», unabhängig vom Verlauf der Strasse, in reiner Südlage angeordnet. Die durchlaufenden Balkone sind noch stärker als beim älteren Bau zum prägenden Element gemacht; sie bilden, in die Veranden übergehend, eine Grossform, innerhalb derer sich kein eigentlicher «Kernbau» mehr verbirgt. Entscheidend für den Unterschied zum Lory-Spital – und überhaupt für die Gesamtwirkung der «Elfenau» – ist wohl der Umstand, dass statt des Walmdachs, das im Wettbewerbsentwurf dargestellt war, ein Flachdach über dem zweiten Obergeschoss gebaut wurde. Mit dieser Dachterrasse, die als «Sonnenbad» mit Dusche eingerichtet wurde, war zugleich eine einheitliche Form erreicht wie auch ein unmittelbarer thematischer Bezug zum Neuen Bauen hergestellt. Wer sie angeregt hat, lässt sich kaum mehr ermitteln. War wohl die zeitweilige Absicht, auch beim Lory-Spital eine Dachterrasse zu realisieren, eine Rückwirkung der Arbeit an der «Elfenau», eine Idee, die wegen der fortgeschrittenen Bauarbeiten zu spät kam?

Von besonderem Interesse für die Fortschrittlichkeit und Prägnanz des Baues ist der Speisesaal. In ihm sind die Balkon- bzw. Verandazone und das Hausinnere, einander überlagernd, zu einer ambivalenten Form verbunden: Diese Durchdringung von Innen und Aussen wird konstruktiv möglich durch zwei Pilzstützen, die hier die Tragwand des Obergeschosses ersetzen. Pilzstützen, 1930 nicht an einem Industriebau, sondern im wichtigsten Raum eines Gebäudes von anspruchsvollerer Bestimmung verwendet – das könnte eine bisher nicht gewürdigte revolutionäre Tat Salvisbergs gewesen sein![2] Auch die Möglichkeit, Speisesaal und Unterrichtsraum durch Zurückschlagen der Wandelemente restlos miteinander zu vereinigen, bestätigt die jähe Radikalität, mit der Salvisberg hier von seinem Denken in «Einzelräumen» abrückte.

Der heitere Charakter des Baues rührt auch von den Farben her, die seinen weissen Grundton ergänzen: Fensterreihen und Zwischenpfeiler sind aussen satt blau gestrichen, im Erdgeschoss gartenseits zusätzlich durch hellrote Streifen abgesetzt; im Speisesaal sind Pfeiler, Brüstung und Decke gelb, bewegliches und unbewegliches Mobiliar rot, die Pilzstützen silbern gestrichen; die Säuglingszimmer sind zartgrün abgetönt, ebenso die Korridore und das Treppenhaus, in dem das rote Treppengeländer wieder einen Akzent bildet.

Der Bau kostete, einschliesslich der Umgebungsarbeiten, rund 520 000 Franken. «Diese Zahlen liefern eindeutig den Nachweis, dass das ‚neue Bauen' nicht teurer zu stehen kommt als die überlieferte Bauweise, und dass alle gegenteiligen Behauptungen aus Gegnerkreisen, unter welche sich auch Fachleute mischen, als unrichtig bezeichnet werden müssen.»[3]

1 Paul Kistler in der Einweihungsschrift, Bern 1930, S. 7.
2 Die Pilzstütze wurde sonst erst gegen Ende der 30er Jahre zum Bauteil mit formalem Eigenwert (vgl. dazu Martin Steinmann, «Das Allenmoos-Bad», in *Archithese*, 1980/2, S. 31–36).
3 Stadtbaumeister F. Hiller in a.a.O. (vgl. Anm. 1), S. 17.

2

3

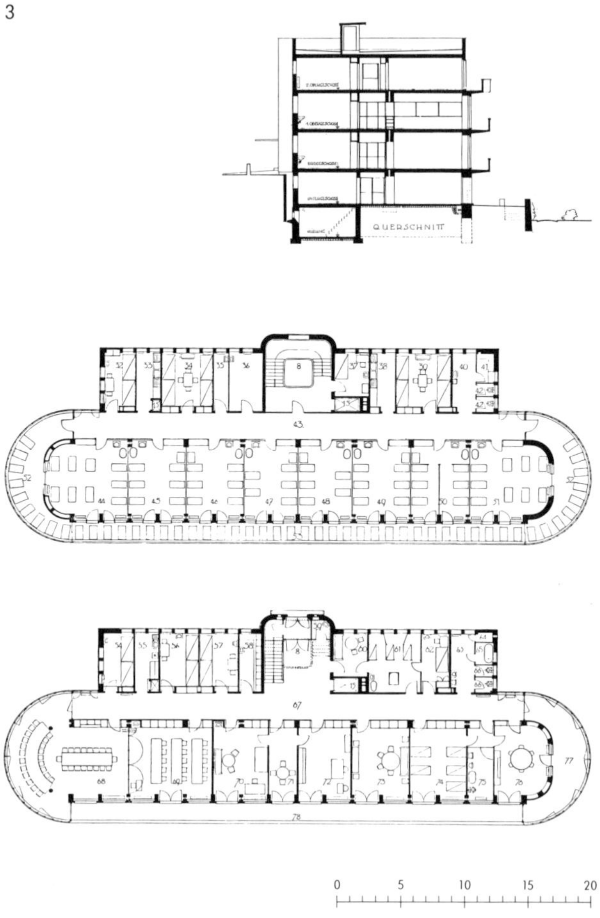

4
5
6

1 *Ansicht von Süden*
2 *Nordfassade mit Eingang*
3 *Grundrisse Erdgeschoss*
1. Obergeschoss 1:600
Schnitt
4 *Gymnastik auf dem Dach*
5 *Speisesaal*
6 *Veranda*
7 *Säuglingszimmer*
8 *Ansicht von Nordosten*

Vgl. Christian Sumi, «Spitalbauten» / Bernhard Furrer, «Unser Umgang mit Salvisberg».

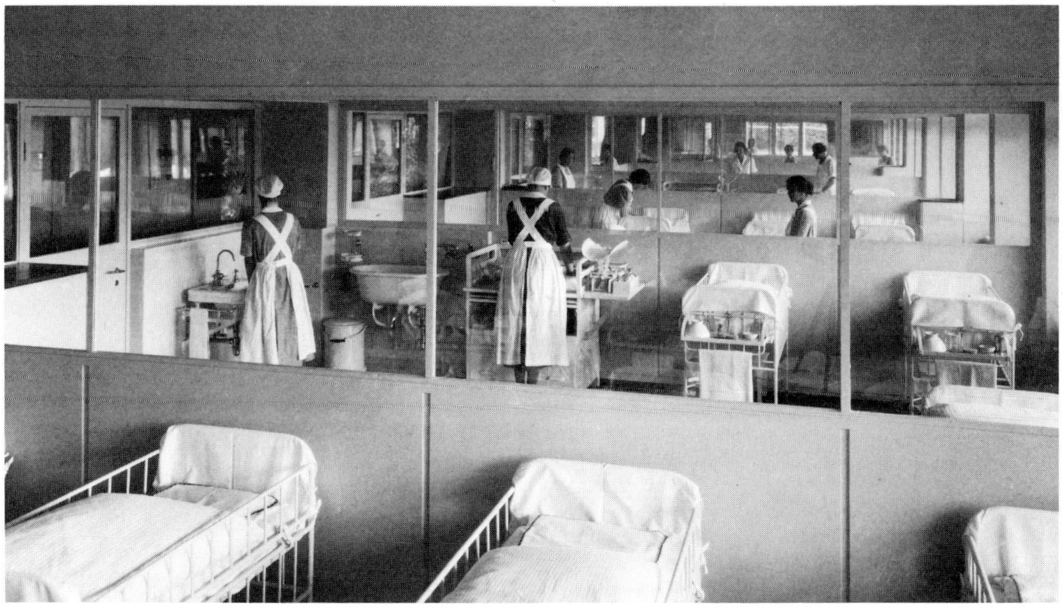

7
8

Mit der Hauszinssteuer war dem Fiskus seit 1924 erstmals ein taugliches Instrument zur Bekämpfung der enormen Wohnungsnot in die Hand gegeben. Indessen waren diese Geldmittel durch grosse Bauvorhaben (z.B. Tauts Hufeisensiedlung in Britz) bereits ausgeschöpft. Deshalb wurde im Herbst 1928 ein Sonderkredit von 15 Millionen Reichsmark bewilligt, mit dem 2100 weitere Wohnungen zu bauen waren. Die Gross-Siedlungen Siemensstadt[2] und Weisse Stadt[3], mit je einer Hälfte dieser Gelder gebaut, bestanden erstmals in Berlin ausschliesslich aus Geschosswohnungen.

Für die Reinickendorfer Siedlung beauftragten die städtischen Körperschaften die Gemeinnützige Heimstättengesellschaft «Primus» mit dem Bau von 1050 Wohnungen und verkauften ihr das Land zum ortsüblichen Preis.

Das Gelände war vor dem Ersten Weltkrieg von der damals noch selbständigen Gemeinde Reinickendorf als Bauland erschlossen worden. Aus dieser Zeit stammte ein Bebauungsplan mit einem engmaschigen, teils radial auf einen halbrunden Platz hin angelegten Strassennetz, dessen Verwirklichung zu den üblichen Blockrandbebauungen und einer hohen Ausnutzung geführt hätte.

Salvisberg, der von der «Primus» anscheinend mit der Oberleitung beauftragt wurde[4], legte zusammen mit Ahrends und Büning einen stark modifizierten Plan vor, der weniger Strassen aufwies und dadurch den neuzeitlichen Zeilenbau mit durchwegs gut besonnten Wohnungen erlaubte. Die drei Architekten teilten das Gelände unter sich auf und führten nach weitgehenden Koordinationen die Abschnitte einzeln aus.

Von Süden (d.h. von der Innenstadt) her kommend, trifft man beim Abschnitt Ahrends eine grundsätzlich ähnliche Torsituation an wie an der Überbauung Knobelsdorffstrasse (Nr. 126). Anschliessend folgt der Abschnitt Büning mit seinen dreigeschossigen, fächerartig dem Siedlungsperimeter folgenden Zeilen. Den Schwerpunkt der Anlage bildet Salvisbergs fünfgeschossiges «Brückenhaus» mit einem Laubengang auf der Nordseite; daran schliesst sich stadtauswärts eine ebenfalls von Salvisberg gebaute 280 Meter lange Zeile an. Sie ist viergeschossig, weil nach Salvisbergs Plan östlich der Schillerpromenade auch eine ausgedehnte Schul- und Sportanlage entstehen sollte. Das bestehende Krankenhaus hätte sich mit einem Pavillon des Typus «Lory-Spital» (Nr. 103) erweitern lassen. Dieser spätere Abschnitt wurde ebensowenig ausgeführt wie der weite, von mehreren Baumreihen gesäumte Platz am Nordende der Siedlung, der zur Dorfaue von Reinickendorf übergeleitet hätte.

Mehr als die Siemensstadt scheint die Weisse Stadt darauf hin angelegt worden zu sein, den Kern einer späteren eigentlichen Trabantenstadt zu bilden, wie sie der städtebaulichen Konzeption von Stadtbaurat Martin Wagner (wie auch der von Ernst May in Frankfurt am Main) entsprach. Die Schillerpromenade, als alte Chaussee von Berlin nach Reinickendorf in ihrer geschichtlichen Bedeutung erhalten, wurde dabei als Rückgrat der Siedlung verstanden und zur eigentlichen Magistrale aufgewertet. Da sie von Norden nach Süden verläuft, war es möglich, die Wohnungen auf beiden Seiten aus städtebaulichen Gründen einander zuzuwenden und sie dennoch den Anforderungen der Zeit entsprechend zu besonnen. (An der Knobelsdorffstrasse musste der «Stadtbaukunst» noch das Opfer einer ganzen Seite mit nach Norden gerichteten Wohnungen gebracht werden.) Die dahinter liegenden Zeilen dagegen weisen die gleiche Ost-West-Ausrichtung auf.

Die Architekten legten nach umfangreichen Studien Norm-Masse für die Wohnungen fest. Die Haustiefe wurde mit 9,40 m ermittelt, genug, um in jedem Zimmer zwei Betten hintereinander stellen zu können. Die Wohnflächen betrugen für die vierbettige Wohnung 48 m^2 (Wohnküche, 2 Zimmer, Bad) bzw. 54 m^2 (Stube, 2 Zimmer, Küche, Bad), für die sechsbettige Wohnung 63 m^2 oder 70 m^2. Zu jeder Wohnung gehört ein Balkon oder eine verglaste Laube. Die Fernheizung sparte den Platz für Zimmeröfen ein (1,5–2 m^2 pro Wohnung). Sie machte die Weisse Stadt zudem zu einer «rauchlosen Siedlung», wie die von Mebes und Emmerich 1930–34 in Berlin-Steglitz gebaute, die so genannt wurde.

Die Bauarbeiten wurden an zahlreiche kleinere Unternehmer vergeben, da deren Offerten kaum höher ausgefallen waren als jene von Grossunternehmern. Deswegen wurde auf eine industrialisierte Bauweise verzichtet. Die Bauten bestehen aus Mauerwerk; nur das «Brückenhaus» wurde in Beton ausgeführt. Die Zwischendecken sind massiv, teils als Trägerdecken ausgeführt (keine Verwendung von Holz). Die Fenstermasse wurden normiert: Flügel 1,40 m hoch und 0,78 m breit, mit Doppelverglasung. Eisenzargen-Türen. Unter den Flachdächern (genauer: flachen Pultdächern) gibt es einen 0,90 m hohen Kriechgang für eine Überprüfung der Dächer auf undichte Stellen.[5]

Salvisbergs Wohnungstypen zeichnen sich durch eine strenge Systematik aus. Die Siedlung bezeichnet vielleicht (zusammen mit dem Berner Säuglings- und Mütterheim, Nr. 136) den Punkt seiner grössten Annäherung an das Neue Bauen.[6] Mit dem Laubenganghaus stand er an der Front der damaligen Entwicklung. Der Einfall, dieses quer über die Strasse zu spannen, zeigt zugleich ein ungebrochenes Interesse an städtebaulicher Dramatik. Sein Interesse äussert sich auch in der langen viergeschossigen Zeile. Hier, bei diesen kleinen Wohnungen, folgen die Hauseingänge sich im kleinen Abstand von 15 m. Dabei ordnete er die Treppenhäuser abwechslungsweise gegen die Strasse und gegen den «Hof» an. Dadurch wird die Länge des Gebäudes gemildert und in einen ruhigeren Atem übergeführt, der erst der Grösse dieses Stadtraums gerecht wird. Die Hofseite dagegen lebt von der metrischen Regelmässigkeit der vorspringenden verglasten Lauben.

Innovativ zeigte sich Salvisberg aber vor allem mit dem «Sondertyp». Es handelt sich um zwei dreigeschossige Zeilen, die im Erdgeschoss 70 m^2 grosse 3-Zimmer-Wohnungen enthalten; über jeder von diesen liegen nebeneinander zwei zweigeschossige (Maisonette-) Wohnungen, die über eine separate Treppe erreicht werden. Dieser Typ wurde später nicht mehr verwendet, möglicherweise weil er etwas installationsintensiv ist. Das Äussere dieser Sondertypen zeigt eine fast bestürzende Einfachheit, einen Verzicht auf «Architektur», der in dieser Konsequenz nicht einmal bei Hannes Meyer zu finden ist.

1 In einigen Quellen ist auch Friedrich Paulsen genannt (für die Mass-Koordination).
2 Architekten: Bartning, Forbat, Gropius, Häring, Scharoun.
3 Die Schillerpromenade wurde kurze Zeit nach dem Bau der Siedlung in Aroser Allee umbenannt. Der zunächst vorgesehene, an den Schweizer Arbeiterführer erinnernde Name Hermann-Greulich-Allee führte in den Tageszeitungen zu Wortspielen, die auf die Erscheinung der Siedlung gemünzt waren.
4 Die Berliner Architekten Helge Pitz und Winfried Brenne haben ein umfangreiches Gutachten zu dieser Siedlung erarbeitet, in das ich dankenswerterweise Einblick nehmen konnte. Es soll bei Gelegenheit publiziert werden. Darin kommt Salvisbergs führende Rolle zum Ausdruck. Salvisberg selber hat sich ähnlich geäussert (Technik und Formausdruck im Bauen).
5 Wegen mangelhafter Verankerung der Dächer wurden während eines schweren Sturms im Juni 1931 ganze Strassenzüge abgedeckt!
6 Die Verwendung von Wohnküchen stand im Gegensatz zur Theorie des «wissenschaftlichen» Wohnungsbaus, wie er z.B. in der Zeitschrift «Das Neue Frankfurt» zum Ausdruck kam, sie entsprach aber viel eher den wirklichen Wohnbedürfnissen der Arbeiterklasse.

1
2

1 *Laubengang*
2 *Westliches Treppenhaus des Laubenganghauses*
3 *Nordansicht des Laubenganghauses über die Aroser Allee*
4 *Südansicht des Laubenganghauses; im Vordergrund Bauten des Bauteils Büning*
5 *Links: «Sondertyp»-Zeilen; rechts: lange Zeile an der Aroser Allee, Hofseite mit Lauben*

Vgl. Kristiana Hartmann, «Von der Gartenstadt zur Grosssiedlung».

3
4
5

1

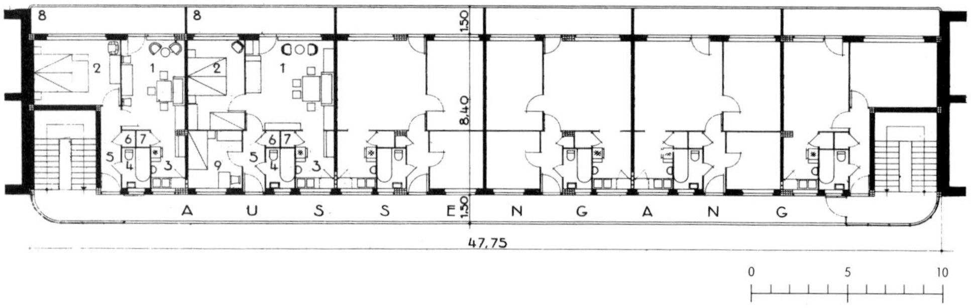
A U S S E N G A N G
47,75
8,40
1,50
0
5
10

2

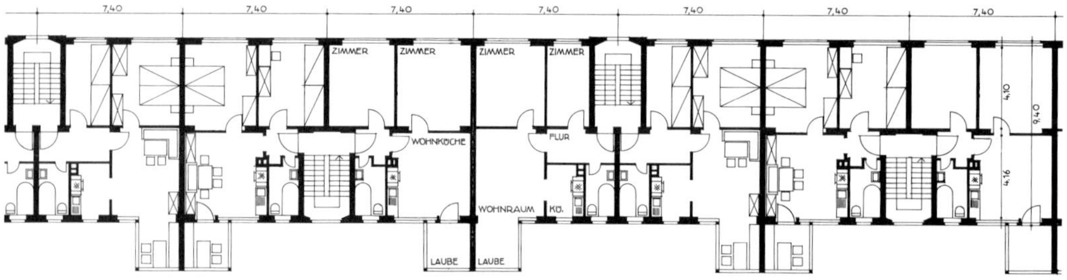
7,40
ZIMMER
WOHNKÜCHE
FLUR
WOHNRAUM
KÜ.
LAUBE
4,10
9,40
4,16

3

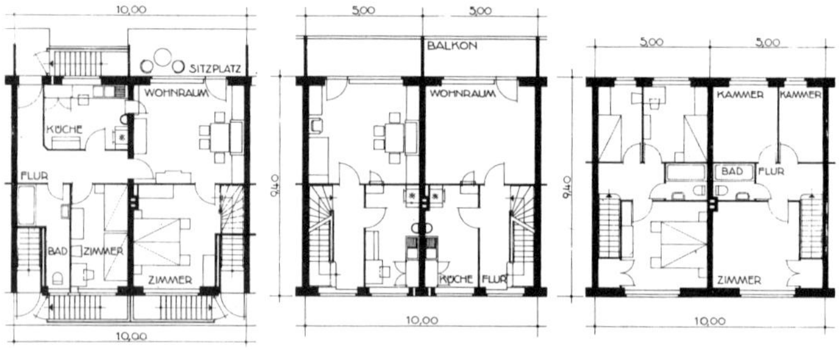
10,00
SITZPLATZ
WOHNRAUM
KÜCHE
FLUR
BAD
ZIMMER
5,00
BALKON
KAMMER
9,40

4

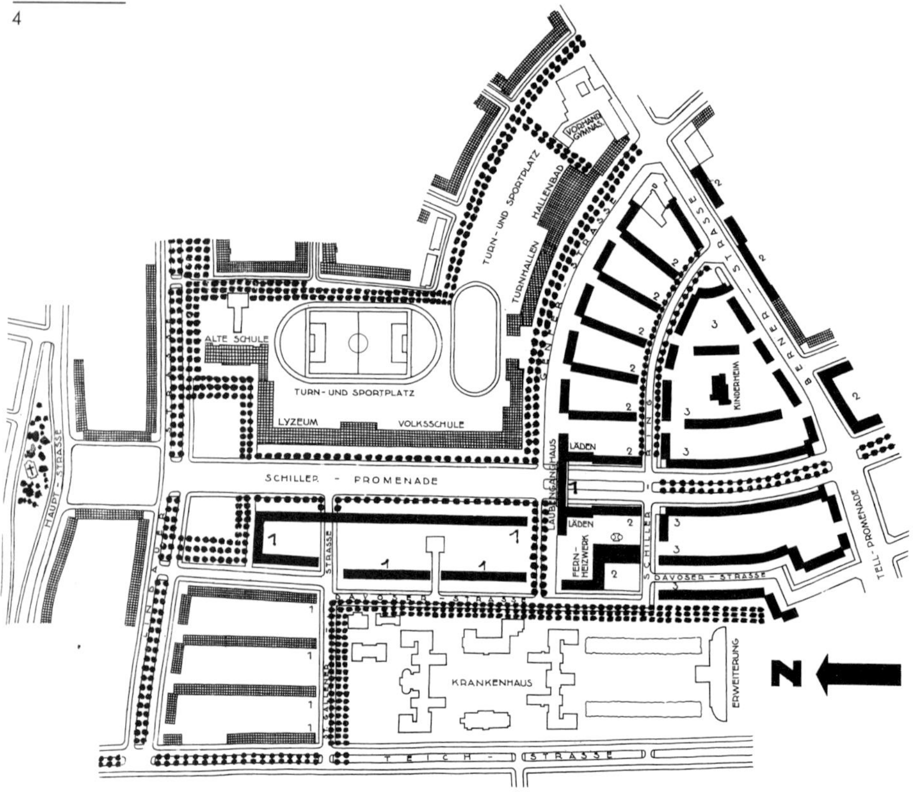
TURN- UND SPORTPLATZ
HALLENBAD
TURNHALLEN
ALTE SCHULE
LYZEUM
VOLKSSCHULE
SCHILLER - PROMENADE
LÄDEN
LAUBENGANGHAUS
KINDERHEIM
BERNER - STRASSE
DAVOSER - STRASSE
TELL - PROMENADE
KRANKENHAUS
ERWEITERUNG
TEICH - STRASSE
HAUPT - STRASSE
N

5
6

7

8

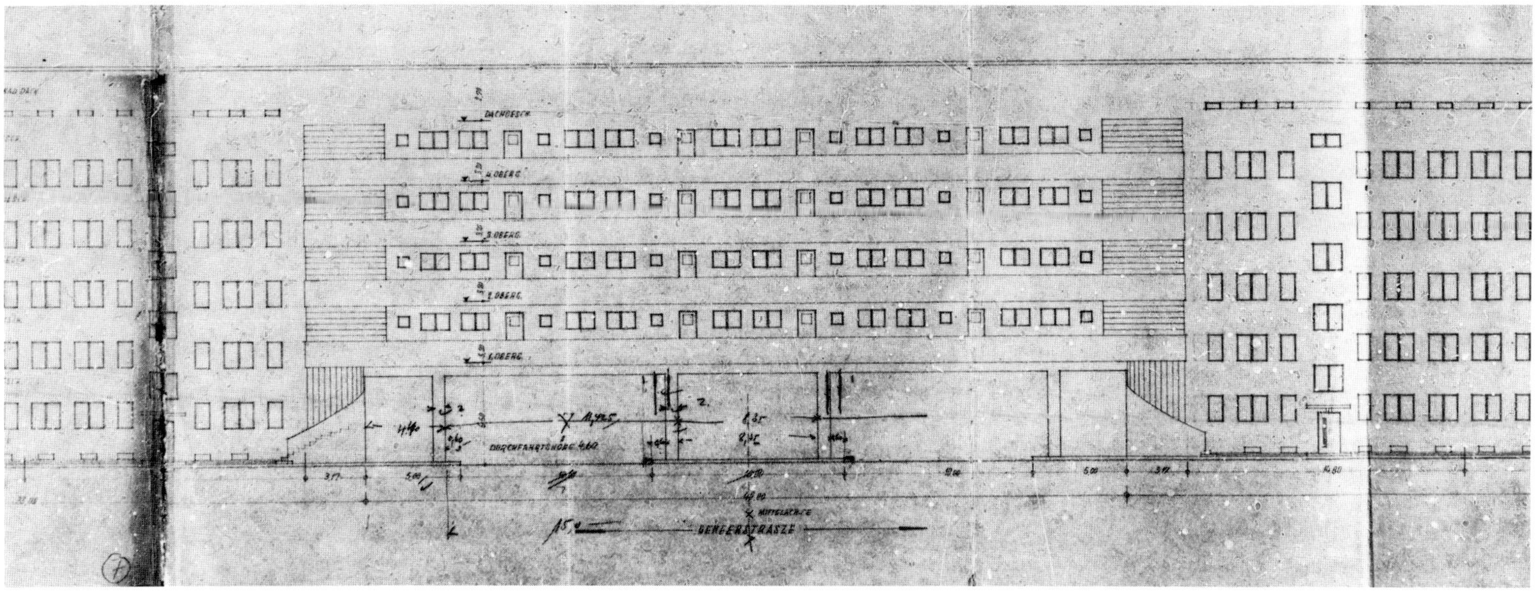

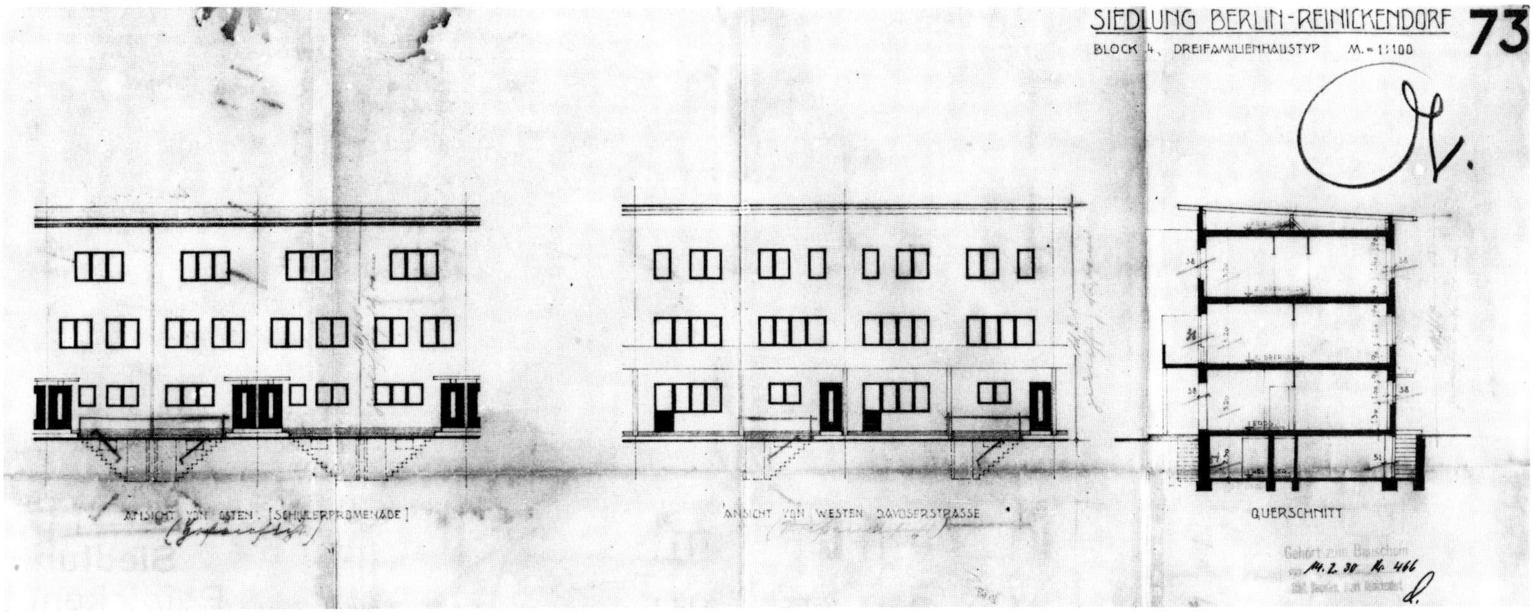

9
10

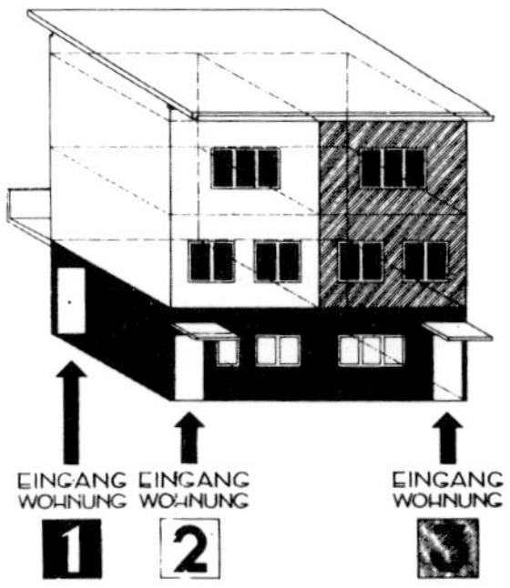

11

1 *Grundriss des Laubenganghauses 1:400 (Ausschnitt)*
2 *Grundrissausschnitt der langen Zeile 1:400; die Treppenhäuser sind abwechselnd an der Strasse und gegen den Hof angeordnet*
3 *Grundrisse des «Sondertyps»: pro Wohnung im Erdgeschoss zwei zweigeschossige Wohnungen darüber*
4 *Situationsplan, ca. 1:8000; 1 Bauteil Salvisberg; 2 Bauteil Büning; 3 Bauteil Ahrends*
5 *Sonnenbad über dem «Brückenhaus» (Laubenganghaus)*
6 *«Brückenhaus», Nordseite mit Laubengängen*
7 *Lange Zeile an der Aroser Allee; Hofseite mit Lauben-Vorbauten*
8 *Westseite einer «Sondertyp»-Zeile*
9 *«Brückenhaus»; Nordfassade; Plan vermutlich Beginn 1929; in veränderter Form ausgeführt, 1:400*
10 *Schnitt und Ansichten des «Sondertyps»*
11 *Isometrie des «Sondertyps»*

 Institute der Universität Bern, 1929–31, Bern, Bühlstrasse 20/Sahlistrasse (früher Muldenstrasse), Wettbewerb 1928

1

2

3
4

5

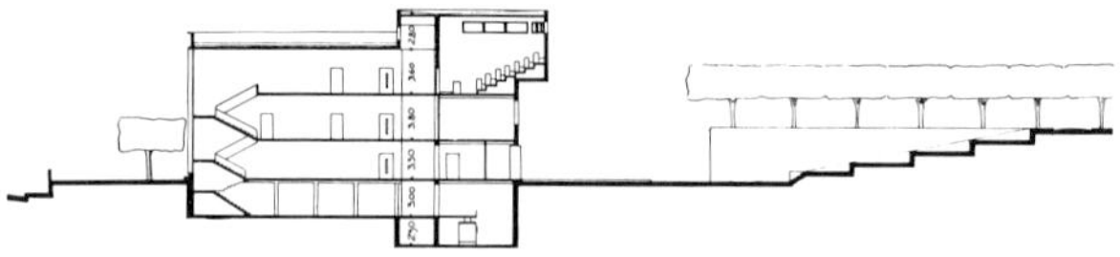

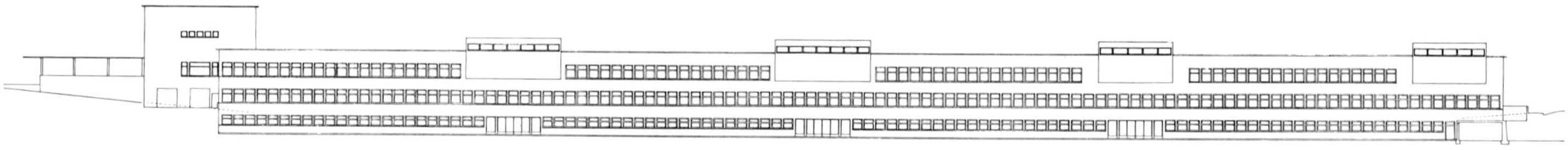

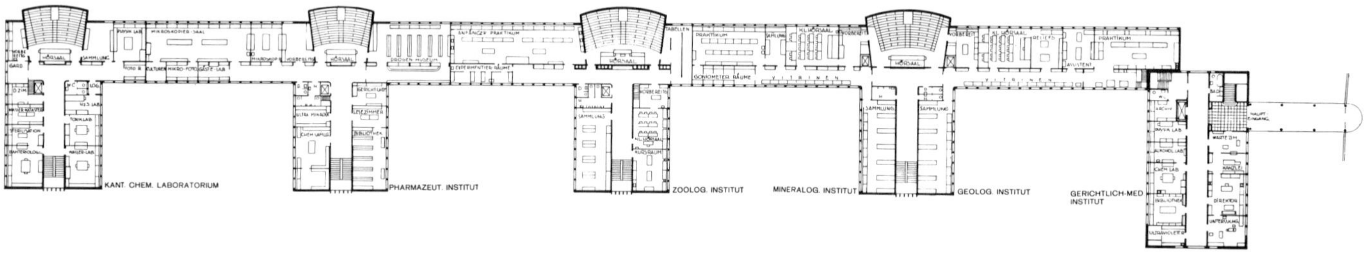

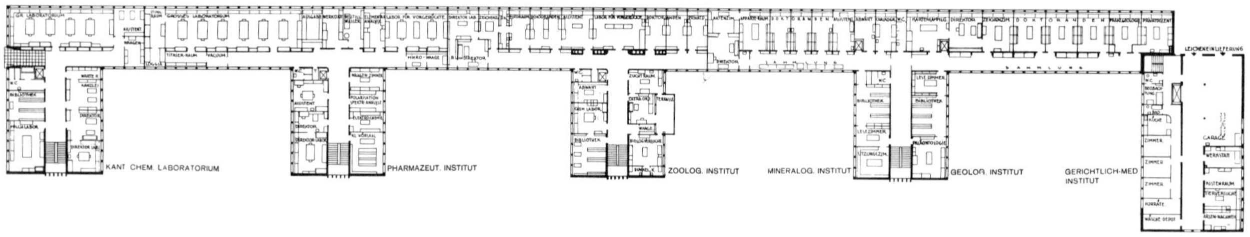

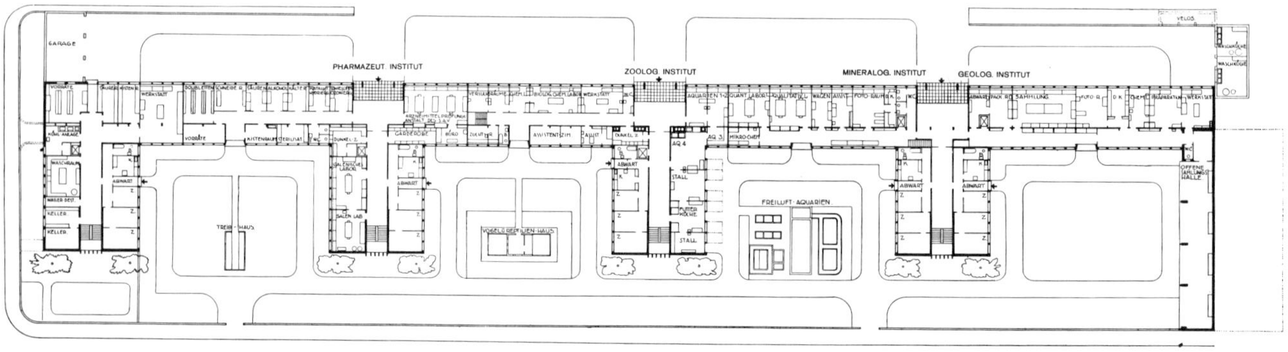

1 *Kopfbauten gegen die Muldenstrasse (heute: Sahlistrasse), Blick nach Südosten*
2 *Treppenhaus mit Glasprismen*
3 *Gerichtsmedizinisches Institut (Ostflügel) von Westen*
4 *Korridor mit Vitrinen*
5 *Schnitt, Nordostfassade, Grundrisse 1:1200*
6 *Nordostseite mit Hörsälen; je zwei Hörsäle sind sieben- bzw. fünfachsig*
7 *Innenraum eines siebenachsigen Hörsaals (Zoologisches Institut)*

Vgl. Claude Lichtenstein, «Hochschulbauten» / Christian Sumi, Ernst Strebel, «Detailzeichnungen» / Bernhard Furrer, «Unser Umgang mit Salvisberg».

6
7

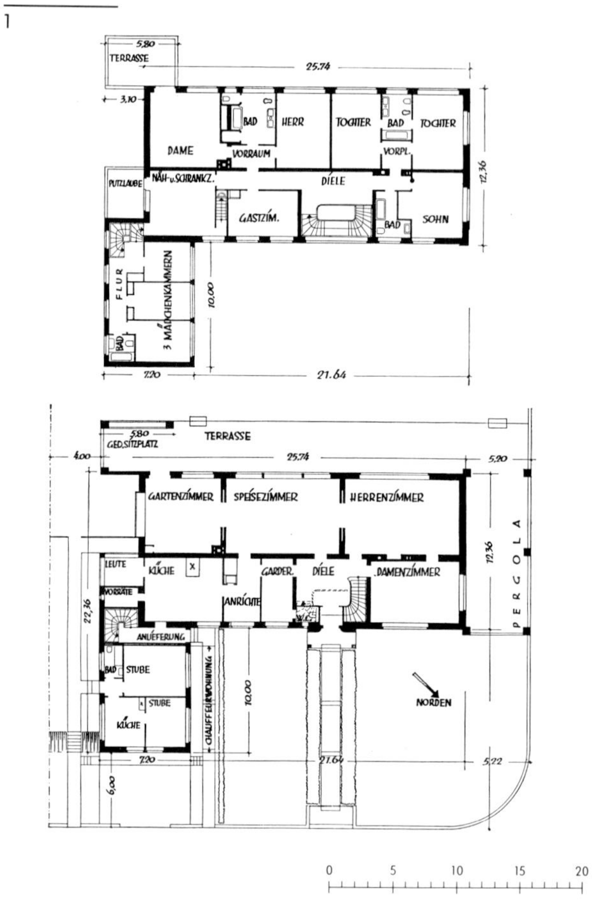

141 **Haus Charlton,** 1928–29, Berlin-Dahlem, Griegstrasse 33 (1976 abgebrochen)

Wie Salvisberg sich bestimmte «Begriffe» der neuen Architektur zu Eigen machte, zeigt dieses Haus eines Arztehepaars. Ein erstes sinnfälliges Kennzeichen der «Modernität», der weisse Verputz, ist bereits am Haus Brunn (Nr. 119) aufgetreten. Bei den Häusern Wiertz (Nr. 129) und Charlton wird nun eine weitere, für den «Stil» des Hauses wichtige Veränderung ersichtlich: die Fenster sind mit Rolläden ausgestattete, vom Architekten sorgfältig auf der hellen Fläche angeordnete, scharf eingeschnittene Öffnungen von unterschiedlicher Form und Grösse; der Verzicht auf Klappläden machte es möglich, die Fenster auch von der Bindung an gleichbleibende Abstände zu lösen.

An der Strassenfront fällt die Durchdringung von Haus und Garagenteil auf, die gleichzeitig eine Symmetrie und eine Asymmetrie zu sehen erlaubt, je nachdem, welches Geschoss betrachtet wird. Salvisberg verwendete auch diese Doppeldeutigkeit als ein Zeichen der neuen Architektur; ein Nachmessen im Grundriss ergibt, dass der Eingang von der impliziten Mittelachse um gleich viel nach rechts verschoben ist wie das Badezimmerfenster darüber nach links.

Die Gartenfassade erscheint zunächst konventioneller, trotz der offenen Halle, die in den Hauptbau eingeschnitten ist. Das Walmdach fasst unter einem markanten Vorsprung eine gleichmässige Reihe von Obergeschoss-Fenstern zusammen. Deren gerade Anzahl ist aber ein neues Moment, wodurch hier eine Mittelachse nicht einmal implizit wirksam ist.

Der Kritiker Max Osborn beschrieb damals Salvisbergs neue Häuser mit folgenden Worten, die die Entwicklung z.B. gegenüber dem Haus Krahner (Nr. 86) deutlich machen: «Die starre Zentralanlage ist aufgegeben. An ihre Stelle tritt eine Ordnung, die unter Verzicht auf strenge Symmetrien eine Verschränkung der Flächenteile, in diesem Falle also der Raumeinheiten, sucht. So wird eine neuartige Balance erreicht.»[1]

Die technisch-konstruktive Entsprechung zu den formalen Veränderungen im Werk Salvisbergs ist das Tragskelett im Innern – das einzige Mal, dass es bei einem Wohnhaus zur Anwendung gelangte. Mit dem «plan libre» hat die Art, wie Salvisberg es anwendete, aber wenig zu tun. Trotzdem hilft es mit, eine zurückhaltende Art von «Befreitem Wohnen»[2] zu schaffen, was sich in einer anderen als der gewohnten Reihenfolge der Wohnräume, in der Anordnung der Treppe und, im Obergeschoss, in der «Enfilade» äussert, die das Zimmer der Dame und die Kinderzimmer bilden.

1 Max Osborn, «Neue Wohnhäuser von O.R. Salvisberg, Berlin», in *MBF*, 1930/8, S. 321.
2 Sigfried Giedion, *Befreites Wohnen,* Zürich 1929.

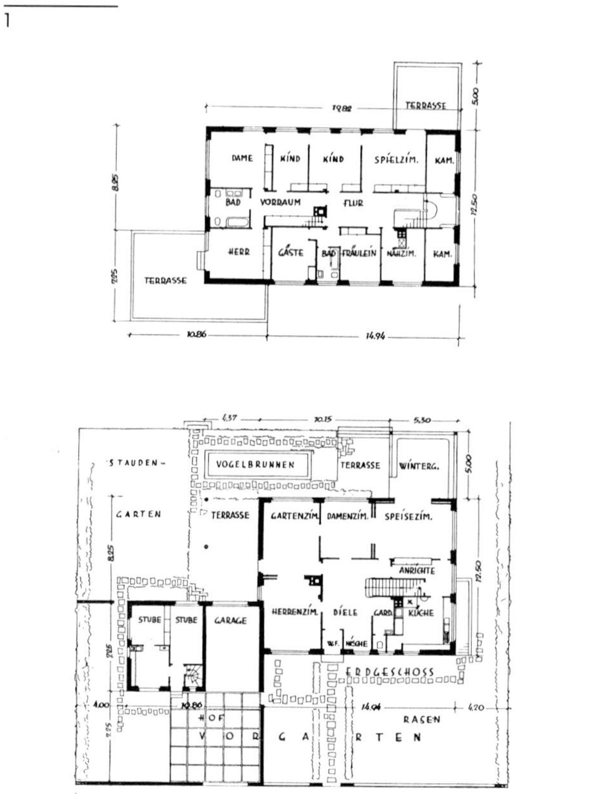

2

3

1 *Grundrisse von Erd- und Obergeschoss, 1:600*
2 *Gartenseite, von Südwesten*
3 *Blick entlang der Gartenfront*

Vgl. Claude Lichtenstein, «Villen und Landhäuser 1911–36».

2

3

1 *Grundrisse von Erd- und Obergeschoss, 1:600*
2 *Strassenansicht*
3 *Gartenseite*

142 **Warenhaus Wertheim,** 1928–29, Berlin-Steglitz, Schlossstrasse, Entwurf

Hätte nicht die Wirtschaftskrise den Bau dieses Warenhauses im letzten Moment verhindert, wäre dieses Gebäude mit 30 000 m^2 Geschossfläche wohl der grösste Einzelbau Salvisbergs geworden.[1]

Als Standort vorgesehen war ein Grundstück an der Schlossstrasse, der damals aufstrebenden südwestlichen Ausfallstrasse Gross-Berlins. Wie in anderen Fällen auch, setzte Salvisberg die Flucht des Gebäudes von der Baulinie zurück, um mit Teilen, die aus dieser heraustraten, bestimmte städtebauliche Wirkungen zu erzielen (vgl. Nr. 186). So wäre in diesem Warenhaus ein vielgeschossiges Schaufenster, das in die Tiefe der Strasse gerichtet war, zum Blickfang für die im Auto oder in der Strassenbahn stadtauswärts Fahrenden und damit zu einem die Bewegung des Passanten in der Grossstadt thematisierenden architektonischen Element geworden.

Konstruktiv wies der Entwurf enge Bezüge zum Gebäude der Deutschen Krankenversicherungs AG auf (Nr. 144): vorgesehen war ein Stahlskelett über einem Stützenraster von 8,50 m×8,36 m, dessen äussere Stützen in der Fassadenebene lagen und durch Verkleidungen mit den Fenstern geschossweise zu (tagsüber) dunklen Bändern zusammengefasst waren[2]; wohl aus betrieblichen Gründen waren die Fenster im 2. Obergeschoss fast doppelt so hoch wie in den übrigen Geschossen (die einzige auffindbare Schnittzeichnung des Entwurfs weicht in Art und Zahl der Geschosse vom Modell ab). Als oberer Abschluss war ein Dachrestaurant mit verschiebbarem Glasdach und einer Terrasse vorgesehen.

Wie die anderen bedeutenden Warenhäuser der Weimarer Republik zeigt sich auch in diesem Entwurf der aufgeklärt-kapitalistische Geist der «Neuen Sachlichkeit»: ein Warenhaus war kein Märchenpalast mehr wie noch vor dem Ersten Weltkrieg, sondern ein schnörkelloses Gehäuse für Konsumgüter, das dem Kunden zu verstehen geben wollte, er allein sei Herr über seine Wünsche. Salvisberg stellte sich in diese Tradition, die mit Namen wie Erich Mendelsohn, Bruno Paul oder Johannes Duiker, verbunden ist. Es ist aber auch aufschlussreich, diesen Entwurf mit dem des Bankvereins in Zürich zu vergleichen, der bei enger konzeptioneller Verwandtschaft eine so ganz andere architektonische Sprache spricht.

1 Der Bau wurde, stark verändert und verkleinert, 1950–52 durch Hans Soll schliesslich realisiert (seither umgebaut).
2 Die Ähnlichkeit von Salvisbergs Entwurf mit dem früheren Bürohaus-Idealentwurf Mies van der Rohes (1922), auf die im «Baumeister» hingewiesen wurde, erweist sich gerade wegen des grundverschiedenen konstruktiven Aufbaus als eher oberflächlich und von Salvisberg vermutlich nicht angestrebt.

1

144 **Deutsche Krankenversicherungs-AG,** 1929–30, Berlin-Schöneberg, Innsbrucker Strasse 26/27

Dieser erste von wenigen Stahlskelettbauten Salvisbergs wurde von ihm im Hinblick auf eine Erweiterung entworfen, die dann 1937–38 von einem anderen Architekten durchgeführt wurde. Wie bei früheren Bauten und Entwürfen wandte Salvisberg für den Grundriss das Prinzip der T-förmigen Disposition an (vgl. Nr. 103 oder Nr. 139, Wettbewerbsentwurf). Der zweite Bauabschnitt liegt als eine dreischiffige Anlage in der Verlängerung der Eingangsachse; das Mittelschiff ist als Lichthof mit einem Glasdach über dem ersten Obergeschoss angelegt.

Beim Konstruktionsraster wandte Salvisberg das weit verbreitete Drei-Ständer-System an, bei dem das Treppenhaus zusammenhängende Geschossflächen erschliesst. Im Gegensatz zum späteren «Bleicherhof» (Nr. 199) gibt es hier typologisch keine Gangzone. Den Bedürfnissen entsprechend lassen sich durch Leichtbauwände aus Holz und Glas Arbeitsräume und Flure schaffen.

Das Treppenhaus war von zwei Lichthöfen flankiert und selber mit einem gläsernen Liftschacht bewusst auf eine transparente, lichte Wirkung hin angelegt. Der rechte Lichthof endete über dem Erdgeschoss und belichtete mittels einer Lichtdecke die darunter liegende, ausgesprochen schöne Empfangs- und Kassenvorhalle (Abb. S. 138).

Die stark belegten Büroabteilungen wiesen hohe Räume mit sichtbaren Unterzügen und hochliegenden Kippfenstern auf. Ein Paternoster besorgte die Verbindung zwischen den Geschossen. Die Aktenstücke durchwanderten auf einem automatischen Transportband die verschiedenen Abteilungen. Waren im herkömmlichen «Kontor» der Patron mit dem Buchhalter, Kommis und Adressenschreiber in einer Art feudalistischer Ordnung vereinigt, zeigt dieser Bau das Gesicht der modernen, scheinbar abstrakten und wie selbsttätig funktionierenden Dienstleistungsgesellschaft (in diesen Jahren wurde die Lochkarten-Technologie erfunden). Nur die Direktionsbüros, mit kostbaren Einbaumöbeln ausgestattet, rufen die Verhältnisse in Erinnerung. Als heutiger Betrachter der Bilder von den verschiedenen Abteilungen kann man sich an Siegfried Kracauers berühmte Reportage «Die Angestellten» (1929) erinnert fühlen.

Die Strassenfront zeichnete sich durch ausgesprochene Eleganz aus. Die letzte der 16 Achsen stellte durch die erkerartige Nebentreppe den Anschluss ans Nachbargebäude her (vgl. Nr. 158). Der Haupteingang kam so in die Mitte der übrigen 15 Achsen zu liegen.

In den Obergeschossen traten die in der Fassade liegenden Stützen als konstruktive Glieder zurück; dank ihrer dunklen Stahlblechverkleidung schlossen sie sich mit den horizontal unterteilten Fenstern zu einem Band zusammen, das sich klar von der rotgelblichen Travertinverkleidung der übrigen Flächen abhob.

Nach schweren Beschädigungen im Zweiten Weltkrieg sind bei einer umfassenden Überholung leider wesentliche Elemente des ursprünglichen Gebäudes verloren gegangen.

1
2

2

3

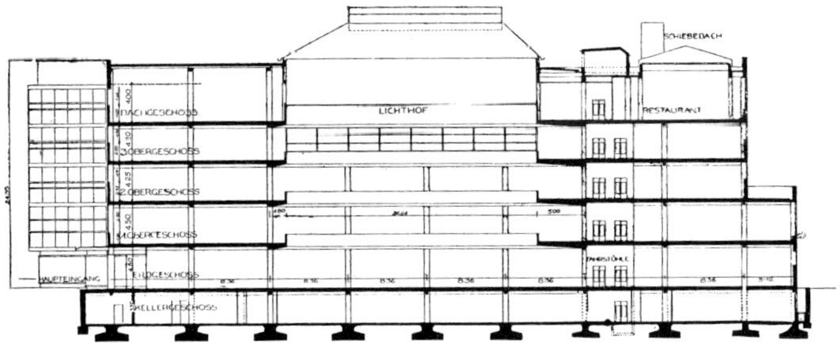

4

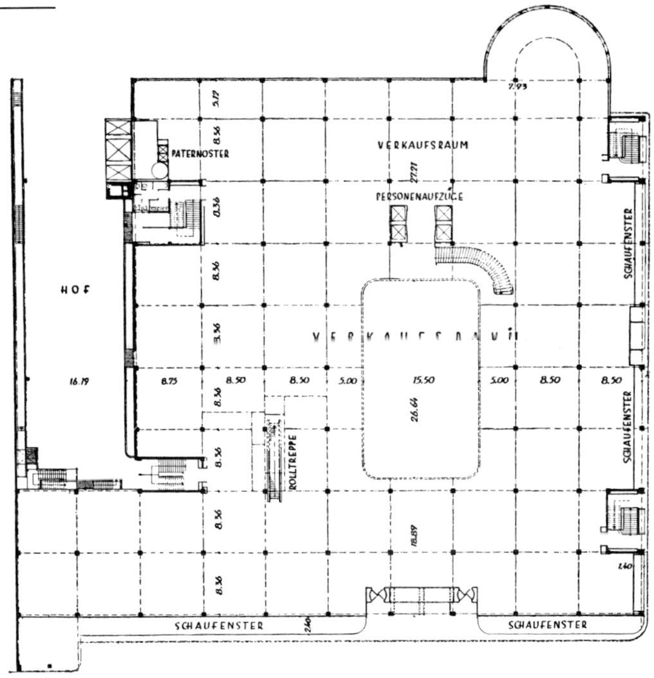

1 *Modell; hypothetische Sicht stadtauswärts*
2 *Gesamtansicht des Modells*
3 *Schnitt in der Achse des Eingangs; links die Ansicht des grossen Schaufensters*
4 *Grundriss Erdgeschoss, 1:1000*

3

4

1 *Blick in ein Büro (Hauptgeschäftsstelle für Gross-Berlin)*
2 *Eingang*
3 *Hauptansicht*
4 *Grundrisse Erdgeschoss (Umzeichnung), ganz rechts die Durchfahrt zum Hof; Obergeschoss, 1:500*

Vgl. Heinrich Helfenstein, Martin Steinmann, «Eine deutsche Versicherungsgesellschaft um 1930».

Salvisbergs Entwurfsverhalten lässt sich mit diesem Gebäude besonders gut zeigen. Auf beschränktem Platz waren ein Kirchgemeindesaal, Konfirmandensäle, Küsterei, Verwaltungsräume und mehrere Wohnungen unterzubringen. Wegen der alten Fortbildungsschule, die noch während einiger Zeit stehenbleiben musste, war der Bauplatz gegen die Schlossstrasse hin stark begrenzt. Salvisberg machte die dadurch erzwungene Nähe zur Kirche (Baujahr 1890) zum Ausgangspunkt des Entwurfs, indem er den Kirchenvorplatz durch zwei winkelförmige Trakte einfasste. So entstand ein ruhiger Bezirk, der von der stark befahrenen Schlossstrasse aus durch einen feierlichen Durchgang zu betreten ist. Die einzelnen Teile des Gebäudes werden über den Hof erschlossen. Die verschiedenen Funktionen in zwei Teilen von gleicher Form unterzubringen, ist selbstverständlich nicht funktionalistisch im Sinn des Neuen Bauens, d.h. nicht deterministisch. Kein Zweifel: hier kommt die Absicht des Architekten zum Ausdruck, eine klare Form zu schaffen, die aber nicht vorgefasst war, sondern sich aus der Problemstellung heraus ergab.

Die grundsätzliche Monumentalität dieser Anlage wird auf kluge Weise immer wieder relativiert: zwar wird die feierliche Bestimmung des Gebäudes durch den stark in die Höhe entwickelten Durchgang mit seinen travertinverkleideten Pfeilern sichtbar gemacht; das Gebäude als Ganzes ist hingegen ausgesprochen in die Breite entwickelt, was durch die tiefliegende obere Fensterreihe noch verstärkt wird: das zweite Obergeschoss ist nur vom Hof her belichtet. Die Nebentreppe des Saaltrakts hat eine vorteilhafte leichte Asymmetrie der Strassenfront zur Folge.

Im Gegensatz zum Neuen Bauen hat Salvisberg den Anspruch auf Monumentalität nie grundsätzlich ausgeschlossen. Auch bei der vorliegenden Bauaufgabe wählte er eine Formensprache, die als zugleich feierlich und sachlich gelten konnte. Im Vergleich zu Beispielen der italienischen Architektur jener Zeit, wo der erwähnte Anspruch einen bedeutenden Anteil am Gebäudezweck hatte (z.B. bei Bauten von Mazzoni und Pagano), wird aber offensichtlich, dass Salvisberg auch zu einer wichtigen Kraft der deutschen «Neuen Sachlichkeit» geworden war. Die breitgelagerten weissen Fenster mit Doppelverglasung, die, von blauen Metallrahmen gefasst, flach in der sorgfältig gemauerten Klinkerwand liegen, sprachen durchaus die heitere Architektursprache der Weimarer Republik (Max Taut und Franz Hoffmann, Martin Elsässer, Ludwig Mies van der Rohe) und hatten nicht das meist etwas imperiale Gehabe auch der fortschrittlicheren unter den italienischen Bauten.

1

2

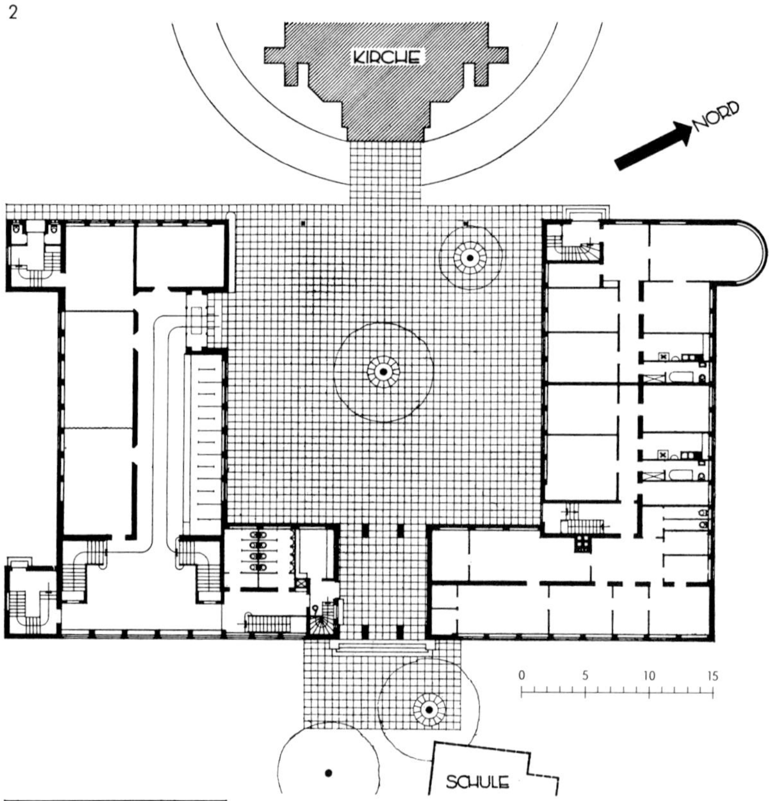

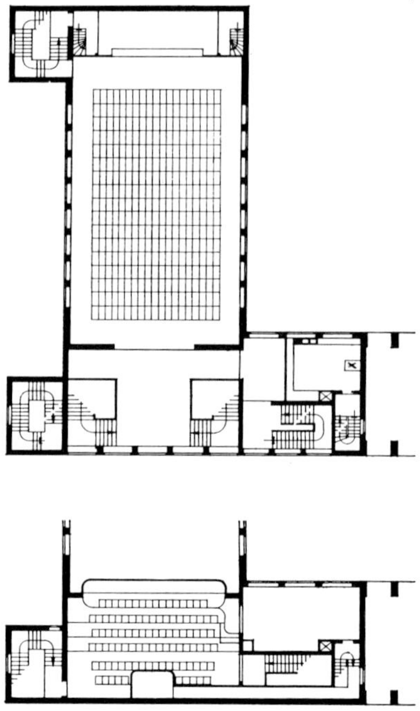

3

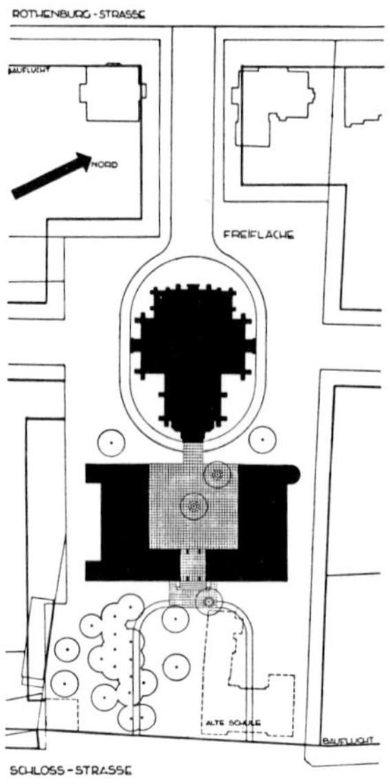

4
5
6

1 Perspektive mit Blick in den Hof
2 Grundriss Erdgeschoss, Ausschnitte 1. Obergeschoss (Saal) und 2. Obergeschoss (Empore), 1:600
3 Situation 1:3000
4 Ansicht von der Schlossstrasse
5 Saal, Blick von der Bühne gegen die Empore. Die Deckenbemalung war in Blautönen gehalten.
6 Modell
7 Blick entlang der Nordseite gegen den Wohnzimmer-Erker

7

151 **Siedlung Attilahöhe,** 1929–30 (mit Bruno Taut, Max Taut und Franz Hoffmann), Berlin-Tempelhof, Attila-/Arnulf-/Tankred-/Wittekindstrasse

Die Entstehungsgeschichte dieser Siedlung ist noch weitgehend unerforscht.[1] Bauherrin war die «Berliner Bau- und Wohnungsgenossenschaft von 1892», also wie bei der Überbauung Knobelsdorffstrasse (Nr. 126).[2] Die städtebauliche Planung stammt von Bruno Taut und Franz Hoffmann. Der erste Abschnitt wurde 1929–30 grösstenteils von Salvisberg erstellt. Nach Bruno Tauts Emigration bauten Max Taut und Hoffmann 1936–37 einen weiteren, bereits 1929 vorgesehenen Abschnitt in einer Weise, die angesichts der Zeitumstände Achtung abnötigt. Ein kleiner Teil der Siedlung wurde im Krieg zerstört und später neu errichtet.

Als erster Teil der Siedlung wurde 1928–29 das Heizungs- und Wäschereigebäude von Bruno Taut gebaut, das, achsial auf die Wittekindstrasse bezogen, deren Strassenraum abschliesst. In dieser Absicht, einen klaren Strassenabschluss zu schaffen, wird es von zwei zueinander symmetrischen Wohnhäusern Salvisbergs unterstützt, die in ihrer Architektursprache der Taut'schen überraschend ähnlich sind: Sie haben flächige Wände mit kleinen Fenstern im obersten, als Dachboden dienenden Geschoss, die viel zum Ausdruck von Geschlossenheit beitragen. Das Pultdach ist hinter dem gesimselosen Abschluss verborgen. Die beiden Wohnhäuser sind von gleicher Höhe wie die Wäscherei.

Die übrigen Häuser von Salvisberg zeigen grundsätzlich den gleichen, dem Neuen Bauen verwandten Fassadenaufbau. Trotz der hier zur Anwendung gekommenen Walmdächer glaubt man diesen Häusern ihre Modernität, die dank der horizontal betonten Fenster noch ausgeprägter ist als in der fast gleichzeitig entstandenen Gross-Siedlung Schillerpromenade (Nr. 137). Zu dieser letzteren ist als Bezug eine brückenartige Überbauung der Wittekindstrasse (nördlich der Arnulfstrasse) zu nennen, die von Salvisberg geplant, aber nicht ausgeführt wurde.

1 Die Pläne sind von der «1892» der Plansammlung der TU Berlin übergeben worden, aber noch nicht bearbeitet. Deren Leiter Dieter Radicke hat mir freundlicherweise die Einsicht gestattet und war auch mit der Erlaubnis zur photographischen Reproduktion von Plänen sehr behilflich.

2 Die «Berliner Bau- und Wohnungsgenossenschaft von 1892» ist aus dem früheren «Berliner Bau- und Sparverein» hervorgegangen und hatte sich bereits um den Bau der Gartenstadt «Falkenberg» (1913–14) und der Siedlung «Schillerpark», beide von Bruno Taut, verdient gemacht.

1

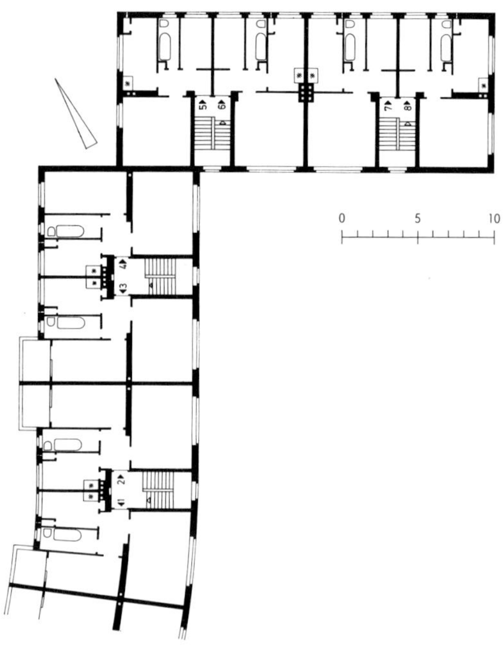

153 **Haus Frank,** 1930–31 (mit Rudolf W. Reichel), Berlin-Dahlem, Strasse unbekannt

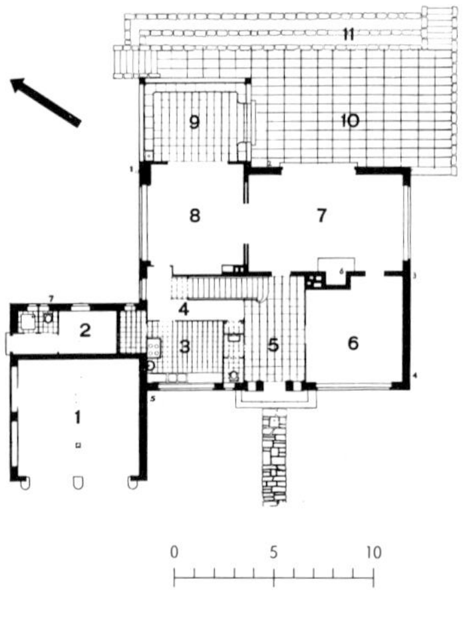

2

2

3

4

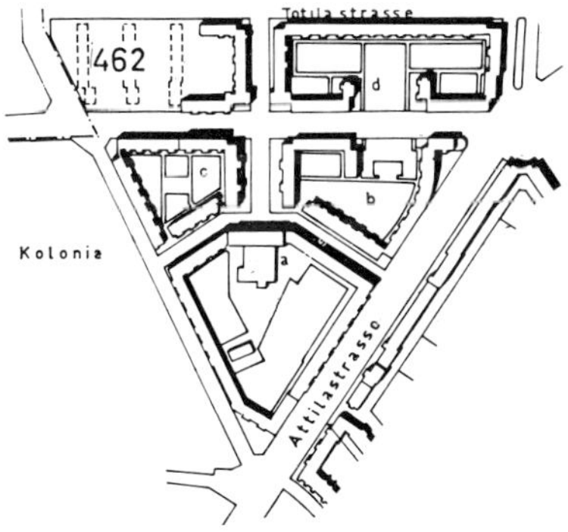

1 *Grundriss Obergeschoss (Ausschnitt), 1:500*
2 *Geschwungene Front gegen die Attilastrasse*
3 *Wohnhaus an der Wittekindstrasse*
4 *Situation, Norden = oben; von Norden nach Süden verlaufend die Wittekindstrasse. a 1 Wäschereigebäude von Taut, b und c Bauabschnitte Salvisberg (teilweise zerstört)*

3

4

1 *Grundriss Erdgeschoss, 1:500 (1 Garage, 2 Kammer für den Chauffeur, 3 Küche, 4 Durchgang und Anrichte, 5 Diele, 6 Herrenzimmer, 7 Wohnzimmer, 8 Esszimmer, 9 Wintergarten, 10 Terrasse, 11 Böschung mit Trockenmauern – nicht ausgeführt), Obergeschoss-Grundriss nicht bekannt*
2 *Ansicht von der Strasse; Dach mit Schiefereindeckung*
3 *Gartenansicht mit Wintergarten*
4 *Wintergarten*

2

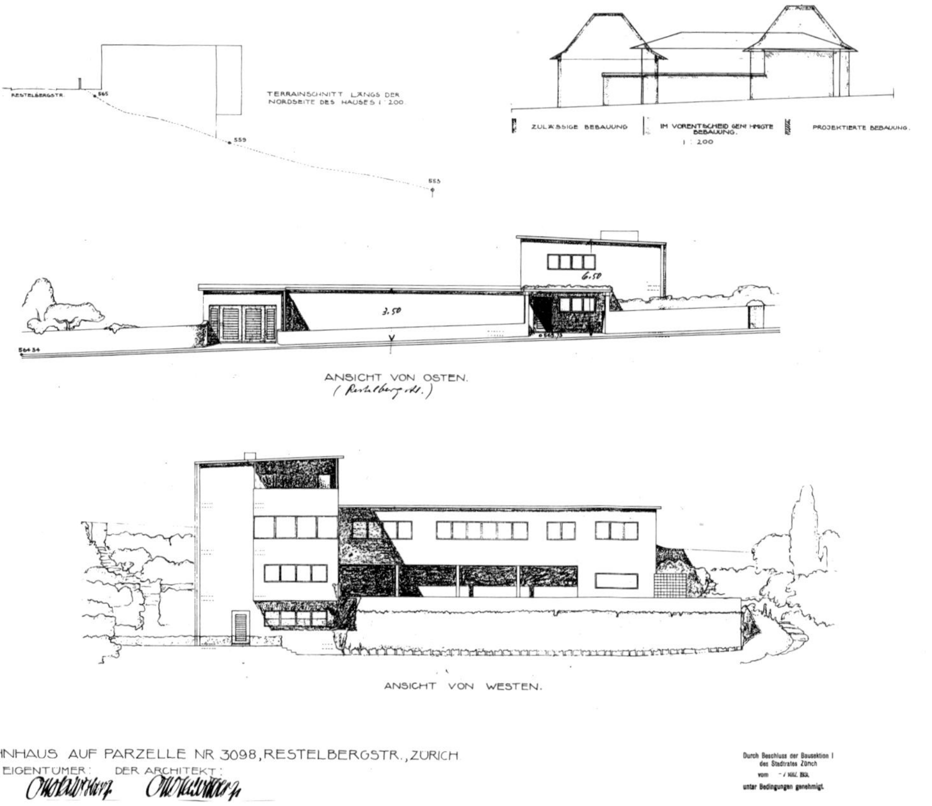

Für sein eigenes Haus fand Salvisberg ein sehr schön gelegenes, aber geologisch schwieriges Grundstück am Zürichberg, mit Aussicht auf See und Stadt. Nach seiner Fertigstellung hiess es in Fachkreisen, die Substruktionen und Fundamente hätten gleich viel gekostet wie das eigentliche Haus.[1] Es ist auf Betonstützen, die bis zu elf Meter unter das Strassenniveau reichen, durch die rutschgefährdete Schicht hindurch auf den Fels gegründet.

Der Hauptbaukörper steht senkrecht zu den Höhenlinien und kragt fast 3,5 Meter über die Stützmauer vor, die dadurch, dass sie so weit oben als möglich bleibt, den Hang verhältnismässig wenig verändert.

Die Beton-Massivbauweise, die das Bauen an diesem Hang erst ermöglichte, wurde von Salvisberg zum entscheidenden Faktor der Architektursprache gemacht. Das Haus ist als Eisenbeton-Monolith ausgeführt (mit einer Wandstärke des Betons von 18 cm und einer inneren Vormauerung von 12 cm) und stellt auch stilistisch einen steifen, aus einem Stück bestehenden Kasten dar: es gibt z.B. keine Arbeitsfugen, und die Fenster wirken als «Löcher in der Wand», die an beliebiger Stelle aus dem Kasten herausgeschnitten sind. Die wichtige Ausnahme sind die Fenster des Esszimmers, die diesen bedeutenden Innenraum dreiseitig umgeben, ohne durch Stützen voneinander getrennt zu sein. Dieses Esszimmer ist auch als Resultat einer typologischen Entwicklung erstaunlich: es wurde aus dem nur zu gewissen Zeiten benutzten, mit dem Garten eng verbundenen Berliner Wintergarten entwickelt und ist hier zur eindrücklichen Aussichtskanzel geworden.

Im Gegensatz zu den Architekten des Neuen Bauens blieb für Salvisberg das bürgerliche Wohnhaus eine eigenständige Kategorie und war nicht in erster Linie eine Gelegenheit, allgemeine künstlerische oder technische Prinzipien (Trockenbauweise usw.) zu demonstrieren. So sind die Räume dieses Hauses nicht «fliessend» im Sinne der Moderne, sondern sind einzelne, wenn auch grosszügig miteinander verbundene Zimmer (s. S. 162 f.). Mehrere Kommentatoren erkannten hinter der betonten Modernität in Anlage und Material die für Salvisberg bezeichnende Gelassenheit wieder.

1 Der Architekturhistoriker und -Kritiker Peter Meyer in einem Gespräch (Mai 1979).

3

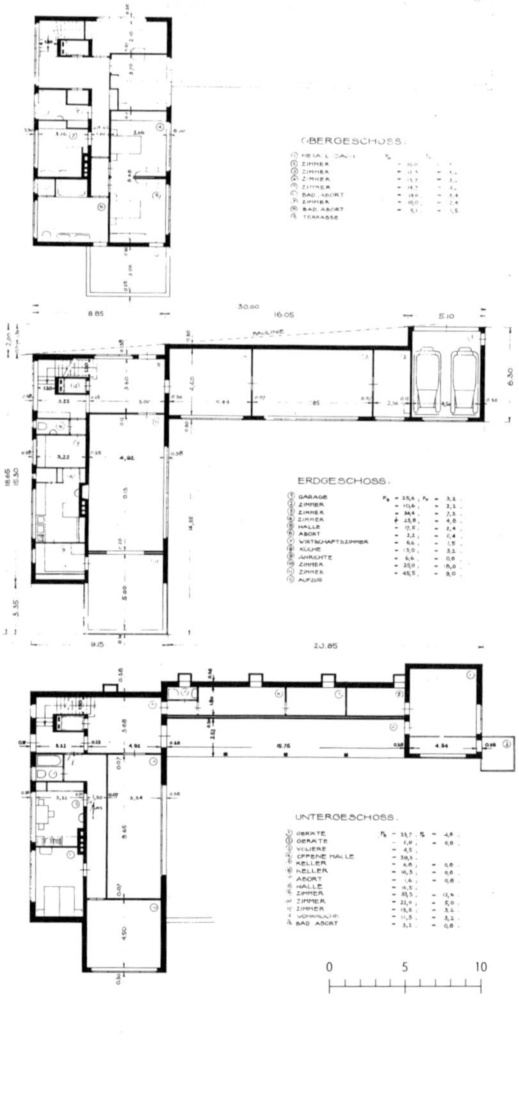

4

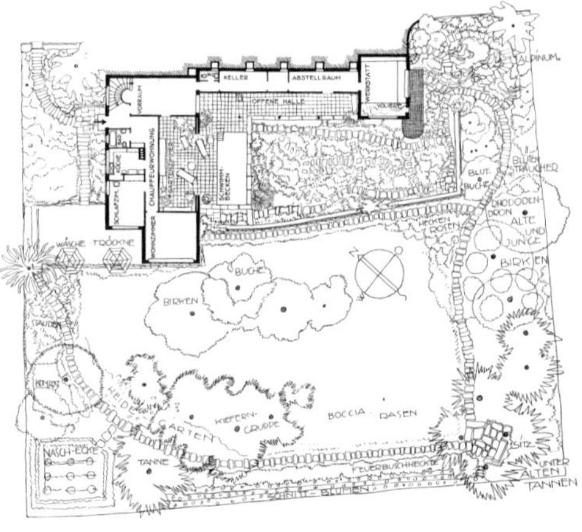

5

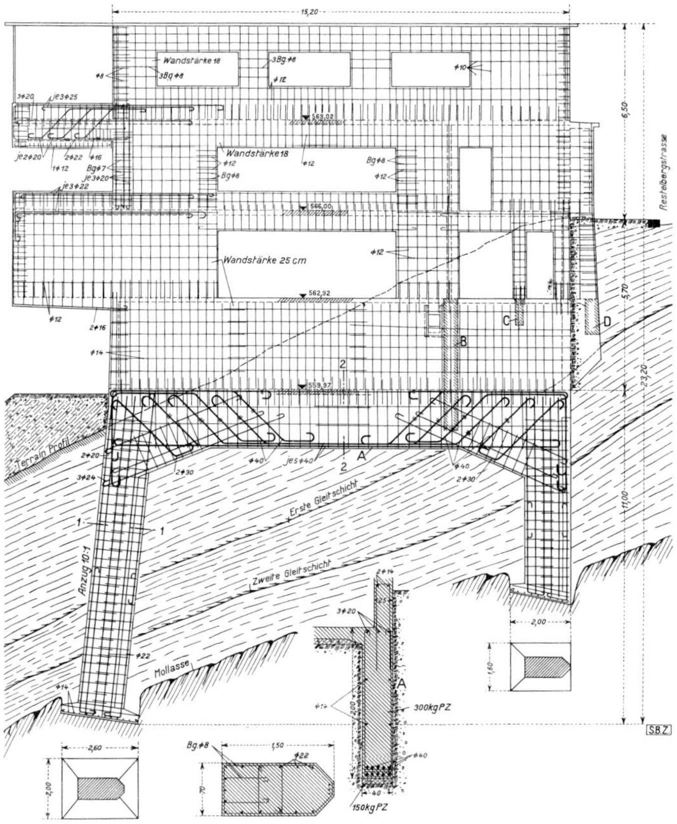

6

1 *Ansicht gegen die Strasse*
2 *Schema der Nordfassade; Schema der Strassenfassade mit vergleichenden Silhouetten der üblichen Bauweise; Strassen- und Gartenfassade (nach den Baueingabeplänen)*
3 *Grundrisse 1:500 (nach den Baueingabeplänen)*
4 *ausgeführter Bau in seiner Umgebung*
5 *Auskragung des Hauptbaukörpers*
6 *Armierungsplan der Südfassade*
7 *Isometrie der Eisenbetonkonstruktion*

Vgl. Claude Lichtenstein, «Villen und Landhäuser 1911–1936» / Arthur Rüegg, «Möbel und Innenraum».

7

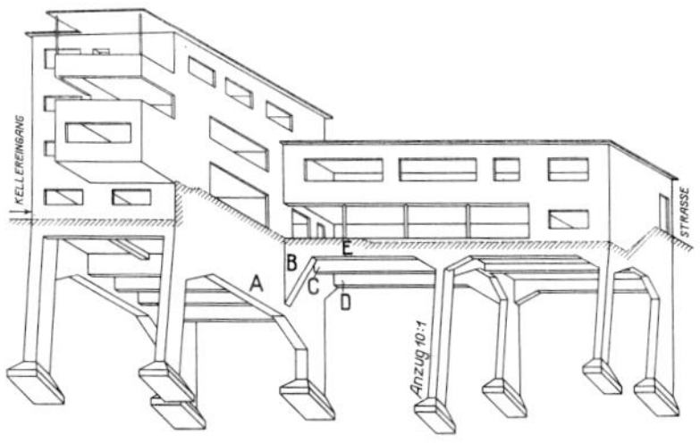

Der Grundriss des SUVA-Hauses[1] war nicht die Folge einer bogenförmig verlaufenden Baulinie, sondern die Entscheidung der Architekten Salvisberg und Brechbühl.[2] Damit befreiten sie sich in einem beschränkten Wettbewerb von den Schwierigkeiten des Eckgrundstücks, mit denen die anderen Konkurrenten nicht fertig wurden. Deren Entwürfe fussten auf zwei kurzen, in stumpfem Winkel aneinanderstossenden Trakten, was einen schattigen Hof ergeben hätte und Schwierigkeiten mit der inneren Organisation machte. Der ausgeführte Bau dagegen ist nicht ein Eckbau, sondern ein gleichmässig gebogener, typologisch betrachtet aber «gerader» Bau. Damit ist die Verwandtschaft zum DKV-Gebäude (Nr. 144) grösser, als es auf den ersten Blick scheint: auch hier werden die erkerartig vortretenden Nebentreppenhäuser dazu verwendet, die Anschlüsse an die Nachbargebäude herzustellen; auch hier ist die Strassenfront mit Travertinplatten verkleidet (6 cm dünn geschnittener römischer Travertin); auch hier handelt es sich um einen Skelettbau mit drei Stützenreihen, der aber nicht in Stahl, sondern in Beton ausgeführt ist, mit radial verlaufenden Unterzügen. Schon wegen seiner Lage ist aber das SUVA-Haus ein Bau von wesentlich öffentlicherem Charakter als sein Berliner Gegenstück.

Die Fenster, die von der Fassadenflucht nur wenig zurückgesetzt sind, wirken zusammen mit der Travertinverkleidung als satte Haut. Sie bilden gleichmässige Reihen, die auch vor dem Haupttreppenhaus in der Mitte des Gebäudes durchlaufen, ohne dass dieses gekennzeichnet wäre. Wie es schon im Kaufhaus Wertheim vorgesehen war, treten die Schaufenster rund zwei Meter vor die Flucht der Obergeschosse. In die Abdeckung eingelegte Glasbausteine sorgen für spiegelungsfreies, von oben auf die ausgestellten Waren fallendes Licht. Damit und mit seiner Verkleidung aus schwarzen Kacheln stellte der wuchtige Sockel die Antithese dar zum «freien», hinter die Stützen zurückgesetzten Erdgeschoss, das als Zeichen für Modernität schlechthin galt. In den Sockel, der das Strassengefälle aufnimmt, sind auch die Rampen zum Hof und zur darunter liegenden Parkgarage gut integriert. An der Seilerstrasse schliesst ein Wohnhaus der gleichen Architekten mit 6-Zimmer-Wohnungen an. Ursprünglich in Sichtbeton gehalten, wurde es später, wie auch die Hofseite des SUVA-Hauses, grau verputzt.

1 SUVA: Schweizerische Unfallversicherungs-Anstalt.
2 Nach Otto Brechbühl geht die geschwungene Form auf seine Idee zurück (Gespräch 1979). Man kann aber dabei natürlich nicht von einer «Erfindung» sprechen. Erich Mendelsohn hatte mit dem Schocken-Kaufhaus in Chemnitz (1928–29) ähnlich reagiert, ebenso z.B. Carlo Hubacher und Rudolf Steiger in Zürich mit dem «Z-Haus» (1930–32), wobei hier seinerseits ein Einfluss des SUVA-Hauses nicht auszuschliessen ist. Doch wer die Stadt in ihren damaligen Randbedingungen reformieren wollte, musste zu ähnlichen Ergebnissen kommen.

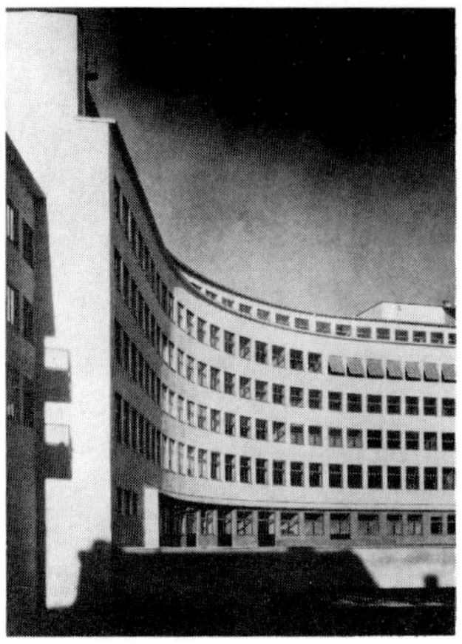

1

2

3

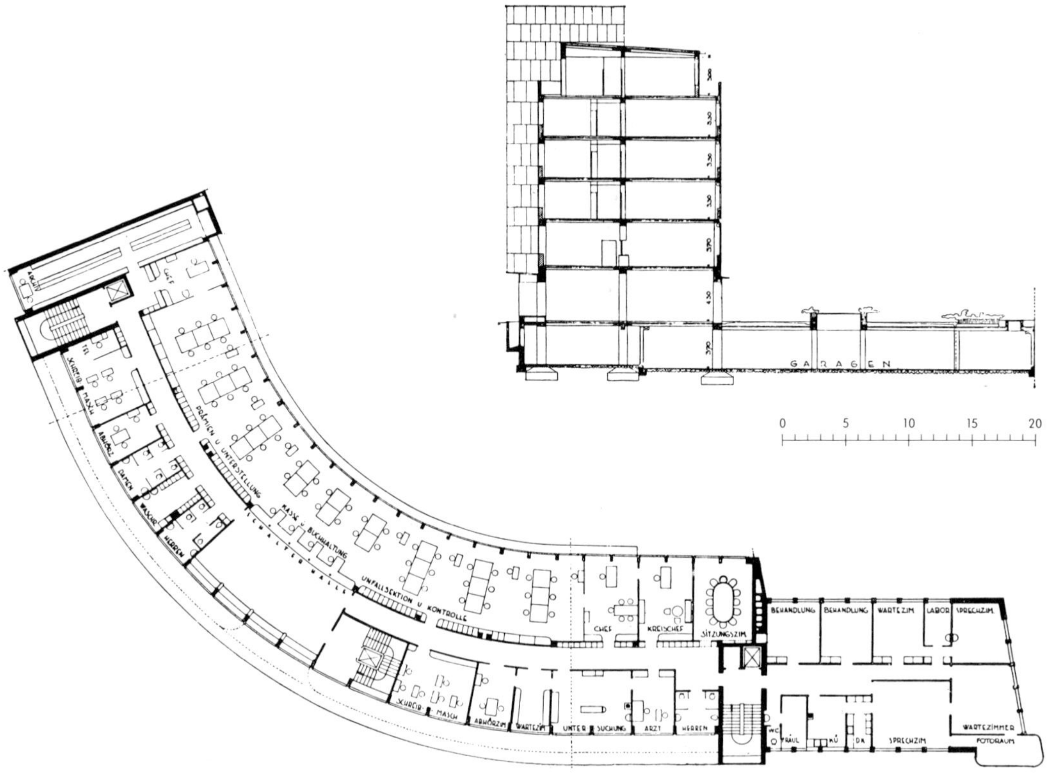

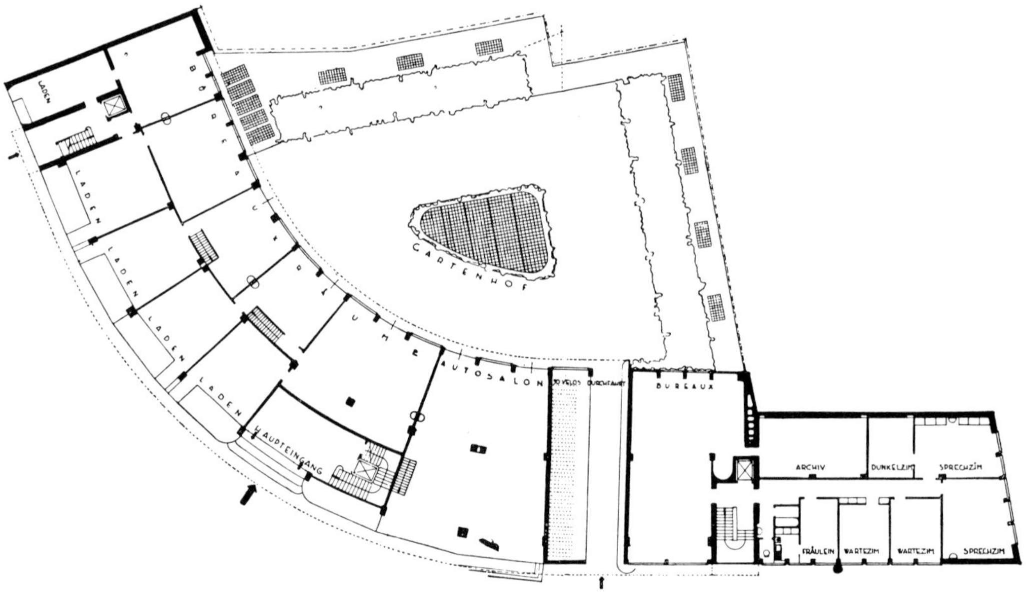

6

1 Hofansicht; Sichtbetonmauerwerk
2 Schalterhalle im 1. Obergeschoss
3 Grundrisse Erdgeschoss und 1. Obergeschoss, Schnitt, 1:600
4 Hauptansicht
5 Garage im Untergeschoss
6 Eingangspartie mit den vortretenden Schaufenstern

Vgl. Martin Steinmann, Claude Lichtenstein, «Eine andere Moderne?»

4
5

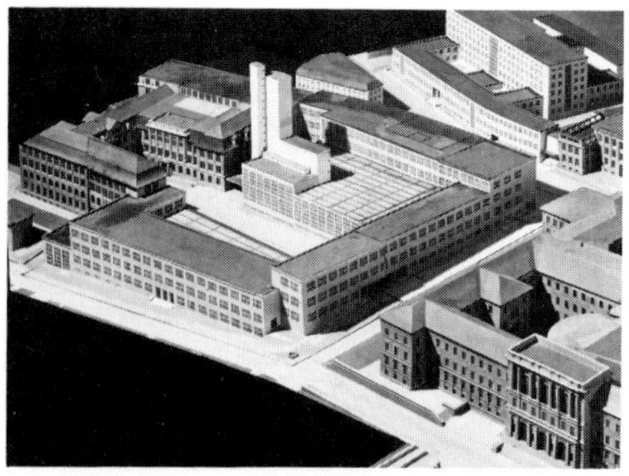

1
2
3

4

5

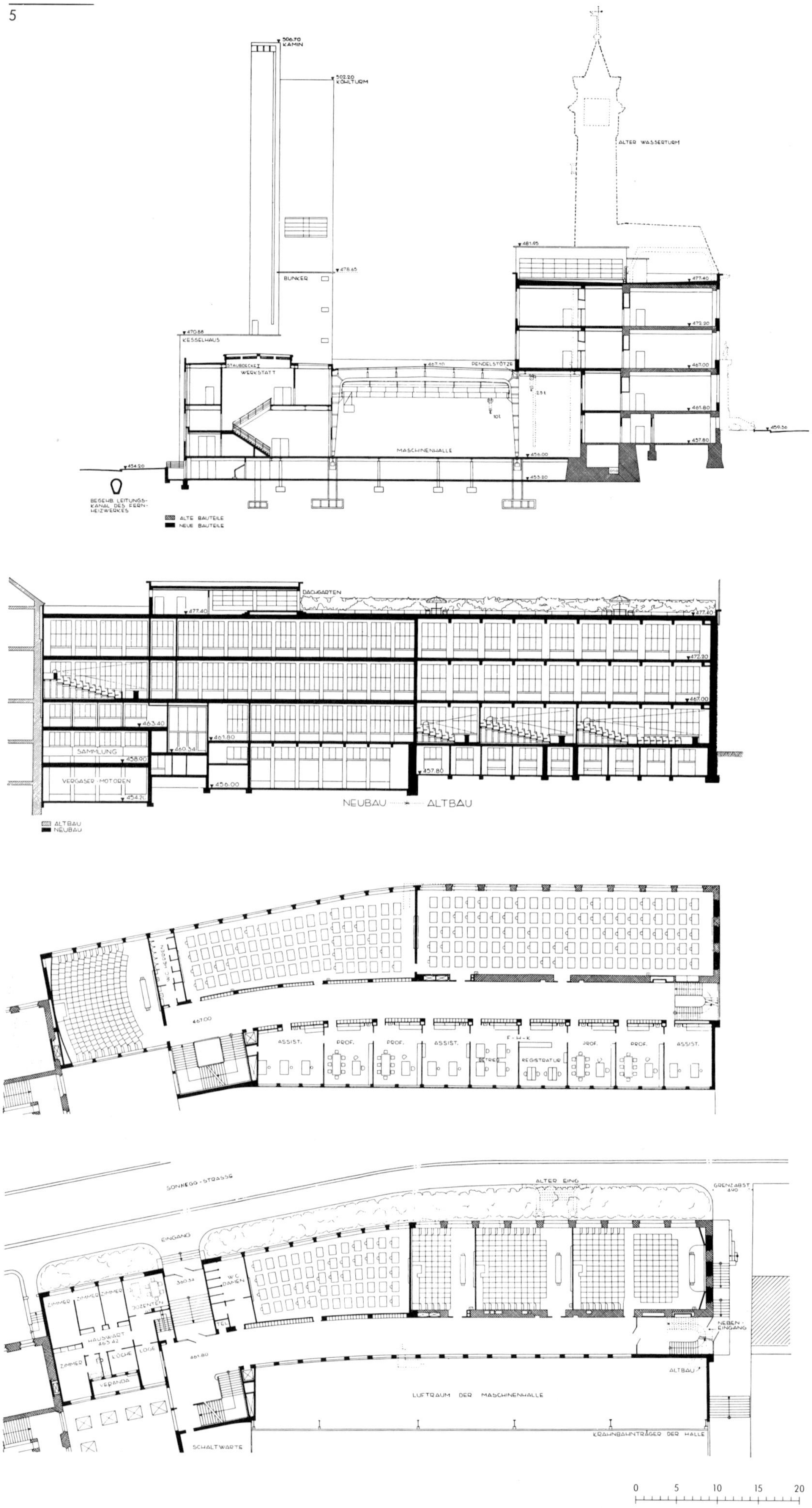
KAMIN
KÜHLTURM
ALTER WASSERTURM
BUNKER
KESSELHAUS
WERKSTATT
PENDELSTÜTZE
MASCHINENHALLE
ALTE BAUTEILE
NEUE BAUTEILE
DACHGARTEN
SAMMLUNG
VERGASER-MOTOREN
NEUBAU
ALTBAU
ASSIST.
PROF.
REGISTRATUR
SONNEGG-STRASSE
ALTER EING.
EINGANG
HAUSWART
ZIMMER
DOZENTEN
KÜCHE
LOGE
VERANDA
NEBEN-EINGANG
LUFTRAUM DER MASCHINENHALLE
KRANBAHNTRÄGER DER HALLE
SCHALTWARTE
0
5
10
15
20

6
7

8

1 *Gesamtplanung des ETH-Ausbaus, Modell*
2 *Maschinenlaboratorium, Lehrgebäude: Blick von Norden*
3 *Portal*
4 *Das Lehrgebäude vor dem Umbau, Aufnahme um 1900*
5 *Querschnitt, Längsschnitt, Erdgeschoss- und Obergeschoss-Grundriss, 1:700*
6 *Grosser Hörsaal*
7 *Maschinenhalle*
8 *Skizze von O.R. Salvisberg: Blick vom Korridor in die Maschinenhalle*

Vgl. Claude Lichtenstein, «Zwei Hochschulbauten» / Ernst Strebel, Christian Sumi, «Detailzeichnungen».

1
2

3

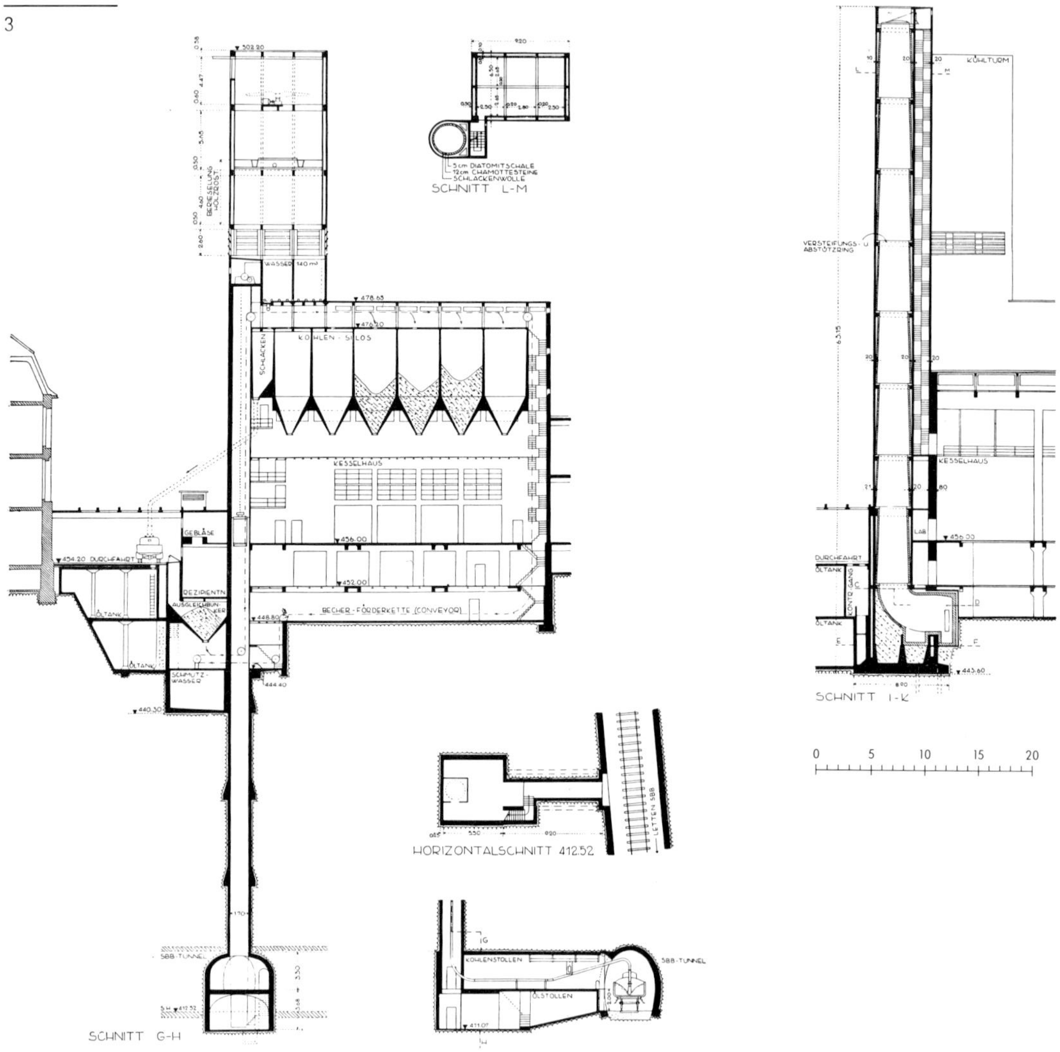
SCHNITT L-M
KOHLEN-SILOS
SCHLACKEN
KESSELHAUS
GEBLÄSE
DURCHFAHRT
REZIPIENT
ÖLTANK
SCHMUTZWASSER
BECHER-FÖRDERKETTE (CONVEYOR)
SCHNITT G-H
HORIZONTALSCHNITT 412.52
KOHLENSTOLLEN
ÖLSTOLLEN
SBB-TUNNEL
KÜHLTURM
KESSELHAUS
SCHNITT I-K
0 5 10 15 20

4

5

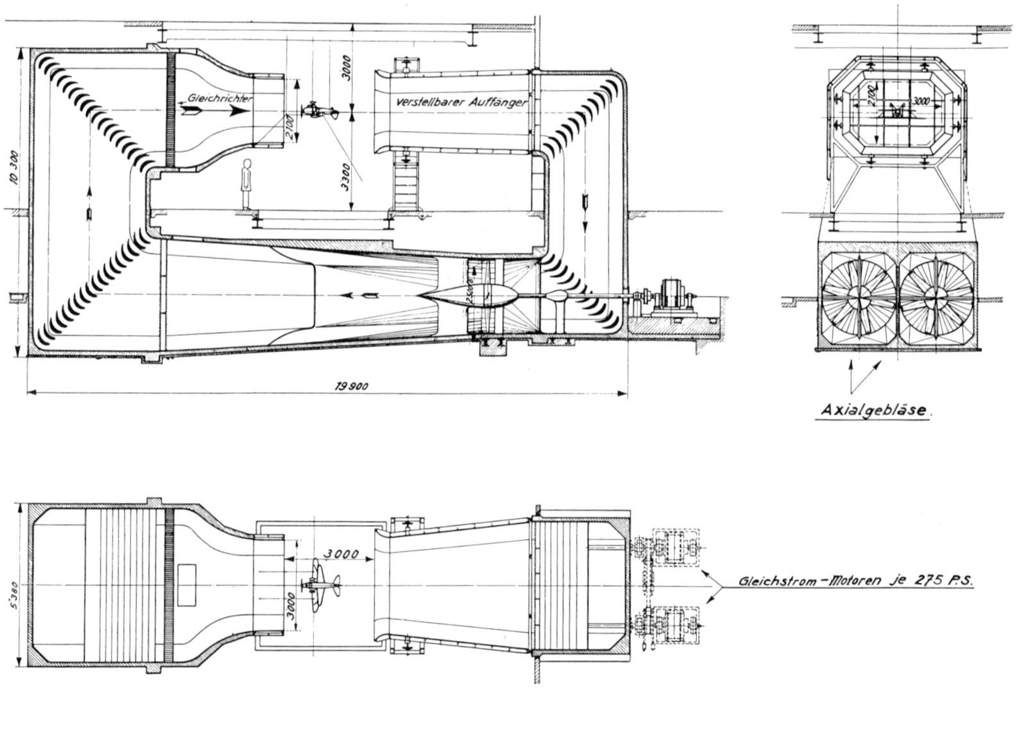
Gleichrichter
Verstellbarer Auffänger
3000
2700
3300
10 300
19 900
Axialgebläse
3000
5 380
Gleichstrom-Motoren je 275 P.S.

1 *Fernheizkraftwerk: Schornstein*
2 *Fernheizkraftwerk: Silotrichter unterhalb des Kohlebunkers*
3 *Schnitte durch Kesselhaus, Hochkamin, Rückkühler, Kohlenbunker, Förderschacht und Querstollen, 1:700*
4 *Windkanal im Institut für Aerodynamik*
5 *Windkanal, Schnitte 1:250*
6 *Fernheizkraftwerk, vor dem Bau der Maschinenhalle, 1932*

6

1

2

1 *Nebentreppe aus Stahl*
2 *Haupttreppe mit hängendem Lichtrohr; unten ein Flugzeug-propeller*
3 *Eingang mit Heizröhren aus Antikorrodal; Klinkerboden*
4 *Korridor im 2. Obergeschoss*
5 *Institut für Aerodynamik; unten grosser Windkanal, auf der Galerie kleiner Wind-tunnel*
6 *Leichtmotoren-Laboratorium*

3
5

4
6

165 **Hochhaus-Hotel,** 1930–31, Basel, Äschengraben/Nauenstrasse/Heumattstrasse, Wettbewerbsentwurf, 1. Preis, nicht ausgeführt

Die «Immobiliengesellschaft Centralbahnplatz Basel AG» lud zehn Architekten zu diesem Wettbewerb ein. Das Raumprogramm umfasste ein Erstklasshotel mit mindestens 150 Betten, Hotelrestaurant, Bar, Gesellschaftsräumen, einem 200plätzigen Festsaal und einer unterirdischen Garage; dazu ein separates Bierrestaurant und ein «Apartment-House» mit etwa 25 Kleinwohnungen, die miteinander kombiniert oder mit dem Hotelbetrieb vereinigt werden konnten.

Der Komplex war in der Form eines Hochhauses zu entwerfen. Basel gestattete als erste Schweizer Stadt den Bau von Hochhäusern, sofern dazu – unter anderem – «städtebaulich (ästhetisch und verkehrstechnisch) geeignete und sorgfältig ausgewählte Punkte» zur Verfügung standen.[1]

Das Grundstück lag am oberen Ende des Äschengrabens, wo dieser in den Bahnhofvorplatz übergeht. Salvisbergs Entwurf wurde besonders wegen seiner städtebaulichen Idee gelobt und mit einem 1. Rang ausgezeichnet. Er setzte der breiten und geraden, stark in die Tiefe sich entwickelnden Flucht des Äschengrabens als Kontrapunkt ein Hochhaus entgegen, das mit seiner Schmalseite zur Strasse gestellt war, während seine Längsseiten über die Nachbargebäude hinweg sichtbar gewesen wären und die Bewegung des Betrachters auf der Strasse durch die stetige Veränderung der Perspektive unterstrichen hätten. Der volumetrische Aufbau des Gebäudes als eine Abfolge von scheibenförmigen Elementen hätte den Gedanken der quer zum Strassenraum gestellten, sich gegen den Himmel abzeichnenden Kulisse unterstützt und wäre im gläsernen, über Dach geführten Palmenhaus zu einem aufregenden Höhepunkt geführt worden.

1 Basler Verordnung für den Bau von Hochhäusern, vom 11. Februar 1930 (§2).

1

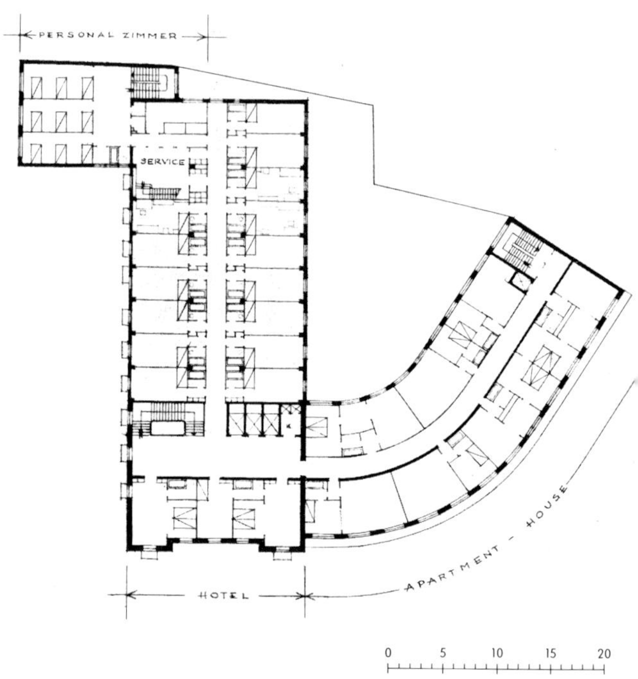

168 **Stadthaus Bern,** 1931, Bern, Hirschengraben, Wettbewerbsentwurf, 6. Rang, nicht ausgeführt

1

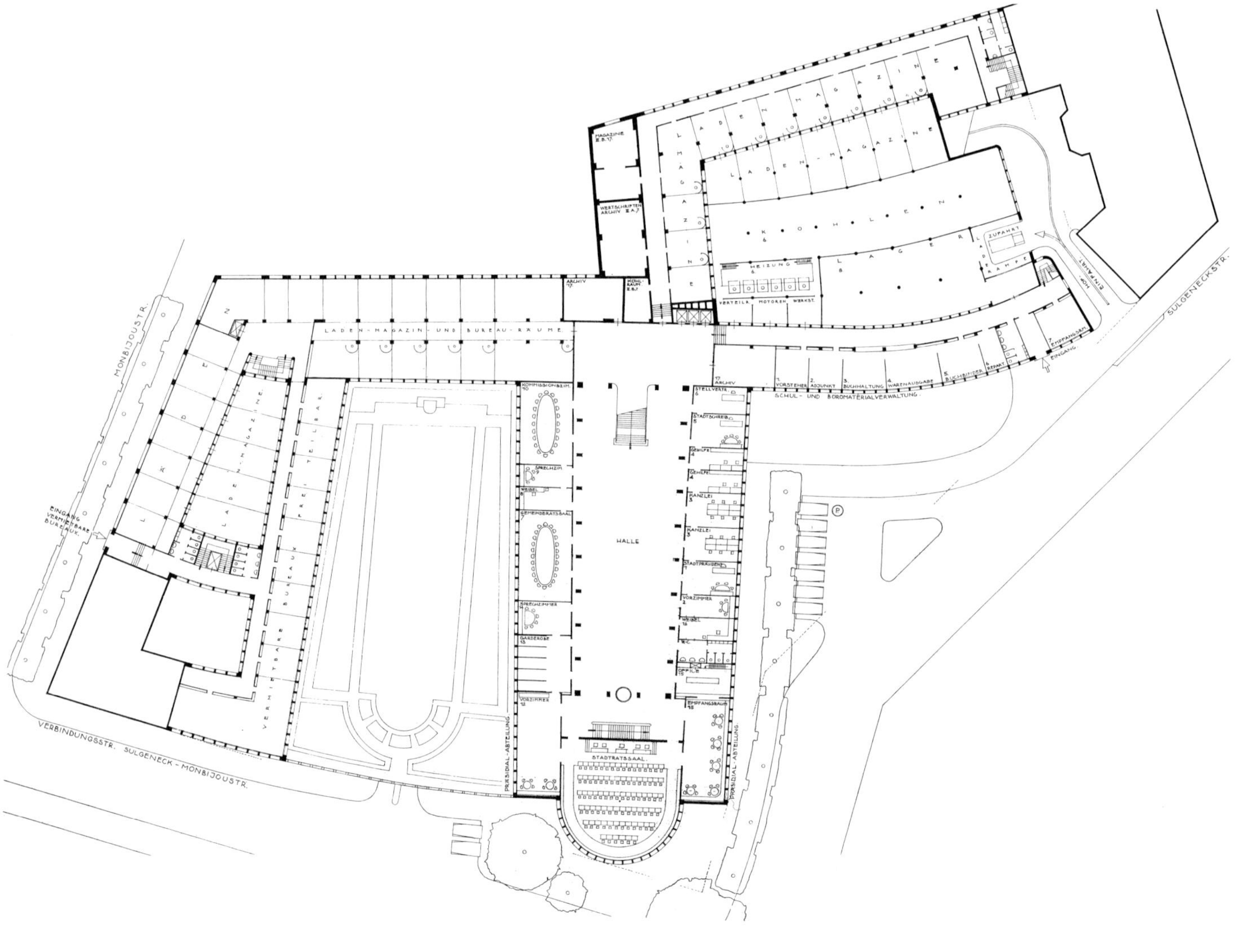

2

3

1 *Grundriss eines Obergeschosses, mit dem Appartementhaus (rechts), 1:700*
2 *Perspektive, Blick gegen den Bahnhof*
3 *Perspektive; Hotel-Hochhaus und Appartementhaus*

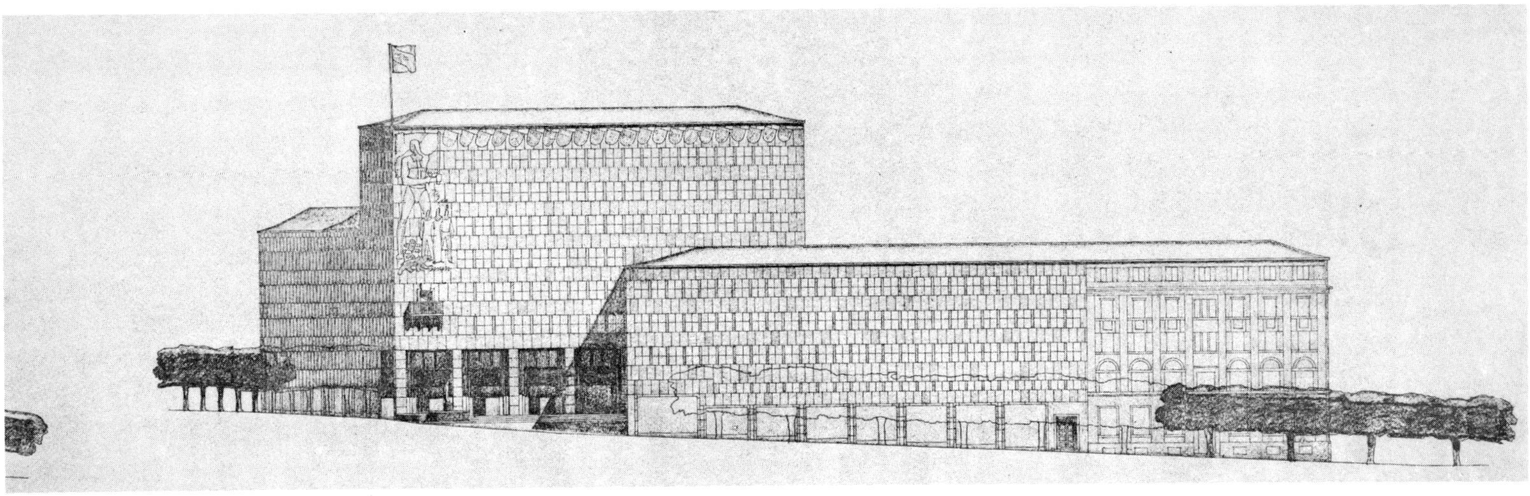

2

1 *Grundriss Hochparterre, 1:1000*
2 *Fassade gegen die Monbijoustrasse*

173 **Kunstmuseum Bern,** 1932–36, Erweiterung nach einem Entwurf von K. Indermühle, Bern, Hodlerstrasse 10–12 (1981 abgebrochen)

1

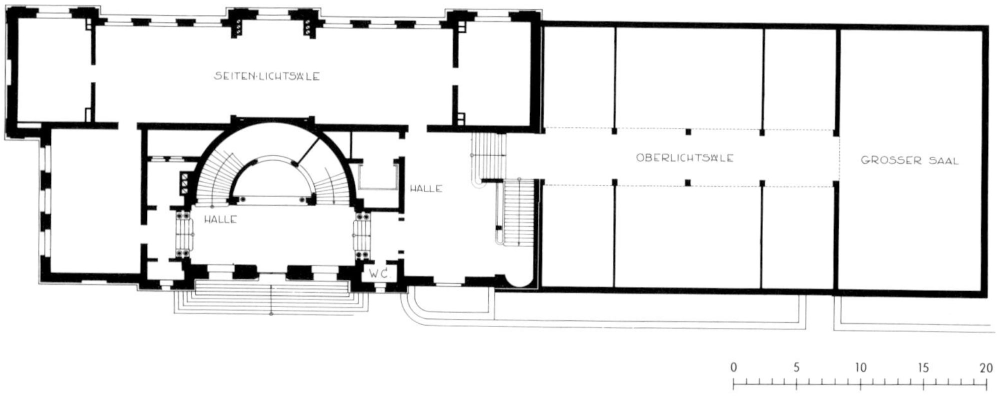

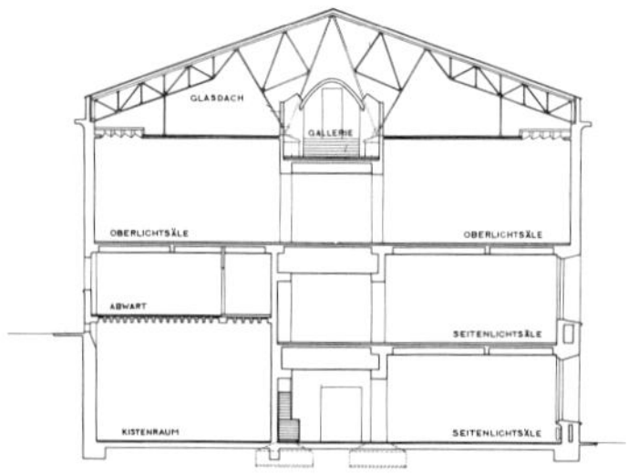

2
3

171 **Bezirksspital St-Imier,** 1933–34, St-Imier (JU)

1

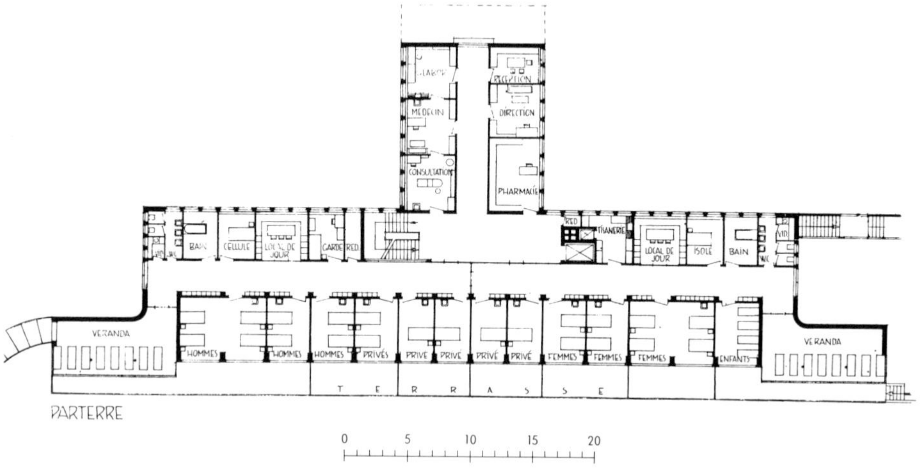

2
3

4

5

1 *Grundriss 1:600 mit Oberlicht-sälen / Querschnitt*
2 *Grosser Saal*
3 *Galerien, an deren Ende der Balkonaustritt von Abb. 2*
4 *Blick gegen den Mittelgang*
5 *Front gegen die Hodlerstrasse, im Hintergrund Stettlers Altbau*

Vgl. Bernhard Furrer, «Unser Umgang mit Salvisberg».

4

1 *Grundriss Erdgeschoss 1:600*
2 *Nachtaufnahme*
3 *Ostansicht*
4 *Westliche Liegeveranda mit silbern gestrichenen Pilzstützen und bei zurückgeschobener Verglasung*

Vgl. Christian Sumi, «Spitalbauten».

Mit dem Haus Barell begann eine mehrjährige enge Zusammenarbeit zwischen Salvisberg und der Pharmazeutikfirma Hoffmann-La Roche, deren Generaldirektor Dr. Emil Barell war. Von diesem Bau sind – eine Ausnahme im Salvisberg-Nachlass – mehrere Vorentwürfe erhalten. Die Hintergründe seiner Disposition werden in diesem Buch an anderer Stelle dargelegt.[1]

Nach der Strasse hin ist das Haus vornehm-undemonstrativ abgeschlossen; das Wohnen findet nach dem Garten statt, den das Haus winkelförmig umschliesst. Hervorstechendes Merkmal des Baues ist seine Verbindung von Repräsentation und Zurückhaltung. Nicht mehr die auffällige Rhetorik z.B. der früheren Eingangspartien, sondern gerade die äusserste Reduktion von deren Komponenten schaffen hier Zeichen eines selbstsicheren Wohlstandes. Das Vordach – eine dünne Travertinplatte über sechs flachen Eingangsstufen – wird nicht mehr von Pilastern getragen, sondern ist an unsichtbaren Eisenkonsolen befestigt.

Der gepflästerte Vorplatz ist mit einer sorgfältig auf die Eingangsfront bezogenen Flächenteilung versehen und durch glatte Gartenmauern, den kräftigen Dachüberstand (1,30 Meter) und die niedrige Abschrankung gegen die Strasse als klar definierter Raum verstanden.

Besonders bei der Eingangsfront werden die Fenster des Obergeschosses durch den Schattenwurf des Daches[2] zu einer Reihe zusammengefasst und scheinbar aus der Fläche herausgelöst, in die sie in Wirklichkeit einzeln eingeschnitten sind. Auf der Strassen- wie auf der Gartenseite folgen die Fenster des Erd- und des Obergeschosses ihrem eigenen Rhythmus bzw. den jeweiligen Erfordernissen des Grundrisses.

Von grösster Bedeutung bei diesem Haus ist die Ausstattung der Innenräume. Das Motiv des raumumschliessenden Winkels findet sich nicht nur in der äusseren Form des Gebäudes, sondern wiederholt sich im Innern. Die Einbaumöbel aus kostbaren Materialien (Nussbaumholz, Schleiflack), die in grossem Mass als Mittel zu einem wohlgeordneten und entspannten Wohnen verwendet wurden, sind verschiedentlich winkelförmig und asymmetrisch in die Raumecken gesetzt und verleihen den Räumen eine unaufdringliche «moderne» Dynamik, ja auch einen für Salvisberg neuartigen Zusammenhang. Die in grossen Linien gezeichneten Konturen der Ausstattung stehen hier an Stelle des eigentlichen «fliessenden» Raumes der Avantgarde. Die aufwendige, aus Nussbaumholz und Antikorrodal gefertigte Treppe, die in einer genau berechneten parabolischen Kurve von der Halle aus ins Obergeschoss führt, ist ein weiterer Hinweis auf Salvisbergs Interesse an einem gleichermassen rationalen wie «organischen» Zusammenhang der einzelnen Bereiche.[3]

1 Vgl. Claude Lichtenstein, «Villen und Landhäuser 1911–1936».
2 Beim Dach handelt es sich um ein sehr flaches Walmdach, eine mit Kupfer gedeckte Eisenbetonkonstruktion.
3 Die Beschreibung des Innern hatte ihre Gültigkeit bis 1983. Es konnte nicht verhindert werden, dass seither das Haus durch den Einbau mehrerer Wohnungen seines Charakters völlig beraubt wurde.

1

2

3

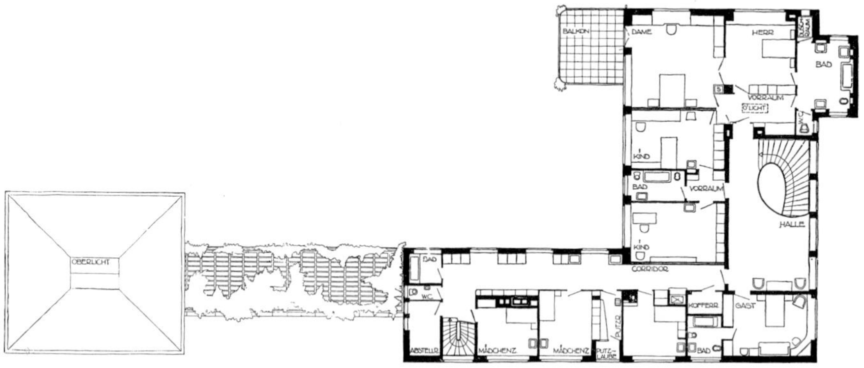

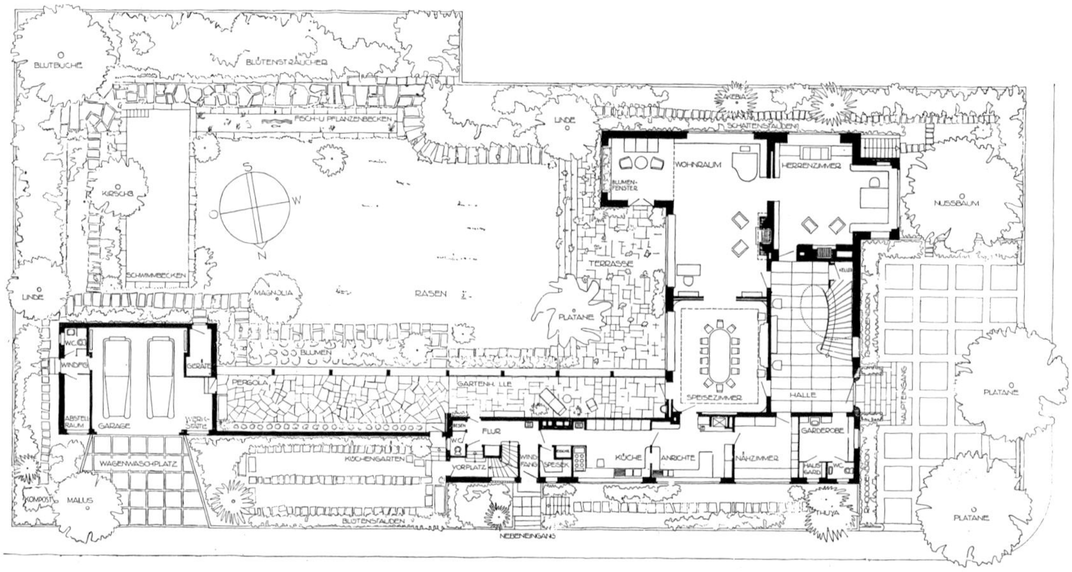

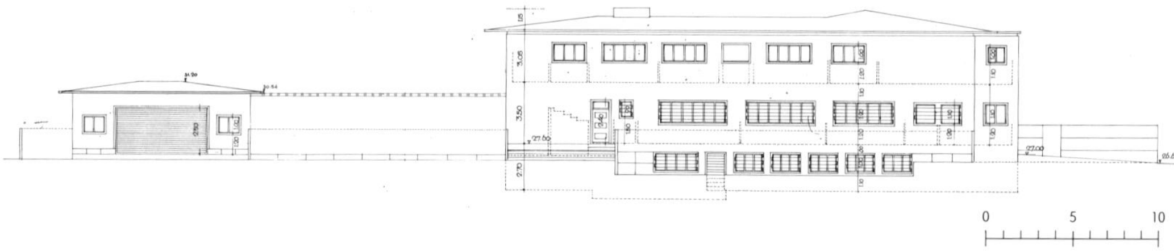

4

5
6

7

1 *Ansicht vom Garten, Blick gegen Westen*
2 *Eingangsseite mit Vorplatz*
3 *Fassade gegen den Rennweg, Grundrisse Erd- und Obergeschoss, 1:500*
4 *Entwurfsskizze von Salvisberg*
5 *Blick aus dem Herrenzimmer gegen den Wohnraum*
6 *Bad*
7 *Treppe in der Halle; Tritte und Wangen aus Nussbaumholz, Geländer aus Antikorrodal*

182 **Versammlungsraum der First Church of Christ, Scientist,** 1935–36, Basel, Picassoplatz

Der Bau befindet sich innerhalb eines Häusergevierts und ist, von der Strasse zurückgesetzt, mit dieser durch eine Weg- und Blickachse verbunden. Die Form des Grundstücks – mit der Winkelhalbierenden als diese Achse – wurde für die grundsätzlich symmetrische Anlage bestimmend. Doch war Salvisbergs Umgang mit der Symmetrie pragmatisch; wichtig war sie ihm als Mittel der Ordnung.[1] Da der Bau nur vom genannten Weg aus zu sehen war, musste die Eingangszone mit der offenen Halle und dem auf schlanken Stützen stehenden geschwungenen Sonntagsschul-Saal im Obergeschoss die Würde der Bauaufgabe vermitteln. Dieser Bauteil ist deswegen mit einem markanten Dachüberstand, einer Fassadenverkleidung aus Muschelkalkplatten und mit Bronzefenstern ausgezeichnet. Der dahinter liegende Kirchenraum dagegen ist aussen verputzt und weist Holzfenster auf. Der helle Innenraum vermeidet mit seinen nur zart getönten Fensterscheiben jeden mystischen Anklang; dies im Gegensatz zur Steglitzer Kirche von 1927 (Nr. 111). Die rationale Haltung der Architektur entspricht dieser Konfession, die sich als aufklärerisch und weltlich versteht. Nur die Holzdecke, die an der Eisenbinder-Dachkonstruktion aufgehängt ist, bildet ein «warmes» Element.

Eigenartig ist der Schnitt gelöst. Das abfallende Dach korrigiert die teils aufgezwungene Trapezform des Raumes und lässt ihn länger und eher als Rechteck erscheinen. Dieser (vermuteten) Absicht läuft aber der nach vorn sich absenkende Boden zuwider. Man ist versucht, an ein Kino zu denken. Bezeichnenderweise wurde die hölzerne Decke von der Feuerpolizei nur gegen die Zusicherung bewilligt, dass in diesem Raum keine Filmvorführungen stattfinden würden. Der «Sakralisierung» des Industriebaues bei Salvisberg entspricht hier umgekehrt eine gewisse Verweltlichung des Sakralbaues.

1 Er anerkannte also den oft vernachlässigten Unterschied zwischen Achsialität und Symmetrie (vgl. Peter Meyer, «Über Axe und Symmetrie. Ein Beitrag zur neuen Polemik der 'Ostendorfer-Schule' gegen die 'Fischerschule'» in *SBZ*, Bd. 85, 1925, S. 207–208, 216–220, 231–234).

1

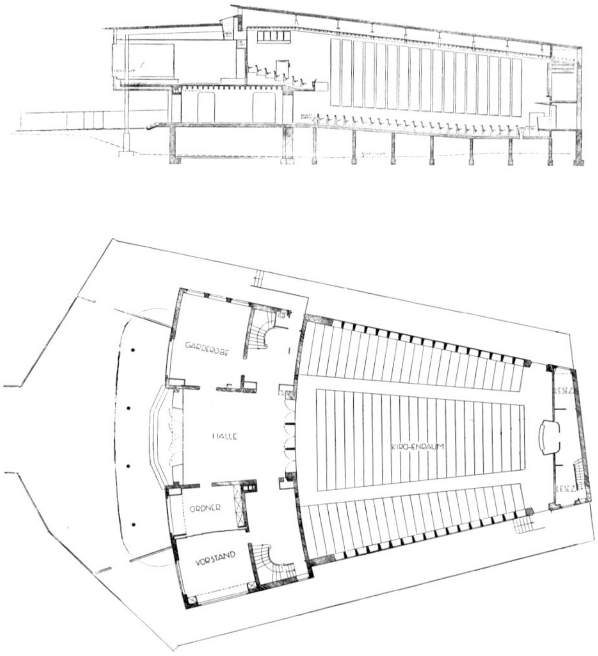

184 **Haus Favre,** 1936, Biel, Alpenstrasse 64

Das zur Verfügung stehende Grundstück war schwierig zu bebauen: es ist schmal und liegt an einem steilen Hang, der über eine Stützmauer mehrere Meter senkrecht zum Bahntrassee abfällt. Aus diesem Grund wurde anstelle eines Gartens (der notwendigerweise sehr klein und steil ausgefallen wäre) im Untergeschoss des Hauses ein als «Orangerie» bezeichnetes Gartenzimmer mit vorgelegter Terrasse angeordnet.

Das Haus ist von oben nach unten entwickelt. Das Wohngeschoss, etwas höher als die Strasse gelegen, umfasst wie bei einer Geschosswohnung die Wohn- und Schlafräume der Familie. Im Untergeschoss liegen das Gartenzimmer, die Zimmer für das Kinderfräulein und für einen Gast, die Garage und ein Kellerabteil. Für die Fundation des Hauses griff Salvisberg auf die Erfahrungen beim Bau seines eigenen Hauses zurück. Wie in Zürich wurden die Fundamentpfeiler bis auf den gewachsenen Fels geführt.

Das Haus ist stark in die Länge entwickelt. Der Grundriss nimmt die unregelmässigen Parzellengrenzen auf. Obwohl das Haus den Abschluss einer Zeile bildet, weist es ein Walmdach auf. Ein flach gedeckter, weniger hoher Gebäudeteil stellt dabei den Anschluss ans Nachbargebäude her. Damit und mit dem Walmdach, dessen First wegen des unregelmässigen Hausgrundrisses schräg verläuft, erhält das Haus den Charakter eines «Kopfes».

Aussergewöhnlich ist die Strassenfassade, die als Überlagerung von zwei gegeneinander verschobenen Ordnungen erscheint. Der Eingang stellt mit den beidseits anschliessenden Fensterreihen eine grundsätzlich symmetrische Figur dar, die nur auf der rechten Seite sinnfällig auf das Gebäudevolumen bezogen ist. Sachliches Resultat oder bewusste Raffinesse? Was sich als fast übermütiges Spiel mit dem Paradoxen verstehen lässt, entspricht durchaus der Realität des Grundrisses.

1

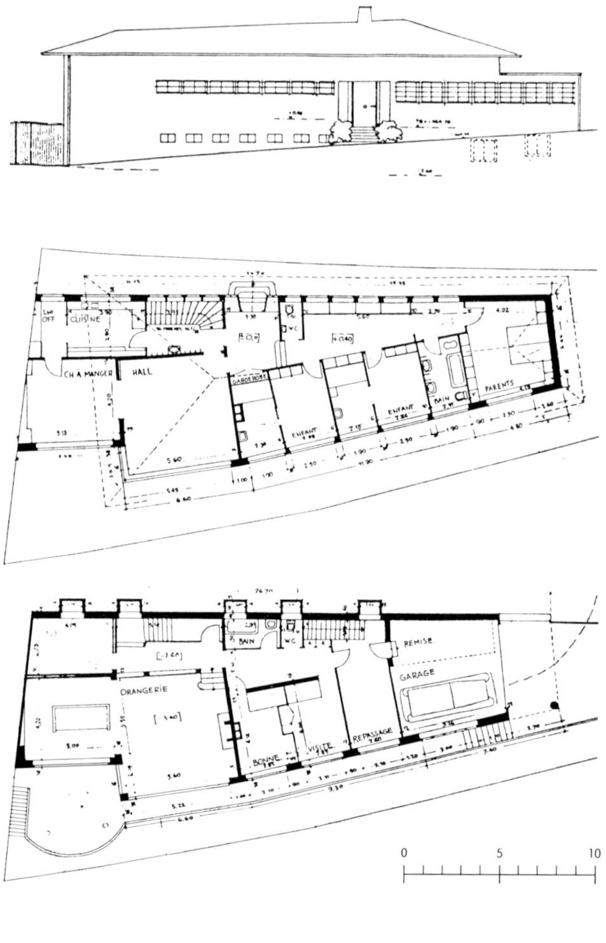

2

3
4

1 *Grundriss Erdgeschoss und Längsschnitt, ca. 1:700*
2 *Ansicht gegen den Picassoplatz*
3 *Innenraum, Blick gegen die Kanzel*
4 *Sonntagsschul-Saal*

2

3

4

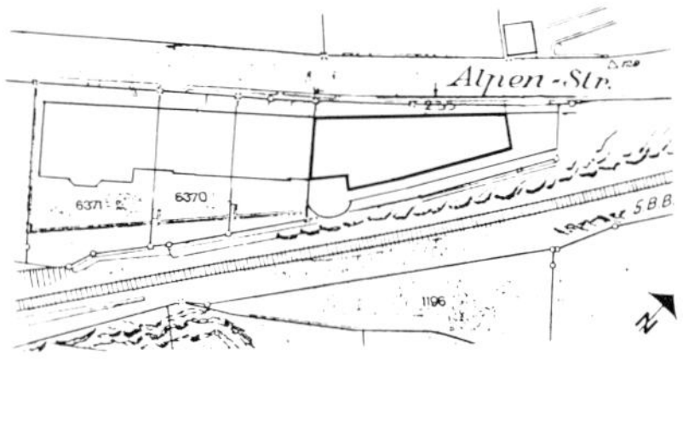

1 *Strassenfassade, Grundrisse Erdgeschoss, Untergeschoss, 1:400*
2 *Ansicht von Süden*
3 *Wohnzimmer mit geschlossenen bzw. zurückgeschobenen Fenstern*
4 *Situation*

Der Aufstieg zum Weltkonzern, den die Firma Hoffmann-La Roche unter ihrem Generaldirektor Emil Barell (s. Nr. 174) erlebte[1], wurde von Salvisberg mit ihrem Verwaltungsgebäude klar zum Ausdruck gebracht.

Der Bau ist gegliedert in den L-förmigen, dreigeschossigen Beamtenflügel, der von der Grenzacherstrasse her erschlossen ist, und den zweigeschossigen Direktionsflügel, mit Eingang an der Rheinfront. Die beiden Trakte umgeben einen von alten Bäumen bestandenen und nach Osten offenen Gartenhof[2]; die Bäume waren auch der Grund für die leichten, fast nur im Grundriss erkennbaren Abweichungen vom rechten Winkel.

Mit seiner Westseite schliesst der Komplex auf geschickte Weise an zwei bestehende Reihenhauszeilen an. Der Verbindungskorridor zwischen Beamten- und Direktionsflügel bildet, zusammen mit den Büros, die er erschliesst, eine zur Hauptsache einbündige Anlage; er wird durch hochliegende Fenster in seiner Aussenwand belichtet. Im Bereich der Brandgiebel der Reihenhauszeilen jedoch schliesst das Gebäude mit weiteren, westlich vom Korridor liegenden Bauteilen an die bestehende Bebauung an.[3] Diese Anschlussbauten (mit Garderoben, Toiletten, aber auch Konferenzzimmern) übernehmen mit der Dachkante (Flachdach) die Traufhöhe der Wohnhäuser. Eine überzeugende Verknüpfung von Alt und Neu ist die Folge.

Dieses Prinzip wurde auch beim Eingang an der Grenzacherstrasse angewandt, führte aber hier zu einer überraschenden neuen Form. Damit ein grosszügiger Eingang mit einem Vorplatz entstehe, ist die Gebäudeflucht um ganze 15 Meter gegenüber der Reihenhauszeile zurückgesetzt. Deren Giebelwand ist durch einen nur 4 Meter tiefen Nebenflügel verkleidet, in dem die Firmenerzeugnisse ausgestellt wurden. Mit seiner geringen Tiefe und seinem Wandaufbau aus Stahl und Luxfer-Glasprismen weist er eine erstaunliche Übereinstimmung mit dem Nebenflügel des «Maison de Verre» der Architekten Chareau und Bijvoet (Paris 1931) auf!

Die Fassaden mit einer Verkleidung aus dünnen Kalksteinplatten und mit Fenstern aus feinen Bronzeprofilen wirken kühl und vornehm. Dieser Charakter bestimmt auch die Innenarchitektur, vor allem im Direktionsgeschoss. Es weist eine Raumhöhe von ganzen 6 Metern auf. (Damit ist es so hoch wie die beiden Obergeschosse des Beamtenteils zusammen: das Dachgesimse umzieht den Gartenhof auf einer konstanten Höhe.) Zwischen dem Sitzungssaal und dem Vortragssaal einerseits und den Direktionsbüros anderseits liegt der Korridor, mit 6 Metern Breite also von quadratischem Querschnitt.[4] Diese Raumfülle erscheint nur dem übertrieben, der – wie ein Teil der damaligen Avantgarde – die Repräsentation nicht zu den Zwecken eines solchen Gebäudes zählt. Mit den Worten Salvisbergs: «Der repräsentative Verwaltungsbau, wie z.B. der Bankbau, das Rathaus, erfordern eine entsprechende Steigerung der architektonischen Mittel gegenüber dem reinen Zweckbau».[5]

Der Korridor (besser: die Halle) wird durch hochliegende seitliche Fenster erhellt. Mit seinen glatten weissen Wänden, der weissen Betonrippen-Decke, dem hellen Spannteppich und den Holzbänken entlang einer Wand verbreitet er eine fast sakrale Stimmung. Das liegt nicht zuletzt am Bild von Niklaus Stöcklin (welches sich an der gleichen Stelle wie das «Kopflicht» beim Maschinenlaboratorium, Nr. 163, befindet). Das Bild zeigt unter dem Titel «Pflanzenchemie» die Wechselwirkung zwischen Natur und Technik. Heilpflanzen rahmen eine (Basler) Industrielandschaft ein. Der magische Realismus dieser Darstellung kehrt, «realistisch» gedämpft, in den Büros wieder, wo der Blick über den gepflegten Gartenhof hinweg zu den benachbarten Fabrikationsgebäuden hinübergeht.

Mit Blick auf das Haus Barell (Nr. 174) fallen unschwer die Zusammenhänge zwischen diesen beiden Bauten auf: im Farbton der Fassaden (hier Kalksteinplatten, dort beiger Verputz), im Vorplatz und dessen Pflästerung, in der Noblesse des Ausdrucks, aber auch konkret in den aufwendigen Holztreppen, die sich in einer sorgfältig berechneten Kurve ins Obergeschoss hinauf schwingen. Die Firma war noch nicht ein abstrakt verzweigter Konzern, noch mehr als bloss ein Name plus Bilanzsumme: sie war die Firma des Generaldirektors; und der Architekt von deren Gebäuden war sein Architekt.

1 Dr. Emil Barell trat 1896, 22jährig, als einziger Chemiker in die Firma ein, die damals 20 Angestellte zählte. 1936, beim Bau des Verwaltungsgebäudes, umfasste das Unternehmen weltweit 1700 Personen.
2 Der Flügel an der Grenzacherstrasse wurde später um einige Achsen verlängert.
3 Man vergleiche diesen Korridor mit dem der Universitätsinstitute in Bern (Nr. 139).
4 Die Schnittperspektive ist im Beitrag «Detailzeichnungen» von Christian Sumi/Ernst Strebel abgebildet.
5 Handschriftliche Notiz Salvisbergs, vermutlich für eine Vorlesung, undatiert (Salvisberg-Nachlass, Institut gta, ETH Z).

2

3

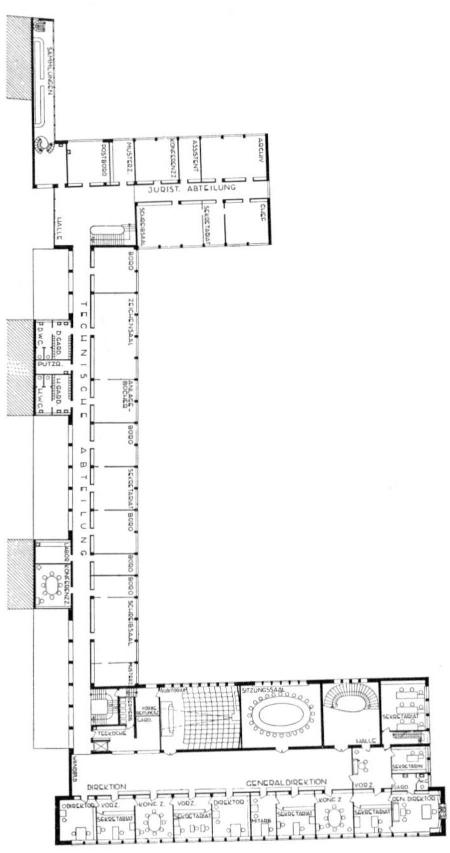

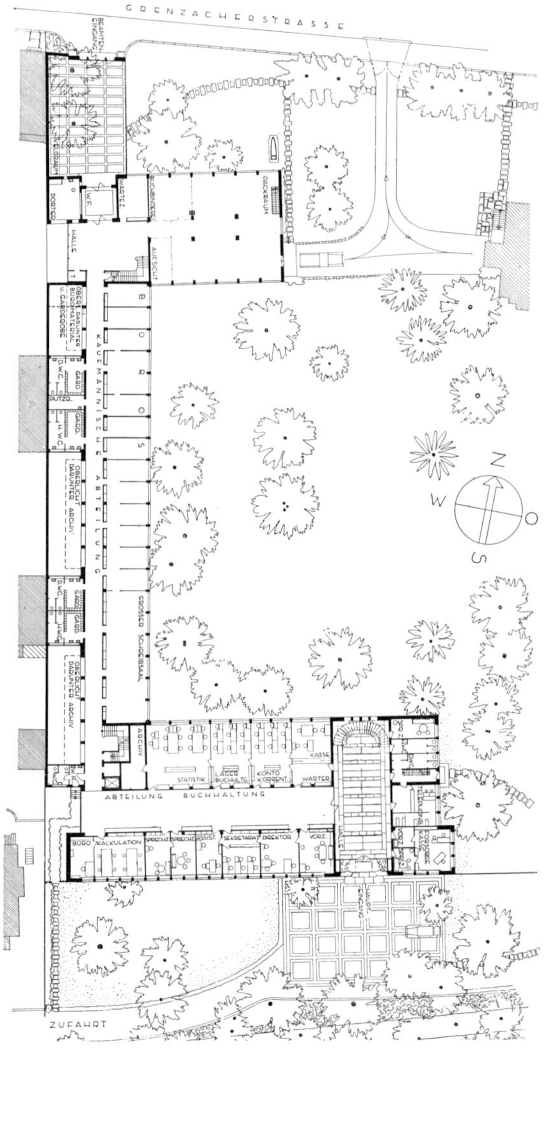

4
5

6
7

1 *Direktionsflügel, Rheinseite (von Süden)*
2 *Westseite; Korridore und Anschlussbauten an Reihenhäuser*
3 *Grundrisse Erd- und 1. Obergeschoss, 1:1100*
4 *Blick vom Hof gegen Direktions- und Beamtenflügel*
5 *Korridor im Direktionsflügel mit dem Wandbild von Niklaus Stöcklin; Betonrippendecke*
6 *Eingang an der Grenzacherstrasse; rechts der*

Vgl. Ulrike Jehle-Schulte Strathaus «Industrielle Repräsentation und Eleganz».

187 **Betriebsgebäude der Hoffmann-La Roche,** 1936–37, Basel, Grenzacherstrasse/Solitudepark

Die Funktion des Betriebsgebäudes (gelegentlich auch als Pharmagebäude bezeichnet) war das Abpacken, Lagern und die Spedition der Produkte. Der Bau wurde als Anbau an zwei bestehende Gebäude der Firma konzipiert. Eines der wichtigsten Kriterien war die bestmögliche Belichtung der Arbeitsplätze. Um störende Pfeilerschatten zu vermeiden, entschloss sich Salvisberg hier zu frei im Raum stehenden Stützen, wodurch ununterbrochene Fensterbänder möglich wurden. Die Fenster reichen bis unmittelbar an die Decke, welche mit der Brüstung des nächstfolgenden Geschosses monolithisch verbunden ist. Die Decken sollten unterzugslos werden, damit sich die benötigte künstliche Klimatisierung am besten verwirklichen liesse. Deshalb wählte Salvisberg das Pilzstützensystem. Statt den Stützenquerschnitt nach oben abnehmen zu lassen, variierte er deren Armierungsgrad. So konnten die Schalungsformen der Pilze immer wieder verwendet werden.

Salvisberg bezog sich mit diesem Bau unter anderem bestimmt auf die Van Nelle-Fabrik in Rotterdam (1928), die er wegen ihrer architektonischen Feinheiten bewunderte.[1] Ihm lag daran, die Pilzstützen nach architektonischen Gesichtspunkten auszubilden: «Die Pilzbildung ist ausschlaggebend für den formalen Ausdruck von Stütze und Raum. Selbst einfachste Übergänge von Stütze zur Decke können durch gute Proportionierung bewusst verbessert werden. Dabei wird, wie bei allen Viereckskörpern, nur zu oft die Diagonalwirkung und Perspektive vernachlässigt.»[2]

Der Sonnenschutz wurde durch ununterbrochene Sonnenstoren geleistet, deren Bewegung in Abhängigkeit von der Besonnung durch Photozellen gesteuert wurde. Die Reinigung der Stahlfenster erfolgte von aussen, durch einen fahrbaren Hängekorb, der an einer Schiene am Hauptgesimse aufgehängt war, und der sich rings um den Bau bewegen und in einer Nische über der Nebentreppe stationieren liess.

Der Turm bildete mit seinen leicht geböschten, weiss gestrichenen Betonflächen eine vertikale Dominante und damit einen angestrebten Kontrast zum horizontal geschichteten Hauptbau. In ihm lagen die Liftanlage, die Haupttreppe und Nebenräume. Zuoberst befand sich ein Wassertank, der es Salvisberg ermöglichte, «das oberste Geschoss offen zu halten und damit die Leichtigkeit der Stützen und die konstruktive Gliederung des Daches sichtbar zu machen».[3]

1 O.R. Salvisberg, «Technik und Formausdruck» (Bauingenieur-Kolleg), S. 68 (Salvisberg-Nachlass, Institut gta, ETH Z).
2 Ebd., S. 46.
3 Ebd., S. 45.

1

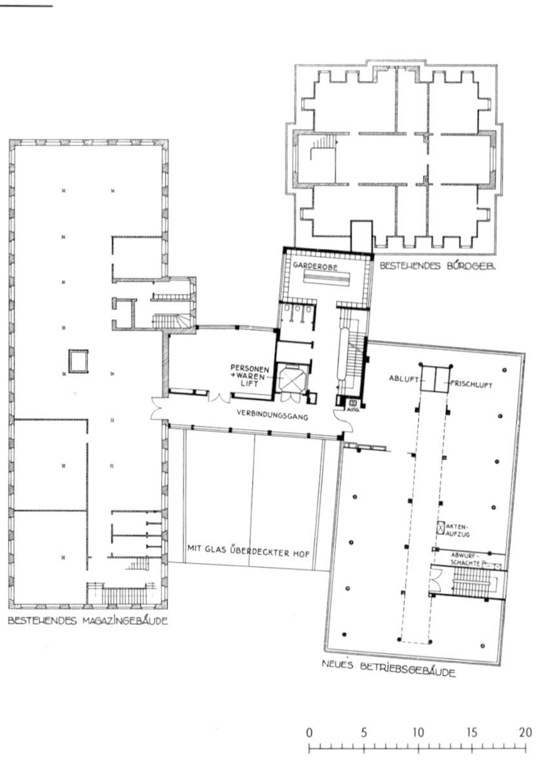

188 **Mietshaus «Lindengut»,** 1937, Zürich, Manessestrasse 40–46 (verändert)

1

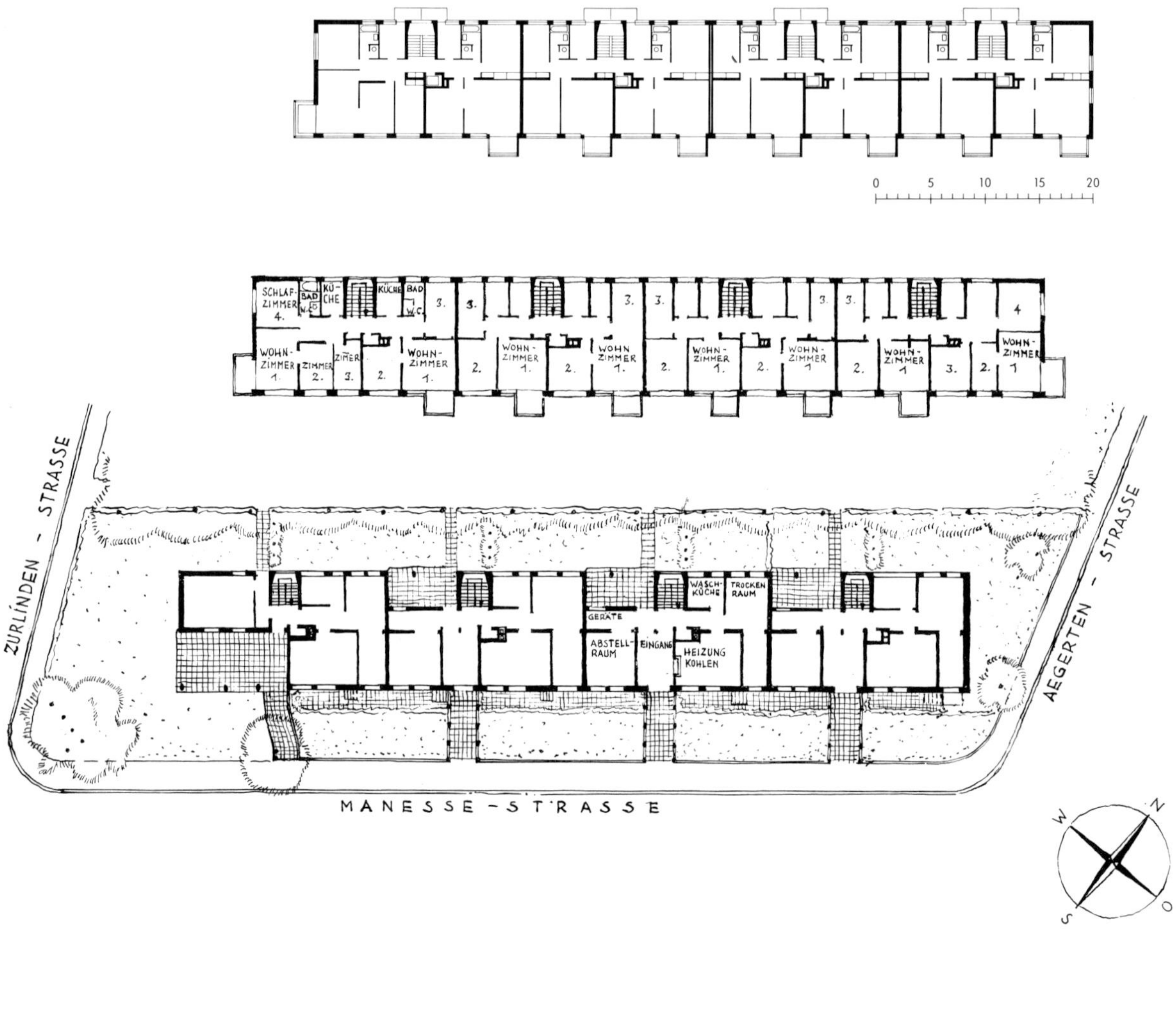

4

1 *Grundriss Obergeschoss, 1:700*
2 *Ansicht von Norden, Seite gegen den Solitudepark*
3 *Querschnitt, 1:700*
4 *Innenraum mit Fensterbändern und Pilzstützen*

2

3

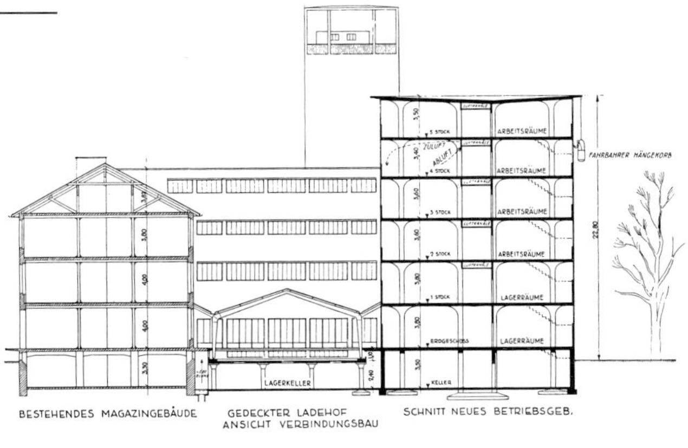

4

1 *Grundrisse Erd- und Obergeschoss, 1:700; oben ein Obergeschoss-Plan des ausgeführten Baues; darunter Erd- und Obergeschoss des ersten Projektes (Unterschiede der Wohnungseinteilung und in der Lage der Erker)*
2 *Ansicht von Nordosten; Pergolen aus Beton*
3 *Ansicht von Süden; ehemals blaue Fensterrahmen*
4 *Tangentialansicht von Südwesten; offene Gartenhalle*

1

2

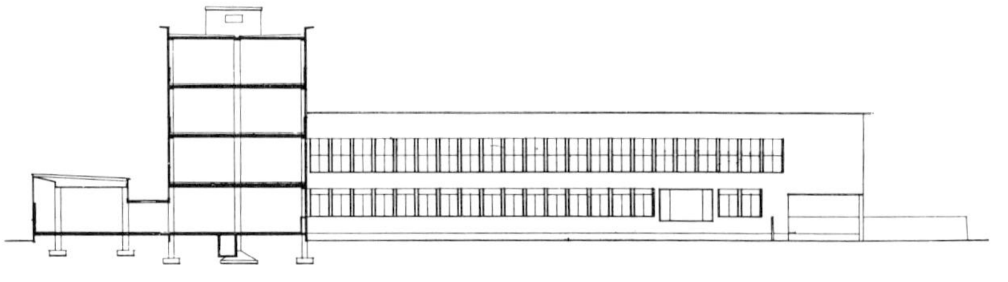

SECTION THROUGH MAIN BLOCK

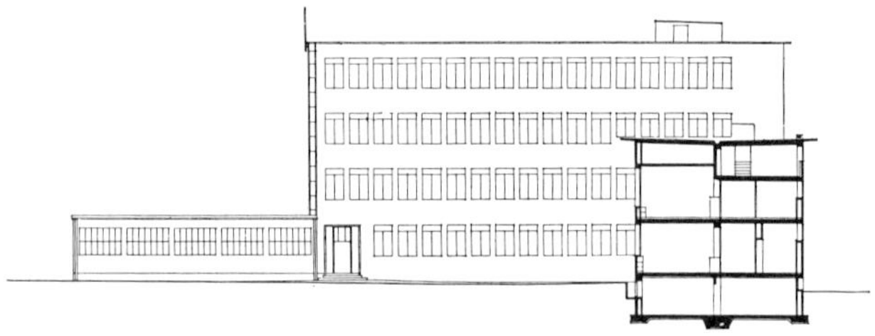

SECTION THROUGH ADMINISTRATION BLOCK

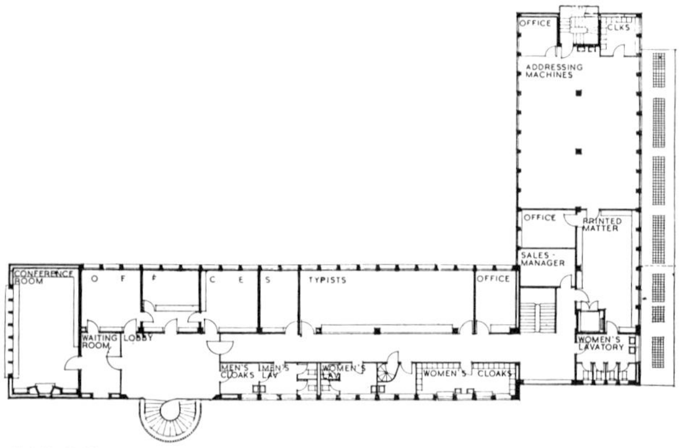

FIRST FLOOR PLAN

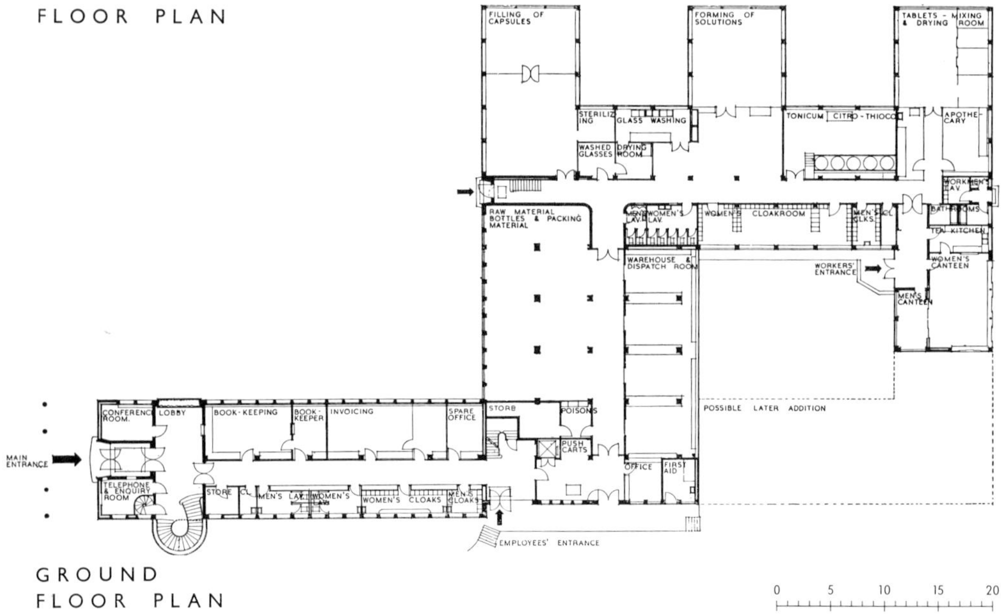

GROUND FLOOR PLAN

3
4
5
6

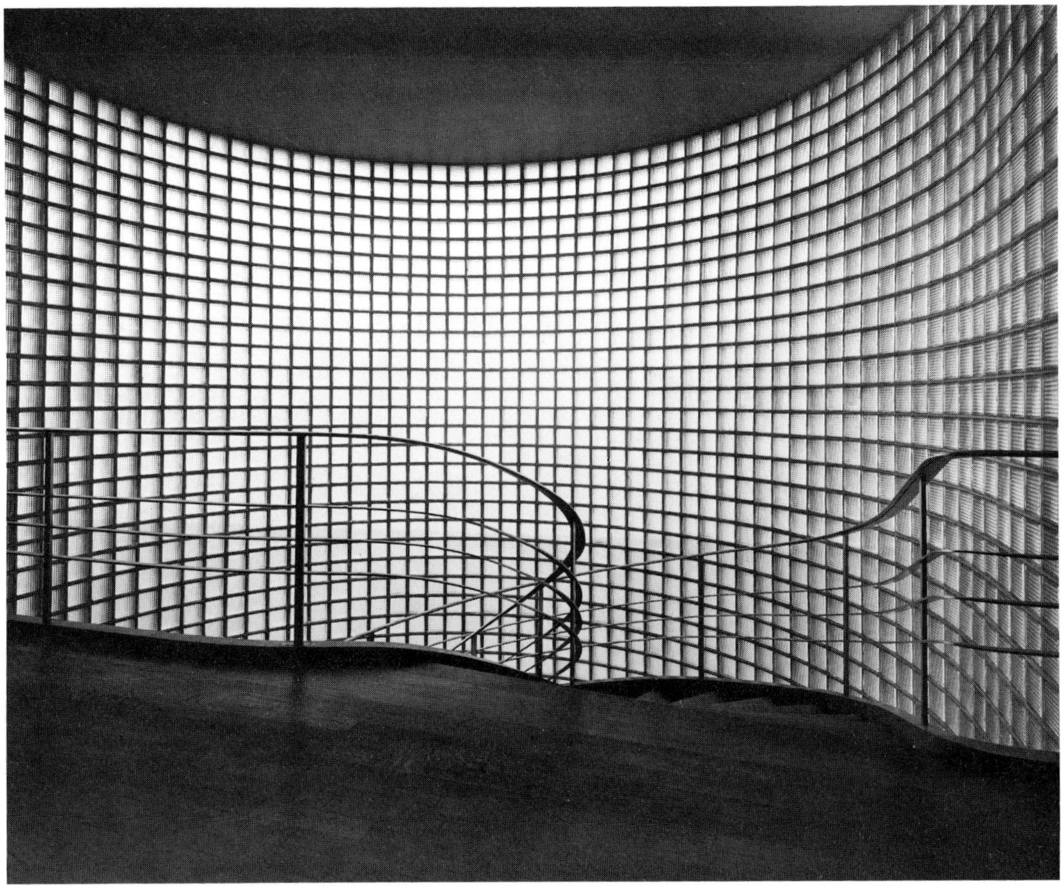

7
8

1 *O.R. Salvisberg: Federskizze mit nicht ausgeführten Werkstatt- und Lagergebäuden*
2 *Schnitte/Ansichten, Grundrisse, 1:700*
3 *Vorfahrt mit Haupteingang; darüber der Konferenzsaal*
4 *Blick auf Herstellungstrakte*
5 *Spedition («Warehouse Dispatch Room» im Erdgeschoss-Grundriss)*
6 *Büro*
7 *Gesamtansicht*
8 *Treppe im Verwaltungsflügel mit Glasprismen-Wand*

Vgl. Ulrike Jehle-Schulte Strathaus, «Industrielle Repräsentation und Eleganz».

191 **Bankverein Zürich,** 1931/1937, Zürich, Paradeplatz, Ecke Talacker/Bleicherweg, Entwurf

Das Modell und die erhaltenen Pläne stellen die Weiterbearbeitung des preisgekrönten Wettbewerbsprojektes aus dem Jahr 1931 dar. Der Entwurf stiess 1938 in der Öffentlichkeit auf starken Widerstand, in dessen Gefolge er aufgegeben wurde. Der Bau wurde erst rund 20 Jahre später und in wesentlich veränderter Form durch Roland Rohn ausgeführt.

Salvisbergs Forderungen an ein Bankgebäude (vgl. Nr. 108) zeitigten hier einen monumentalen, schwer lastenden und im Aufriss gestuften Baukörper. Das Sockelgeschoss weist schwer vergitterte Fenster auf. Das erste und zweite Obergeschoss sind mit schmalen, tiefen Pfeilern mit einem Achsmass von 1,85 m in der Art einer Kolossalordnung zusammengefasst; das dritte Obergeschoss weist eine gleichmässige Reihe von kleinen Fenstern mit halbiertem Achsmass auf.[1] Das Hauptgesimse liegt in einer Höhe von 17,50 m. Darüber folgen in zwei Stufen drei weitere Geschosse, deren kleine Fenster so angeordnet sind, dass sie dem Blick des Passanten möglichst entzogen wären.

Konzeptionell gibt es wesentliche Entsprechungen zum Wertheim-Entwurf (Nr. 142), vor allem mit der Anordnung der Schalterhalle – an der Stelle des Lichthofes dort – in der Achse des Einganges. Doch gerade der Vergleich der beiden Eingänge zeigt den ganz anderen, von der Bauaufgabe bedingten Charakter des Bankgebäudes: Die gebogene, den Eingang formende Glashaut der Schaufenster ist zu scheinbar meterdickem Mauerwerk geworden. Der Bauaufgabe entsprechend ist alles auf den Ausdruck von absoluter und fragloser Beständigkeit ausgerichtet (man vergleiche auch die Anordnung der Treppenhäuser).

Der erwähnte Widerstand gegen diesen Entwurf wurde durch Peter Meyer ausgelöst, der ihn in der «Neuen Zürcher Zeitung» wegen seiner städtebaulichen Mängel und seiner «dröhnenden Kolossalität» heftig kritisierte. Meyer erhielt Unterstützung von Hans Schmidt, der einen skizzenhaften, kompetent begründeten Gegenvorschlag veröffentlichte. Salvisberg verteidigte seinen Entwurf ungewohnt wortreich, indem er dessen Differenziertheit zu vermitteln suchte.

1 Ob Salvisberg sich bei diesem Entwurf auf Peter Behrens' wegweisendes Mannesmann-Verwaltungsgebäude in Düsseldorf (1911) bezogen hat, oder ob er unabhängig davon, aus dem Willen zur Monumentalität, zu einer ähnlichen Fassadengliederung gekommen ist, lässt sich nicht feststellen.

1

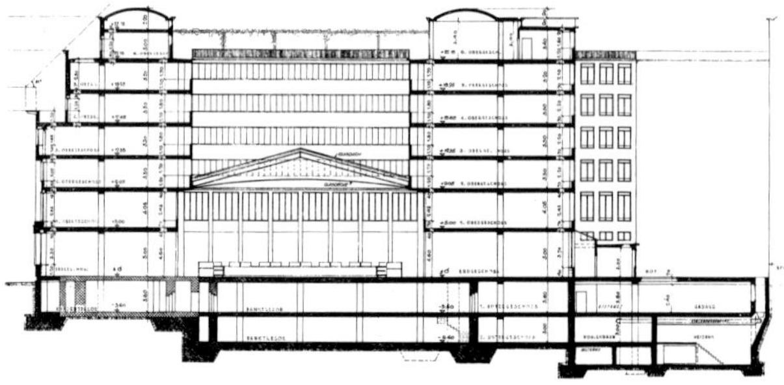

2

190 **Studie Zürich-Niederdorf,** 1938, Zürich, Limmatquai/Central

Die Überwindung der mittelalterlichen Altstadt mit ihren beengten Verhältnissen war seit den 20er Jahren ein wichtiges Thema der Moderne gewesen. Für Zürich zeugt von diesem Bemühen ein radikaler Entwurf, den Karl Moser 1933 – dreiundsiebzigjährig! – vorstellte; Le Corbusiers Plan Voisin für Paris (1925) nachempfunden, schlug er die fast vollständige Niederlegung der Zürcher Altstadt vor.[1]

Als Architekturlehrer gab auch Salvisberg seinen Studenten mehrmals die Sanierung des Niederdorfs als Thema auf.[2] Im Gegensatz zu deren Arbeiten aus den frühen 30er Jahren kommt in seiner eigenen Studie die ganz andere Lage gegen Ende des Jahrzehnts zum Ausdruck. Es ging nicht mehr um ein neues Wohn- oder gar Lebensmodell für die damals noch zahlreichen Bewohner in diesem Gebiet, es ging darum, eine stattliche Quaifront gegenüber dem Bahnhof zu schaffen. Salvisbergs Studie umfasste denn auch keine Wohn-, sondern ausschliesslich Bürogebäude. In ihren Grundzügen (der Addition von T-förmigen Grundrisstypen u.a.) verweist sie teilweise auf die Berner Universitätsinstitute (Nr. 139), zugleich aber auch auf die örtliche Bebauungsstruktur mit giebelständig zum Limmatquai gerichteten Häusern, auf die sie sich als «Bild» (oder wenn man so will als Kulisse) bezogen haben mag. Dabei versuchte Salvisberg, die konzeptionelle Einheitlichkeit des Entwurfes durch Variation der Bauten in Form und Ausdruck zu überspielen.

Der Geist, der aus dem Entwurf spricht, ist nicht mehr der Optimismus vom Anfang des Jahrzehnts; der Glaube an industrialisiertes Bauen hatte unter der Arbeitslosigkeit seine wirtschaftliche Grundlage verloren. Als Salvisberg 1931 beim Wettbewerb für das Berner Stadthaus (Nr. 168) eine «reichere» Formensprache wählte, wollte er damit der Aufgabe gerecht werden. Unter den politischen und wirtschaftlichen Verhältnissen von 1938 erhielt diese Architektur dann aber eine Art von volkswirtschaftlicher Rechtfertigung. Im Zuge von Arbeitsbeschaffungsprogrammen war die öffentliche Hand bestrebt, an den wenigen grossen Bauvorhaben möglichst viele Unternehmer zu beteiligen. Es ist also denkbar, dass hinter dem Willen zur Vielfalt, wie er in dieser Studie zum Ausdruck kommt, nicht in erster Linie eine wiedererwachte Schwäche Salvisbergs für Romantik, sondern dieser wirtschaftliche Hintergrund steht. Zugleich kündigte die Studie mit dem Fassadentyp des späteren «Bleicherhofes» (Nr. 199) eine Architektur an, die zum Standard der 40er und frühen 50er Jahre werden sollte – und dies nicht nur in der Schweiz.

1 Martin Fröhlich und Martin Steinmann, «Zürich, das nicht gebaut wurde», in *archithese*, 1972/3, S. 30–33; dieselben, *Imaginäres Zürich*, Frauenfeld 1975, S. 74–76.
2 Abgebildet in *Arbeitsberichte der Architekturabteilung ETH*, A12, Bd. 2 (1916–1956), Zürich 1971, S. 67.

1

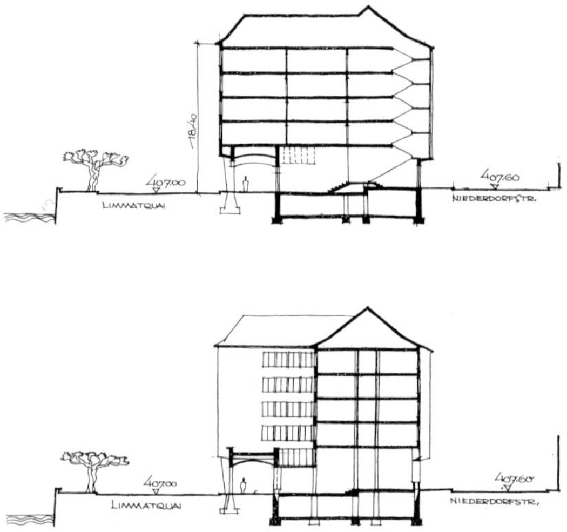

3

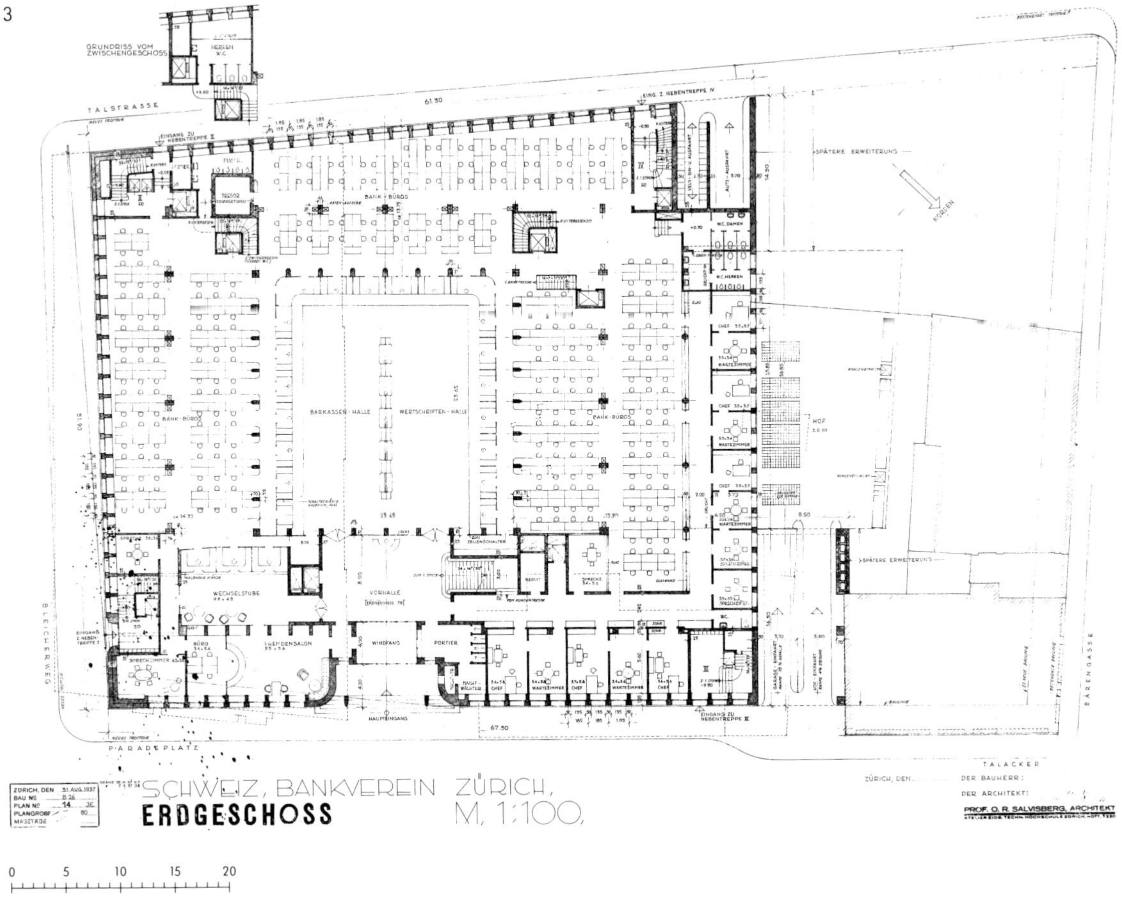

1 *Schnitt quer zur Eingangsachse; Schalterhalle mit Lichtdecke; 1:1000*
2 *Modell, Ansicht vom Paradeplatz*
3 *Grundriss Erdgeschoss 1:700*

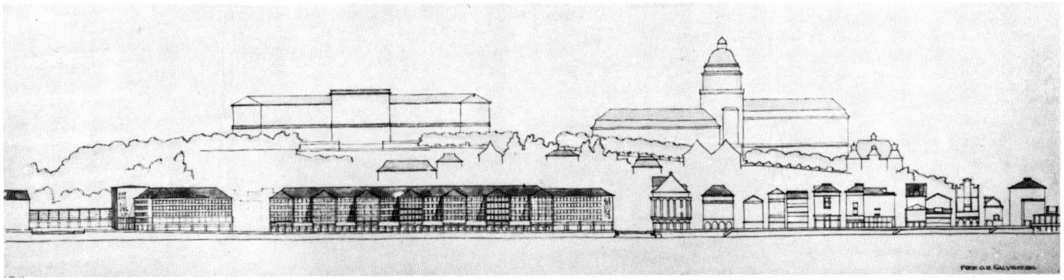

1 *Schnitte 1:1000*
2 *Gesamtansicht mit ETH und Universität*
3 *Grundriss (Ausschnitt), 1:1250*

2
3

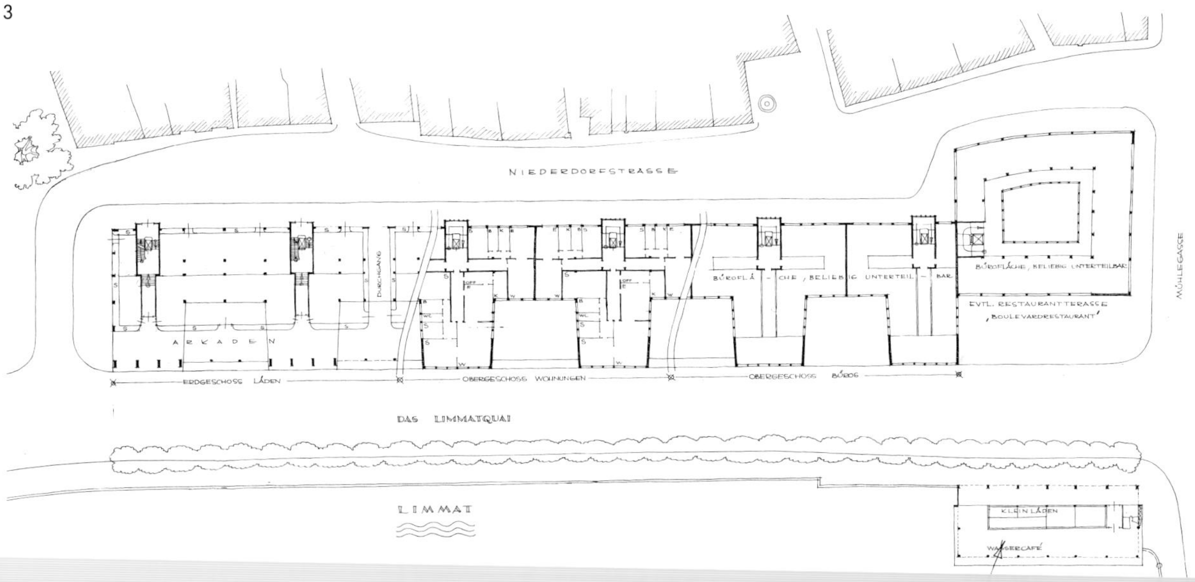

193 Kinderspital und chirurgische Poliklinik, 1937–38, Zürich, Steinwiesstrasse 75 (1981 zum Teil abgebrochen)

2

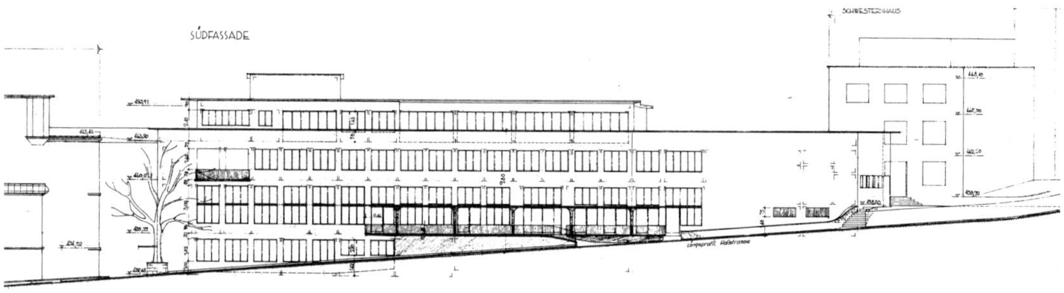

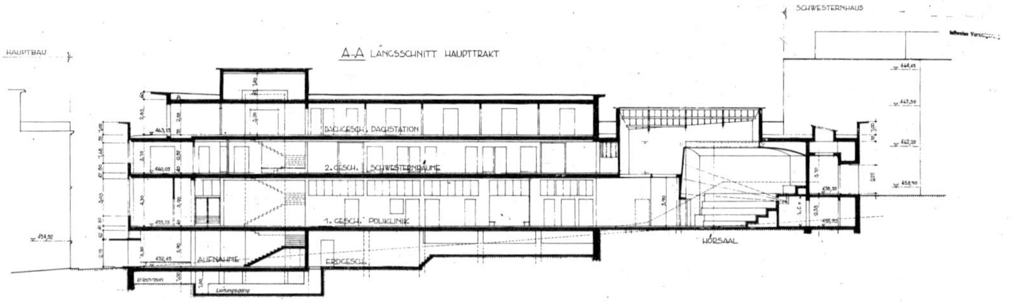

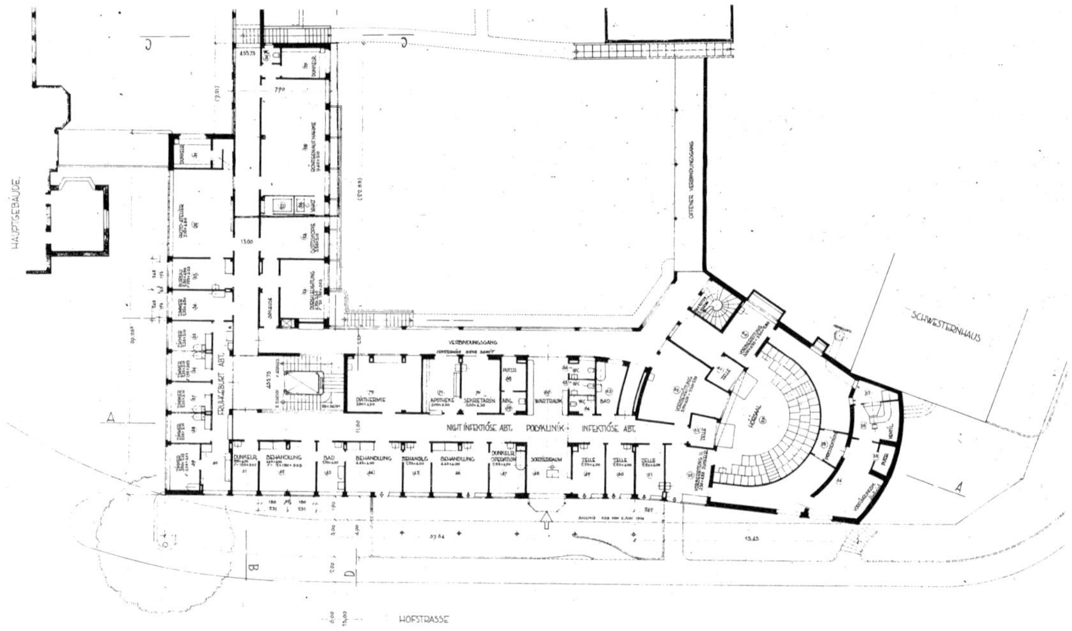

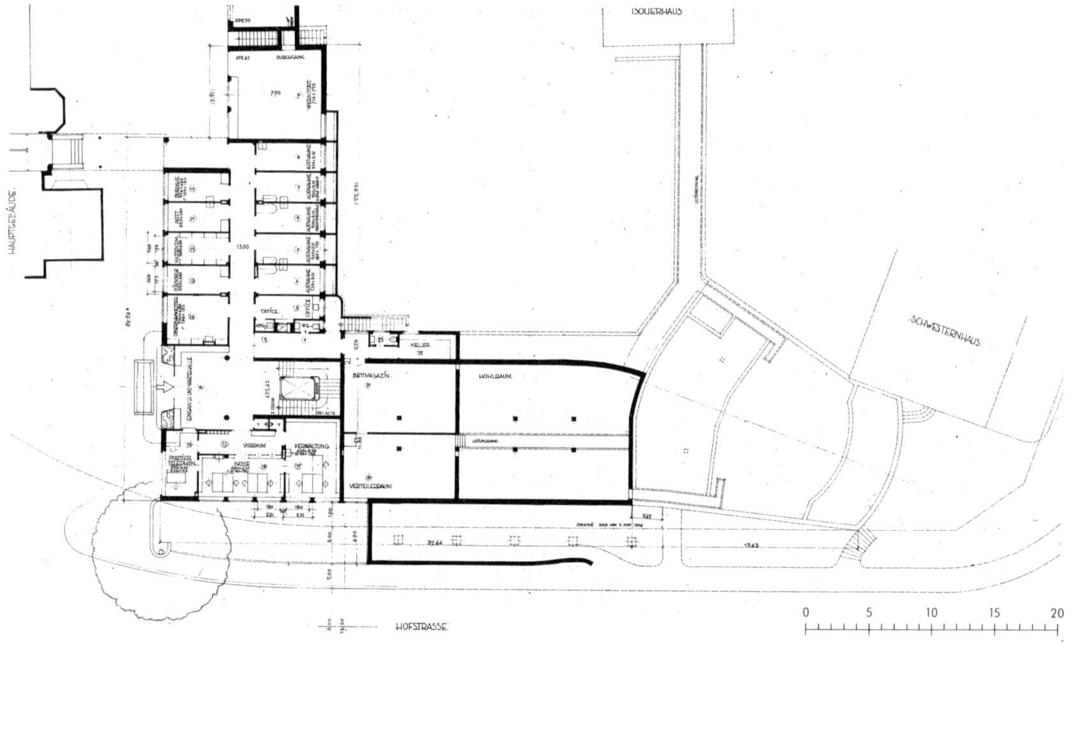

Der Bau wurde als Erweiterung des (inzwischen ersetzten) alten Kinderspitals geplant, mit dem er durch mehrere, teils unter, teils über der Erde verlaufende Korridore verbunden war. Als Universitäts-Poliklinik konzipiert, schliesst der Bau auch ein 180plätziges Auditorium ein.[1]

Die Dachterrasse ist der einzige von Le Corbusiers «Fünf Punkten». Das stark ansteigende Gelände verunmöglichte ein «freies Erdgeschoss». Dass Salvisberg dies bedauerte, ist nicht anzunehmen. Auch die anderen Punkte, der «freie Grundriss» und die «freie Fassade» mit durchlaufenden Fensterbändern, wurden von ihm nicht verwirklicht. Stattdessen schuf er einen Bau, der grundsätzlich konventionell ist, in der Behandlung der Teile aber eine unmissverständliche, heitere Modernität aufweist.

Das Gebäude ist auf drei Geschossen mit der Strasse durch Eingänge verbunden. Der oberste führt zum Auditorium, das sich in der hier leicht ausschwingenden Strassenfront andeutet (eine Geste, die nicht allein auf die funktionelle Form des Hörsaals zurückgeht, vgl. auch Nr. 99). Er wies eine steil ansteigende hölzerne Bestuhlung auf und wurde durch ein grosses Oberlicht mit Mattglas-Staubdecke belichtet.

Erstaunlich ist der Haupteingang auf der Längsseite des Gebäudes. Hier ordnete Salvisberg ein feines, von Pilzstützen getragenes Dach an, das als horizontale Ebene mit dem Hang kontrastiert und das dem massiven Baukörper wie eine Tragfläche Auftrieb zu verleihen scheint. Ganz bewusst nahm Salvisberg bei diesem Eingang auf die Welt des Kindes Rücksicht: er gab dem Dach eine geringe Höhe, führte niedrige Sitzbänke um die Pilzstützen und schmückte diese mit farbig bemalten Kacheln.

Es handelte sich um einen Betonbau, der in gebrochenem Weiss gestrichen war.[2] Die untere Eingangshalle und das Treppenhaus erhielten einen Bodenbelag aus Klinker. Die weiss gestrichenen Fensterflügel waren in tiefblaue Rahmen eingesetzt.

1 Der Hörsaaltrakt wurde, trotz Bemühungen um Erhaltung, 1981 abgebrochen und durch einen ungeschickten Neubau ersetzt.
2 Vor einigen Jahren wurde der Bau verputzt.

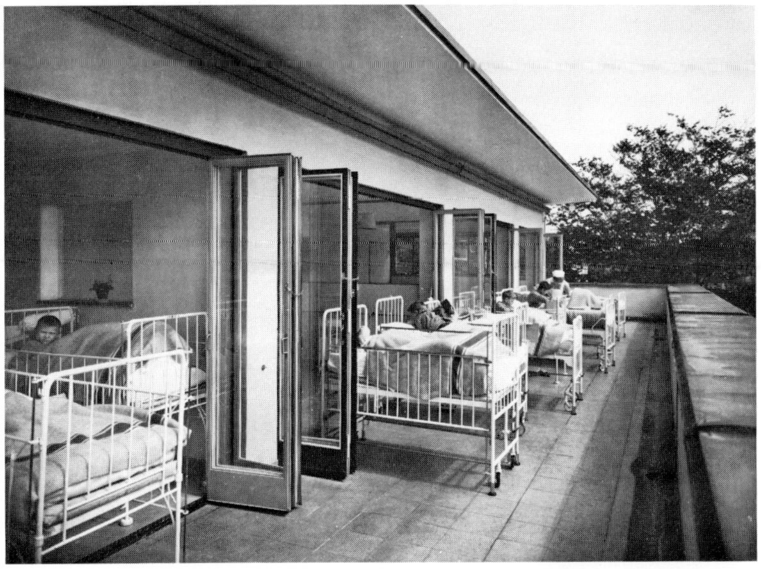

3
4

5
6

1 *Ansicht von Südwesten*
2 *Südfassade, Längsschnitt, Erdgeschoss-Grundriss (unten) und Hauptgeschoss-Grundriss (oben), 1:600*
3 *Dachterrasse*
4 *Südfront mit Vordach; Pilzstützen*
5 *Hörsaal mit Lichtdecke und Holztribüne*
6 *Eingang im Erdgeschoss*
7 *Situation 1:2000*

194–196 Fabrikations- und Forschungsgebäude der Hoffmann-La Roche, Basel, 1938–40, Grenzacherstrasse (z.T. unverwirklicht)

Nachdem das Prinzip der eingeschossigen Shedhallen seit etwa 1880 die mehrgeschossigen (herkömmlichen) Fabrikationsstätten verdrängt hatte, stellte dieser Bau (Nr. 194) entwicklungsgeschichtlich eine bedeutsame Rückkehr zu einem Produktionsablauf auf mehreren Geschossen dar. Salvisberg entwarf einen basilikaartigen Stahlbau mit einem über die ganze Höhe reichenden zentralen Raum, der von Galerien umgeben und mittels einer grossen Laterne belichtet ist. Die Decken bestehen aus losen Holzbohlen, die sich je nach Bedarf verlegen lassen. Ununterbrochene, vor den Stützen durchlaufende Fensterbänder belichten die Galeriebereiche, welche mit Fluchtbalkonen verbunden sind. Die Schmalseiten des Baues bestehen aus Beton. Das hohe Mittelfenster und die seitlichen liegenden Fenster bilden die innere Disposition aussen ab. Die Betonlamellen bringen wie bei den Berner Universitätsinstituten ein leicht monumentales Moment ins Spiel (vgl. Nr. 139); der Gegensatz von vertikalen und horizontalen Figuren erinnert an das Steglitzer Kirchgemeindehaus (Nr. 145).

Salvisberg baute nur eines von den geplanten fünf Gebäuden dieses Typs, die im Modell dargestellt sind. Die nachfolgenden Einheiten wurden anfangs der 40er Jahre nach Salvisbergs Prototyp von Roland Rohn gebaut, der auch bei den Bauten der Hoffmann-La Roche in Übersee, in New Jersey (USA), darauf zurückgriff.[1]

Auf der Modellaufnahme ist links das Forschungsgebäude (Nr. 195) erkennbar, von dem sich keine Dokumente erhalten haben. Es wurde nicht verwirklicht.

Dasselbe muss leider vom Entwurf für eine Forschungsbibliothek (Nr. 196) gesagt werden, die zwischen den beiden besprochenen Bauten vorgesehen war. Die erhaltene Aufnahme des Schnittmodells macht eines deutlich: dass dieser kleine Bau nicht ausgeführt wurde, ist architekturgeschichtlich zu bedauern. Wie beim Fabrikationsgebäude handelt es sich dabei um eine Art von Basilika, aber nun aus Beton. Auch hier wäre das «Mittelschiff», dessen Dach von Pilzstützen getragen worden wäre, durch Oberlichter erhellt worden. Die Pilzstütze, ursprünglich ein Mittel zur Abfangung grosser Lasten, ist hier zum wichtigen formalen Element geworden.

Die Schnittlösung dieser Bibliothek zeigt – kaum zufällig – eine überraschende Ähnlichkeit mit den Garderobenbauten des Schwimmbads «Allenmoos» in Zürich, das damals in Bau war.[2] Vermutlich ohne direkten gegenseitigen Bezug werden sich hier die Werke von Mitgliedern der Avantgarde und von Salvisberg ausgesprochen ähnlich, wo sie gegen Ende des Jahrzehnts beide eine eigenständige und treffsichere Bearbeitung des neuen Bauens vorführen.[3]

1 In Nutley, N.J.; hier griff Roland Rohn auch auf Salvisbergs Entwurf des Forschungsgebäudes zurück.
2 1938–39; Architekten: Max Ernst Haefeli und Werner M. Moser (abgebildet in Alfred Roth, *Die Neue Architektur*, Zürich 1940/1975, S. 139–150).
3 siehe Martin Steinmann, «Das Allenmoos-Bad: Bedeutung der Formen – Formen der Bedeutung», in *werk/archithese*, 1980/2, S. 31–36.

1
2

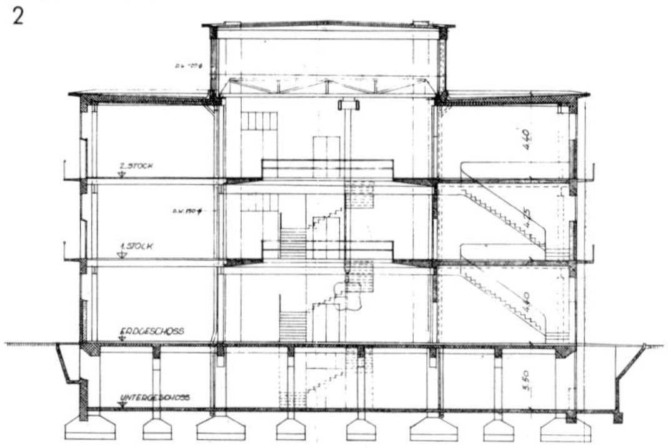

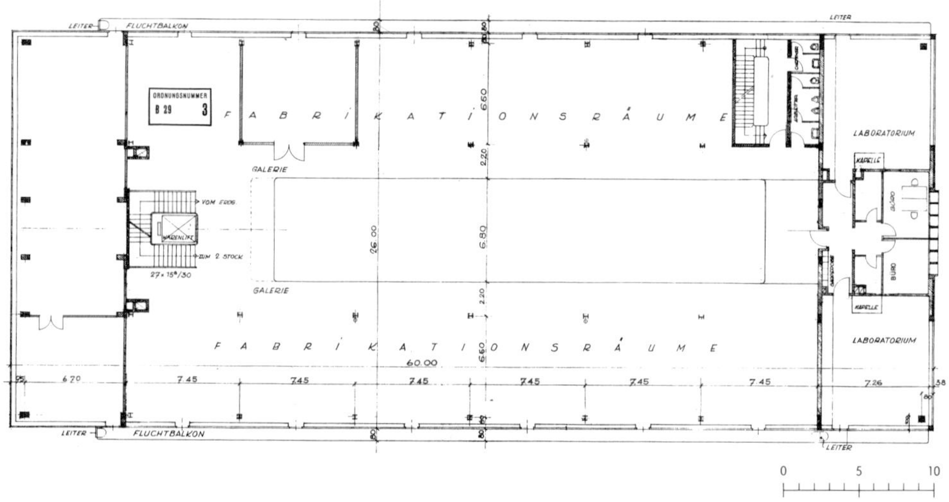

3

4

5

6

1 *Fabrikationsgebäude, Ansicht gegen die Grenzacherstrasse*
2 *Querschnitt und Obergeschoss-Grundriss, 1:500, Schnittmodell*
3 *Schnittmodell der Forschungsbibliothek*
4 *Modell der Gesamtanlage; von links das Forschungsgebäude, die Forschungsbibliothek und fünf Fabrikationsgebäude*
5 *Blick entlang dem Fabrikationsgebäude in Richtung Grenzacherstrasse; im Hintergrund das Betriebsgebäude (Nr. 187) und dessen Beton-Turm*
6 *Inneres des Fabrikationsgebäudes; Stahlkonstruktion*

197 **Produktionsstätte Hoffmann-La Roche (Italien),** 1938–39, Mailand, Piazza Durante (erweitert und verändert)

1

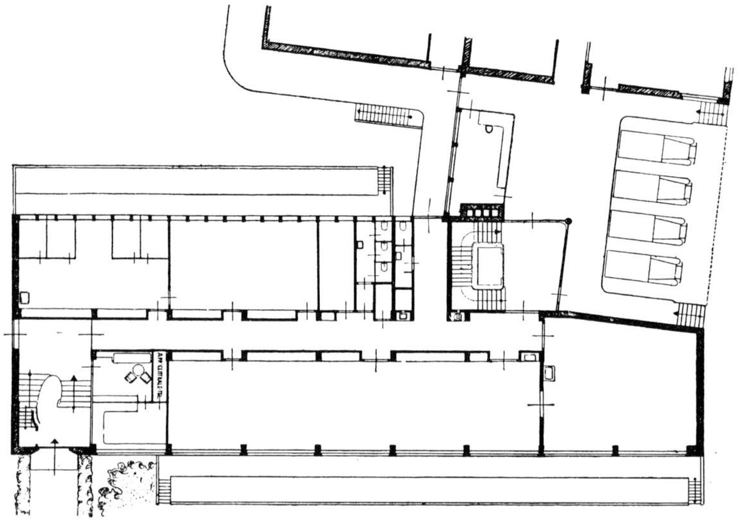

0 5 10

198 **Mietshaus «Dreikönigsegg»,** 1939–40 (mit Karl Knell), Zürich, Dreikönigsstrasse 26/Stockerstrasse 32–34 (Erker verändert)

1

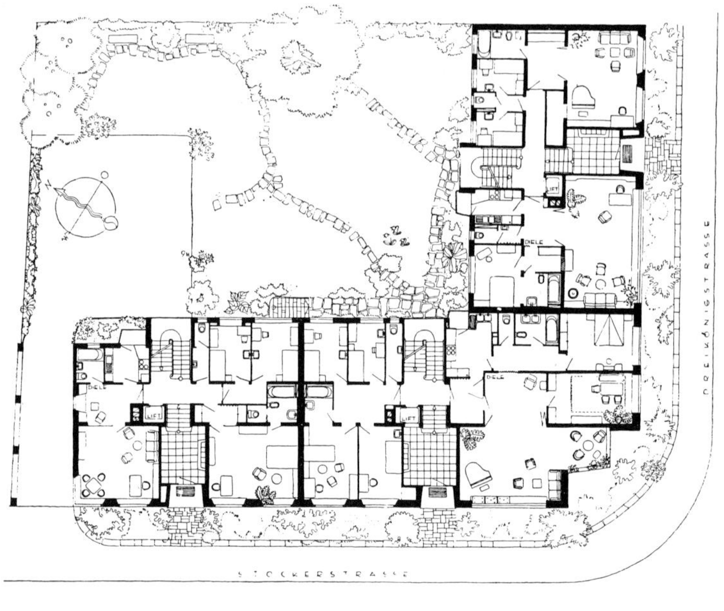

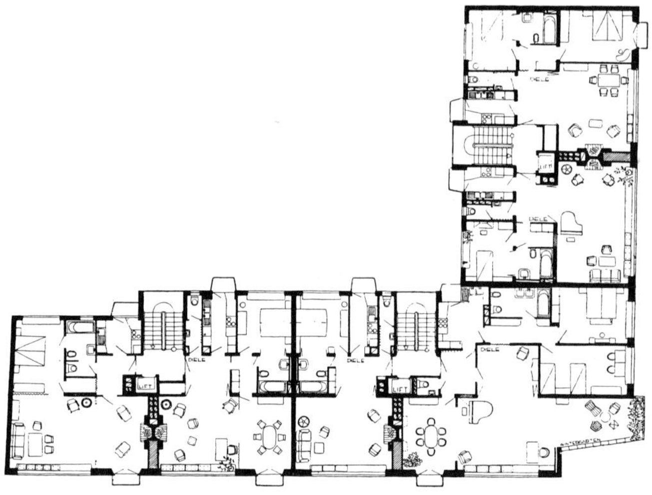

0 5 10

2

1 *Grundriss Erdgeschoss/ Schnitt 1:500*
2 *Südostfassade, dahinter Erweiterung von 1950/51*
3 *Südwestfassade*
4 *Treppenhaus*

3
4

2

1 *Grundrisse Erdgeschoss und 1.–4. Obergeschoss 1:500*
2 *Wintergarten in der Eckwohnung, Aufnahme 1985*
3 *Ecke Dreikönigs-/Stockerstrasse*

3

2

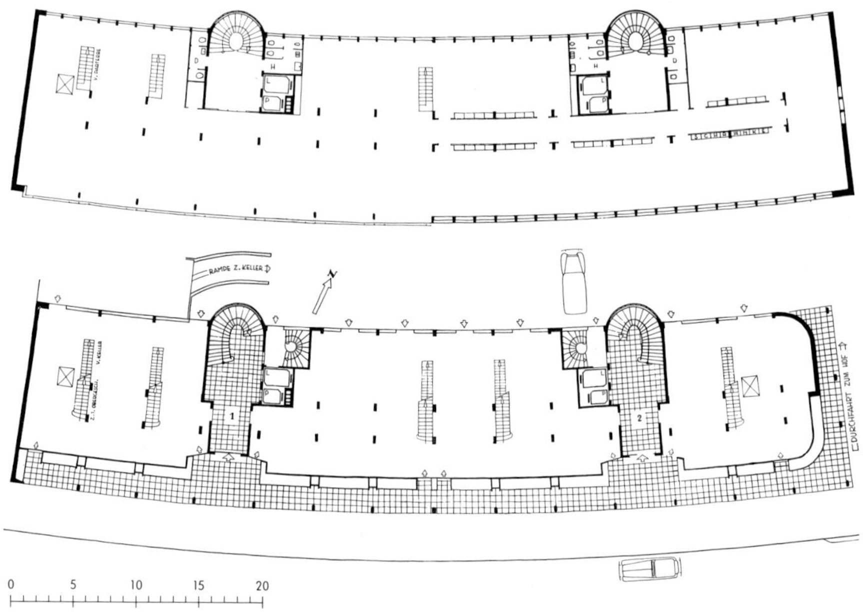

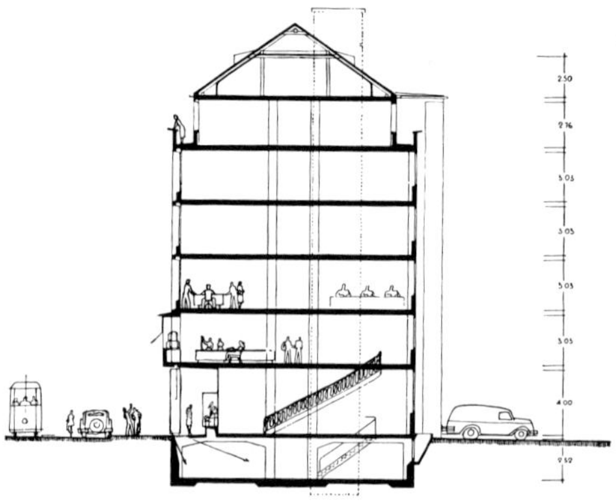

4

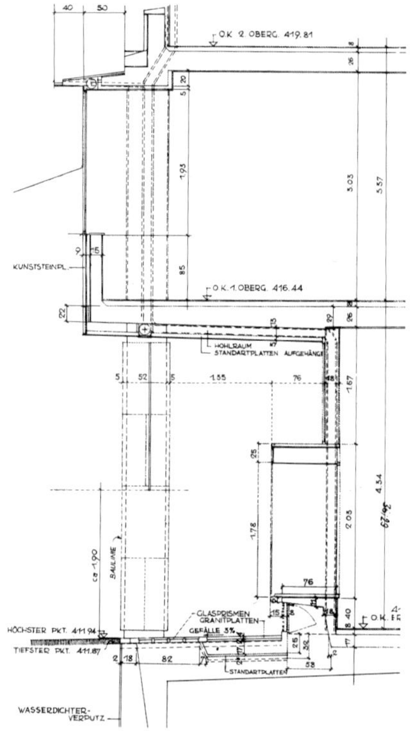

Der «Bleicherhof» ist zum Prototyp des Geschäftshauses der Nachkriegszeit geworden, zumindest in der Schweiz. Im Gegensatz zum fortschrittlichen Geschäftshaus-Typ der 20er Jahre, der das «Zwei-Ständer-System» propagierte (d.h. zwei gegenüber den Fassaden zurückgesetzte Stützenreihen und auskragende Geschossdecken), thematisierte der «Bleicherhof» das herkömmliche System mit vier tragenden, wenn auch in Stützen aufgelösten äusseren und inneren Wänden auf neue Weise. Gegenüber der Tendenz, die tragenden Teile möglichst zu minimalisieren, bestimmen sie hier den architektonischen Ausdruck. Die Front zum Bleicherweg ist ausgebildet als Struktur mit eng gereihten, schmalen Pfeilern (Achsmass 1,60 m), an die im Innern beliebig Leichtbauwände angeschlossen werden können. So lassen sich die Geschossflächen flexibel unterteilen und vermieten.[1] Aus diesem Wunsch nach einer weitgehenden Veränderbarkeit verliess Salvisberg das System des Skelettbaus mit sichtbaren Unterzügen zugunsten der glatten Decke und dem feinmaschigen Fassadengitter. Der «Bleicherhof» sollte sein, was später mit dem negativen Stichwort «Rasterarchitektur» belegt wurde.

Im Gegensatz zu den Obergeschossen sind das Erd- und das Mezzaningeschoss vor allem durch städtebauliche Erwägungen bestimmt. Hier ist das Gebäude in der Horizontalen gedehnt, für den Blick aus dem Auto, der Strassenbahn und vom gegenüberliegenden Trottoir aus berechnet. Die Arkaden führen nicht weiter. Möglicherweise stehen sie im Zusammenhang mit Salvisbergs Niederdorfstudie (Nr. 190). Neben der funktionellen Begründung, dass sie einen geschützten Bereich schaffen, mag für sie gesprochen haben, dass sich mit diesem traditionellen Element sehr gut auch das moderne «Haus auf Stützen» legitimieren liess.

Der Bau, in Nachrufen als «das letzte Werk des Meisters» bezeichnet und dadurch auch als Vermächtnis dargestellt, führt eine unerhörte Beherrschung des Metiers vor: Treppenhäuser und Schaufenster mit derart gepflegten Details finden sich bei keiner der unzähligen Nachbildungen dieses Typs.

1 Erich Mendelsohn hatte beim Columbushaus in Berlin (1931) – einem Stahlskelettbau – dieses Prinzip bereits angewendet.

3

5

6

1 *Ansicht von Südosten*
2 *Grundrisse Erdgeschoss und Ausstellungs-Etage (links) / Büro-Etage (rechts), Schnitt, 1:600*
3 *Skizze*
4 *Detailschnitt durch den Ladenbereich, 1:100*
5 *Rückansicht*
6 *Treppenhaus; Stufen aus grünlichem Kunststein*
7 *Strassenansicht, Blick von Südwesten*
8 *Arkade mit Schaufenstern*

8

7

B I O G R A P H I E

CLAUDE LICHTENSTEIN

Von Salvisbergs Leben waren bisher nur Bruchstücke bekannt. Seit seinem Tod sind mehr als vier Jahrzehnte vergangen; Salvisberg hat keine Aufzeichnungen hinterlassen. Ein Nachlass ist nur fragmentarisch erhalten; Briefe sind, bis auf wenige Ausnahmen, verloren gegangen, und über den Verbleib seiner Zeichnungen und Aquarelle herrscht Unklarheit.

Er starb zu unvermittelt, um sein Wirken und sein «Image» über die eigene Lebenszeit hinaus zu planen. So wie Salvisberg nach den verfügbaren Zeugnissen vor uns steht, hätte ein solches Vorhaben ihm auch schlecht entsprochen. Sein Leben bestand in Aufgaben, die «hier und jetzt» zu bewältigen waren: Salvisbergs Wirkung beruhte schon genug auf seiner Gegenwärtigkeit. «*Ein fröhliches, offenes Gesicht von frischer Luft und Sonne gebräunt, pechschwarzes Haar, eine mittelgrosse gedrungene Gestalt, rundliche, feste Hände, wie zum Greifen bereit, das Bild eines unbeschwerten Gemüts, einer selbstbewussten Kraft und einer unbedenklichen, selbstverständlichen Zugriffigkeit – so trat uns Kollege Salvisberg entgegen, so wird seine Erinnerung in uns fortleben.*»[1]

Der Architekt und Städtebau-Theoretiker Hans Bernoulli, aus dessen Nachruf auf Salvisberg diese Worte stammen, war von ganz anderer Art; er war der vielseitige, gewandte, humanistisch gebildete Basler Intellektuelle, der zur selben Zeit wie Salvisberg in Berlin arbeitete. Vielleicht konnte seine Darstellung gerade aus der Verschiedenheit der beiden heraus zur besten Charakterisierung werden, die wir von der Person Salvisberg haben. Sie ist deswegen im Anhang in ganzer Länge abgedruckt.

Otto Rudolf Salvisverg wurde am 19. Oktober 1882 in Köniz bei Bern geboren.[2] Er war das jüngste von acht Kindern, sechs Knaben und zwei Mädchen. Die Eltern bewirtschafteten ein Bauerngut und eine Mühle. Die Familie lebte in Verhältnissen, die einfach, aber nicht arm zu nennen sind. In dieser Umgebung erlebte Salvisberg eine glückliche Kindheit.[3] Es sind einige wenige Begebenheiten daraus überliefert, die aber ein Licht auf seine Entschlossenheit zu werfen vermögen: so bastelte er sich einmal selber Skier, auf denen er seine Schuhe kurzerhand festnagelte, da er keine Bindung besass (nach einem gewaltigen Sturz wurden die Bretter vom Vater verbrannt).

Die Schule mit ihren Zwängen sei ein «*nimmer endenwollendes Missverständnis*»[4] gewesen. Der junge Salvisberg brachte diese Zeit schlecht und recht hinter sich. Als er sechzehn war, starb seine Mutter, die als feinsinnige Frau geschildert wird, und an der er sehr gehangen hatte. Von da an habe er sich darum bemüht, «*etwas Rechtes zu werden*». Er zeichnete und malte gern und fühlte sich zur Malerei hingezogen. Trotzdem machte er eine Berufslehre in einem Architekturbüro; in der Architektur hatte es bereits ein Grossonkel Salvisbergs zu einem gewissen Erfolg gebracht.[5] 1901 trat er in die Bauschule des Technikums Biel ein. Auch hier musste er zuerst wieder sehr an sich halten, um die Ausbildung zu beenden. Er bestand aber 1904 das Diplom mit Auszeichnung. Die mehrfach geäusserte Behauptung, er habe nie ein Berufsstudium abgeschlossen, ist unrichtig (Tatsache ist anderseits auch, dass Salvisberg von diesem Diplom nicht sprach, als er 1937 einige Angaben zu seiner Person für das Schweizerische Künstlerlexikon machte).

Nun begab er sich zu Fuss nach Süddeutschland, «*das Bündel auf dem Rücken*», wie es an einer Stelle heisst.[6] Es gibt keinen Grund, darin Romantik zu sehen, da diese Art zu reisen damals alltäglich und für viele die einzig mögliche war. Es wird berichtet, dass Salvisberg in dieser Zeit seine Eindrücke von den Dörfern, Städtchen und Landschaften in Zeichnungen und Aquarellen festhielt, von deren Verkauf er lebte.[7] Er kam so nach München, vielleicht ähnlich wie der «Grüne Heinrich», dessen Ankunft in dieser Stadt von Gottfried Keller meisterlich dargestellt worden ist; überhaupt regt das wenige, was von Salvisbergs Reise bekannt ist, zu Vergleichen mit Kellers Bildungsroman an. Hier, in München, besuchte Salvisberg Kurse an der Technischen Hochschule, wo August Thiersch, sein Bruder Friedrich von Thiersch und Karl Hocheder lehrten. Es ist nicht klar, ob er auch in deren namhaftem Atelier arbeitete, das dem Historismus verpflichtet war.

Vermutlich 1905 reiste er nach Karlsruhe weiter und wurde im Büro Curjel und Moser angestellt. In dieser grossen Firma kam Salvisberg mit den neuen Bestrebungen der europäischen Architektur in Berührung. Zugleich hörte er an der Technischen Hochschule von Karlsruhe die Kurse von Karl Schäfer.[8] Zwar sind von ihm keine Äusserungen dazu bekannt, aber Schäfers grosser Einfluss auf einen anderen Architekten, Hans Poelzig, ist erwiesen: «*Als ‹stärksten und interessantesten Lehrer› hat er* [Poelzig[9]] *später Karl Schäfer bezeichnet, den Dozenten für mittelalterliche Baukunst. Rückschauend*

1 *Otto Rudolf Salvisberg, um 1910*

schrieb er 1935: 'Die Jugend war es satt, antikische oder Renaissance-Formen irgend welchen Konstruktionen zu applizieren; Schäfer lehrte mit der Form die Konstruktion des mittelalterlichen Stein- und Holzbaues – er zeigte den untrennbaren Zusammenhang zwischen Form und Konstruktion. Diese Lehrweise war die schwerste Bekämpfung jeder Art von Klassizismus, hiermit der nachschinkelschen Schule, und weiter auch jeder rein romantischen Wiederholung gotischer oder romanischer Formen.'»[10] Dieser Unterricht mag erklären, warum Salvisberg einige Jahre später mit dem «Lindenhaus» (Werkkatalog Nr. 24) Berlins erstes Sichtbeton-Geschäftshaus erbaute, bei dem sich die Konstruktion nicht mehr hinter einer «*vorgeklebten Säulenfassade*»[11] zu verstecken brauchte.

Es wird berichtet, dass Salvisberg während seiner Zeit bei Curjel und Moser im Sommer frühmorgens um vier Uhr aufstand, vor der Arbeit im Freien zeichnete und aquarellierte und damit seine Kollegen ansteckte.[12]

Bei Curjel und Moser arbeitete Salvisberg im Winter 1907/08 auch am Wettbewerbsentwurf für die Universität Zürich mit, der dann mit dem 1. Preis ausgezeichnet und 1912–14 realisiert wurde. Im Nachlass Salvisbergs befindet sich die Fotografie des Schaubildes, das von Salvisbergs Hand stammen könnte.

Im Lauf des Jahres 1908 ging er nach Berlin und meldete sich auf eine Annonce hin bei Johann Emil Schaudt, aus dessen Atelier eben das luxuriöse «Kaufhaus des Westens» (fertiggestellt 1907) hervorgegangen war. Dort lernte er den Bildhauer Paul R. Henning kennen. Der erste Bau in Berlin, an dem er mitarbeitete, war das «Bierhaus Siechen» an der Potsdamerstrasse, um dessen Autorschaft es zu einem Streit zwischen Schaudt und dem Architekten Paul Zimmerreimer kam. In der «Berliner Architekturwelt» wurde der Bau unter dem Namen Zimmerreimer publiziert, «Berlin und seine Bauten» (1980) hingegen nennt Schaudt als Verfasser. Die Umstände dieses Streites lassen sich nicht mehr klären; jedenfalls arbeitete Salvisberg von nun an bei Zimmerreimer. Es handelte sich um ein kleines Büro mit etwa fünf Angestellten.[13] Zimmerreimer war weniger Architekt mit eigenen künstlerischen Ambitionen als Geschäftsmann. An diesem Ort sah sich Salvisberg bald mit grossen Kompetenzen ausgestattet.

Bereits 1910 wandte er sich an den Leiter der Architekturschule am Technikum in Biel, Propper, und erkundigte sich nach einer Hilfskraft. Es war Otto Brechbühl (1889–1984), der sich nach seinem Diplom um diese Stelle in der Grossstadt bewarb, und der damit die entscheidende Weiche für sein Leben stellte.

Berlin war damals ein Zentrum der Architekturwelt, ja ein eigentlicher Fluchtpunkt. Bekannt ist, dass im Atelier von Peter Behrens um 1910 Walter Gropius, Ludwig Mies van der Rohe und Charles-Edouard Jeanneret (Le Corbusier) fast gleichzeitig angestellt waren. Im selben Jahr hielt sich Frank Lloyd Wright in Berlin auf und überwachte die Arbeit an der Publikation seines Werkes, die sich als die berühmte *Wasmuth-Mappe* als so folgenreich für die Architekturgeschichte erweisen sollte. Und in der Potsdamerstrasse hatten 1909 zwei junge Architekten aus dem Osten, Bruno Taut und Franz Hoffmann, ein Büro eröffnet, das im Lauf der folgenden zwanzig Jahre das Gesicht dieser Stadt veränderte. Schliesslich war 1910 das Jahr des wichtigen städtebaulichen Wettbewerbs für «Gross-Berlin».

Berlin war seit 1871 die Hauptstadt des Deutschen Reiches. Es war auf dem Weg zur Weltstadt der Zwischenkriegszeit und hatte etwa Frankfurt am Main oder Hamburg an Bedeutung überflügelt. Vor allem war Berlin ein internationaler Brenn- und Treffpunkt des kulturellen Lebens. Aus Salvisbergs engerer Heimat waren auch der Maler Karl Walser hierher gekommen und etwas später dessen Bruder, der Schriftsteller Robert

---

1 Hans Bernoulli, «Zum Tode von Professor O.R. Salvisberg», in *Basler Nachrichten*, 27. Dez. 1940.
2 Bürgerort der Familie Salvisberg war Mühleberg (Kt. Bern).
3 *Otto Rudolf Salvisberg zum Andenken*, Zürich 1941; Nekrolog von Hermann Platz, *Schweizerische Bauzeitung*, Bd. 117, 1941, S. 68–69; Roland Rohn: «Otto Rudolf Salvisberg», in *Das Werk*, 1941/11, S. 297–305; *Schweiz. Künstler-Lexikon*, Frauenfeld 1963–67.
4 William Dunkel, in *Otto Rudolf Salvisberg zum Andenken*, Zürich 1941, S. 26.
5 Friedrich Salvisberg (1820–1903). 1842–49 zuerst als Steinmetzgeselle im Elsass, darauf Architekturstudien in Karlsruhe und Heidelberg. 1851–59 Stadtbaumeister von Zofingen, seit 1859 Kantonsbaumeister von Bern.
6 William Dunkel, a.a.O. (vgl. Anm. 4), S. 26.
7 Nach R. Rohn (vgl. Anm. 3), S. 298.
8 Karl Schäfer (1844–1908); 1884–94 Professor am Polytechnikum Berlin-Charlottenburg; seit 1894 an der Techn. Hochschule Karlsruhe.
9 Poelzig hörte Schäfers Vorlesungen in Berlin, also früher als Salvisberg.
10 Heinrich Lauterbach, *Hans Poelzig* (1951), zitiert nach Julius Posener (Hg.), *Hans Poelzig*, Berlin 1969, S. 16.
11 O.R. Salvisberg, «Technik und Formausdruck im Bauen», in *Technische Rundschau* (Bern), 1933/51, S. 1 (auch in *Werk-Archithese* 1977/10, S. 52).
12 Hermann Platz, a.a.O. (vgl. Anm. 3).
13 Mitteilung von Henning an Angela Schönberger (1984).

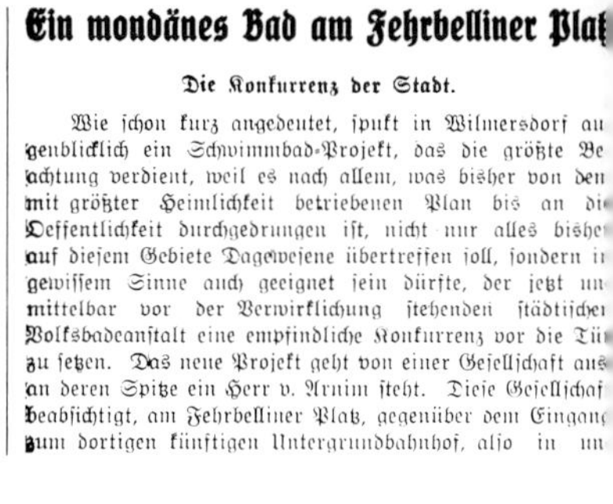

Ein mondänes Bad am Fehrbelliner Plat

Die Konkurrenz der Stadt.

Wie schon kurz angedeutet, spukt in Wilmersdorf au
genblicklich ein Schwimmbad-Projekt, das die größte Be
achtung verdient, weil es nach allem, was bisher von den
mit größter Heimlichkeit betriebenen Plan bis an di
Oeffentlichkeit durchgedrungen ist, nicht nur alles bishe
auf diesem Gebiete Dagewesene übertreffen soll, sondern i
gewissem Sinne auch geeignet sein dürfte, der jetzt un
mittelbar vor der Verwirklichung stehenden städtische
Volksbadeanstalt eine empfindliche Konkurrenz vor die Tü
zu setzen. Das neue Projekt geht von einer Gesellschaft aus
an deren Spitze ein Herr v. Arnim steht. Diese Gesellschaf
beabsichtigt, am Fehrbelliner Platz, gegenüber dem Eingang
zum dortigen künftigen Untergrundbahnhof, also in un

2

Walser, der hier seine frühen Romane schrieb und in den Feuilletons der Berliner Blätter öfters Essays und Kurzgeschichten veröffentlichen konnte.

Wie viel Salvisberg vom kulturellen Getriebe um ihn herum wahrnahm, ist schwer zu sagen. Er entwarf und baute in rascher Folge Wohn- und Geschäftshäuser, die damals, kurz vor dem Ersten Weltkrieg, teilweise zum Fortschrittlichsten gehörten, das in Berlin zu sehen war. Der unausgeführte Entwurf eines «Schwimmpalastes» zeigt, wie gut sich Salvisberg auf die Wünsche und Träume einzustellen wusste, die einen grossen Teil der arrivierten Gesellschaft in der Hauptstadt des Kaiserreichs damals bewegten.

Nach Büroschluss nahm Salvisberg unter eigenem Namen an Wettbewerben teil, wo er mehrfach mit Preisen ausgezeichnet wurde: Entwurf für den Cecilienplatz in der Gartenstadt Frohnau (Kat. Nr. 10), Knabenmittelschule in Finsterwalde (Kat. Nr. 11), Kaiser Wilhelm-Volkshaus in Lübeck usw. Auch an Wettbewerben in der Schweiz beteiligte er sich. Otto Brechbühl arbeitete dabei oft mit; möglicherweise bestand damals schon die Absicht, mit ihm als Statthalter auch in der Schweiz zu bauen. Dazu kam es erst anfangs der 20er Jahre. Brechbühl sagte rückblickend (1980) zu dieser Zeit: *«Ach, wir haben damals viel zu viel gearbeitet!»*

Immerhin, Salvisberg lernte damals die junge Emmy Roloff kennen, eine gebürtige Berlinerin, die er im August 1912 heiratete. Das Paar wohnte in einer Wohnung in Steglitz, das damals noch ein selbständiger Vorort Berlins war.[14]

In der Märznummer 1914 der *Modernen Bauformen* wurde erstmals ein Überblick über das bisherige Schaffen Salvisbergs gegeben (ein Jahr übrigens nach einem entsprechenden Heft über Taut und Hoffmann). Die Darstellung war vom anerkennenden Aufsatz eines jungen Kunsthistorikers begleitet, der bald eine der wichtigsten Stimmen der deutschen Kritik sein sollte: Paul Westheim.[15] Damit begann eine lange Freundschaft zwischen Salvisberg und Westheim, der sich in der Berliner Tagespresse bereits enthusiastisch zum «Lindenhaus» geäussert hatte. Dieses Gebäude stand denn auch an erster Stelle in jenem Heft der *Modernen Bauformen*, der Stuttgarter Zeitschrift, die später Salvisbergs Bauten regelmässig veröffentlichte.

In seinem Aufsatz ging Westheim mit unverhohlener Verachtung über jenen «Finanzarchitekten» (gemeint war Zimmerreimer) hinweg, der daran interessiert gewesen sei, dass das Talent Salvisberg in der Anonymität bleibe: *«Gegen geistige Urheberschaft – auf welchem Gebiet es auch sei – tritt das Kapital immer mit Unterdrückungsgelüsten auf»*.[16] Andernorts schrieb er, die Firma Zimmerreimer sei in der Baukrisis, die sich im Vorfeld des Ersten Weltkrieges bemerkbar machte, geradezu *«weggeschwemmt»* worden.[17]

Freiwillig oder nicht – jedenfalls machte sich Salvisberg wohl anfangs 1914 selbständig. Sein erster Bau war das Haus Schwintzer (Kat. Nr. 29). Viel später schrieb er in einem Brief an den damaligen Bauherrn, er werde es ihm nicht vergessen, dass sein Auftrag ihm die Gründung eines eigenen Büros ermöglicht habe.

Nach Kriegsausbruch rückte Salvisberg in die Schweizer Armee ein und leistete eine Zeit lang Militärdienst, wurde dann aber vom Dienst freigestellt.[18] Zurück bei seiner Frau in Berlin, konnte er nicht an die Vergangenheit anknüpfen. Das Deutsche Reich hatte auf Kriegswirtschaft umgestellt. Die Baustoffe wurden für die Reichswehr zurückgehalten.

Während der Zeit, als Salvisberg in der Schweiz war, leitete Brechbühl das Baubüro des «Reichsamtes des Innern». Dabei arbeitete er an der Gartenstadt Spandau-Staaken mit, die von Paul Schmitthenner 1914–17 gebaut wurde und eines der wenigen Bauvorhaben in jenen Jahren war. Zwei Zeichnungen im Salvisberg-Nachlass weisen darauf hin, dass sich Salvisberg nach seiner Rückkehr auch damit befasste.[19] Schmitthenner (1884–1972) und Salvisberg hatten zur selben Zeit in Karlsruhe studiert und kannten sich bestimmt von dort.

Damit hatte Salvisberg den Anschluss wieder gefunden. In einer Zeit, da die meisten Männer zum Krieg eingezogen waren und ihre Familien die berüchtigten «Hungerwinter» durchlitten, erhielt Salvisberg den Auftrag für die Werkssiedlung Piesteritz bei Wittenberg mit 470 Häusern (Kat. Nr. 37). Dies war der Beginn einer äusserst intensiven Siedlungsbau-Tätigkeit in und um Berlin, im Ruhrgebiet, in Sachsen, Bayern und sogar Böhmen (der heutigen Tschechoslowakei). In einem Nachruf auf Salvisberg war 1941 davon die Rede, dass *«verschiedene Bauherren, Vorsitzende grosser Baugesellschaften auf den jungen Architekten (...) aufmerksam»* geworden seien.[20] Die Vermutung liegt nahe, dass Salvisberg durch Spandau-Staaken auf den Weg des Siedlungsbauers kam, etwa dadurch, dass er den Auftrag von Schmitthenner übernommen haben könnte, der vielleicht zum Kriegsdienst eingezogen wurde und

3

2 *Entwurf für einen «Gross-Berliner-Schwimmpalast», um 1912 nicht ausgeführt. Aus: Wilmersdorfer Zeitung, 10.3.1913*

3 *Emmy Salvisberg, vermutlich in der Steglitzer Wohnung, um 1912*

4 *Salvisberg auf einer Bergwanderung (Riesengebirge?), Aufnahme von Paul R. Henning, um 1920*

mittelbarer Nähe des neuen Wilmersdorfer Rathauses, ein mondaines Weltbad zu erbauen, das zwar im Charakter des neuen Admiralbades in der Friedrichstraße gehalten, aber noch größer und großartiger als dieses angelegt werden soll. Das Bad soll auf Hintergrundstücken errichtet und nach der Straße zu von Wohngebäuden eingeschlossen werden, wodurch man angesichts der hohen Grundstückspreise am Fehrbelliner Platz hofft, die Kosten erheblich herabdrücken zu können. Nur nach der dem Fehrbelliner Platz zugewandten Seite wird das Bad eine Straßenfront erhalten.

Das Hauptgewicht ist bei dem neuen Bad auf ein möglichst großes Schwimmbassin gelegt, das in den Abmessungen 30×60 Meter gehalten sein wird. Bedenkt man, daß das größte Schwimmbassin, das zurzeit eine Groß-Berliner Badeanstalt besitzt, 8×20 Meter groß ist und daß in der geplanten Wilmersdorfer städtischen Volksbadeanstalt ein Schwimmbassin von 12×30 Meter vorgesehen ist, dann muß man allerdings zugeben, daß die Haupthalle die dieses Riesenbassin bergen wird, einen überaus imposanten Eindruck machen muß. Hier soll sich auch der Hauptbetrieb abspielen. Bis 2 Uhr nachts soll sich hier bei den Klängen mehrerer Musikkapellen ein fröhliches Badeleben à la Wannsee abspielen.

Daneben wird aber auch für alle anderen „Chikanen" eines modernen Badebetriebes gesorgt sein. Vor allem ist ein großes Wellenbad hervorzuheben.

Sämtliche Räume sollen in vornehmstem Stil gehalten und ausgestattet werden und der Behaglichkeit der Badegäste wird in weitgehendstem Maße Rechnung getragen werden.

Was endlich die Kosten des neuen Projektes betrifft, so sollen dieselben auf zwei Millionen Mark veranschlagt sein.

darauf zu verzichten hatte. Wie gross der Beitrag Salvisbergs an Spandau-Staaken war, wissen wir nicht; die Bezüge zu Salvisbergs Siedlungen in Köpenick und Schwaz sind indessen offensichtlich.

Es gab damals keine nur annähernd so drängende Bauaufgabe wie den Wohnungsbau: bei Kriegsende fehlten im ganzen Reich fast eine Million Wohnungen. Gebaut wurden sie aus wirtschaftlichen Gründen noch lange Jahre nicht; aber die Gartenstadt bzw. die Variante davon, die Werkssiedlung, genossen das Wohlwollen einflussreicher Politiker. Der Generalfeldmarschall von Hindenburg sprach im Frühjahr 1918 den Wunsch aus: «*Ich möchte, dass nach dem Kriege jeder Arbeiter ein Häuschen mit einem Gärtchen findet.*»[21] Das Arbeiter-Kleinhaus wurde nach den Revolutionswirren 1918 zu einem zumindest ideologischen Eckpfeiler einer Politik, die durch Beschwichtigung das Konfliktpotential zu verringern bestrebt war.

Im ersten Brief des «expressionistischen» Briefwechsels «Die Gläserne Kette» an seine Freunde schrieb Bruno Taut im November 1919: «*Liebe Freunde im Werk! Ich möchte Euch diesen Vorschlag machen: Zu bauen gibt es heute fast nichts, und wenn wir irgendwo doch bauen können, tun wir es, um zu leben. Oder habt Ihr das Glück, einen schönen Auftrag auszuführen? Mich widert die Praxis fast an, und im Grunde geht es Euch allen auch wohl so. Ehrlich gesagt: es ist ganz gut, dass heute nicht ‚gebaut' wird. So können die Dinge reifen, wir sammeln Kraft, und wenn es wieder beginnt, dann kennen wir unser Ziel, und sind stark genug, unsere Bewegung vor Verkleisterung und Entartung zu schützen.*»[22]

4

---

14 Gerüchte, wonach Salvisberg zuvor schon einmal verheiratet gewesen sein soll, sind falsch.
15 Paul Westheim (1886–1963), seit 1917 Redaktor des *Kunstblattes*, neben Herwarth Waldens *Sturm* wohl das wichtigste Forum der jungen expressionistischen Künstler. 1918 erste Monographie über Oskar Kokoschka, 1919 über Wilhelm Lehmbruck. 1925 *Europa-Almanach* (mit Carl Einstein). 1933 Emigration nach Marseille (bis 1936); seit 1941 bis November 1963 in Mexiko, daselbst zahlreiche Publikationen über präkolumbianische und zeitgenössische mexikanische Kunst. Tod am 21. Dezember 1963 in Berlin.
16 Paul Westheim, «Architekturen von Otto Salvisberg, Berlin», in *Moderne Bauformen*, 1914/3, S. 114.
17 Paul Westheim, «Das Lindenhaus von Otto Salvisberg», in *Tonindustrie-Zeitung* (Berlin), 1914/140, S. 1829–1830.
18 Mitgeteilt von Rudolf Benteli (1984).
19 Es handelt sich um kleinformatige Photographien nach Vogelschau-Veduten (Salvisberg-Nachlass, Institut gta, ETH Z).
20 R. Rohn, a.a.O. (vgl. Anm. 3), S. 298.
21 Zitiert nach *Berliner Illustrierte Zeitung*, 1918/14, S. 108.

5

In den Jahren, als in Vereinigungen wie der «Novembergruppe» oder dem «Arbeitsrat für Kunst» der Boden für das Neue Bauen vorbereitet wurde, konnte sich Salvisberg der Arbeit kaum erwehren. Als Deutschland, von den Reparationslasten bedrängt, die Umstellung von Kriegs- auf Friedenswirtschaft versuchte und schwer an der Bürde des zerrütteten Kaiserreichs trug, baute Salvisberg folgende Siedlungen: Halle, Köpenick (700 Häuser), Nauen (82 Häuser), Emden, Lauta, Schwaz (650 Häuser), Berlin-Wilmersdorf (150 Häuser), Dortmund-Dorstfeld (500 Häuser), Garching; und all dies bis 1923, noch vor der Währungsreform, die im November 1923 durchgeführt wurde.

Es war wieder Paul Westheim, der diese Arbeit würdigte. Er räumte zwar ein, dass Salvisberg *«bisweilen ohne Organ scheine für das Geistige, Wegsucherische»* von theoretischen Bestrebungen, anderseits stellt er ihn der Fachwelt als einen äusserst begabten Städtebauer dar, der für einige Lichtblicke im zumeist verfehlten Siedlungsbau der Nachkriegszeit gesorgt habe. Dies schrieb er für die schweizerische Zeitschrift *Das Werk*[23], in einem Artikel, der unter dem Titel *Der praktische Baumeister* etwas später auch in der *Deutschen Allgemeinen Zeitung* erschien[24].

Salvisberg baute so viel wie kaum ein anderer, aber er nahm auch die Schatten der Zeit wahr. In einem Brief, den er 1932 an einen früheren Mitarbeiter während seiner Berliner Zeit schrieb, steht zu lesen: *«Ich denke gerne an die, wenn auch sonst freudlose Zeit zurück, als Sie in meinem Atelier in Berlin arbeiteten.»*[25] Der Hunger und die Not in den Strassen, der Spartakusaufstand, die Ermordung Luxemburgs, Liebknechts und Rathenaus, der rechtsradikale Kapp-Putsch, Kämpfe zwischen Freikorps und polnischen Einheiten in Oberschlesien, Unruhen im Ruhrgebiet, erstes Auftreten des «Stahlhelms» und von SA-Kommandos zur Terrorisierung politischer Gegner (1921!): all diese Ereignisse müssen ihn, ungeachtet des jeweiligen politischen Inhalts, schon deswegen beunruhigt oder abgestossen haben, weil sie allein in der Form ihres Auftretens «schweizerisches Mass» vermissen liessen. Jedenfalls kehrte Brechbühl 1922 nach Bern zurück und eröffnete hier das Büro Salvisberg und Brechbühl als Zweigfirma des Berliner Ateliers. Wenn es dafür auch keinen konkreten Hinweis gibt, bietet sich für diesen Schritt folgende Erklärung an: trotz ausgezeichnetem Geschäftsgang in Berlin rechnete Salvisberg vielleicht damit, dereinst durch die politische Lage sich zur Rückkehr in die Schweiz veranlasst zu sehen.

Nicht dass er sich dabei wohl existentiell «auf dem Sprung» gefühlt hätte; er baute sich 1921–22 ein eigenes Haus auf einer leichten Anhöhe in Berlin-Südende, zwischen Steglitz und Tempelhof, das als Inbegriff persönlichen Wohlbehagens galt (es wurde erst 1927 ausführlich publiziert[26], nachdem es umgebaut und erweitert worden war). Als sein eigener Bauherr gab er sich ein Haus mit einem «behäbigen» Walmdach, wie auch seinen meisten Auftraggebern. Das Haus war schlicht, aber keineswegs bieder. Es war ausgesprochen fein und elegant proportioniert und wirkte mit seinen sparsam instrumentierten Flächen durchaus modern. Im Erdgeschoss befand sich das Büro; die Wohnung lag im Obergeschoss, mit Blick auf den grossen, mit alten Bäumen bestandenen Garten. In diesem Haus hingen unter anderem Aquarelle von Klee und Feininger, Werke von Künstlern also, die der Kunst durchaus erlaubten, auch dekorativ zu sein. Leider wissen wir nichts über die Farben, die Salvisberg in seinen eigenen Räumen anwandte (Kat. Nr. 52).

6

Die Jahre 1922 bis 1925 markieren nach den Bauten der Vorkriegszeit und den Siedlungen einen dritten Abschnitt, in dem Salvisberg vor allem individuelle Wohnhäuser ausführte. Der Mietwohnungsbau lag in dieser Zeit völlig darnieder, obwohl die Wohnungsnot sich seit Kriegsende weiter verschlimmert hatte. Die Verarmung breiter Bevölkerungsschichten bedrohte die Zahlungsfähigkeit der Mieter. Damals wurden die Zwangsbewirtschaftung der Wohnungen eingeführt, gesetzliche Höchstmieten festgesetzt und das Kündigungsrecht des Vermieters aufgehoben. Mit diesen Massnahmen verwalteten die Regierungsparteien aber nur die Misere, und sie wirkten sich insofern gegen die Wohnungssuchenden aus, als es unter diesen Bedingungen für Private uninteressant war, Wohnungen zu bauen. *«In diesem grösstenteils selbstgeschnürten Korsett der kapitalistischen Wirtschafts- und Währungspolitik gefangen, konnten die republikanischen Politiker keine neue Lösung der Probleme finden. Man setzte deshalb die Politik der staatlichen Kreditaufnahme, des gesteigerten Notenumlaufs und der Geldentwertung fort, mit der schon der Krieg finanziert worden war.»*[27]

Ausgerechnet die Inflation soll also Salvisberg den Bau zahlreicher Villen und Landhäuser eingebracht haben, die Inflation, während der mit schwindsüchtigem

7

Papiergeld unzählige Häuser errichtet wurden aus so schlechtem Baumaterial, dass sie, kaum fertiggestellt, schon wieder zu zerbröseln begannen? – Salvisbergs Häuser aus der Zeit, soweit sie noch stehen, sind grösstenteils in hervorragendem Zustand erhalten. Fast alles an ihnen atmet Wertbeständigkeit, also das reine Gegenteil von dem, was die Inflation war: Inbegriff wertmässiger Willkür. Salvisberg baute diese Häuser mit immer den gleichen, wenigen Baugeschäften, z.B. mit der Firma Schäler, mit der er seit der Zeit bei Zimmerreimer verbunden war. Es mussten Firmen sein, die solide Arbeit leisteten und die auf seine vermutlich nicht seltenen Änderungswünsche eingehen konnten. (Was Salvisberg nicht gefiel, versuchte er zu verbessern, wenn nötig mehrmals; z.B. liess er dreimal die Höhe einer Gartenmauer verändern.)

Baueingabepläne aus der Inflationsperiode tragen handschriftliche Vermerke, in denen von «Goldmark» die Rede ist. Wer besass damals solche Devisen? Die seit jeher Wohlhabenden oder die «Gewinnler»? Das grösste und prunkvollste Haus, das Haus Tang (Kat. Nr. 74), wurde 1923–24 von einem Bankdirektor gebaut; ein Jahr später wurde es unter der Bezeichnung «Haus Bernheim» veröffentlicht. Verbirgt sich dahinter das Schicksal eines Inflationsopfers oder der Schachzug eines Profiteurs?

Der kurze Wirtschaftsaufschwung der Weimarer Republik setzte nach 1924 ein. In diesem Jahr erfolgte die Währungsreform und wurden durch den Dawes-Plan die Reparationslasten tiefer angesetzt. Was für den Wohnungsbau eine neue Blüte einleitete, war aber die Einführung der Hauszinssteuer, deren Erträge dem Bau neuer Wohnungen zugute kamen. Seit 1925 baute Salvisberg in ununterbrochener Reihenfolge zahlreiche Mietshäuser und Wohnanlagen. Sie entsprachen der neuen Berliner Bauordnung von 1925, die keine engen Hinterhöfe mehr duldete und damit Randbebauungen begünstigte. Die ersten davon führte Salvisberg für den Bauunternehmer Adolf Sommerfeld aus. Er befreundete sich mit Sommerfeld, der seinerseits ein wichtiger Mäzen des Bauhauses (zuerst in Weimar, dann in Dessau) war.[28] Spätestens damit gelangte Salvisberg wenigstens am Rand in Berührung mit dem Neuen Bauen; er war mit Gropius bekannt, mit Mendelsohn, den Brüdern Taut und Luckhardt. Wie bei letzteren wirkte auch in Salvisbergs Bauten noch 1924 der Expressionismus weiter, wie Messepavillon der Schokoladefabrik Sarotti (Kat. Nr. 80) zeigen.

In diese Zeit fällt der Wettbewerbserfolg des Lory-Spitals in Bern. Er bedeutete die zweite «Begegnung» mit Karl Moser, der, seit 1915 Professor an der ETH in Zürich, Mitglied des Preisgerichtes war. Hierzu ist eine (für Salvisberg, Moser und die damalige Architektursituation bezeichnende) Äusserung überliefert: der Wettbewerb wurde 1924 ausgeschrieben. Salvisberg und Brechbühl reichten einen traditionell wirkenden Entwurf mit rustizierten Mauern und hohem Dach ein, unter anderem, weil sie glaubten, Karl Moser möge das.[29] Das war offenbar nicht der Fall. Der Jurybericht ist zwar nicht erhalten, aber die Formensprache des Entwurfs muss darin beanstandet worden sein. Immerhin gelangte er in die enge Auswahl, und Salvisberg konnte 1925 an einem zweiten Wettbewerb teilnehmen, in dem seinem – nunmehr «modernen» – Entwurf überragende Qualitäten zugesprochen wurden.[30] Das Lory-Spital wurde der erste grosse Bau Salvisbergs in seiner Heimat und steht damit am Anfang einer Bautätigkeit in der Schweiz, die einige Jahre später zum neuen Zentrum von Salvisbergs Wirken werden sollte.

Vorerst folgten jedoch noch einige Jahre in Berlin, deren Verlauf man sich vermutlich kaum genug hektisch vorstellen kann. Das Wort von den «Tollen Zwanzigerjahren» hat hier gewiss seine Berechtigung.

1926 wurde Salvisberg zum Bau der «Gehag»-Siedlung in Zehlendorf beigezogen (Kat. Nr. 106), die Anlass

23 Paul Westheim, «Otto Rudolf Salvisberg – Berlin», in *Das Werk* 1925/1, S. 6–15.
24 Paul Westheim, «Der praktische Baumeister», in *Deutsche Allgemeine Zeitung* (Berlin), 20.3.1925.
25 Brief von O.R. Salvisberg an Daniel Aebli, 7.1.1929, Salvisberg-Nachlass, Institut gta, ETH Z.
26 *Moderne Bauformen* 1927/1.
27 Götz Schwarzrock, «Entwicklungslinien der Weimarer Republik», in *Wem gehört die Welt – Kunst und Gesellschaft in der Weimarer Republik* (Katalog), Berlin 1977, S. 19.
28 Adolf Sommerfeld (1886–1968) liess 1921 sein berühmtes Holzhaus, ein Entwurf von Walter Gropius und Adolf Meyer, unter Mitwirkung der Tischlerwerkstätte des Bauhauses Weimar bauen (vgl. Angela Schönberger, «Salvisberg im kulturellen Klima Berlins»).
29 Nach Mitteilungen von Otto Brechbühl (1976) und Rudolf Benteli (1980).
30 Rudolf Benteli berichtete dazu: Salvisberg und Brechbühl zeichneten den Entwurf in Berlin und reisten zur Abgabe der Pläne zusammen im Zug nach Bern. Dort angekommen, vergassen sie beim Aussteigen die Mappe mit den Plänen; als sie es merkten, war der Zug bereits weitergefahren. Die Pläne konnten erst in Genf wieder zurückgeschickt werden. Sie wurden gerade noch zur Zeit

8
9

5 *Planstempel des Ateliers Salvisberg (1921–29)*
6 *Bucheinband in der Reihe «Neue Werkkunst», 1927*
7 *Emmy und Otto Rudolf Salvisberg, anfangs der 20er Jahre*
8 *Der Bildhauer und Architekt Paul R. Henning mit seiner Frau*
9 *Adolf Sommerfeld (nach 1945 Andrew Sommerfield), um 1950*

10

SALVISBERG & BRECHBÜHL
ARCHITEKTEN · BERN · LÄNGGASSSTR. 95 · TELEPHON: 25.477
BETRIFFT: BERN, DEN

11

12

war zum «Dächerkrieg von Zehlendorf». Die drei Architekten Bruno Taut, Hugo Häring und Salvisberg wurden von einem Teil der Fachkollegen[31] scharf angegriffen, worauf sich Taut unter anderem folgendermassen verteidigte: *«Und doch schreibt Dr. Siedler* (Schriftleiter der *Baugilde) am Schluss seines Artikels: ‚Hierzu ist es aber notwendig, dass die besten Kräfte zur Mitarbeit herangeholt werden'. Ich will mich nicht dazu zählen; immerhin bleiben Otto Salvisberg, Hugo Häring und Martin Wagner übrig.»*[32]

Es war das erste (und wohl einzige) Mal, dass sich Salvisberg in eine Kampffront einbezogen sah. Selbst in der Illustriertenpresse wurde sein Name nun im Zusammenhang mit den fortschrittlichen Bestrebungen in der Architektur genannt, während die Architekten der «Gegenseite», Hans Poelzig, Heinrich Tessenow und Alexander Klein, nun zum Lager der Rückständigen geschlagen wurden.[33] Das Neue Bauen errang hier einen bedeutenden moralischen Sieg; von dieser Überlegenheit wurde damals auch im Buch «Der Sieg des Neuen Baustils» gesprochen, dessen Autor, Walter Curt Behrendt, gut mit Salvisberg befreundet war. Nun, 1928, trat Salvisberg in den Deutschen Werkbund ein. Es ist aber aufschlussreich, wie Salvisberg sich in diesem Zeitpunkt zum Flachdach äusserte. Am 9. Februar 1927 hielt er im Zürcher Architekten- und Ingenieurverein einen Vortrag über die Bautätigkeit Berlins nach dem Krieg. Im Résumée dieses Vortrags stand in der *Neuen Zürcher Zeitung* zu lesen: *«Dem flachen Dach, dem Zankapfel der Architekten, schenkt Salvisberg seine besondere Aufmerksamkeit. Dasselbe ermöglicht beim mehrgeschossigen Kleinwohnungsbau die Erstellung eines vollwertigen Dachgeschosses, in welchem Waschküchen, Trockenräume und Kammern untergebracht werden können. Das begehbare flache Dach kann hingegen seiner hohen Kosten wegen bei solchen Bauten nicht mehr verantwortet werden.»*[34] Da vorne auf dem Podium stand einer, der mit Selbstverständlichkeit und Überzeugungskraft eine Ent-Ideologisierung des Neuen Bauens betrieb: man würde sich seiner erinnern, als es um die Neubesetzung einer Professur an der ETH ging.

In Berlin wurde um diese Zeit Salvisberg in den «Dreierrat» berufen, dem die abschliessende Begutachtung (und Entscheidung!) über grosse Berliner Bauvorhaben unterstand – eine unerhörte Wertschätzung dieses Ausländers, dessen Sprache nie die Färbung durch Berner Mundart verloren hatte! (Wann diese Berufung erfolgte und wer die anderen beiden Mitglieder waren, ist leider unbekannt.) Die Wertschätzung Salvisbergs beruhte zum grossen Teil im Vertrauen, das er ausstrahlte. Er sprach langsam und arbeitete schnell. Zwischen Wort und Tat bestand keine Kluft, die durch weltmännisches Getue überbrückt zu werden brauchte. Das mag etwas emphatisch klingen; doch es gibt Bauten, die Salvisberg in erster Linie wegen dieses Wesenszugs ausführen konnte. Das Stabsgebäude in Breslau (Kat. Nr. 130), Schlesien, musste in kürzester Zeit errichtet werden. Salvisberg stand im Ruf, die vereinbarten Bezugstermine genau einzuhalten. Das Stabsgebäude wurde in nur 85 Tagen zu drei Arbeitsschichten gebaut; was das für die Arbeit im Büro bedeutete, ist klar: klare Organisation, absolute Übersicht und eine beträchtliche Entschlussfreudigkeit.[35]

1928 realisierte Salvisberg neben mehreren Villen und anderen Bauten folgende grossen Vorhaben: Lory-Spital (Kat. Nr. 103), Volksbank Solothurn (Kat. Nr. 108), Geyer-Fabrik (Kat. Nr. 125), Wohnanlage Knobelsdorffstrasse (Kat. Nr. 126), Siedlung Köpenick-Mittelheide (Kat. Nr. 128). Im Entwurfsstadium waren unter anderem das Stabsgebäude Breslau (Kat. Nr. 130) und das Säuglingsheim in Bern (Kat. Nr. 136). Im Februar 1928 erschien eine Nummer der Zeitschrift *Baugilde*, welche Salvisbergs neuen Bauten gewidmet war.

In dieser geradezu fabelhaften Konjunktur wurde Salvisberg aufgefordert, sich um die Professur zu bewerben, die durch den Rücktritt Karl Mosers an der ETH auf den Herbst 1929 frei wurde. Der Schulratspräsident, Arthur Rohn, reiste angeblich auch nach Holland, Frankreich und Deutschland, um nach geeigneten Kandidaten zu suchen.[36] Dabei sei er immer wieder auf den Namen Salvisberg aufmerksam gemacht worden. Zwar lag bereits ein gewichtiger Vorschlag auf Rohns Pult: Karl Moser wünschte sich selber den Basler Hans

DIE BAUGILDE
Zeitschrift des Bundes Deutscher Architekten B·D·A und der Zentralvereinigung der Architekten Österreichs Z·V

13

10 *Salvisberg und Otto Brechbühl, um 1932*
11 *Briefkopf von Salvisberg & Brechbühl, Bern*
12 *Salvisberg (am Steuer seines Wagens) und das Ehepaar Henning besuchen die Baustelle des Bezirksspitals in St-Imier. Rechts stehend Otto Brechbühl. Aufnahme von Paul R. Henning, 1933*
13 *Titelblatt der «Baugilde», 28.2.1928, mit dem Rohbau des Lory-Spitals*
14 *ETH-Studienreise nach Belgien und England, 1938. Salvisberg erläutert den (noch nicht vollendeten) Bau der Firma Hoffmann-La Roche in Welwyn. Aufnahme des Studenten Henry Proskauer*

31 Z.B. von Ed. Jobst Siedler in *Die Baugilde*, 1926/17, S. 956–960.
32 Bruno Taut, «Erklärung zur Siedlung der ‚Gehag' in Zehlendorf», in *Die Baugilde*, 1926, S. 1018.
33 Siehe dazu den Beitrag von Kristiana Hartmann, «Von der Gartenstadt zur Gross-Siedlung». – Weitere Literaturhinweise in der Werkliste.
34 *Neue Zürcher Zeitung*, 16.2.1927.
35 Die örtliche Bauführung wurde besorgt von den Architekten Fritz und Paul Roder. Im Zusammenhang mit diesem Bau entging Salvisberg knapp dem Tod: auf dem Weg von Berlin nach Breslau stürzte ein Flugzeug ab, mit dem er ohne eine Terminverschiebung gereist wäre.
36 Arthur Rohn in *Otto Rudolf Salvisberg zum Andenken*, a.a.O., S. 17.

15

Schmidt zu seinem Nachfolger. Doch Schmidt kam, da Marxist, der Schule nicht gerade gelegen.[37] Salvisbergs Kandidatur anderseits rief bei den «Freunden des Neuen Bauens» alles andere als Begeisterung hervor. Als einer der ersten äusserte sich Joseph Gantner im August 1928. Er hatte als Redaktor des *Werk* 1925 die Darstellung Salvisbergs durch Paul Westheim veröffentlicht. Nun kehrte er gewissermassen Westheims Urteil um: was diesem an Salvisberg als die glückliche Konstitution des *«praktischen Baumeisters»* galt, wurde nun in Unentschiedenheit umgedeutet: *«Sein Ruf eines sehr begabten und geschickten Bauorganisators hat sich in wenigen Jahren fest begründet. Das kürzlich fertig gewordene «Lory»-Spital ist für Bern das moderne Bau-Ereignis. (...) Seine Berufung würde der ETH zweifellos einen ausgezeichneten Praktiker, aber nicht den Mann der klaren, kompromisslosen Linie zuführen, der für dieses Amt unerlässlich ist.»*[38]

Sigfried Giedion äusserte sich in der *Neuen Zürcher Zeitung* ähnlich; aber sein Urteil verriet mehr Unsicherheit: Salvisberg sei *«kürzlich zum flachen Dach übergegangen».*[39] War diese Feststellung ironisch gemeint oder war dieses Dach ein Kriterium für Modernität? Bei Gropius erkundigte sich Giedion nochmals nach der Person Salvisbergs. Gropius' Antwort lautete: *«Ich halte ihn keineswegs für einen ersten Mann, der aus eigener schöpferischer Quelle schafft, aber er hat ein sehr gediegenes Können.»*[40]

Salvisberg hatte sich im Frühjahr 1928 nicht von sich aus auf die Ausschreibung gemeldet, obwohl sie ihm bekannt war. Er wurde durch ein Mitglied des Schweizerischen Schulrates darauf aufmerksam gemacht, dass er bei einer Bewerbung gute Chancen hätte, da *«von gewisser Seite versucht werden soll, Leute in den Vordergrund zu schieben, die keinesfalls die erfolgreiche praktische Tätigkeit hinter sich zu haben scheinen, die von einem Anwärter auf diese wichtige Stelle gefordert werden müsste».*[41]

Es waren mehrere Gespräche zwischen dem Schulratspräsidenten Rohn und Salvisberg in Berlin und Zürich nötig, bis die Verhältnisse geregelt waren. Salvisberg hatte mit den Aufträgen zum Warenhaus Wertheim (Kat. Nr. 142) und vor allem der Gross-Siedlung «Schillerpromenade» (Kat. Nr. 137) neue Aufgaben gefunden, deren Bedeutung die früheren noch übertraf. Nun war er im Begriff, trotz aller Anerkennung sein Tätigkeitsfeld zu verlassen. Es fiel ihm nicht leicht. Er machte sich immerhin geschickt die Argumentation derer zu eigen, die ihn zu diesem Entschluss veranlasst hatten und erhielt die Zusicherung, dass ihm vom Bund Bauaufträge übertragen würden, durch die an der ETH *«die jungen Kräfte zur Praxis vorzubereiten»* wären.[42] Der Auftrag zum Maschinenlaboratorium (Kat. Nr. 163) war für Salvisberg eine geradezu ideale Gelegenheit, ins Lehramt zu kommen, ohne seinem eigensten Element, dem Bauen, entfremdet zu werden. Der Bau wurde ein Meisterwerk.[43]

Die Ankündigung seines Rufes in die Schweiz wurde in der Berliner Presse lebhaft bedauert. Salvisberg beeilte sich zu versichern, es werde kein vollständiger Weggang sein. Er beabsichtigte, sein Büro unter seinem jungen Neffen Rudolf Benteli und seinem langjährigen Angestellten Alexander Hunecke weiterbestehen zu lassen. Benteli hatte bereits drei Jahre lang bei Salvisberg gearbeitet.[44] Er berichtet, dass Salvisberg ihn jedoch wenig später darüber in Kenntnis setzte, er werde sein Büro auflösen; er sei sich in der Zwischenzeit darüber klar geworden, dass sich in Deutschland eine politische Katastrophe anbahne, und er habe ihm, Benteli, dringend davor abgeraten, unter diesen Umständen nach Berlin zu gehen.[45]

Salvisberg benötigte noch mehr als ein Jahr, bis er seine Verpflichtungen in Berlin erfüllt hatte. Einen Teil der Aufträge besorgte er in Bürogemeinschaft mit Rudolf W. Reichel, einem Architekten aus Süddeutschland, der auch mit Mendelsohn zusammengearbeitet hatte[46] (siehe Kat. Nr. 134, 145, 153).

Seine Übersiedlung nach Zürich fiel mit der Fertigstellung seines eigenen Hauses zusammen. Mit diesem Bau machte er einen energischen Neuanfang: seine Pläne tragen die Bezeichnung «Bau Nr. 1». Er hatte Benteli von Berlin aus damit beauftragt, in Zürich ein schönes Grundstück auszusuchen. Dieser fand eine sehr steile Parzelle am Zürichberg, die Salvisberg, herbeigeeilt, sofort kaufte. Sein neues Heim (Kat. Nr. 154) war möglicherweise so entworfen, dass es die Kritiker eines bessern belehren sollte, die, wie z.B. Giedion, sich abschätzig über den *«dörfischen oder kunstgewerblichen Charakter»,* seines Berliner Hauses geäussert hatten.[47]

Wir wissen nicht genau, wie Salvisberg den Wechsel seines Arbeitsfeldes und seiner menschlichen Umgebung erlebte. Nach mehr als 20 Jahren in der Weltstadt-Metropole begab er sich nun in die mittelgrosse Stadt Zürich, die zwar die wichtigste Stadt der Schweiz, aber

17

PROF. O. R. SALVISBERG RUDOLF W. REICHEL
ARCHITEKTEN B.D.A. BLN.-SÜDENDE, OEHLERTSTRASSE 13, FERNSPR. G 5 SÜDRING 1036

16

15 *ETH-Studienreise nach Belgien und England, 1938. Salvisberg und seine Studenten mit Henry van de Velde, auf der Baustelle von dessen Universitätsbibliothek in Gent. Aufnahme des Studenten Henry Proskauer.*
16 *ETH-Studienreise nach Belgien und England. 1938. Salvisberg anlässlich der Überquerung des Ärmelkanals. Aufnahme des Studenten Henry Proskauer.*
17 *Planstempel des Berliner Büros, ab 1929*

verglichen mit Berlin nicht mehr als Provinz war. Zwar spielte Zürich als Sitz des CIAM-Sekretariates (Giedion) für die moderne Architektur eine nicht geringe Rolle; doch Salvisberg war als «Unabhängiger» an die ETH berufen worden und hatte auch nach dem Misstrauen, das die CIAM ihm gegenüber zum Ausdruck gebracht hatten, einen verständlichen Anlass, seine Distanz zu diesem Kreis zu wahren.[48]

Anfänglich war Salvisberg noch oft in Berlin, so oft, dass die Studentenschaft sogar eine Demarche nach Bern schickte, in der sie sich über Salvisbergs Abwesenheit beklagte. Wir dürfen annehmen, dass ihn und seine Frau nicht nur die Geschäfte nach Berlin zogen, sondern auch ihre Freunde und Bekannten Henning, Sommerfeld, der Illustrator und Zeichner Walter Trier, Westheim, die Familien Geyer (der Sohn Geyer hatte Salvisbergs Haus in Südende gekauft), Zoellner und andere. Wenig später mussten viele von ihnen Deutschland verlassen; Berlin sank zur kulturellen Provinzialität herab, wurde von Athen zu Sparta. «Die Stationsvorsteher übernehmen die Macht!» soll damals (noch verharmlosend) der Umsturz kommentiert worden sein. (Übrigens: Salvisbergs verlassene Häuser verkamen nicht unbewohnt. Auf einem seiner Streifzüge durch Berlin muss Görings Auge mit Wohlgefallen auf dem Haus Flechtheim[49] geruht haben: angeblich zog er in das Haus ein.)

Ab 1933 bestand also kein Anlass mehr, sich in die Betriebsamkeit Berlins zurückzuwünschen. Alles spricht vielmehr dafür, dass sich Salvisberg im Kleinstaat behaglich einrichtete und dem verminderten Lebenstempo seine guten Seiten abzugewinnen vermochte. In seinem letzten Jahrzehnt baute er in der Schweiz immer noch eine Reihe von Werken, die ein anderer in einem ganzen Leben geschaffen hätte; aber im Vergleich zu den letzten Berliner Jahren könnte er seine Zürcher Bautätigkeit geradezu als gemütlich empfunden haben.

Sein Amt als Architekturlehrer nahm ihn stark in Anspruch. Er unterrichtete die Studenten des sechsten und siebten Semesters und nahm während all dieser Jahre an der ETH sämtliche Diplome in Entwerfen ab. Seine Vorlesungen waren solide, zwar ohne geistige Höhenflüge, aber doch kompetent. Diese Art von Unterricht lag nicht nur in seiner Person begründet, sondern entsprach auch der Konzeption, die er bereits 1928 bekanntgegeben hatte: «*Keine genialen Spitzenleistungen! Die Anregung, der Triebgedanke sollen vom erfasst werden können.*»[50]

Seine Vorlesungen waren eine eigentliche «Gebäudelehre», in der die einzelnen Bauaufgaben besprochen wurden: «Wohnhaus», «Gross-Siedlung», «Bank», «Hotel», «Lichtspielhaus» usw. Von Le Corbusier oder Wright war dabei nur am Rand die Rede, und dann meist eher kritisch. (Salvisberg hatte in Paris Le Corbusiers Bauten interessiert aufgesucht, war aber enttäuscht von deren Detailqualität zurückgekehrt.)[51] In Vorlesungen würdigte er deren formale und architektonische Brillanz, kritisierte aber z.B. an der «Armée de Salut» die Glasfront mit der Klimaanlage als unsinnig und die Dachaufbauten als unnötig kompliziert und kostspielig.[52]

So sprach er nicht, um der modernen Architektur zu schaden, sondern weil er so dachte. Und seine Ansichten galten viel. Er war eine Instanz, Mitglied zahlreicher Preisgerichte, des Zürcher Baukollegiums, Verfasser von Gutachten zu Spital- und Planungsfragen. Er galt im aufgeschlossenen Bürgertum als «Verfechter der neuzeitlichen Bauweise» und blieb dabei vertrauenswürdig.

Seine vielleicht wichtigste Schrift ist «Technik und Formausdruck im Bauen», die schriftliche Fassung eines Vortrags, den er am 4. Dezember 1933 vor dem Lesezirkel Hottingen hielt. Es ist ein ausgezeichnetes Dokument,

---

37 Auch Le Corbusier soll inoffiziell vorgeschlagen worden sein.
38 Joseph Gantner, «Die Besetzung der Professuren für Baukunst an der ETH», *National-Zeitung* (Basel), 29.8.1928.
39 Sigfried Giedion, «Die Krisis der Architekturschulen», *Neue Zürcher Zeitung*, 16.12.1928.
40 Brief Walter Gropius' an Sigfried Giedion, 7.1.1929, Institut gta, ETH Z.
41 Brief Niklaus Hartmanns an Salvisberg, 31.3.1928, Institut gta, ETH Z.
42 Brief Salvisbergs an Arthur Rohn, 11.9.1928, Institut gta, ETH Z.
43 Zu Maschinenlaboratorium und Fernheizkraftwerk siehe Claude Lichtenstein, «Zwei Hochschulbauten».
44 Rudolf Benteli (geb. 1903) arbeitete nach der Matura von 1922 bis 1925 im Büro Salvisbergs in Berlin, studierte anschliessend bei Karl Moser an der ETH Architektur; Diplom 1929.
45 Gespräche mit Herrn Architekt Benteli 1980 und 1984, dem ich für seine Hilfe und seine Auskünfte zu grossem Dank verpflichtet bin.
46 Beim Verwaltungsgebäude der IG Metall, Berlin (1929).
47 S. Giedion, a.a.O. (vgl. Anm. 39).
48 Salvisbergs Beziehungen zu Karl Moser, dem ersten Präsidenten der CIAM, sollen aber immer ausgesprochen herzlich gewesen sein.
49 Zum Haus Flechtheim (Nr. 140) siehe Claude Lichtenstein, «Villen und Landhäuser 1911–36».
50 Brief Salvisbergs an Arthur Rohn, 29.4.1928, Institut gta, ETH Z; ähnlich in: O.R. Salvisberg, «Architektenschule», in *Das Werk* 1929/7, S. 209.
51 Mitgeteilt von R. Benteli (1980).
52 O.R. Salvisberg, «Bauingenieur-Kolleg» (Typoskript), S. 67, Salvis-

18

nicht nur für seine Denkweise, sondern auch für sein Selbstverständnis und -bewusstsein. Bezeichnend dafür ist die Stelle, wo er das «Lindenhaus» in Berlin als damals (1913) erstes Sichtbeton-Geschäftshaus in dieser Stadt vorstellte, und damit als beherzte Tat gegen den herrschenden Geschmack. Wenig später sagte er zu Le Corbusiers drei Jahre danach gebauten Villa Schwob in La Chaux-de-Fonds, sie zeige *«noch deutlich die eklektizistischen Bindungen, von denen er* (Le Corbusier) *sich erst in seinen späteren Bauten ganz befreite»*.[53] Er sah sich zweifellos als Teil einer neuen Tradition, zu der er selbst einiges beigetragen hatte. Ihn störte aber, was er als Tendenz zur gedankenlosen Verwendung von Schlagworten und zur semantischen Entleerung festzustellen glaubte. Wenn er bemerkte, *«man kann wohl eine Kirche in Beton bauen (...), nicht aber eine Betonkirche»*[54], zeigt das ein feines Gespür für den ideologischen Überbiss vieler «moderner» Berufskollegen, welche vorgaben, «sachlich» zu bauen, dabei aber diese «Sachlichkeit» als versteckte Romantik betrieben.

Sein Zugehörigkeitsgefühl zur Moderne äusserte er ziemlich am Anfang seiner Zürcher Zeit auf eindeutige, aber auch amüsante Weise. Er veröffentlichte eine Aufnahme, die er für sich selber sprechen liess: ein Wohnhaus mit hohem Dach, vom bergseitigen Nachbargebäude aus aufgenommen.[55] Salvisberg wandte recht eigentlich die «epische» Methode an, um die Verfehltheit dieser Bauweise darzustellen, bei der das Dach dem Nachbarn die Aussicht wegnimmt. Er zeichnete beim Dachfusspunkt eine weisse Linie ein, die das selbe Haus mit fiktivem Flachdach markiert: «Agitprop», wie er von Giedion, Taut oder Le Corbusier stammen könnte; Beispiel und Gegenbeispiel in einem; eindeutige Bezeichnung des Richtigen und Falschen. Amüsant daran ist aber auch, dass sich Salvisbergs Vehemenz am eigenen Ärger entzündete, denn es war die Aussicht aus dem Fenster des Hauses Salvisberg an der Restelbergstrasse, die der Nachbar mit seinem Neubau verstellt hatte!

Doch solch scharfe Dialektik prägte seinen Unterricht nicht. Er richtete sich wohl weniger an den Kategorien «richtig/falsch» als an jenen des «Guten/weniger Guten/Schlechten» aus. Seine eigentliche Wirkung hatte Salvisberg denn auch im Zeichensaal. Er ging von Tisch zu Tisch und bewies dabei angeblich immer wieder seine fast unheimlich rasche Auffassungsgabe für die Probleme der grundrisslichen Organisation. Es wird berichtet, noch im Sich-Setzen sei «Salv» (wie er bei den Studenten hiess) geradezu vom Plan aufgeschluckt worden und habe nach der Skizzenrolle getastet, die er vom Studenten verlangt hatte. Die Pausenglocke überhörte er. Wenn er endlich aufstand und das Papier schwarz von Strichen war, sagte er: So etwa könnte es gehen. Er war also vielleicht kein ausgesprochen argumentativer Lehrer, sondern auch im Zeichensaal ein Empiriker, der an den didaktischen Wert von «Versuch und Irrtum» glaubte. *«Zum Arbeiten wurden wir von ihm erzogen, soviel wurde verlangt, dass wir oft stöhnten»*, schrieb seine Studentin Lisbeth Sachs. *«Aus dem menschlichen Mass und Gebrauch heraus den Raum klar zu entwickeln, ihn zum Ausdruck seiner Bestimmung zu formen durch künstlerisch schöpferische Kraft. Das ist, knapp ausgedrückt, eine der Forderungen Salvisbergs an seine Schüler. Seine Hauptforderung ist, dass wir ‚Architekten seien mit ganzer Seele'.»*[56]

19

In der zweiten Hälfte der 30er Jahre baute Salvisberg einige individuelle Wohnhäuser, öffentliche Bauten und ebenso einige Mietshäuser, in deren grosser Linie noch überall die Erfahrung berlinischer Dimensionen nachwirkt. Die Wirtschaftskrise hatte das Bauwesen in der Schweiz spätestens 1935 voll erfasst; gebaut wurde nur noch wenig.

In diesen Jahren wurde aber Salvisberg zum eigentlichen Hausarchitekten des Pharmakonzerns Hoffmann-La Roche, dem die internationale Krise offenbar sehr wenig anhaben konnte, der sich vielmehr enorm entwickelte. Salvisberg, eingeführt durch den Bau des Hauses Barell (Kat. Nr. 174), übernahm die Gesamtplanung des Stammsitzes in Basel und baute hier das Verwaltungsgebäude, das Betriebsgebäude und den Prototyp einer Reihe von Fabrikationsgebäuden (Kat. Nr. 186, 187, 194–196). Zugleich baute er die Firmen-Niederlassungen in Welwyn bei London (Kat. Nr. 189) und in Mailand (Kat. Nr. 197). An all diesen Bauten lässt sich ablesen, dass Salvisberg die verschiedenen Aufgaben gattungsspezifisch und auch teilweise nach regionalen Gesichtspunkten behandelte; doch zugleich gelang es ihm, mit diesen Bauten ein «Firmengesicht» wenigstens ansatzweise zu entwickeln. Bei diesem Spätwerk kann nur schwerlich von einem «internationalen Stil» die Rede sein.

Im Sommer 1939 fand in Zürich die Landesausstellung statt, die in der damaligen weltpolitischen Lage den Sinn einer letzten grossen Besammlung vor Kriegsausbruch

20

bekam. An dieser Schau, in der sowohl eine starke Besinnung aufs Schweizertum als auch ein grosses Vertrauen in die moderne Technik zum Ausdruck kam, wurde Salvisberg nicht beteiligt. Der Direktor der Ausstellung, Armin Meili – selber Architekt –, hatte ablehnend auf den Vorschlag reagiert, Salvisberg zum Chefarchitekten der Ausstellung zu machen. Für dieses demokratisch-föderalistische Gesamtwerk suchte er einen andern als die unbestrittene «Autorität» Salvisberg[57], der zudem auch in Krisenzeiten auf einen solchen Posten nicht angewiesen war. Meili berief den jungen Hans Hofmann. Im übrigen deutet nichts darauf hin, dass Salvisberg sich um diesen Auftrag bemüht hätte. In seinen letzten Jahren habe er den Eindruck von Zufriedenheit über sein Leben verbreitet. Max Frisch, der damals bei Salvisberg studierte und auch kurze Zeit in dessen Atelier arbeitete, erinnert sich an ihn als einen, der von seinem Berliner Erfolg getragen gewesen sei und der im Bewusstsein lebte, dass er seine Sache anderswo schon gemacht habe.[58]

Am 23. Dezember 1940 starb Salvisberg beim Skifahren an einem Herzschlag. Erst dann erfuhr man, dass er seit einigen Jahren herzleidend gewesen war. Die Umstände seines Todes haben das Bild eines glücklichen Naturells noch gefestigt; denn ihm sei die Gnade zuteil geworden, so zu sterben, wie er es einmal seinen Nächsten als geheimen Wunsch anvertraut haben soll. Er starb *«beim Anblick seiner geliebten, im Lichte der untergehenden Sonne erstrahlenden Berge»*[59]. Wie für ihn auf diese glückliche Weise die Zeit angehalten wurde – auf dieses Bild laufen die Nachrufe auf Salvisberg hinaus – habe er mit seinem *«letzten Werk»*, dem *«Bleicherhof»* (Kat. Nr. 199), der Nachwelt eine ähnlich zeitlose, absolute und vollkommene Äusserung geschenkt. Eine Nachtaufnahme, die das Gebäude während der Verdunkelung, *«wie hingegossen im Mondlicht»*, zeigt, wurde als Ausdruck von Salvisbergs eigentlichem Vermächtnis dargestellt.[60]

Im Sommer 1941 wurde in der Graphischen Sammlung der ETH eine Gedenkausstellung gezeigt, die ein grosser Erfolg wurde. Salvisbergs Sekretärin schrieb an Emmy Salvisberg eine wie beiläufige Notiz, die durch die weitere Architekturgeschichte eine grössere Bedeutung bekam: *«Da kam letzthin ein Holländer, van Eyck, der sagte, wir Holländer sind speziell wegen Professor Salvisberg gekommen – wie ist es schade, dass wir nicht* wurde mit aussagekräftigen Sätzen auf die Ausstellung aufmerksam gemacht: *«Der weisse Wagen Salvisbergs wird nie mehr auf die Minute pünktlich am Trottoirrand vor dem Polytechnikum stehen. Im Atelier Salvisberg herrscht Stille. Keine dicken Zeichnungsrollen werden mehr weggetragen, keine Schüler und Mitarbeiter drängen sich im Vorzimmer und warten auf das gütige ‚heit er öppis z'frage?' (...) Doch es war ein guter Gedanke, eine Schau seiner Werke zusammenzustellen, die seine schaffensfreudige Persönlichkeit so gut umfasst, dass man stets erwartet, ihn irgendwo mit Bleistift und Assistent hervortreten zu sehen.»*[62]

---

53 O.R. Salvisberg, a.a.O. (vgl. Anm. 11), S. 2.
54 Ebenda.
55 Abgebildet in *Schweizerische Bauzeitung* Bd. 99, 1932/13, S. 169.
56 Lisbeth Sachs, «Otto Rudolf Salvisberg als Lehrer», in *Die Weltwoche* (Zürich), 31.12.1940 und a.a.O. (vgl. Anm. 3).
57 Armin Meili in *Lorbeeren und harte Nüsse*, Zürich 1968, S. 133.
58 Gespräch mit Max Frisch (1984).
59 R. Rohn, a.a.O. (vgl. Anm. 3), S. 297.
60 Photoalbum «Bleicherhof», Salvisberg-Nachlass, Institut gta, ETH Z. Das Album war ein Geschenk des Bauherrn an die Witwe Salvisbergs; das erwähnte Bild war mit der Legende ausgestattet: «Verdunkelung. Das Mondlicht zeichnet die kühne architektonische Linie, die vielleicht die ursprüngliche Vision des Meisters gewesen sein mag.»
61 Briefdurchschlag Fräulein Kanja an Frau Salvisberg 7.8.1941, Salvisberg-Nachlass, Institut gta, ETH Z.
62 *Die Weltwoche*, 4.6.1941. – Salvisbergs Wagen war übrigens ein Mercedes-Kompressor in Cabriolet-Ausführung.

18 *Salvisberg am Modell der Niederdorf-Sanierungsstudie, 1938. Aufnahme des Photoreporters Hans Staub.*
19 *Blick vom Haus Salvisberg in Zürich zum störenden Steildach des Nachbarhauses*
20 *Nachtaufnahme des Bleicherhofs in Zürich, 1941*

SALVISBERG IM KULTURELLEN KL

ANGELA SCHÖNBERGER

Die Reichshauptstadt Berlin hatte sich um die Jahrhundertwende zur Weltstadt entwickelt. Ihre Geschäftigkeit, Hektik, Kaltschnäuzigkeit und ihr Witz waren berühmt und berüchtigt. Eine reiche bürgerliche Oberschicht, Industrielle wie Siemens und Borsig, Zeitungsverleger wie Mosse, Scherl und Ullstein, die Warenhausbesitzer Wertheim und Tietz, die Besitzer der grossen Brauereien, Direktoren der Erschliessungsgesellschaften wie Haberland und die grossen Bankiers waren die wichtigsten Auftraggeber für Architekten.

Die offizielle städtische Architektur dieser Jahre wurde ganz durch die Persönlichkeit Ludwig Hoffmanns bestimmt, der als Stadtbaurat Krankenhäuser und Schulen errichtete. Sein bekanntester Bau, das neue Stadthaus in Berlin-Mitte, wurde Vorbild für die Berliner Rathäuser, die in den damals noch selbständigen Städten wie Charlottenburg, Spandau und Schöneberg entstanden. Für das Stadtbild Berlins kennzeichnend waren aber auch riesige Mietskasernenquartiere, das «Steinerne Berlin». Hier herrschten eklatante soziale und hygienische Missstände, hervorgerufen durch die sich überstürzende Industrialisierung des ausgehenden 19. Jahrhunderts, einhergehend mit einer skrupellosen Bodenspekulation, die wiederum durch die Berliner Bauordnung, die eine restlose Ausnutzung der Parzellen zuliess, noch begünstigt wurde. Diese unhaltbaren Zustände führten nach der Jahrhundertwende zur Reformierung des Mietshauses. Zusammenhängende Randbebauungen über mehrere Parzellen mit grossen sonnigen Wohnhöfen, zum Teil auch mit kleineren Wohnungen, die sich nun auch nicht so gut verdienende Beamte leisten konnten, wurden von den neu entstehenden Wohnungsbaugesellschaften finanziert. Es entstanden die ersten Gartenstädte wie Falkenberg 1913–14 von Bruno Taut und die Gartenstadt Staaken 1914–17 von Paul Schmitthenner. Die Architektur wird um 1900 durch einen reduzierten Klassizismus, Vereinfachung des Baukörpers und zunehmenden Verzicht auf Dekor gekennzeichnet.[1] Zu den wichtigsten und folgenreichsten Ereignissen zählt die Gründung des Deutschen Werkbundes 1907, dessen Anliegen die Verbindung von Kunst, Handwerk und Industrie war. Sein Programm sah die Synthese zwischen künstlerischer und industrieller Produktion vor. Verwirklicht wurde es beispielhaft durch die Tätigkeit von Peter Behrens als künstlerischer Beirat der AEG, dem führenden Unternehmen der Elektroindustrie in Berlin. Er hat als Architekt und Industriedesigner vom Haushaltsgerät bis hin zu den riesigen Produktionsanlagen das gesamte Erscheinungsbild der Firma künstlerisch gestaltet.

Die Berliner Secession unter der Präsidentschaft von Max Liebermann kämpfte seit ihrer Gründung 1898 engagiert gegen den wilhelminischen Akademismus. Die Gegenwartskunst wurde in den Galerien von Fritz Gurlitt und Paul Cassirer gezeigt, der 1907 Ausstellungen von Munch, Cezanne und Matisse veranstaltete und damit heftigste Kritik der etablierten konservativen Gesellschaft provozierte. Ab 1910 gab Herwarth Walden die Wochenzeitschrift «Der Sturm» als Plattform für die literarische und bildkünstlerische Avantgarde heraus. Im selben Jahr gründeten junge Künstler gegen die inzwischen etablierten Rebellen der Jahrhundertwende die «Neue Sezession». Die Künstler des Expressionismus, die sich in der «Brücke» zusammengeschlossen hatten, zogen nach Berlin. Zwischen 1910 und 1914 entstanden die berühmten Strassenbilder Ludwig Kirchners. 1912 eröffnete Walden seine Galerie mit der Ausstellung «Der Blaue Reiter», die das spektakulärste Kunstereignis jener Zeit war.

In diese aufstrebende Metropole kam Otto Rudolf Salvisberg 1907. Er wollte weltstädtische Aufgaben bewältigen, und diese Gelegenheit bot sich, als Emil Schaudt, der damals gerade das Kaufhaus des Westens und das Bierhaus Siechen baute, über eine Annonce einen Mitarbeiter suchte.[2] Salvisberg meldete sich und wurde angestellt. Über Schaudt lernt Salvisberg den Bildhauer und Architekten Paul Rudolf Henning kennen. Es folgt eine intensive und sich ergänzende Zusammenarbeit, die zu einer bis zum Tode Salvisbergs dauernden engen Freundschaft führte. Über seine Arbeit bei Schaudt ist nichts Näheres bekannt. Erst 1914, nachdem er bereits ab 1910 für das Atelier Zimmerreimer entworfen und gebaut hatte, wird er als Architekt fassbar, als ihn Paul Westheim als den Mann innerhalb des Grossbetriebes der Baufirma bezeichnete, «*von dem die Entwürfe kamen, der hier im eigentlichen Sinne das Bauen besorgte*». Westheim charakterisierte Salvisberg als einen Mann «*mit ausgesprochenem Sinn für die Realität der Dinge. (...) Er entwickelt alles aus den Bedingungen der gegebenen Aufgabe heraus. (...) Die Bauten weisen seine Handschrift auf, sind unverkennbar Dokumentationen seines Geistes, obgleich diejenigen, die nicht zu den Eingeweihten gehörten, nie diesen Namen zu hören bekommen haben.*»[3]

MA BERLINS

In den Jahren 1912–13 übernahm Salvisberg für Zimmerreimer gleichzeitig Bauaufgaben verschiedenen Typs und grossstädtischen Zuschnitts: das Mietshaus in der Hohenzollernstrasse, das berühmte Tanzlokal Bal Tabarin in der Jägerstrasse, das Geschäftshaus Prächtel und das Lindenhaus, das mit seiner nackten Betonfassade und grossen Fensterflächen zu den modernsten und zukunftweisenden Bauten im Berlin vor dem Ersten Weltkrieg zählt. Bei allen diesen Bauten stammt die bildhauerische und dekorative Gestaltung von Henning, der auch wesentlichen Anteil am Innenausbau des Bal Tabarin hatte.

Salvisberg wohnte in Berlin zunächst am Bayrischen Platz 4, einer um 1900 von der Berlinischen Bodengesellschaft unter Leitung von Georg Haberland erschlossenen Wohngegend mit Mietshäusern für bessergestellte Bürger, Wohnstrassen mit Vorgärten und einer U-Bahnlinie zum Zentrum der Stadt. Doch blieb er dort nicht lange wohnen. Nach seiner Heirat mit Emma Maria Roloff 1912 zog er mit ihr nach Steglitz in die Albrechtstrasse 73a. Die Wohnung ist bereits ganz modern mit einem Telefonanschluss unter der Nummer 1514 ausgestattet.

Der Erste Weltkrieg brach aus. Sein Freund Henning meldete sich wie viele andere Künstler und Intellektuelle als Kriegsfreiwilliger. Während die deutschen Architekten in den Krieg zogen, war Salvisberg als Schweizer in der glücklichen Lage, seinen Beruf weiter ausüben zu können. 1916 erhielt er seinen ersten Grossauftrag, die Siedlung Piesteritz bei Wittenberg mit 450 Häusern. In dieser Zeit wechselte Salvisberg erneut die Wohnung. Er zog von der verkehrsreichen Albrechtstrasse in eine kleine Seitenstrasse, die Liliencronstrasse 10, mit dreigeschossigen, vornehm wirkenden Mietshäusern, in unmittelbarer Nähe seiner alten Wohnung und nicht weit entfernt von der Stelle, die er dann für sein zukünftiges Haus auswählte. Er blieb also in seinem Bezirk wohnen, einer gutbürgerlichen Gegend, die aber weder damals noch heute als besonders schick galt. Eher ländlich und abseits vom Grossstadtgetriebe gelegen, war sie dennoch verkehrsgünstig durch die S-Bahn mit dem Stadtzentrum verbunden.[4]

Das Ende des Ersten Weltkrieges 1918 brachte auch das Ende der Monarchie. Wilhelm II. dankte ab und emigrierte nach Holland. In Berlin wurde durch Philipp Scheidemann die Republik ausgerufen. Gleichzeitig Räterepubliken. Revolutionäre Unruhen erschütterten Deutschland. In Weimar fanden 1919 die Wahlen zur Nationalversammlung statt, die neue Verfassung wurde verabschiedet und die parlamentarische Demokratie als gültige Regierungsform etabliert. Doch bestimmten weiterhin bürgerkriegsähnliche Zustände die ersten Jahre der Republik. Politischer Mord, dem so bekannte Politiker wie Rosa Luxemburg und Karl Liebknecht zum Opfer fielen, war in Berlin an der Tagesordnung.

Zur politischen Lage hinzu kamen die Bestimmungen des Friedensvertrages von Versailles, der Deutschland zu hohen Reparationszahlungen verurteilt hatte. Sie bedeuteten eine gewaltige finanzielle Belastung für die Republik und führten zu einer über die Kriegsfolgen noch hinausgehenden Verschlechterung des Lebensstandards der Bevölkerung. Hunger und Not waren weit verbreitet.

Gleichzeitig waren diese ersten Nachkriegsjahre von einer ungeheuren Aufruhr- und Umbruchstimmung erfüllt, die Architekten, Maler, Bildhauer, Schriftsteller und Musiker gleichermassen ergriff. In Berlin bildeten sich die «Novembergruppe» und der «Arbeitsrat für Kunst». Zu den führenden Köpfen zählten Walter Gropius, Bruno Taut und der Kunstkritiker Adolf Behne. *«Die Kunst soll nicht mehr der Genuss weniger, sondern Glück und Leben der Masse sein. Zusammenschluss der Künste unter den Flügeln einer grossen Baukunst ist das Ziel.»*[5] 1919 übernahm Gropius die Leitung des Staatlichen Bauhauses in Weimar, das entscheidenden Einfluss auf Architektur und Gestaltung im Stil der Neuen Sachlichkeit hatte und in seiner kurzen, wechselvollen Geschichte die Widersprüche der Weimarer Republik zwischen Revolution und Reaktion spiegelte. 1919 war das Jahr zahlreicher Erklärungen und Manifeste. Die Gläserne Kette, von Bruno Taut initiiert, wurde für kurze Zeit Forum expressionistischer und utopischer Architek-

---

1 Zur Architektur der Jahrhundertwende vgl. Julius Posener, *Berlin auf dem Wege zu einer neuen Architektur. Das Zeitalter Wilhelms II. 1890–1918.* Studien zur Kunst des 19. Jahrhunderts, Bd. 40, München 1979.

2 Für diesen und weitere Hinweise danke ich Herrn P.R. Henning. Er hat den plastischen Schmuck des Bierhauses Siechen (später Pschorr-Haus) am Potsdamer Platz entworfen.

3 Paul Westheim, «Architekturen von Otto Rudolf Salvisberg, Berlin», in *Moderne Bauformen,* 1914/3, S. 113–137.

4 Vgl. Berliner Adressbücher 1910–1925.

5 Architekturprogramm des Arbeitsrates für Kunst wurde veröffent-

turphantasien. An Salvisberg ging diese Aufbruchstimmung vorbei. Während sein Freund Henning Mitglied des «Arbeitsrates für Kunst» war, sucht man seinen Namen vergebens.[6]

In den Kriegsjahren war der Wohnungsbau fast vollständig zum Erliegen gekommen. Allein in Berlin fehlten mehr als eine Million Wohnungen. Um der grössten Not entgegenzutreten, wurde zunächst billigen Volkswohnungen die Priorität eingeräumt. Dabei gehörten von Anfang an gartenstadtähnliche Wohnsiedlungen zum städtebaulichen und sozialpolitischen Konzept der Republik. Zunächst verhinderte jedoch die galoppierende Inflation, die 1923 ihren Höhepunkt erreichte, die meisten Bauvorhaben. Erst nach der Währungsreform und der Neuregelung der Reparationszahlungen durch den Dawes-Plan begann die Wirtschaft, sich für kurze Zeit zu erholen, und nun erst konnte 1924 in Berlin wieder in grossem Massstab gebaut werden. Durch die Einführung der Hauszinssteuer-Hypotheken erhielt der Staat die Möglichkeit, den Wohnungsbau intensiv mit öffentlichen Mitteln zu fördern.[7] Die Vergabe dieser Hypotheken in Berlin unterstand der Wohnungsfürsorgegesellschaft (DEWOG), deren Direktor Martin Wagner war, bis er 1926 als Nachfolger von Ludwig Hoffmann neuer Stadtbaurat wurde. Die Besetzung dieser Positionen mit Wagner ist ein Grund für die fortschrittliche und soziale Wohnungsbaupolitik Berlins in diesen Jahren und für ihren hohen Standard. In kürzester Zeit entstanden nun im Auftrag der Wohnungsbaugesellschaften die bekannten Grosssiedlungen, die mit ihren sonnigen, gesunden und billigen Wohnungen noch heute vorbildhaft für den sozialen Wohnungsbau sind: die Hufeisensiedlung in Britz 1925–27 mit Bruno Taut und Martin Wagner, die Waldsiedlung Onkel Toms Hütte 1926–28 mit Bruno Taut, Hugo Häring und Otto Rudolf Salvisberg, die Grosssiedlung Siemensstadt 1929–32 unter Leitung von Hans Scharoun mit Walter Gropius, Hugo Häring, Otto Bartning, Fred Forbat, Paul Rudolf Henning und gleichzeitig 1929–30 die Weisse Stadt in Reinickendorf unter Leitung von Salvisberg mit Bruno Ahrends und Wilhelm Büning.

Doch noch einmal zurück zu den Anfängen der Weimarer Republik: Salvisberg hatte auch während der Inflationszeit Gelegenheit zum Bauen. Das hing sicherlich mit seinen Auftraggebern zusammen, die durchwegs dem liberalen bis konservativen Bürgertum angehörten. Ein zeitgenössischer Kommentar charakterisiert die Situation folgendermassen: «*Salvisberg zeigt sich in seinen Landhäusern als der beliebte Architekt der vornehmen Gesellschaftsklasse in den verschiedensten reizvollen Villenvororten von Berlin und versteht die Wünsche seiner Bauherren in jeder Weise zu erfüllen.*»[8]

Über das Atelier Zimmerreimer hatte Salvisberg auch Eugen Richter kennengelernt, der seit 1914 Teilhaber und später Inhaber der Firma Hoch- und Tiefbau Hermann Schäler war, eine Bekanntschaft, die sich zu einer Freundschaft entwickeln sollte.[9] So war es nicht nur selbstverständlich, dass Salvisberg mit dieser Firma fast alle seine Berliner Villen und auch die Mietshäuser der Wohnbau GmbH errichtete, sondern auch das Wohnhaus für Richter in der Rheinbaben-Allee 42 und das Bürogebäude für seine Firma. Über das Baugeschäft Schäler kam auch die Verbindung zur Wohnbau GmbH zustande, die Wohnungen für Beamte und Wehrmachtsoffiziere erstellte, wie z.B. in der Heiligendammer Strasse. Der Direktor der Wohnbau GmbH, Geheimrat Meyer, liess sich seine Villa in der Johannisburger Strasse 35 ebenfalls von Salvisberg bauen, gleich neben dem Dreifamilienhaus, das er für die Lebensversicherung der Wehrmacht baute. Geheimrat Meyer stand in den 20er Jahren der Reichswehr nahe und war in den 30er Jahren Chef der Bauverwaltung im Reichswehrministerium.

Unter den Auftraggebern Salvisbergs war für das wirtschaftliche und kulturelle Leben im Berlin der 20er Jahre sicherlich Adolf Sommerfeld die signifikanteste Persönlichkeit.[10] Für ihn entwarf er die Reihenwohnhäuser in der Hortensienstrasse 1924–25, die damals sehr anerkannt wurden und sowohl durch ihre ausgewogenen Grundrisse wie auch durch ihre ansprechenden Details überzeugten. Die einzelnen Häuser sind durch farbigen Putz voneinander unterschieden. Hauseingänge und Fenster sind mit farbigen Cadiner Kacheln[11] eingefasst, wodurch trotz Normierung und Typisierung eine weitgehende Individualisierung erreicht wurde. Wie es zu der Verbindung zwischen Sommerfeld und Salvisberg kam, ist nicht bekannt. Doch lohnt es sich, bei der Person Sommerfeld etwas länger zu verweilen.

Sommerfeld entstammte der gleichen Generation wie Salvisberg. Als gelernter Zimmermann kam er in jungen Jahren nach Berlin und wurde in kürzester Zeit einer der grössten Bauunternehmer der Stadt. Während des Ersten Weltkrieges entwickelte er in grossem Umfang Holzhallenkonstruktionen für Flugzeug- und Industriehallen. Zu seinen Firmengruppen gehörten Sägewerke und Tischlereien. Er war der modernen Kunst gegenüber aufgeschlossen und ein tatkräftiger Förderer des Bauhauses, das er durch Ankäufe und Darlehen unterstützte. 1922 beauftragte er Walter Gropius und Adolf Meyer, sein Wohnhaus in Lichterfelde zu bauen und beschäftigte damit alle Bauhauswerkstätten, so dass das Sommerfeldhaus die erste grössere Gemeinschaftsleistung des Bauhauses wurde. Seine Entscheidung für einen reinen Holzbau mit reichlichem Teakholzdekor hat ihre eigene, zeittypische Geschichte. Sommerfeld hatte Kriegsschiffe aufgekauft, um sie als Handelsschiffe umzurüsten, doch ohne Erfolg. Worauf er die Schiffe ausschlachtete und das Teakholz für sein Wohnhaus verwendete.[12]

Im Auftrag des Völkerbundes hat Sommerfeld in den Jahren 1924–25 rund 10 000 Kleinhäuser für Griechen in Mazedonien gebaut, die damals im Rahmen des Bevölkerungsaustausches zwischen der Türkei und Griechenland als Flüchtlinge neu angesiedelt werden mussten. Er wurde vom Völkerbund in englischen Pfund bezahlt und war damit in jenem Jahr der grösste private Deviseneinnehmer Deutschlands. Mit diesem Geld erwarb er, von 1924 an, von der Stadt Berlin ein Gelände von über 1,9 Millionen Quadratmetern in Zehlendorf-Nord. Dieses wurde in den folgenden Jahren durch die Verlängerung der U-Bahnlinie vom Thielplatz bis zur Krummen Lanke verkehrsmässig erschlossen. Dort baute Sommerfeld im Auftrage der GEHAG, an die er die Grundstücke verkauft hatte, die Grosssiedlung Onkel Toms Hütte. Vermutlich erhielt Salvisberg den Auftrag für diese Siedlung durch die Vermittlung Sommerfelds.

Salvisberg hatte zu den linksorientierten Architektengruppen keinen Kontakt. Wir wissen nichts über seine Ansichten zu den gesellschaftlichen Verhältnissen und welche Rolle der Architektur in diesem Zusammenhang zukam, Fragen, die damals so viele Künstler und Architekten brennend beschäftigten. Er war weder Mitglied der Architektenvereinigung «Der Ring», obwohl er mit Hugo Häring und Bruno Taut wiederholt an gemeinsamen Projekten arbeitete, noch beteiligte er sich an den grossen städtebaulichen Wettbewerben in Berlin, die die Kreativität der Architekten damals herausforderten, wie die Gestaltung des Alexander Platzes oder des Strassendurchbruchs durch die Ministergärten, beide 1928. Anfang der 20er Jahre wurde er Mitglied des BDA. Doch schien die Mitgliedschaft für Salvisberg als Ausländer nicht selbstverständlich zu sein. Er musste sich einkaufen. Sein relativ zurückhaltendes Auftreten in der Berliner Architekten-Szene hing wohl mit seinem Charakter zusammen, der eher pragmatisch war, hatte aber auch damit zu tun, dass er sich als Ausländer fühlte.

Die Wahl des Standortes für Wohnhaus mit Atelier, das er 1925 für sich in der Oehlerstrasse auf einem der wenigen Hügel Berlins in einer noch kaum erschlossenen Gegend baute, ist für Salvisberg bezeichnend. Er verbesserte sich zwar, blieb aber in seinem Bezirk, abseits von den gesellschaftlichen Kreisen seiner Auftraggeber, für die er Häuser in Dahlem, Zehlendorf und Grunewald baute, aber ebenso abseits von den Ateliers seiner Kollegen, die in der Regel ihre Büros in der Nähe des Potsdamer Platzes hatten: Max und Bruno Taut in der Linkstrasse, Paul Mebes in der Köthenerstrasse und Walter Gropius am Karlsbad. Um den Potsdamer Platz befanden sich auch die Finanzierungsfirmen und Bauunternehmer wie eben Paul Zimmerreimer oder Philipp Holzmann.

Salvisbergs Architektur vor dem Ersten Weltkrieg war ausgesprochen modern, vor allem das Lindenhaus. Das lässt sich für die spätere Zeit in Berlin nicht in gleichem Mass sagen. Aber seine Häuser strahlen mit ihren gut proportionierten Grundrissen und hellen Räumen noch heute Behaglichkeit und Wärme aus.

Nur einmal in den 20er Jahren traf er den Nerv der Weltstadt Berlin: Das Brückenhaus in der Weissen Stadt seiner Art. Es gab das Bauhaus, 1925–26, Mendelsohns WOGA-Bauten am Kurfürstendamm, 1926–28, Wassili und Hans Luckhardts Entwurf für den Alexander Platz, 1928, Scharouns Entwurf für die Ministergärten, 1928. Aber mit sicherer Hand vereinigte er hier die technischen und architektonischen Vorstellungen des Neuen Bauens zu einem Kunstwerk: Im Zentrum der weiss gekalkten Fassade befindet sich weithin sichtbar eine Uhr als sachlicher und zugleich symbolischer Hinweis auf Zeit und Vergänglichkeit und leitet über zum Tempo des unter dem Haus durchbrausenden Verkehrs. Laubengänge an der Rückseite, grosszügige sonnige Balkons an der Vorderseite, die die gesamte Breite einer jeden Wohnung einnehmen, und eine gemeinschaftliche Sonnenterrasse auf dem Dach: Alle Forderungen des Neuen Bauens nach Sonne, Licht, Luft und Hygiene sind hier erfüllt.

Salvisberg hätte durch seine ausgedehnte Bautätigkeit das Gesicht der Stadt prägen können. Doch sind seine Bauten so unauffällig, dass man sie zwar als typische Bauten der 20er Jahre registriert, ihre Qualität sich aber erst beim genaueren Hinsehen erschliesst. Das Urteil Paul Westheims bleibt bestehen: *«Ein Architekt, der sich um Öffentlichkeit kaum bemüht; grosser Arbeiter, der er ist, hat er, statt auf den Hintertreppen des Ruhms zu verbringen, gebaut und gearbeitet. Er ist Architekt in Berlin ganz und gar ohne Orchester. Zudem hat seine Art zu bauen etwas handwerklich Unsensationelles, etwas, das für Bauherren, den zukünftigen Bewohner seines Hauses, von allergrösstem Wert ist, womit aber die, die Architektur als Dokument als Schlagwortkomplex propagieren, kaum etwas anzufangen wissen. Er baut praktisch und komfortabel, ökonomisch und ansprechend, baut mit einem Minimum an Raum, an Zeitaufwand und Kosten ein Maximum an Wohn- und Behaglichkeit.»*[13]

---

6 Zu P.R. Henning vgl. Stephanie Barron, *Skulptur des Expressionismus*, Ausst.-Kat. der Josef-Haubrich-Kunsthalle, Köln 1984.

7 J. Schallenberger, H. Kraffert, *Berliner Wohnungsbauten aus öffentlichen Mitteln. Die Verwendung der Hauszinssteuerhypotheken*, Berlin 1926.

8 Paul Schäfer, «Neue Bauten von Architekt Otto Rudolf Salvisberg», in *Neue Baukunst*, 1928/5, S. 1–20.

9 Für Auskünfte danke ich Herrn Hans Jürgen Richter, Seniorchef der Firma Schälerbau Berlin GmbH.

10 Für Auskünfte über Adolf Sommerfeld danke ich Herrn Assessor Werner Block, Haus und Heim Wohnungsbau-Aktiengesellschaft.

11 Die Kacheln stammen aus Cadinen, einem ostpreussischen Gut und Besitz Wilhelm II. Die Cadiner Werkstätten stellten von 1898–1945 hochwertige Baukeramik und kunsthandwerkliche Keramik her.

12 Sommerfeld lebte in seinem Haus, bis er durch einen Feuerüberfall durch die Nazis Ende März 1933 zur Flucht ins Ausland gezwungen wurde. Die Nazis bemächtigten sich seines gesamten privaten und geschäftlichen Vermögens ohne Entschädigung. Es war dies eine der frühesten Verfolgungen einer prominenten Persönlichkeit der Bau- und Wohnungswirtschaft im Dritten Reich.

13 Paul Westheim, «Neue Arbeiten von O.R. Salvisberg», in *Neue Werkkunst*, Berlin, Leipzig, Wien, Chicago 1927.

EINE DEUTSCHE VERSICHERUNGS

HEINRICH HELFENSTEIN
MARTIN STEINMANN

1929–30 baute Otto Rudolf Salvisberg für die Deutsche Krankenversicherungs-AG ein Bürogebäude an der Innsbrucker Strasse in Berlin, den neuen Sitz der Gesellschaft. Wie von vielen seiner Werke besass Salvisberg auch von diesem Bürogebäude eine Folge von Aufnahmen, die in seinem Nachlass erhalten sind. Sie sind ohne Zweifel nicht von ihm selber, sondern von der Bauherrschaft veranlasst worden, denn das architektonische Moment tritt gegenüber dem betrieblichen in den Hintergrund: die Aufnahmen sind eine Darstellung der Firma.

Dass sich eine Firma in dieser Weise selber darstellt, ist gewiss nichts Besonderes, auch wenn die vorliegenden Aufnahmen – sie sind auf schwarze Blätter geklebt und beschriftet – ein besonders systematisches Vorgehen bezeugen: es scheinen alle Arten von Räumen, bis zu den technischen wie den Heizräumen, erfasst zu sein. Das heisst aber auch alle Arten von Arbeiten, die bei einer Versicherung vorkommen und sie als Institution ausmachen.

Eine Versicherung hat keine Produkte vorzuzeigen, deren Erscheinung das Bild der Firma vertritt. Während die warenästhetische Seite solcher Produkte eine Darstellung geradezu verlangt, entzieht sich im Fall einer Versicherung der Gegenstand der Arbeit der Abbildung. Die Aufnahmen der Deutschen Krankenversicherungs-AG sind Versuche, dieses Hindernis zu überwinden: die Menschen, die die Arbeit leisten, und die Gegenstände, die sie dazu benützen, die Schreib- und Rechenmaschinen, die Bücher und Ordner nehmen metonymisch ihre Stelle ein, um das angestrebte Bild der Firma zu vermitteln. Dennoch bleibt das Paradox des Unsichtbaren in den Aufnahmen erhalten und verleiht dem Dargestellten eine Art von kalter Magie, was ja ein Charakteristikum von Versicherungen ist.

Bei der Aufgabe, die Firma darzustellen, spielen Personen und Dinge je ihren besonderen Part. Den Abteilungen der Deutschen Krankenversicherung bzw. den «Vorgängen» entsprechend, treten die einen oder anderen in den Hintergrund oder verschwinden ganz aus dem Bild. So lenkt in der Aufnahme der Inkasso-Abteilung kein Mensch ab vom Schrank mit den vielen Ordnern, der, den Raum abschliessend, dessen «Sinn» im Ganzen des Betriebes bezeichnet.

In Abteilungen, in denen diese Rolle Angestellten zukommt, wird eine bestimmte Dramaturgie deutlich: die einen Aufnahmen betonen die grosse Zahl gleicher Arbeiten, so in der Buchhaltung, durch die Isolierung der Angestellten, die sie verrichten; die anderen beziehen zwei oder mehr Personen räumlich und funktional aufeinander und machen so komplexe Arbeiten sichtbar; am prägnantesten ist das in der Hauptbuchhaltung der Fall, wo die Komposition von Angestellten im ragenden Schrank mit den Geschäftsbüchern zusammenläuft. Dass diese «lebenden Bilder» in einigen Fällen durch Personen gestört werden, die gewissermassen aus der Rolle fallen, indem sie in die Kamera blicken, bringt die Dramaturgie erst recht zu Bewusstsein.

Während auf diesen Aufnahmen die Angestellten betriebliche Abläufe, gewissermassen die Innenwelt der Versicherung darstellen, ist auf anderen bestimmten Gegenständen die Funktion zugewiesen, die Beziehungen der Firma zur Aussenwelt zu repräsentieren. So sprechen die Adressschränke in der Druckerei vom imposanten Heer der Versicherten, und die einander zugewandten Sessel im Direktionszimmer erzählen von Gesprächen von Firma zu Firma.

Bei allen bis jetzt erwähnten Aufnahmen war die «prise de vue» stets so gewählt, dass das Interesse des Betrachters auf die Betriebsabläufe gelenkt wird und die Architektur vorwiegend Hintergrund bleibt. Ganz anders beim Kassenraum: streng axial aufgenommen, menschenleer, fast ohne Gegenstände, sind seine Dimensionen schwer abzuschätzen (die Kleiderhaken weisen darauf hin, dass der Raum in Wirklichkeit recht klein ist). Es ist die einzige Aufnahme, bei der die ganze Aussage von der Architektur ausgeht – es ist auch der einzige Raum, dessen Funktion es ist, mit den Mitteln der Architektur das Bild der Firma zu formulieren.

Dietrich Reimer's
Werbe u. Verkehrs-Karte
des
DEUTSCHEN REICHES
für Handel u. Industrie

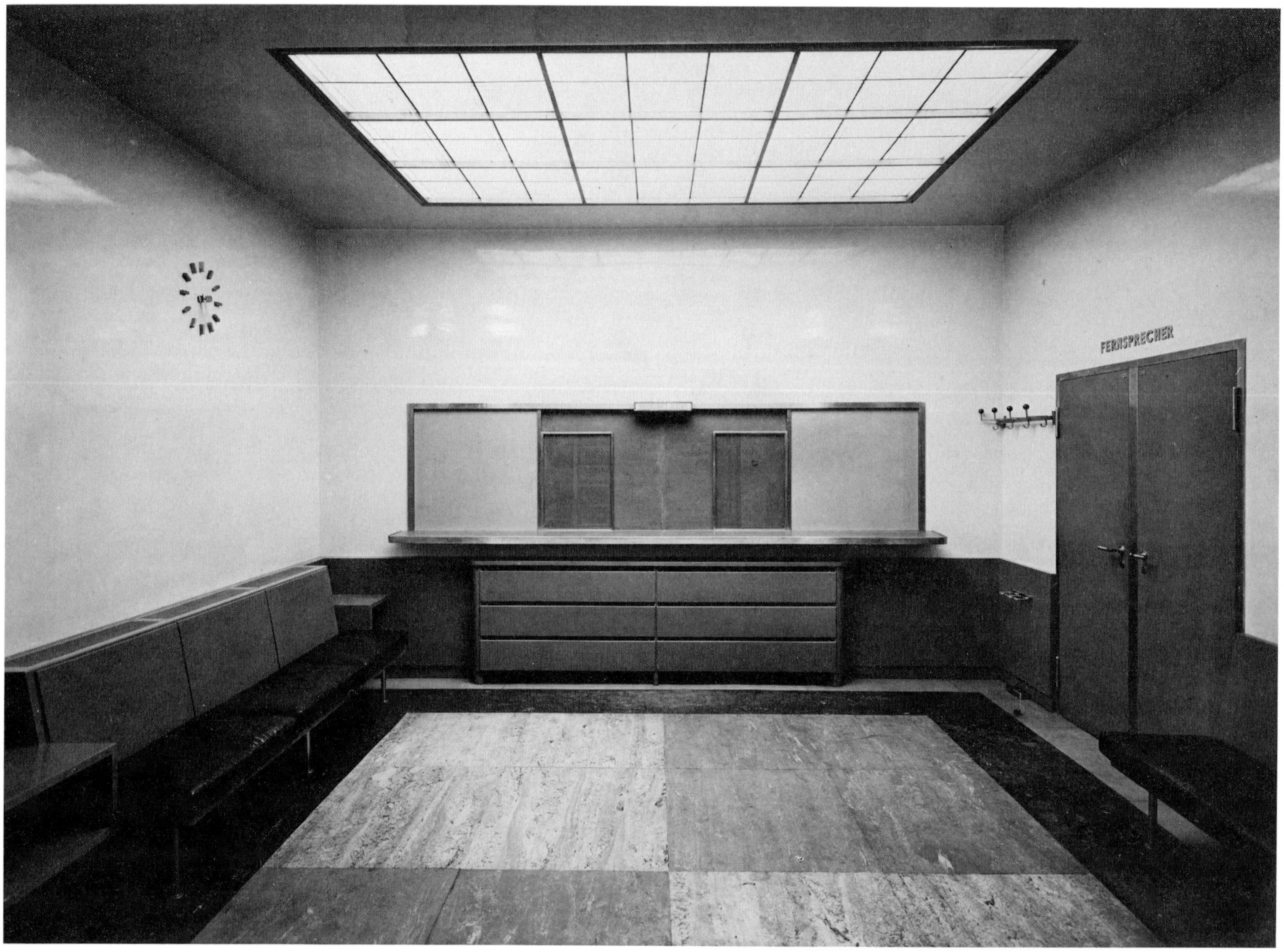
FERNSPRECHER

DIE MODERNE IM SANDKASTEN

ANMERKUNGEN ZUR SCHWEIZER ARCHITEKTUR

STANISLAUS VON MOOS

«Die Schweiz ist eine konservative Nation, in welcher nur mittelmässiger Roggen wächst, dafür aber in grossen Mengen. Wenn ein Stengel über das Mittelmass hinauswächst, wird er gemäht.» (Karl Moser, in einem Brief an Hendrik Petrus Berlage, 28.10.1927)

Es mag – gemessen an der bis vor kurzem sakrosankten Gewohnheit, die Architektur eines Landes an ihren fortschrittlichsten Leistungen zu messen – abwegig erscheinen, diese Skizze zur Schweizer Architektur der Zwischenkriegszeit ausgerechnet mit einem Hinweis auf die Geschäftshausbauten schweizerischer Innenstädte einzuleiten. Denn gerade auf diesem Gebiet erweist sich die Architektur dieses Landes, von wenigen Ausnahmen (wie dem Zett-Haus in Zürich) abgesehen, als wenig innovativ. Vielmehr präsentiert sie sich, zumal in den Jahren nach 1930, als eine Art Treibhaus von Ideen, die in der Weimarer Republik modellhaft realisiert worden waren, in Deutschland selber aber in den Jahren nach der grossen Wirtschaftskrise keine Chance auf Verwirklichung mehr besassen.

Jacques Gubler hat gezeigt, dass die Wirtschaftskrise der Jahre um 1930 keineswegs unmittelbar eine Baukrise zur Folge hatte, sondern, ganz im Gegenteil, einen «Orgasmus» der Bautätigkeit auslöste.[1] Die Situation war derjenigen in den benachbarten Ländern analog: Sinken der Exportziffern, Schliessung zahlreicher Betriebe, steigende Arbeitslosigkeit. Da indes der Fluss ausländischen Geldes in die Schweiz anhielt und da die Kosten auf dem Bausektor sanken, warf sich die private Investitionslust nur so auf die Architektur.

Gesamterneuerungsträume

Als Folie für diesen plötzlichen Schub von Zentrums- und Cityrand-Sanierungen in der Schweiz können die Gesamterneuerungsträume jener Jahre dienen. Tatsächlich schien für den Städtebau eine Blütezeit angebrochen. In Zürich hatten die Sozialdemokraten 1928 die Mehrheit errungen: es war der Beginn einer Epoche schwungvoller planerischer Initiativen (das «rote Zürich», bis 1938). Politisches Nahziel der Linken war die Eingemeindung von zwölf Vororten und somit die Schaffung von «Gross-Zürich». Lange bevor dieses Projekt (allerdings auf acht Vororte reduziert) vom Stadtzürcher Stimmbürger sanktioniert war (1934), hatte man sich darangemacht, die Verkehrsverbindungen zu den Aussenquartieren auszubauen sowie das Zentrum entsprechend dem Massstab der scheinbar plötzlich zur Metropole avancierten Stadt zu modernisieren. Ähnlich die Situation in Genf, das – noch unter einer bürgerlichen Stadtregierung – 1930 die Eingemeindung von drei Vororten beschloss.

In beiden Städten spielten die Bauämter mit dem Gedanken an einen Abbruch des historischen Zentrums. In Zürich veranstaltete der BSA 1931 einen Wettbewerb für die Sanierung der Altstadt. Den radikalsten Entwurf reichte der 71jährige Karl Moser ein, der gerade erst vom Präsidium der CIAM (1928–1930) zurückgetreten war. Eine erste Fassung seines Projektes sieht eine komplette Neuplanung der rechtsufrigen Altstadt vor; einzig das romanische Grossmünster, die spätgotische Predigerkirche und Mosers eigener Kunsthausbau von 1910 (mitsamt einer damals vorgesehenen Erweiterung!) sollten als «historische Bausubstanz» respektiert werden.[2] Dem städtischen Bauamt schien der Vorschlag immerhin diskutabel; jedenfalls beauftragte es Moser mit der weiteren Ausarbeitung des Projekts, von dem dann freilich nichts realisiert wurde.

In Genf griff unter anderen Le Corbusier ins planerische Geschehen ein. Während er sich in verzweifelte Bemühungen verstrickte, bei den Behörden und der Öffentlichkeit der Rhonestadt nachträglich doch noch eine Mehrheit für sein preisgekröntes, aber nicht zum Bau bestimmtes Projekt für den Völkerbundspalast zu finden, versuchte er, seine Kollegen im städtischen Planungsbüro für sein radikales Stadtsanierungskonzept für die Rive droite zu gewinnen.[3]

Eine ganze Reihe von Erneuerungsvorschlägen war bereits vorausgegangen: 1929 hatte Maurice Braillard einen ersten Bebauungsplan vorgelegt, der ein System von Strassen vorsah, die sternförmig von der Place St. Gervais ausstrahlen. Am 24. Mai 1930 war dazu in der Genfer Zeitung *La Suisse* zu lesen (genauer: auf einer zwischen 1929 und 1934 wöchentlich erscheinenden Sonderseite «Pour la cité moderne»): «*Tous les quartiers compris entre le Rhône et le chemin de fer et au delà construits sans plan d'ensemble, dans le plus grand désordre, doivent être entièrement transformés pour répondre aux exigences d'un bon plan d'aménagement.*» 1929 war tatsächlich ein gesamtschweizerischer Wettbewerb für die Sanierung des rechtsufrigen Stadtzentrums ausgeschrieben worden, an dem sich u.a. Adolf Kellermüller und Hans Hofmann in Zürich sowie Hans Schmidt und Paul Artaria in Basel beteiligten. 1935 folgte dann Maurice Braillards spektakulärer Richtplan für das gesamte Genfer Stadtgebiet.[4]

Citybildung

Nirgends, und schon gar nicht in Zürich und Genf, vermochte die Realität der baulichen Entwicklung mit solchen radikalen Vorstellungen Schritt zu halten. Hier wie dort lässt sich aber beobachten, wie jetzt die Randzonen der Innenstädte zum Objekt massiver Citybildung wurden. Das gilt auch für andere Schweizer Städte, namentlich für Basel und Bern. Denkmalpflegerische Bedenken oder die Sorge um die Erhaltung billiger Wohnungen hatten in Anbetracht des wirtschaftlichen Druckes wenig Gewicht. Bald schlossen sich einzelne Unternehmen zu «Konsortien» zusammen, bald versuchten sich Immobilien- und Versicherungsgesellschaften im – häufig riskanten (und nicht selten finanziell selbstmörderischen) – Grossangriff auf die City. Fast immer waren sie der Unterstützung durch die um Arbeitsplätze ringenden Organisationen der Arbeiterschaft gewiss.

Diese oft rabiaten, wenn auch fast immer städtebaulich wirkungsvoll frisierten Eingriffe umreissen in ihren von Stadt zu Stadt, ja von Quartier zu Quartier verschiedenen Ausprägungen die ganze Spannweite der architektonischen Kultur der 30er Jahre. Charakteristisch für die Stadterneuerungen jener Jahre ist die Selbstverständlichkeit, mit der man fast überall dem Verkehr Priorität einräumte: seine reibungslose Abwicklung war bei der planerischen Kontrolle des Geschehens der entscheidende Gesichtspunkt. Neubauten in Innenstädten hatten im Vorgriff auf spätere Strassenverbreiterungen gegenüber bestehenden Baulinien zurückzutreten.

1

2

1 *Karl Moser, Sanierung des «Niederdorfs», Zürich (Projekt), 1933*
2 *M. Braillard, Richtplan für Genf, 1935*

---

1 Jacques Gubler, *Nationalisme et internationalisme dans l'architecture moderne de la Suisse*, Lausanne 1975, S. 168; vgl. auch Albert Hauser, *Schweizerische Wirtschafts- und Sozialgeschichte*, Erlenbach-Zürich/Stuttgart 1961, v.a. S. 198 sowie Roland Ruffieux, *La Suisse de l'entre-deux-guerres*, Lausanne 1974.

2 Vgl. dazu Martin Fröhlich und Martin Steinmann, «Zürich, das nicht gebaut wurde», in *archithese* 1972/3, S. 25–33. Ernst Strebel wird in dem für 1985 geplanten Oeuvrekatalog zu Karl Moser eine detailliertere Darstellung der verschiedenen Projektvarianten vorlegen. – Zur Planungsproblematik in Zürich um 1930 vgl. Peter Vetsch, «Stadtplanung im ‚roten Zürich'» (Seminararbeit, unpubl.), Kunsthist. Seminar der Universität Zürich, 1982.

3 Armand Brulhart, «Das grosse Gefälle 1929–1949», in *archithese* 1984/2 (Genève 1929–1949), S. 5–23; vgl. aber auch Italo Insolera, «Stadtsanierung, gestern und heute», in *werk/archithese* 1978/15–16 (Stadtsanierung. Der Fall von Genf), S. 4–10.

4 Alain Léveillé, «Genf, Richtplan 1935, Maurice Braillard», in *archithese* 1984/2 (vgl. Anm. 3), S. 25–34.

Mehr und mehr neue Cityrandzonen entwickelten sich so zu massiven Schleusen und Schneisen für Verkehrsströme, die es, zumindest damals, ausserhalb der Phantasie von Planern kaum gab.

In Zürich war schon vor 1930 mit der Sanierung der Zone um die Sihlporte begonnen worden. Karl Knell, der Architekt mehrerer Geschäfts- und Bürobauten an der Sihlporte, stützt sich auf neoklassizistische Vorstellungen: Gesimsbänder, plastisch gemusterte Sandsteinprofile und monumentale, travertinverkleidete Sockelgeschosse. Bei aller Behäbigkeit des Details griff das Unterfangen jedoch Berliner Weltstadtträume auf – man denke an den Entwurf für die Neugestaltung des Alexanderplatzes von H. und W. Luckhardt und A. Anker. Es scheint seine Wirkung auf staunende Zeitgenossen denn auch nicht verfehlt zu haben. Ein deutscher Architekt berichtet 1931 in der Zeitschrift *Moderne Bauformen*: *«An der Sihlporte, der Stelle, wo die grosse Ausfallstrasse nach Basel den alten Stadtkern verlässt, standen vor 5 Jahren gleichgültige, unbedeutende Häuser. Heute ist aus dieser Gegend ein neues Geschäftszentrum geworden. Massige Geschäfts- und Bürohäuser mit langen Fensterreihen geben ihm eine eigenartig unpersönliche Note, einen leisen Anklang von Architekturphantasien, die man aus Langs Metropolisfilm noch vor Augen hat, jene starren Verkörperungen eines maschinellen Zeitalters. Wie dort ist namentlich das Nachtbild ausgezeichnet . . .»*[5]

Zürich bietet noch mehr Variationen zu diesem Thema einer Grossstadtarchitektur: den Schaffhauserplatz zum Beispiel, jene andere um 1928 modernisierte Zürcher «Einfallsschneise», die zwei Eckbauten an der Mündung der Stadelhoferstrasse in die Rämistrasse oder die des nachts wie ein gigantischer Leuchtkörper den Verkehr sammelnde Tramhaltestelle am Bellevueplatz mit ihrer kühnen, nierentischförmigen Pseudo-Pilzdeckenkonstruktion: eine aufs Essentielle reduzierte Stromlinienarchitektur. Der vor Seriosität strotzenden Zürcher Innenstadt verleihen solche Leuchtspuren entschwundener Verkehrsromantik einen Anflug von Spielsalonzauber. Bern hingegen erhält mit Salvisbergs SUVA-Gebäude, das sich wie ein gewaltiger Muskel über die Ecke Laupenstrasse/Seilerstrasse spreizt, ein Bürohaus von berlinischem Zuschnitt, in dem die Erinnerung an Mendelsohns Kaufhaus Schocken in Chemnitz nachwirkt (Salvisberg war ja eben erst aus Berlin in die Schweiz zurückgekehrt). So üppig und breitspurig Salvisbergs Bollwerk am Westrand der Berner City, so beherrscht in seiner radikalen Ökonomie der konstruktiven und formalen Mittel ist demgegenüber das Zett-Haus beim Stauffacher in Zürich von Hubacher und Steiger. Hier sind die Ideen der architektonischen Avantgarde, wie sie sich in der Bewegung des Neuen Bauens formiert hatte, modellhaft realisiert: mit Bürohaus, Kino, Restaurant und Wohnungen eine kleine «Stadt in der Stadt», helvetisches Rockefeller Center *en miniature*.

In vereinzelten Fällen wagte man Turmbauten. Alphonse Laverrières Cité Bel-Air Métropole in Lausanne (1930–32) ist der kühnste Versuch in dieser Richtung. Er präsentiert sich als «premier gratte-ciel suisse», wobei der gross über dem neoklassizistischen Portal prangende Name METROPOLE den transatlantischen Mythos der amerikanischen Grossstadt als direkte Inspiration zu erkennen gibt. Mit seinen von elf Aufzügen erschlossenen hundert Wohnungen und fünfzig Büros, seinem Theaterkino von 1600 Plätzen und mehrstöckigem Foyer, mit Restaurant, Crèmerie, Dancing, Café usw. präsentiert sich das üppig und in einem währschaften *Art Déco*-Stil detaillierte, im ganzen zu plump geratene Baumassiv vor den Toren der Altstadt als ein «coup de force»; die Versicherungsgesellschaft «La Genevoise» wäre als Bauträgerin beinah daran verblutet. C.F. Ramuz, der sich mit einem «Sur une ville qui a mal tourné» betitelten Essai gegen den Bau dieses Wolkenkratzers (der im Grunde doch keiner sei) gewandt hatte, meinte zum Schluss bloss: *«On a cherché à contenter tout le monde. Et personne n'est content!»*[6]

«Verstädterung» und Siedlungsromantik

Während sich um 1930 die «City» als direkter Schauplatz von Handel und Verkehr einer schwerfälligen Form von Modernisierung unterzog, begannen sich die neuen Wohnviertel über die umgebende Vorstadtlandschaft auszubreiten *«wie ein Tintenklecks auf dem Fliesspapier»*. Armin Meili, von dem die Formulierung stammt, sollte später diesen Mechanismus der *«Verstädterung»*, die sich unter dem Deckmantel des *«verfänglichen Namens der Eingemeindung»* vollziehe, scharf kritisieren. Seine Alternative war *«Dezentralisierung»* durch Schaffung neuer urbaner Zentren in der Umgebung der grossen Städte.[7] – Die progressiv eingestellte Avantgarde der 30er Jahre scheint sich indes mit den «Grossstadtträumen» jener Jahre weitgehend im Einklang befunden zu haben. Die jüngeren Architekten aus dem CIAM-Umkreis, die nur ganz ausnahmsweise bei innerstädtischen Geschäftshausbauten berücksichtigt wurden (vom Zürcher Zett-Haus, der wichtigsten Ausnahme, war bereits die Rede), konzentrierten ihre Energien ganz auf die Erneuerung des Wohnens, konkreter: auf das Thema Siedlungsbau und Inneneinrichtung. Um 1930 will die Schweizer Architektur Anschluss finden an die Reformbemühungen im Siedlungsbau der Weimarer Republik: Frankfurt, Karlsruhe-Dammerstock, Magdeburg, Berlin.

Basel, dessen Avantgarde auch mit der holländischen Entwicklung gut vertraut war – Hans Schmidt hatte 1922 bei M. Brinkman in Rotterdam gearbeitet und dort den Bau von Spangen mitüberwacht – versucht im Rahmen der «Schweizerischen Wohnungsausstellung Basel» (WOBA) eine Art Schweizerischer Weissenhofsiedlung zu realisieren, die Siedlung Eglisee (1930). Zürich baut die Werkbundsiedlung Neubühl (1931). In Genf entsteht Maurice Braillards Arbeitersiedlung Cité Vieusseux (1931/32). Zu der erhofften Blüte fortschrittlichen Siedlungsbaus ist es in den darauffolgenden Jahren aller-

3

3 *A. Laverrière, Cité Bel-Air Metropole, Lausanne, 1931. Aufnahme während des Baus*

4 *Zürich. Sihlporte mit Schmidhof und Handelshof*

5 *R. Steiger und C. Hubacher, Geschäftshaus am Stauffacher, Zürich («Zetthaus»), 1930–32*

6 *Zürich, Siedlung Neubühl, 1930–32 (Architekten M.E. Haefeli, C. Hubacher, R. Steiger, W.M. Moser, E. Roth, P. Artaria und H. Schmidt)*

dings nicht gekommen – ganz im Gegensatz zur Entwicklung etwa in Holland –, und so erwies sich das, was als Startzeichen gemeint war, eher als letzter Gruss jener *«Epoche des systematischen Kleinwohnungsbaus»* (Hans Bernoulli), die den sozialen Wohnbau in der Schweiz für kurze Zeit in einen internationalen Kontext rückte.[8]

Ein Blick in die 20er Jahre drängt sich hier auf. Tatsächlich ist die Geschichte des genossenschaftlichen Wohnbaus in der Schweiz nach dem Ersten Weltkrieg noch kaum studiert. Genf (Cooperative d'Aïre, 1920) und Basel (Freidorf, 1919–24) konnten schon früh exemplarische Leistungen vorzeigen. Vor allem aber erwies sich das «rote Zürich» als Schauplatz einer grosszügigen Wohnbautätigkeit. Neben genossenschaftlichen Wohnbauten (etwa denjenigen der ABZ – Allgemeine Baugenossenschaft Zürich) kamen sogar umfangreiche, von der Stadt selbst errichtete Wohnkolonien zustande, wie zum Beispiel der Ehrismannhof, der – auch im Prinzip der Blockbebauung – dem Vorbild der Wiener Höfe folgte. Mit dem 1930–31 gebauten Bullingerhof, dem letzten Glied in der Kette städtischer Wohnkolonien, war Zürich zum Zeilenbau berlinischen Zuschnitts übergegangen: eine Gruppe von 28 viergeschossigen Häusern mit insgesamt 224 Kleinwohnungen, zu Zeilen zusammengefasst und um den Hof von 200 mal 150 m gruppiert. Realisierungen wie diese muss Maurice Braillard im Auge gehabt haben als Vorbilder für seine späteren Phantasien eines ganz der Planung unterworfenen sozialistischen Genf.

Die Krise hat solchen Utopien seit 1932, vor allem aber seit 1934, als der Bauboom fast ganz zusammenbrach, die finanzielle Grundlage entzogen. Es war in der Tat ein vielsagender «Scherz der Geschichte» gewesen, dass der zweite CIAM-Kongress in Frankfurt zum Thema «Die Wohnung für das Existenzminimum» an jenem Tage eröffnet wurde, als der erste massive Börsensturz an der Wall Street die Weltwirtschaftskrise einleitete: am 24. Oktober 1929.[9] Einer der langfristigen Effekte der Krise war, dass der freie Markt die Kontrolle über den Wohnungsbau wieder vollständig an sich riss und versuchte, die Nachfrage nach Mittelstandswohnungen zu erhöhen (obwohl es davon bereits 1932 zu viele gab). Für die dringend nötigen Minimalwohnungen

4
5

5 P. Trüdinger, «Streifzug durch das neue Zürich», in *Moderne Bauformen,* 1931/4, S. 157–167; zit. bei C. Lichtenstein in «Das moderne Zürich», in *werk/archithese* 1978/23–24 (Unterbrochene Stadt), S. 9–11.

6 *Aujourd'hui,* Lausanne 18. Dez. 1930.

7 Armin Meili, «Die Schweizerische Landesplanung», in *Schweizerische Bauzeitung* 1943, S. 165ff. – Hinweis von Petra Hagen, die eine Studie zur Situation des Städtebaus um 1940–1950 in der Schweiz vorbereitet.

8 Hans Bernoulli, «Die Episode des systematischen Kleinwohnungsbaus», in *Das Werk* 1929/4, S. 140–145. – Vgl. in diesem Zusammenhang Hans Jörg Rieger, *Die farbige Stadt,* (Diss.), Zürich 1976, v.a. S. 187–205.

9 Jean Bingesser, «Die Tradition des ‚neuen bauens'», in *weiterbauen* (Reprint im Rahmen des Lehrstuhls M. Campi, ETH-Z), 1978, S. v11. – Zur Geschichte der CIAM vgl. Martin Steinmann (Hg.), *CIAM*

wurden keine Baukredite mehr erteilt. Das bedeutete soviel wie das Ende des gemeinnützigen Siedlungsbaus.

Die zwei Tendenzen, die in der Siedlung Neubühl in Zürich (1928–31) zu einer vielbeachteten Synthese gefunden hatten, konnten im Rahmen der gegebenen Situation nur getrennt weitermarschieren. Das «Neubühl» kann uns hier nur am Rande interessieren. Man erinnert sich: Einer Gruppe von schweizerischen CIAM-Architekten (Paul Artaria, Max E. Haefeli, Carl Hubacher, Werner M. Moser, Emil Roth und Rudolf Steiger) gelang es, ihre Ideen in ein differenziertes Siedlungsprogramm zu übersetzen: 105 Einfamilienhäuser, zu Zeilen gruppiert, die quer zu den sie erschliessenden Strassen verlaufen; dazu 90 Etagenwohnungen in sechs dreistöckigen Wohnbauten. Für Hans Schmidt war das Thema «Wohnhaus» und «Siedlung» zuallererst ein Vorwand, Wohntypen, die für massenhafte Produktion bestimmt sind, zu entwickeln, wie er es bereits in seiner zusammen mit Mart Stam und El Lissitzky herausgegebenen Zeitschrift *ABC* postuliert hatte. Anders die Zürcher Gruppe um Max E. Haefeli und Werner M. Moser. Sie zielte primär auf den sorgfältig durchdachten Einzelfall. Es ist gerade die Verbindung beider Interessen, die die Qualität der gemeinsam gebauten Siedlung ausmacht.[10] Dass Schmidt, ebenso wie übrigens der Bauhausdirektor Hannes Meyer, in die UdSSR zog, um an jener Art von sozialen Aufgaben weiterzuarbeiten, die die Schweiz jetzt mit ihrer Krise aufs Eis gelegt hatte, war ein naheliegender Entschluss. Und es liegt durchaus in der Logik der Entwicklung, dass für Architekten wie Haefeli oder Moser der Weg über Neubühl hinaus wieder zum sorgfältig durchgearbeiteten privaten Wohnhaus, zur Villa für die kulturell aufgeschlossene Elite zurückführte.

Die Privatisierung der Moderne

Nicht dass man das Postulat der «Rationalisierung», das im Feldzug des Neuen Bauens eine prinzipielle Bedeutung besass, vergessen hätte: man projizierte es auf das private Wohnhaus. So konnten «vorfabrizierte Holzhäuser» zu einer Losung werden, in der sich die Absichten des Neuen Bauens mit den handwerklichen Gegebenheiten der schweizerischen Tradition verbanden. 1932 hatte der vom SWB mitveranstaltete Lignum-Wettbewerb für ein volkstümliches Holzhaus das Startzeichen gegeben. Werner M. Moser und Rudolf Steiger traten 1935 mit dem Prototyp für ein «wachsendes Haus» an die Öffentlichkeit, Max E. Haefeli mit demjenigen eines «Kombi-Hauses»: Zielpublikum war nicht mehr der «anonyme Auftraggeber» der modernen Industriestadt – sondern der kleinbürgerliche Eigenheimbesitzer und Sparer.

Die Zeit für grundsätzliche, eine Neuordnung des Zusammenlebens anvisierende Operationen war abgelaufen – das Neubühl war das Äusserste gewesen, was in der Schweiz nach 1930 in dieser Richtung möglich war. Gemessen am Neubühl fehlt den schönen Doldertalhäusern von Alfred Roth, Emil Roth und Marcel Breuer (1935–36) jeder Anspruch, typenbildend zu sein. Sie begnügen sich damit, die ungewöhnlichen Anforderungen des Grundstücks am Rande des Doldertaltobels und das von Sigfried Giedion, dem Bauherrn, bereits 1929 auf die Formel von «Licht, Luft, Öffnung» gebrachte Postulat des «befreiten Wohnens»[11] mit unwiederholbarer Präzision ins Gleichgewicht zu bringen.

Spital und Schule

Anno 1929 konnte Alfred Roth rückblickend resümieren, dass die moderne Architektur in kleinen Ländern mit einer starken demokratischen Struktur (wie Finnland, Schweden, Holland und die Schweiz) am weitesten fortgeschritten sei; nicht zuletzt dank der hochstehenden Technik, über die diese Länder verfügten. *«Obwohl die Erneuerung der Architektur nur zu einem geringen Teil von den Kleinstaaten, sondern von den grossen geistigen Zentren wie Paris, Wien, Berlin ausging, findet sie gerade in jenen kleinen Demokratien die für ihre Entwicklung günstigen Voraussetzungen. Dazu kommt noch als ein nicht unwesentlicher Faktor das Fehlen einer grossen geschichtlichen und baukünstlerischen Tradition, die in den grossen Nationen vorhanden ist und neue Bestrebungen hemmt.»*[12]

Welche Gattung von Bauten rechtfertigt ein solches Lob der «kleinen Demokratie» Schweiz? – Der Siedlungsbau jedenfalls nicht. Mit der Privatisierung des sozialen Wohnungsbaus hatte die Schweiz genauso wie das nationalsozialistische Deutschland (und aus denselben Gründen – u.a. um eine «Proletarisierung» der Arbeiterschaft zu vermeiden) dem gemeinnützigen Siedlungsbau die Lebensgrundlagen entzogen.

Bleibt – neben dem individuellen Wohnbau sowie dem Bau von Geschäftshäusern – das weite Feld öffentlicher Bauten: Spitäler, Schulen, Bäder. In der Tat gelang es dem Neuen Bauen, jenes Terrain, das es im Siedlungsbau nach dem Erfolg von Neubühl wieder preisgeben musste, durch Gebietsgewinne in allen übrigen Bereichen wettzumachen. Vom privaten Wohnbau war bereits die Rede. Mit dem Zett-Haus in Zürich realisierten Hubacher und Steiger ein Muster moderner Grossstadtarchitektur. Spitäler standen seit je im Brennpunkt moderner Reformbemühung: sie wurden für das Neue Bauen zu einer Aufgabe von exemplarischem Rang.

Es ist kein Zufall, wenn Sigfried Giedion bereits 1929 sehr explizit auf Sanatorien als Prototypen der neuen Wohnform in Haus und Siedlung zurückgreift, denn: *«Die neuesten Untersuchungen von medizinischer Seite über den Bau von Krankenhäusern gehen durchaus einig mit dem Wollen, das sich über das ganze Gebiet der Architektur erstreckt: auch der ARZT verlangt möglichste Auflösung der Wände in Glas, freiesten Lichtzutritt!»*[13]

Freilich, «das ganze Gebiet der Architektur» liess sich in diesem Land nicht ohne weiteres einer umfassenden biologischen Regeneration mittels «Licht, Luft, Öffnung» unterziehen. Aber dafür entwickelte die Schweiz, ihres

7

7 «Befreites Wohnen». Umschlag des Buches von S. Giedion, Zürich und Leipzig, 1929

8 A. Roth, E. Roth und M. Breuer, Wohnbauten im Doldertal, Zürich, 1935–36

9 O.R. Salvisberg und O. Brechbühl, Säuglings- und Mütterheim Elfenau, Bern, 1929–31

10 Ausstellung «Der neue Schulbau». Didaktische Bildtafeln. Kunstgewerbemuseum Zürich, 1932

11 Barschtsch und Wladimorow, Kommunehausentwurf, 1929, Essraum

Rufs als «Sanatorium Europas» eingedenk, den modernen Spitalbau zu einem architektonischen Lieblingskind.[14]

Das Mütter- und Säuglingsheim Elfenau in Bern von Otto R. Salvisberg und Otto Brechbühl (1929–30) ist ein besonders schönes Beispiel. Das Programm ist in vieler Hinsicht demjenigen eines «sozialen Kondensators» analog. Sämtliche Vorkehrungen im Innern werden einer konsequenten Taylorisierung unterworfen: Gemeinschaftsräume liegen im Erdgeschoss; Depot und Wartung der Kleinen vollziehen sich in den oberen, maximal belichteten und vom Oberarzt ständig überblickbaren Geschossen. Ein Brutkasten – das Leitmotto von Salvisbergs Wettbewerbseingabe von 1928 («geordneter Betrieb») – setzt noch das Tüpfchen auf das i.

Nicht nur Salvisbergs Architekturreform erfüllt sich im Nahbereich sozialer Fürsorge, in der Praxis des Wohlfahrtsstaats. Dass das Werk von Haefeli, Moser und Steiger um 1940 in dem Grosskomplex des Zürcher Kantonsspitals kulminiert, entspricht demselben helvetischen Paradigma: je privater, bürgerlicher, dem Zugriff des Staats entzogener die «Privatsphäre» des Wohnbaus, desto effizienter und moderner die sozialen Dienstleistungen, durch die der Staat für Hygiene sowie für die biologische und kulturelle Regeneration des Volkes sorgt.

Dass sich der Schulbau als Zielbereich der modernen Bestrebungen anbot, hat die Zürcher CIAM-Gruppe früh erkannt. Schon 1932 organisierten Max E. Haefeli, Werner Moser, Emil Roth und Rudolf Steiger mit den Kunsthistorikern Sigfried Giedion und Georg Schmidt im Zürcher Kunstgewerbemuseum eine Ausstellung zum Thema «Das Kind und sein Schulhaus». Kein anderer Bereich sollte sich als Exerzierfeld einer «Biologisierung» menschlicher Ansprüche besser eignen, und in keinem anderen Bereich sollten die Erfolge auch langfristig überzeugender und nachhaltiger sein. Peter Meyer betonte im *Werk* – im Zusammenhang mit dieser Ausstellung: «*Man sucht nicht mehr den Ausdruck des Grossartigen, Massigen, steinern Monumentalen, sondern das Stille und die unmittelbare Nachbarschaft zur Natur, zu Bäumen, Gärten und Wiesen.*» Und weiter: «*Hoffen wir, dass die Schweiz, die auf pädagogischem Gebiet schon so Grosses geleistet hat, nicht zurücksteht, denn der Geist dieser Reformen ist nicht der einer anmassenden Neuerungssucht – sondern es ist der Geist Pestalozzis.*»[15]

8

9

10

10 Vgl. Martin Steinmann, «Das Kongresshaus und die Frage der monumentalen Architektur», in *archithese* 1980/2, S. 42f.
11 Sigfried Giedion, *Befreites Wohnen*, Zürich/Leipzig 1929.
12 Alfred Roth, «Die Realität der Neuen Architektur, 1930–1940», in ders., *Die Neue Architektur*, Ausg. Zürich 1975, S. 5.
13 S. Giedion, *Befreites Wohnen*, a.a.O., Abb. 57.
14 Zu den Gattungen Spital und Schule gibt v.a. G.E. Kidder Smith eine gute Übersicht, in *Switzerland Builds*, New York/Stockholm 1950, S. 151–201.
15 P.M., «Ausstellung ‚Der neue Schulbau' im Kunstgewerbemuseum

Dass sich im Verlauf des Jahrzehnts nicht nur Vertreter des Neuen Bauens auf den Geist Pestalozzis berufen sollten, liegt auf der Hand. Von der trockenen Sachlichkeit von Hofmanns zu Unrecht vergessener Kindergartenschule in Zürich-Wiedikon (1932) bis zur «romantischen» Verbindlichkeit von Hermann Baurs berühmter Pavillonschule im Bruderholz in Basel (1939) führt der Weg wie von selbst am Heimatstil vorbei.

Monumentalität und Repräsentation

In der Schweiz war es Peter Meyer, der 1937 – in der damals von ihm redigierten Zeitschrift *Werk* – das Problem der «Monumentalität» in aller terminologischen Schärfe zur Diskussion stellte – Jahre bevor sein Landsmann Sigfried Giedion (zusammen mit Sert und Léger) die bekannten «Neun Punkte über: Monumentalität – ein menschliches Bedürfnis» proklamierte (1949). Meyer hielt das Monumentalitätsproblem mit Recht für ein *«gefährliches und empfindliches Problem»*; es sei genau gesehen der Punkt, von dem die ganze Architekturmisere des 19. Jahrhunderts ausging, das das Gefühl dafür immer mehr verlor, wo nun einmal Monumentalität am Platze wäre und wo nicht.[16]

Meyer – selbst von Haus aus Architekt und Schüler Theodor Fischers – war der Überzeugung, dass es unmöglich sei, das Problem der Monumentalität in der Architektur anders als in den Begriffen der klassischen Tradition zu bestimmen. Diese Überzeugung hat ihm die Arbeit als Architekturkritiker nicht leicht gemacht. Denn während er als verkappter Klassizist bei den rigorosen Vertretern des Neuen Bauens den fehlenden Sinn für die Autonomie ästhetischer Kategorien beargwöhnen musste, sah er sich anderseits als Kritiker, dessen Solidarität im Grunde den Bemühungen um eine Entschlakkung der Architektur galt, gezwungen, fast alle Beispiele neoklassizistischer Monumentalarchitektur seiner Zeit als brutal und menschenverachtend zu verurteilen. Sein Windmühlenkampf gegen das Bonatz-sche Projekt für das Basler Kunstmuseum ist nur eine Episode in diesem anstrengenden Zweifrontenkrieg.

Peter Meyer mochte die Architektur von Haefeli, Moser und Steiger bewundern – wie auch später die Architektur Hans Hofmanns für die Schweizerische Landesausstellung in Zürich –, seinem Begriff einer monumentalen Architektur konnte sie nicht genügen. Am ehesten gelang dies den Freiburger Universitätsbauten von Dumas und Honegger, deren Betonklassizismus ungefähr zu gleichen Teilen Le Corbusier und den Brüdern Perret verpflichtet ist.[17] Aber «Monumentalität» im Sinne der klassischen Tradition konnte gar kein zentrales Thema der Schweizer Architektur jener Zeit sein. Genf mit seinem «Palais des Nations» und mit dem 1927–33 gebauten neoklassizistischen Bahnhof Cornavin ist untypisch.

Das liegt natürlich nicht daran, dass «der Schweizer» keinen Sinn für Repräsentation hat, sondern daran, dass die Eliten dieses Landes, den politischen Umständen entsprechend, in klassizistischen Kolonnaden kein adäquates Medium der Repräsentation von «Schweizerart» erblickten. Sie hielten diesen «Stil» für kompromittiert, wenn nicht gar zum Vornherein für unschweizerisch. Sie schienen anderseits mehr und mehr dazu disponiert, in den Formen der Technik und des Neuen Bauens Verkörperungen schweizerischer Qualitätsarbeit zu sehen. Ja sie hielten den Einsatz dieser Formen im Kommunikationssystem der Architektur für ein Zeichen republikanischer Zurückhaltung in der Darstellung staatlicher Macht.

Diese Situation sollte sich für die Entfaltung einer zugleich modern-internationalistischen und währschaftbürgerlichen Repräsentationsarchitektur als günstig erweisen, wie sie dann vor allem von Otto R. Salvisberg kultiviert wurde. Die «Hochschulinstitute» in Bern (1930–31) und das Maschinenlabor der ETH Zürich (1935) sind Bauten, an denen kein Schweizer Architekt der 30er Jahre vorbeikommen konnte. Trotz seiner prosaischen Funktion und bei aller Verwicklung in eine komplizierte Situation von vorgegebenen Bauten handelt es sich beim «Maschinenlabor» um eine architektonische Inszenierung von grosser Souveränität, die nach dem Vergleich mit den besten Arbeiten William Lescaze's oder Aaltos ruft.[18]

Jacques Gubler hat gezeigt, wie sich die «internationale Architektur» seit 1930 nach und nach einen Platz in der «nationalen Ikonografie» der Schweiz eroberte. Seit 1929 – seit der Internationalen Ausstellung in Barcelona – waren die Schweizerische Zentrale für Handelsförderung und die Schweizerische Verkehrszentrale damit beschäftigt, ein Werbebild der Schweizer Qualitätsproduktion und der Schweizer Landschaft aufzubauen, in dem sich moderne Technik und Alpenwelt die Hand reichen. Hans Hofmann schuf mit seinen Ausstellungspavillons für Lüttich (1930) und Brüssel (1935) den auf Sachlichkeit gestimmten Rahmen dazu. Spätestens seit Max Bills Touristik-Wandbild im Brüsseler Pavillon gehören Alpenpassstrasse, Saurer-Bus und Swissair-Flugzeug genausogut ins Pantheon helvetischer Qualitätserzeugnisse wie Chalet und Alphorn. Und während man auch in der Schweiz darüber stritt, wie die esoterische Abkapselung der abstrakt-konkreten Avantgardekunst zu überwinden wäre, und wie die Kunst wieder ans «Volk» herangeführt werden könne, gelingt es Max Bill – im Rahmen der Mailänder Triennale von 1936 –, durch einen gezielten Einsatz der Stilmittel der konkreten Kunst und durch eine raffinierte Kontrastmontage alltäglicher Konsumgüter und neusachlicher Plakate jener Zeit den Abgrund zwischen Avantgardekunst und volkstümlicher Sensibilität zu überspielen.

Gemessen daran war die «Kunstpolitik» der Schweizerischen Landesausstellung von 1939 ein Schritt zurück. Hier sollten Malerei und Plastik wieder deutlich unter die Fittiche einer klassischen Ästhetik verwiesen werden. Ihre Botschaften haben sich jetzt wieder der traditionellen Kanäle der Verständigung zu bedienen: sie sind

12

12 *O.R. Salvisberg, Maschinenlaboratorium der ETH, Zürich, 1935*

13 *F. Dumas und D. Honegger, Universität Fribourg, 1939*

14 *H. Hofmann, Schweizer Pavillon an der Weltausstellung in Brüssel, 1935*

15 *Max Bill, Schweizer Pavillon an der Triennale in Mailand, 1936*

16 *Hans Erni, «Wissen und Heilen». Touristik-Wandbild an der Schweizerischen Landesausstellung, 1939 (Detail)*

weitgehend in den Konventionen der Historienmalerei und der Monumentalplastik kodifiziert.

Die Architektur hingegen will sich jetzt nicht mehr ins Prokrustesbett einer wie immer auch modernisierten Klassik beugen. Insofern, als sich die Schweiz von 1939 als Hort der Wissenschaft, der Gesundheit, der Erziehung und der republikanischen Tugenden sieht, sind die von Maillarts Zementhalle inspirierten, Wissenschaft und Hygiene signalisierenden Gewölbesegel auf Hans Ernis Touristikwandbild ein Stück nationaler Repräsentation. Und die Zementhalle selbst ist nicht weniger «Architektur» als irgendein anderes Bauwerk der Landi, das «Dörfli» eingeschlossen – selbst für den Migros-Vater Gottlieb Duttweiler, der darin den «*Stil von Le Corbusier*» zu entdecken glaubte.[19]

16 P.M., «Zur Architektur des Zürcher Kongressgebäudes», in *Schweizerische Bauzeitung* 1937, S. 80–82 (tw. abgedruckt in *archithese* 1980/2, S. 44); vgl. auch ders., «Monumentale Architektur», *Das Werk* 1937/3, S. 66–73 sowie «Musée de l'art moderne, Paris, 1937» in *Das Werk* 1938/1, S. 4ff. Ferner Hans Schmidt, «Anmerkungen zum Musée de l'art moderne in Paris», in *Das Werk* 1938/4, S. 120–123, und wiederum P. Meyer, «Überlegungen zum Problem der Monumentalität als Antwort an Hans Schmidt», in *Das Werk* 1938/4, S. 113–128 und ders., «Diskussion über Monumentalität», in *Das Werk* 1940/7, S. 189–195. – Eine differenzierte Erörterung der damaligen Monumentalitätsdebatte hat neuerdings Claude Lichtenstein gegeben in «Zeitwende oder Zwischenspiel? Aspekte der Architekturdiskussion», in *Dreissiger Jahre Schweiz*, a.a.O. (s. unten), S. 133–141.

17 Vgl. Peter Meyer, «Die Neubauten der Universität Fribourg im Rahmen der Architekturentwicklung», in *Das Werk* 1942/2/3, S. 52–59.

18 Vgl. S. von Moos, «Architektur auf den zweiten Blick», in *werk/archithese* 1977/10 (Salvisberg), S. 3–6.

19 Gottlieb Duttweiler, *Un peuple s'affirme. L'exposition nationale Suisse de Zurich 1939, vue par Gottlieb Duttweiler*, Lausanne/Zürich 1939, S. 143; zit. bei Jacques Gubler, a.a.O. (s. Anm. 1), S. 235.

Die hier erwähnten Bauten sind fast ausnahmslos im *Werk*, in der *Schweizerischen Bauzeitung* oder im *Bulletin Technique de la Suisse Romande* publiziert worden; ich verzichte auf genaue Quellenangaben. – Diesem Aufsatz liegt vor allem die Arbeit an drei zwischen 1977 und 1979 erschienenen Heften von *werk/archithese* (1977/10, 1978/23–24, 1979/27–28) sowie der *archithese* 1980/2 zugrunde. Er stützt sich überdies auf das weiter oben erwähnte Buch von Jacques Gubler, auf Arbeiten von Peter Degen, Claude Lichtenstein, Martin Steinmann u.a., sowie auf die Quellensammlung *Moderne Schweizer Architektur*, Basel 1947 (hg. von L. Birchler, S. Giedion, W. Jegher, P. Meyer, G. Schmidt, P. Budry und Egidius Streiff). – Eine frühere, ausführlichere Fassung dieses Aufsatzes erschien in *Dreissiger Jahre Schweiz. Ein Jahrzehnt im Widerspruch* (Ausstellungskatalog Kunsthaus Zürich) Zürich 1981, unter dem Titel «Stichworte zur Schweizer Architektur der dreissiger Jahre», S. 106–125.

13

14

15

VILLEN UND LANDHÄUSER 1911–

CLAUDE LICHTENSTEIN

Wir haben Kenntnis von 40 Villen und Landhäusern, die von Otto Rudolf Salvisberg zwischen 1911 und 1936 gebaut wurden. Keines dieser Häuser ist als blosse Routinearbeit abzutun. De Fries notierte 1924 Salvisbergs «*Neigung zur intensiven Durcharbeitung von Einzeldetail und Einzelmöbel*».[1] Kein Zweifel: Salvisberg hat sich mit der Aufgabe des individuellen herrschaftlichen Wohnhauses weitgehend identifiziert; er scheint die Wohnvorstellungen der betreffenden Gesellschaftsklasse geteilt zu haben. Dass er sich mit einem Bauherrn zerstritten hätte, scheint kaum vorstellbar. Für nicht wenige von ihnen hat er mehrmals gebaut. Er war immer der Mann des Vertrauens und wurde als solcher nicht selten zum persönlichen Freund seiner Auftraggeber. Im gegenseitigen Einverständnis, zu dem es wohl nicht viele Worte brauchte, machte Salvisberg diese Häuser zu einfühlsamen Konkretionen der Wohn- und Lebensvorstellungen einer wohlhabenden Klasse.

Das Thema dieser Häuser war der bürgerliche, oft grossbürgerliche Lebenszuschnitt. Im Gegensatz zu den Häusern der anerkannten Meister der Moderne waren Salvisbergs Bauten auch nach 1920 keine Projektionsebene für eine umfassend neue Ästhetik. «*Sein fundiertes Können rebelliert sosehr gegen alles Unfundierte, sowohl Problemhafte wie Problematische, dass er bisweilen auch ohne Organ scheint für das Wegsucherische, das Geistige, solcher Bestrebungen*», befand, durchaus nicht übelwollend, bereits 1924 der Kritiker Paul Westheim.[2] Eine Architekturbetrachtung, die sich Experiment und Traditionsbruch zum Massstab für den Rang einer Architektur macht, findet in Salvisberg nicht das gewünschte Sujet. Man wird zugeben müssen, dass er bestimmten architektonischen Themen, die für die Avantgarde von zentraler Bedeutung waren, keine besondere Aufmerksamkeit zuwandte: «Entmaterialisierung», räumliche Transparenz, Bewegung im – als kontinuierlich verstandenen – Raum. Wenn man sein Werk aber im Spannungsfeld von Konstanz und Wandel untersucht, kann man ihm gerecht werden und zugleich wesentliche Einsichten zur Architektur des 20. Jahrhunderts gewinnen.

Eine der wenigen erhaltenen Skizzen Salvisbergs führt schematisch die Grundgedanken seines eigenen Hauses in Zürich vor und dessen Unterschiede zum Muster einer herkömmlichen Villa. Die Zeichnung fand vermutlich in seinem Unterricht Verwendung. Überraschend ist ihr polemischer Unterton: weil man diese Argumentationsweise sonst eher von Propagandisten des Neuen Bauens kennt, dann aber auch deswegen, weil das (negative) Gegenbeispiel in vielem Salvisbergs früheren Häusern nahesteht. Auch wenn man die Frage der Terrassierung ausklammert, die bei der sanft bewegten Landschaft der Berliner Vororte kaum ein Problem war, legt die Zeichnung noch andere Kriterien dar: die Aussicht, den Wind, die Anordnung der Nebenräume, die Anlage des Gartens. Danach ist Salvisbergs Haus von 1930 eine Art volumetrischer Komposition, in der die Wohnräume, die Aussenräume und die Voraussetzungen des Geländes einander gegenseitig zu bedingen scheinen: Der Anspruch der Moderne.

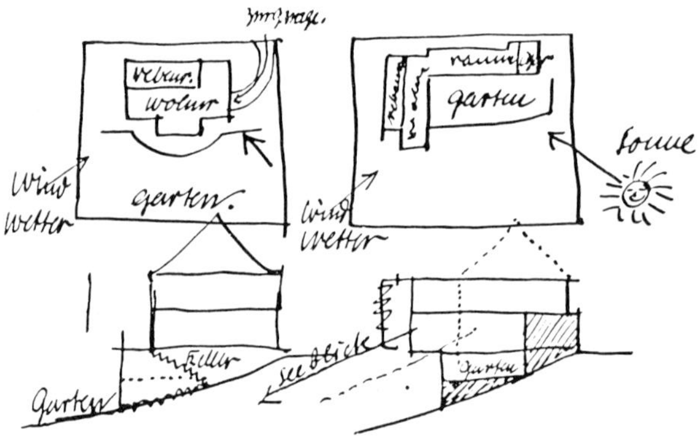

O.R. Salvisberg: Skizze zum herkömmlichen und neuzeitlichen Wohnhaus am Abhang (Vorlesungsnotizen, um 1935)

Zweifellos bewies Salvisberg als fast 50jähriger mit seinem Haus in Zürich ein beträchtliches Mass an Beweglichkeit.[3] Ebenso gut wird aber erkennbar, dass diesem Haus andere Interessen und ein anderes Denken zugrundeliegen als den grossen Realisationen des Neuen Bauens; dass es nicht um den kontinuierlichen Raum ging, sondern um einzelne Zimmer, um deren individuelles Gepräge und erst in zweiter Linie um den Zusammenhang unter diesen einzelnen Elementen (siehe Werkkatalog Nr. 154). Dennoch war dieses Haus eine kompetente Antwort auf das Neue Bauen. Im folgenden soll dargestellt werden, auf welche Weise Salvisberg seine Architektur beständig aktualisieren konnte, ohne die Bahnen seines Denkens verlassen zu müssen und ohne, sogar in einer Umbruchphase wie um 1930, den Anschluss wirklich zu verpassen. Es geht also um den Mechanismus zwischen Anpassungsfähigkeit und der «*Haltung, die dem charaktervoll Konservativen die Bestimmtheit gibt*».[4]

936

Auf eine These verkürzt, lautet die Antwort auf die oben gestellte Frage wie folgt: Wenn auch Salvisberg über den ganzen Zeitraum von 25 Jahren immer *auch* stilistisch auf die jeweils aktuelle Tendenz reagiert hat (nicht selten vermutlich auch gemäss den Wünschen des Bauherrn!), bleiben die Veränderungen nicht auf die Ebene der Erscheinung beschränkt. Vielmehr liegt seine Leistung darin, dass er die Aufgabe des bürgerlichen Wohnhauses um 1920 in einer Art Katalog von wenigen Elementen ordnete, der durch eine Anzahl von wenigen, aber folgereichen formalen und bedeutungsmässigen Verschiebungen laufend auf die architektonischen und gesellschaftlichen Veränderungen zu reagieren erlaubte.

In einem ersten Gang durch die Epoche werden im folgenden am Beispiel einiger grosser «Landhäuser» und Villen Salvisbergs grundsätzliche Züge dieser Bauaufgabe behandelt, wobei vorderhand die Anlage der Häuser in Vordergrund steht und weniger von formalen Details gesprochen werden soll.

Für die grossen Landhäuser seit der zweiten Hälfte des 19. Jahrhunderts galt, mit Ausnahme der avantgardistischen und experimentellen Häuser, bis mindestens zum Zweiten Weltkrieg, dass die «Währungseinheit» das *Zimmer* war. Stand viel Geld für den Hausbau zur Verfügung, konnte das Raumprogramm um 1900 umfassen: Halle, Wohnzimmer, Speisezimmer, Frühstückszimmer, Herrenzimmer, Salon (Zimmer der Dame), Kinderwohnzimmer, Musikzimmer, Billardzimmer, Veranda bzw. Wintergarten, die nötige Anzahl Schlafzimmer, Ankleidezimmer; dazu neben den obligatorischen Nebenräumen wie Küche, Anrichte, Garderobe, Toiletten, Bäder auch Nähzimmer, Plättstube und die «Leutestube» für die Dienstboten, Gästezimmer und Zimmer für das Kinderfräulein (die «Mamsell»), Pförtner- bzw. Gärtnerwohnung, Kutscher- bzw. Chauffeurwohnung, je nachdem Stallungen oder Garagen, oder beides. Bei weniger Geld waren nicht die Räume zu verkleinern, sondern deren Zahl zu reduzieren; dies der Rat von Hermann Muthesius, der zur Entwicklung und Theoretisierung des Landhauses einen grossen Beitrag geleistet hat.[5] Das «Landhaus», als Form, die von England übernommen wurde, löste im Zuge der Stadtmüdigkeit der reichen Oberschicht um 1900 die «Villa» ab, die als die italienische Art zu wohnen verstanden worden war. *«Der wesentliche Unterschied zwischen Villa und Landhaus»*, schreibt Julius Posener, *«ist der, dass die Villa ein Sockelgeschoss hat, in dem sich nicht nur die Kellerräume befinden, sondern in vielen Fällen die Küche, die Gärtnerswohnung und Zimmer für die Dienstboten. Dadurch wird das Wohngeschoss über den Garten gehoben: Man steigt von ihm über eine Terrasse oder einen Wintergarten in den Garten hinab (...) Im Gegensatz zur Villa liegen im Landhaus die Wohnräume zu ebener Erde (...) Dadurch (...) liegt das Haus im Garten, nicht über dem Garten (...)»*.[6] Die Berliner Landhäuser des ersten Jahrzehnts waren, in den besten Äusserungen z.B. von Muthesius, Straumer und Messel, hochdifferenzierte Gebilde, bei denen zwar die Nebenräume der Dienstboten weitgehend in einem Flügel zusammengefasst waren, bei denen aber auch die verschiedenen Flügel durch eine oft komplizierte Dachzerfällung in einer «malerischen» Art zusammengefasst und gruppiert waren.

Salvisbergs erste Wohnhäuser nahmen auf diese, mittelbar von England her beeinflusste Richtung Bezug, wenn sie auch in den Formen schon stark vereinfacht waren: das Haus Winkler, 1911 in der Gartenstadtgründung Frohnau gebaut (Nr. 10)[7] und das Haus Schwintzer von 1914 (Nr. 29)[8].

Da unsere Frage die nach der Entstehung von Salvisbergs Elementenkatalog ist, müssen wir, vorerst kurz, auf Salvisbergs Abwendung von diesem «nordisch-malerischen» Leitbild eingehen. Es lag in der Natur des Landhauses, dass sein Programm Räume der verschiedensten Grösse umfasste. Es musste aber unter der Grundvoraussetzung der Massivbauweise konstruiert werden, d.h. mit Mauern und Wänden, die vertikal grundsätzlich in den verschiedenen Geschossen übereinstimmen mussten. Deshalb bedeutete der zentrifugal organisierte Grundriss dieser frei gruppierten «englischen» Landhäuser eine Erleichterung dieses Problems: die Räume konnten individualisiert und puzzleartig miteinander

---

1 Henri De Fries, *Moderne Landhäuser und Villen*, Berlin 1924, S. VIII.
2 Paul Westheim, «Otto Rudolf Salvisberg, Berlin», in *Das Werk*, 1925/1, S. 8.
3 Man denke z.B. an Hans Bernoulli (1879–1959), der den Sprung zur Moderne weit weniger unternahm als Salvisberg.
4 Paul Westheim, a.a.O.
5 Hermann Muthesius, *Wie baue ich mein Haus?*, München 1917.
6 Julius Posener, *Berlin auf dem Wege zu einer neuen Architektur*, München 1979, S. 160.
7 Christiane Klebs, «Salvisbergs Bauten in Berlin bis 1920», in *werk/archithese*, 1977/10, S. 20–22.
8 Vgl. die Grunddisposition des Hauses Winkler z.B. mit dem Wettbewerbsentwurf für die

verzahnt werden und ergaben – theoretisch als Nebenprodukt – die äussere Grundrissform; ein Effekt, der sich im Aufriss durch Giebel, Terrassen oder Erker noch potenzieren liess. In den 30er Jahren kritisierte Salvisberg mehrfach die nach seinen Worten *«verschmitzten Dachformen»*. Diese tief verwurzelte Abneigung wird schon in den erwähnten ersten Häusern Salvisbergs spürbar.

Das Haus Neutze (1912, Nr. 18) stellt einen entschlossenen Versuch Salvisbergs dar, durch die Reduktion des Hauses einerseits auf einen klar zusammengefassten Herrschafts-, anderseits auf einen analogen Dienstbotentrakt eine neue Formulierung des «Landhauses» zu finden. Die ländlich und malerisch wirkende Vielfalt des Hauses (eine Metapher der ebenso vielgestaltigen «Natur») wurde gegen einen klaren Umriss eingetauscht. Der Versuch kann nur hinsichtlich der Strassenfront als gelungen bezeichnet werden; die Gartenseite und auch die Organisation des Grundrisses vermögen nicht zu überzeugen. Wichtig ist aber die Einführung des Themas, das zum Kennzeichen Salvisbergs schlechthin werden sollte: des «Blocks» als Mittel, eine erstrebte Grossform zu erzeugen.[9]

Sein erstes grosses Landhaus nach dem Krieg war das Haus des Filmmaterial-Herstellers Geyer (Nr. 46). 1920 auf einem grossen Grundstück am Zeuthener See gebaut, ging es in der eingeschlagenen Richtung weiter und zeigt eine klare Hinwendung zum Klassizismus, der damals durch Ostendorfs «Sechs Bücher vom Bauen» erneut an Verbreitung gewann. Herrschaftshaus und Nebenbau sind hier getrennt; der letztere wurde als Pförtnerhaus bei der Einfahrt angeordnet, der Hauptbau dagegen weit von der Strasse zurückgesetzt, mit der er über einen langen, achsialen Zugang verbunden ist. Der grosse Teil des Gartens war, im barocken Geist angelegt, nicht als privates Stück Natur behandelt, sondern verlieh dem Haus den zugleich gegenwärtigen, aber entrückten Charakter eines («süddeutsch» und leicht biedermeierlich eingefärbten) Schlösschens. Solche ausgedehnt-repräsentative Anwesen wurden nach dem Krieg selten. Pferdestall, Wagenremise, Hundezwinger, Stücke aus dem Arsenal der Landjunker, verschwanden nach dem Ende des Kaiserreichs aus der Welt selbst des anspruchsvollen Wohnens.

Grundlegend für Salvisbergs Konzeption des grossen Wohnhauses wurde das Haus Tang in Berlin (1923–24, Nr. 74)[10]. Salvisberg wählte, wie beim Haus Neutze, eine zweiflügelige Anlage, die er nun (nicht ohne Gewalt) mit einem strengen, achsialen Grundriss des Hauptbaues kombinierte. Wie beim Haus Geyer gab es auch hier in der Form einer Zugangsallee und eines parabolischen Backsteinbogens einen sehr repräsentativen Zugang zum Haus, doch die Zugangsachse und die Mittelachse des Hausgrundrisses wurden voneinander getrennt. Die Zugangsallee führte in einen «Schmuckhof», dessen Rückfront durch den Nebenflügel gebildet wurde und der die Umlenkung der Achse um 90 Grad besorgte, nach der man sich in der Ordnung des Hauptbaues befand. Die Lösung des Wohnhauses von der achsialen Bindung an die Strasse ermöglichte es, die Wohnräume nach Süden zu orientieren.

In dieser Anlage kommt der Wille zur Synthese von scheinbar Unvereinbarem zum Ausdruck: eine Verbindung herzustellen zwischen der in sich geschlossenen Disposition der klassischen Villa und dem Landhaus, dessen Räume nach ihrer Funktion und ihrer Beziehung zur Umgebung frei gruppiert sind. Wenn auch die Architektursprache des Hauses keineswegs ländlich war, sondern städtisch, leicht expressionistisch mit sogar fernöstlichen Anklängen, und wenn auch die Verbindung von Haupt- und Nebenbau ein Mittel zur optimalen Bewirtschaftung des Hauses war und nicht zur Erzeugung von «Ländlichkeit», entsprach die Anlage des Hauses Tang doch grundsätzlich derjenigen vieler Gutshöfe. Es glich in seiner Typologie z.B. unverkennbar dem Haus Broadleys (Westmoreland), das 1898 von C.F.A. Voysey gebaut und von Muthesius 1904 publiziert worden war.[11] Es ist nicht undenkbar, dass Salvisberg sich mit dem Haus Tang auf Voysey bezogen haben könnte. Nachweislich hat er aber in seiner Lehrtätigkeit an der ETH später eine Seite aus Muthesius' Buch «Wie baue ich mein Haus?» verwendet. Diese Illustration zeigte den eingeschossigen «Mittelhof» von Muthesius und war von Salvisbergs Hand durch die Verwendung von rotem und blauem Farbstift für die Haupt- bzw. Nebenräume so verdeutlicht worden, dass die Verwandtschaft mit dem Haus Tang klar zum Ausdruck kommt.[12] Der «Mittelhof» aber nahm unverkennbar Bezug auf den englischen oder norddeutschen Gutshof.

Der Nebenflügel des Hauses Tang, entstanden aus betrieblichen Überlegungen, griff so sehr in den klassischen Grundriss des Hauptbaues ein, dass dessen eine Ecke geradewegs eliminiert wurde. Der aussen sichtbare Wandzwickel oberhalb des Nebenflügels musste im Innern abgefangen werden. Doch wurde das Haus durch diesen Flügel auf dem grossen Grundstück neu eingebunden, nachdem es sich durch die Abdrehung aus dem achsialen Zusammenhang gelöst hatte.

Für die Bauaufgabe des grossen Wohnhauses hat Salvisberg mit der Vereinfachung der «englischen» *Vielform* auf die Zweiteilung des Hauses in einen klaren Haupt- und einen ebenso klaren Nebenbau eine Interpretation gefunden, die er in der Folge mehrfach wieder aufgriff.

Die Entwicklung der Bodenpreise, des Grundstückshandels, der Besiedelungspraxis überhaupt hatte bald zur Folge, dass Grundstücke von einer Grösse wie jener des Hauses Tang kaum mehr erhältlich oder erschwinglich waren. Beim Haus Flechtheim im Grunewald

---

9 Christiane Klebs, a.a.O.

10 In *Moderne Bauformen*, 1925/2, S. 42–53, figuriert das Haus Tang aus unbekannten Gründen als Haus Bernheim.

11 Hermann Muthesius, *Das englische Haus*, Bd. 1, Berlin 1904, S. 159–161.

12 Salvisberg-Nachlass, Institut gta, ETH Z.

Haus Winkler, Frohnau, 1911; Gartenseite, Strassenseite, Erdgeschoss-Grundriss (Massstab bei allen folgenden Grundrissen 1:500, ausser wo anders vermerkt)

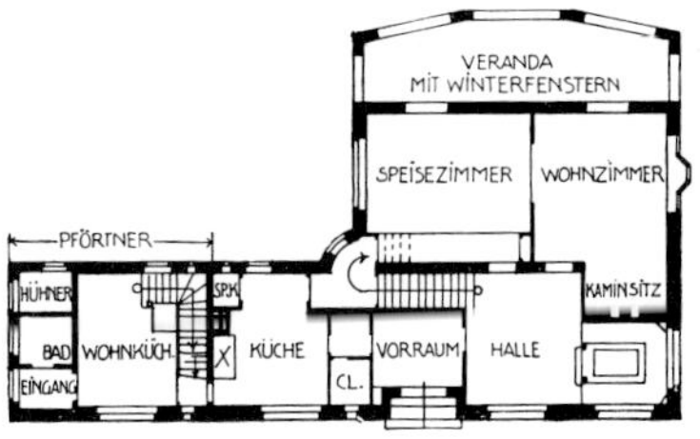

Haus Neutze, Berlin, 1912; Strassenseite, Gartenseite, Erdgeschoss-Grundriss

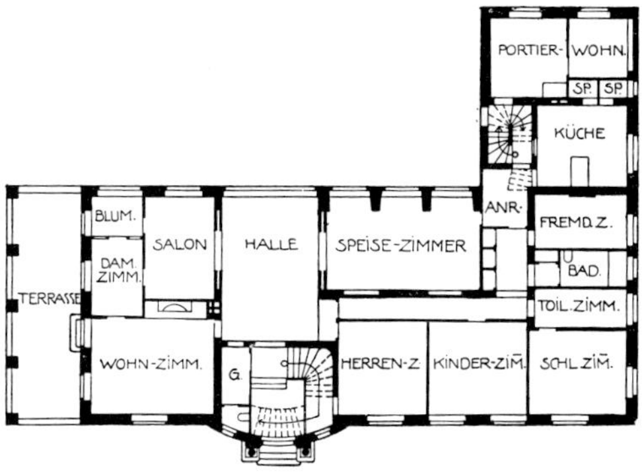

Haus Geyer, Zeuthen, 1920; Eingangsseite, Seeseite, Erdgeschoss-Grundriss

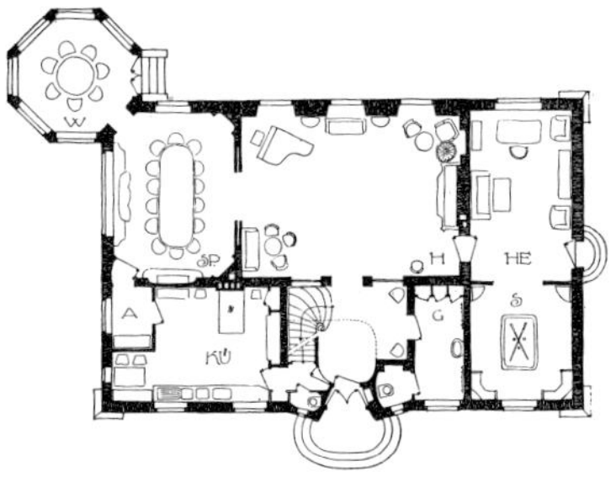

Haus Tang, Berlin, 1923–24; Eingangsseite mit Schmuckhof, Gartenseite, Erdgeschoss-Grundriss

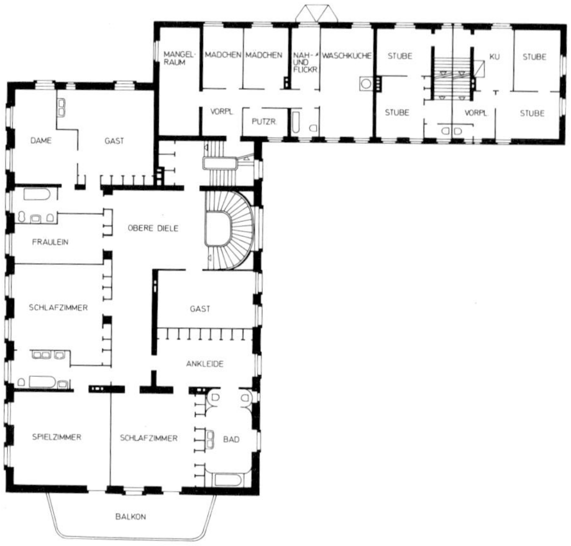

C.F.A. Voysey: Haus Broadleys, Westmoreland, England, 1898; Eingangsseite, Erdgeschoss-Grundriss

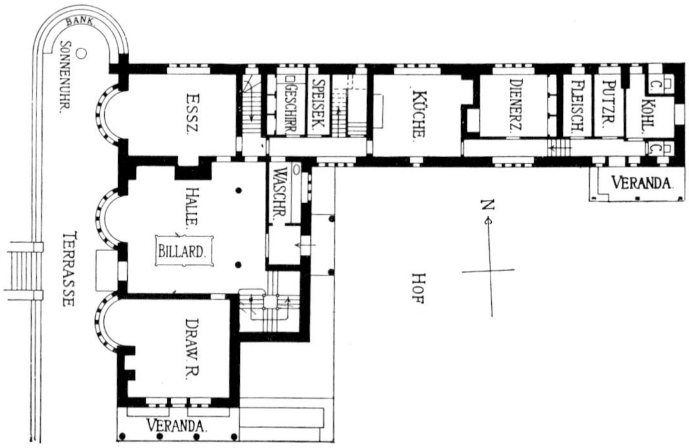

H. Muthesius: «Mittelhof», 1915, Grundriss; eingeschossige Anlage; die linke Hälfte entspricht in Form und Raumprogramm stark dem Haus Tang

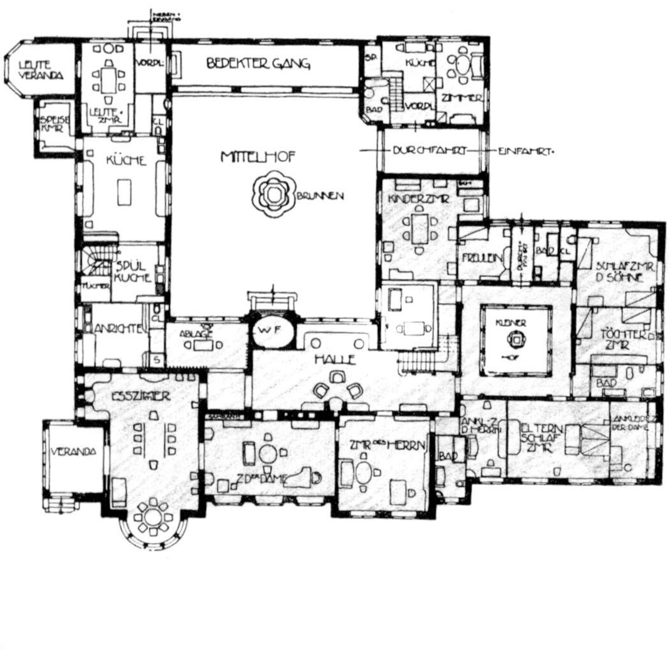

Haus Flechtheim, Berlin, 1928–29; Eingangsseite, Gartenseite, Erdgeschoss-Grundriss

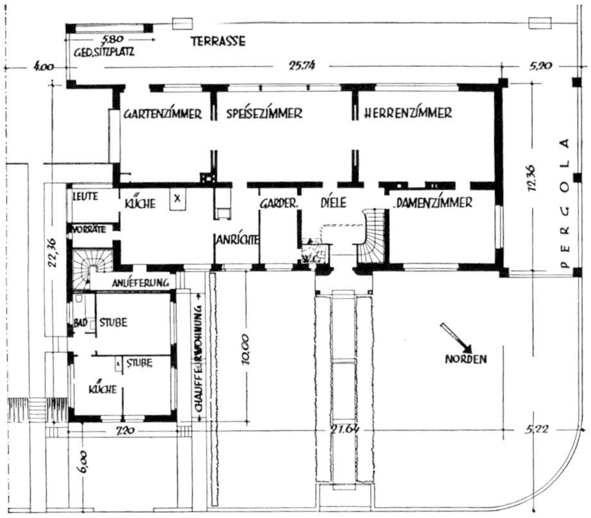

Haus Penzlin, Berlin, 1928–29; Gartenseite, Erdgeschoss-Grundriss

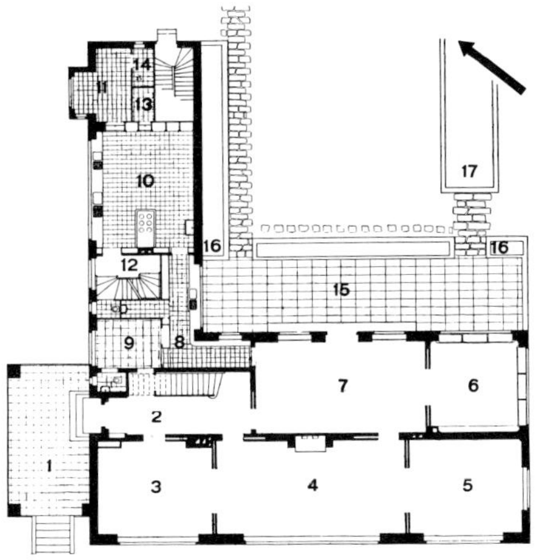

Haus Barell, Basel, 1932–34; Eingangsseite, Gartenseite

Die Lage des Hauses in seinem Grundstück: Entwicklungsreihe, Massstab 1:1500. Von links: Haus Geyer, 1920, Haus Tang, 1923–24, Haus Flechtheim, 1928–29, Haus Penzlin, 1928–29, Haus Barell, 1932–34

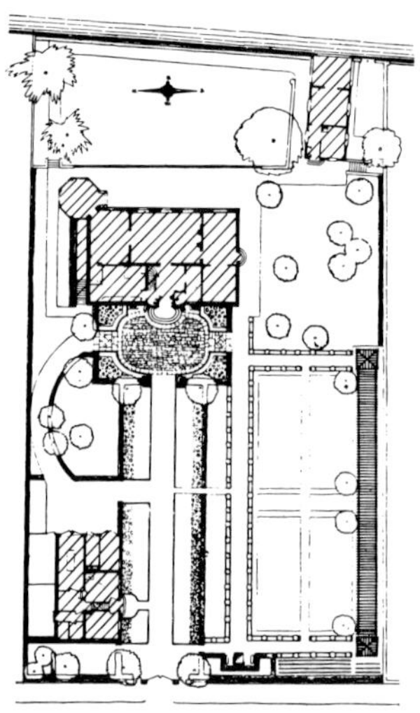

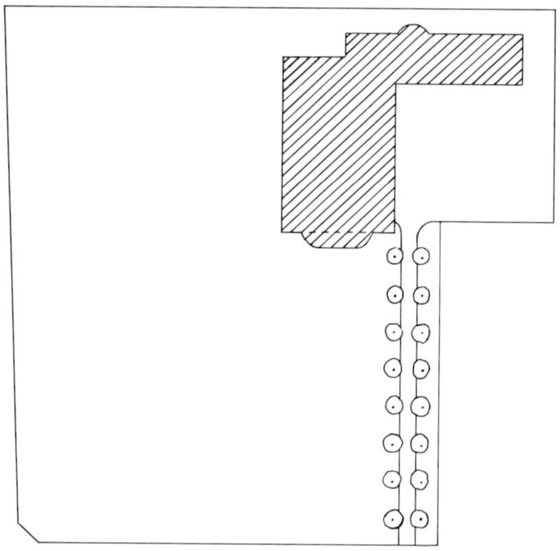

(1928–29, Nr. 140) wird diese Veränderung offensichtlich. Obwohl keineswegs klein, gehört das Grundstück einer anderen Kategorie an. Salvisberg wandte auch hier die einmal gefundene Disposition der zweiflügeligen Anlage an. Wieder lassen die verschiedenen Geschosshöhen der beiden Teile keinen Zweifel über deren Hierarchie aufkommen. Der Dienstbotentrakt wurde so angeordnet, dass ein repräsentativer Vorgarten entstand, der gegen das Nachbargrundstück abgeschlossen ist. Wie das Haus Tang liegt auch das Haus Flechtheim im Garten, aber hier ist die Grundstückgrenze in den Wohnräumen gegenwärtig, hier ist der Garten nicht mehr gleichbedeutend mit der «Welt» wie bei den früheren grossen Landhäusern, sondern ein erworbenes Stück Privatheit, das sich allenfalls durch zusätzliche Bepflanzung gegen aussen behaupten liess.

Das Haus Penzlin in Berlin-Dahlem (1928–29, Nr. 134) lässt eine Veränderung spürbar werden, bei der noch unsicher ist, wie bewusst sich Salvisberg ihrer gewesen sein mag: auf diesem Grundstück, das kleiner ist als das des Hauses Flechtheim, war die Anlage eines so grossen Vorgartens nicht mehr opportun. Das Haus ist nahe an die Strasse gerückt. Auch hier gibt es einen – sehr ausgeprägten – Dienstbotenflügel. In bezug auf die Orientierung entspricht dieses Haus etwa dem Haus Tang; die Lage der Wohnräume ändert sich, mit Ausnahme des Speisezimmers, nicht; doch gibt es eine genaue Umkehrung von Strassen- und Gartenseite. Wo sich beim Haus Tang die Räume gegen den Garten öffnen, liegen sie beim Haus Penzlin an der Strasse, und der Garten zieht sich auf den Ort zurück, der beim Haus Tang als Vorhof noch einen halböffentlichen Charakter hatte. Das Haus Penzlin liegt nicht mehr im Garten, sondern umgibt ihn, fasst ihn ein, grenzt ihn gegenüber der nahegerückten Aussenwelt ab. Spätestens hier ist die frühere Unterscheidung in «Villa» und «Landhaus» durch die Verstädterung (selbst eines Villenvororts wie Dahlem) eingeholt worden.

Das letzte der grossen Wohnhäuser Salvisbergs, die «Villa» Barell in Basel (1933–34, Nr. 174), ging innerhalb der grundsätzlich gleichen Disposition wie die Häuser Tang, Flechtheim und Penzlin um einen entscheidenden Schritt weiter. Auf einer Parzelle von ähnlicher Grösse, Form und Ausrichtung an der Ecke zweier ruhiger Strassen gebaut wie das Haus Penzlin, trägt es den veränderten Verhältnissen besser Rechnung.[13] Ausser dem Herrenzimmer sind alle Haupträume auf den Garten bezogen. Durch die Gartenhalle im Erdgeschoss des Nebenflügels ist ein neues Element hinzugekommen, das diesen ausschliesslich für die Dienstboten bestimmten Flügel aufwertete. Die Gartenhalle, mit elektrisch versenkbaren Scheiben ausgestattet, dient als eine wesentliche Erweiterung des Wohnbereichs, der so den Garten winkelförmig umgibt. Dasselbe gilt vom Vorbau des Wohnzimmers, der ebenso als aktiv wirkendes Element den Garten nicht nur fasst, sondern auch vermehrt auf das Hausinnere bezieht. Ähnlich dem Haus Salvisberg in Zürich trägt das Haus Barell Züge einer räumlichen Komposition im Sinn der Moderne. Über wenige Transformationsschritte kam Salvisberg also vom Haus Tang, das wesentliche Züge eines Gutshofes besass, zu einer städtischeren Form der Villa, die aus der Verkleinerung des Gartens die Konsequenzen zog. Diese Behauptung, anhand der grundsätzlichen Anlage einiger vergleichbarer Häuser aufgestellt, soll nun durch die Untersuchung einiger Grundrisse überprüft werden.

Dazu können wir – bildlich gesprochen – den bereits abgespielten, noch eingespannten Film rückwärts ablaufen lassen, aber auch mit einer nach rückwärts formulierten Fragestellung, der folgende, teilweise schon zitierte Passage aus Paul Westheims Charakterisierung Salvisbergs als Vorlage dienen soll: «*Auch hier entscheidet er sich für das Gewisse gegenüber dem Ungewissen, vielleicht kann man auch sagen, er sei nicht imstande, dem ungewiss Genialen zuliebe – eben dieses Ungewissen wegen – etwas vom bewährt Guten zu*

Douglasstrasse

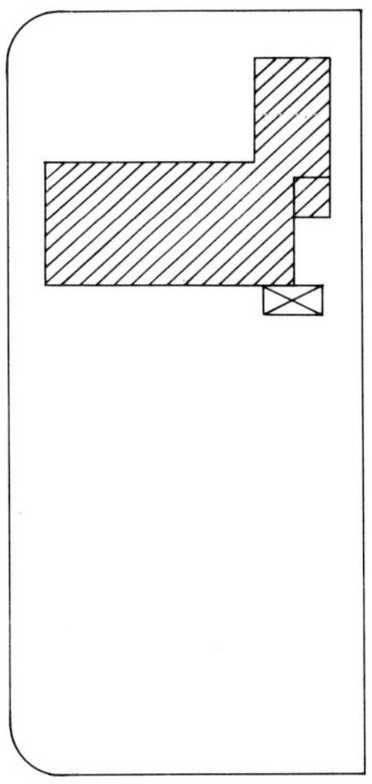

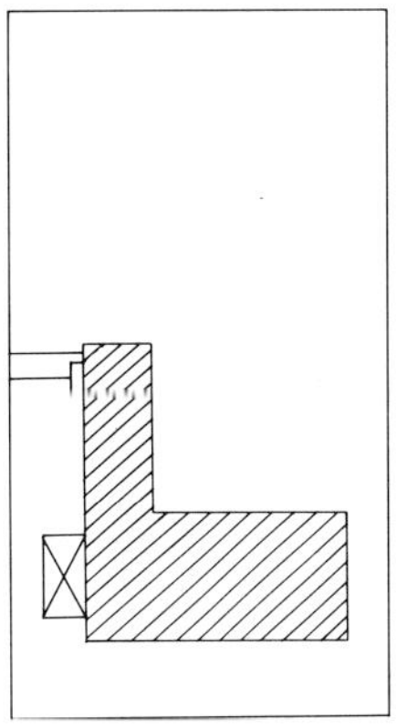

Podbielskiallee

Rennweg

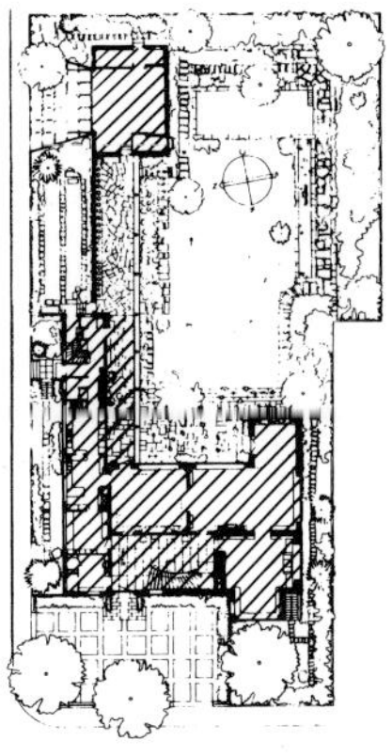

Hirzbodenweg

opfern. Es ist die Haltung, die dem charaktervoll Konservativen die Bestimmtheit gibt.»[14] Die Frage an die Bauten lautet demnach: Bei welchem Haus Salvisbergs ist dieses oder jenes, auf den ersten Blick vielleicht überraschende Element bereits aufgetreten, und in welchem Sinnzusammenhang?

Die grössere Kohärenz des Hauses Barell gegenüber dem Haus Penzlin, das heisst die Anpassung eines bewährten, wenn auch etwas starren Musters an veränderte Bedingungen, hat *auch* etwas Schöpferisches; sie lässt sich zum Teil auf das Haus Salvisberg II (Zürich) zurückführen; dieses seinerseits liegt gerade in seinem erwähnten Innovationswert grossenteils im Haus Salvisberg I (Berlin-Südende) begründet; und dieses wiederum ist durch einen bezeichnenden Um- und Anbau von Salvisberg selber verändert worden.

Die «neue» Eigenart des Hauses Barell, das Wohnen *um den Garten herum,* ist wie gesagt begründet in der langen Gartenhalle und der Sitzecke des Wohnzimmers, welche beide eine Ausweitung des Wohnens über das frühere Herrschaftsgebäude hinaus bedeuten. Vor allem die Gartenhalle wertete den Nebenflügel auf und machte aus dem früheren, rein funktionell bedingten Nebeneinander von Herrschafts- und Dienstbotenflügel eine stärker in sich begründete Ganzheit; nicht zufällig sind hier die Geschosshöhen beider Trakte erstmals gleich. Diese Gartenhalle erschien erstmals in dieser Form beim Haus Salvisberg II. (Dass sie sich beim Haus Barell als Pergola fortsetzte, deutet einen möglichen weiteren typologischen Zusammenhang an.) Das «Wohnen im Winkel» rührt auch bei Salvisbergs Zürcher Haus von der Gartenhalle her und, ein Geschoss höher, von den Arbeitsräumen Salvisbergs.

Entgegen dem Eindruck, den Salvisbergs Skizzen dieses Hauses – um an den Anfang anzuknüpfen – erwecken könnten, war aber das Haus Salvisberg II keine Schöpfung «ab ovo» und ist nicht allein aus den

dem funktionalistischen Credo entsprochen hätte). Vielmehr war es eine überraschend getreuliche Übernahme von Salvisbergs älterem Haus in Berlin. Die Überraschung ist allerdings in beiden Richtungen wirksam: was am Haus Salvisberg II gedämpft futuristisch anmutet, entstammt der behaglich-vertrauten Architektur des Hauses Salvisberg I, diese aber war ungewöhnlich genug, das Futuristische zu befördern. Das ruft in Erinnerung, dass uns genau diese Wechselwirkung beschäftigt: Salvisbergs Antagonismus von Konstanz und Wandel.

Das Haus in Berlin-Südende (Nr. 52) wurde 1922 über achsialsymmetrischem Grundriss gebaut.[15] Das Erdgeschoss wurde von Salvisbergs Atelier eingenommen, seine Wohnung lag im Obergeschoss. In einigem Abstand vom Haus stand das Garagegebäude mit der Chauffeurwohnung. Salvisbergs beruflicher Erfolg machte offenbar bald eine Vergrösserung seiner Arbeitsräume nötig, die 1927 als Verbindungsbau zwischen dem Haus und der Garage realisiert wurde. Zugleich baute Salvisberg im Wohngeschoss den ehedem expressionistisch geschweiften Balkon zu einem Wintergarten um, der – als weisser Kubus von 1927 – als ständiges Esszimmer genutzt wurde. Mit dem Verbindungsbau, der nicht eben gut zur schönen, in sich ruhenden Architektur von 1922 passte, musste Salvisberg von seiner Vorliebe für den in sich geschlossen wirkenden Hauskörper abgehen. Die erweiterte Anlage ermöglichte aber eine neue Erfahrung: den Blick aus einem Teil des Hauses über den fruchtbaren Garten hinweg zu einem anderen Teil. Diese Neuerung ist konzeptionell beim Haus Salvisberg II und bei der Villa Barell wieder verwendet worden.

---

13 Durch den Einbau mehrerer Wohnungen (1983) ist das Haus Barell weitgehend zerstört worden

14 Paul Westheim, a.a.O.

Der «Wintergarten» als Esszimmer: bei den Häusern Salvisberg I, Berlin, 1927 (angebaut) und Salvisberg II, Zürich, 1930–31

Haus Schwintzer, Berlin, 1914; Gartenseite. Haus Frank, Berlin, 1930; Gartenseite

Haus Barell: der «Wintergarten» als Wohnzimmer-Sitzecke; Erdgeschoss-Grundriss

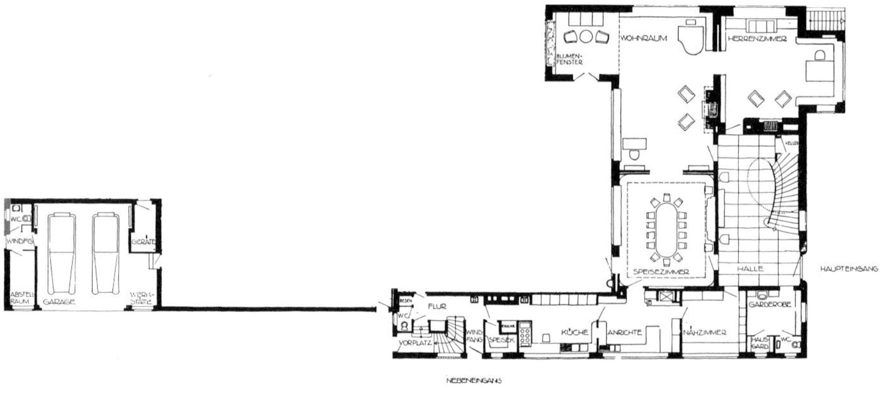

Die beiden Häuser Salvisberg I und II sind nicht nur wegen der grundsätzlich gleichen Zuordnung von Wohn- und Ateliertrakt bemerkenswert, sondern bieten in einer weiteren, strukturellen Hinsicht Anlass zu einem Vergleich. Auffallend sind die sehr ähnlichen Proportionen und die analoge Ausrichtung der beiden Wohnzimmer; eine Nachmessung in den Grundrissen ergibt für beide Räume ein Verhältnis von Länge zu Breite von 1,9 zu 1,0. Entsprechendes gilt von den beiden Esszimmern. War auch der Hauptbau in Berlin längs der Strasse angeordnet und in Zürich senkrecht dazu, verliert dieser Unterschied an Gewicht, wenn man den inneren Zusammenhang der beiden Häuser betrachtet: dann ergibt sich durch eine verhältnismässig geringfügige Verschiebung der Teile aus dem Berliner Haus sein Nachfolger-Bau. Das spricht dafür, dass Salvisberg mit den Grundrissen seiner Bauten in recht hohem Grad nach dem Montageprinzip verfahren ist.

Am Beispiel des Wintergartens lässt sich besonders gut verfolgen, wie er dabei vorging. Schon bei seinen frühesten Häusern kam der Wintergarten (oder die Veranda, wie die Bezeichnung manchmal auch lautete) vor. Anders als Ostendorf es empfahl, integrierte Salvisberg dieses Element nicht in den Hauskörper, sondern setzte es aussen an. Bereits beim Haus Schwintzer war sein Dach als begehbare Terrasse vor dem Hauptschlafzimmer ausgebildet. Durch diese Anordnung und durch das flache Dach erhielt der Wintergarten jeweils den Charakter eines stark nach aussen gewendeten und so durch das Aussen bestimmten Raumes. Dieses Element genoss auch eine gewisse Freiheit, was seine Anordnung in einem ansonsten strengen Grundriss betraf (vgl. Haus Geyer). Als Salvisberg bei seinem Haus in Südende den ursprünglichen Balkon zu einem Wintergarten umbaute, in der Absicht, ihn als Esszimmer zu benutzen, liess sich dies noch als von den Umständen erzwungene Umwandlung interpretieren. Doch war sie ungewöhnlich genug: Denn pflegte ein Wintergarten sonst ebenerdig zu liegen und mit einem Ausgang zum Garten ausgestattet zu sein, lag er bei Salvisbergs Haus nun im Obergeschoss.

Dass Salvisberg einige Jahre später diese Lösung auch auf sein zweites Haus übertrug, und zwar aus freien Stücken, wirft die Frage auf nach der Bedeutung, die der Wintergarten für ihn hatte. Die Antwort könnte lauten: Der Wintergarten war das Element, das er seit 1914 dutzendfach angewandt hatte und in dem er nun ein Thema erkannte, mit dem sich die Moderne weitgehend identifizierte: ein Raum, der gleichermassen dem Innen wie dem Aussen zugehörte, der «ohne Dach» war bzw. der ein flaches, als Terrasse ausgebildetes Dach hatte, der schliesslich grossflächig verglast, mehr noch, mit einer stützenlos um die Ecke laufenden Reihe von Eisen-Schiebefenstern ausgestattet war. Einmal als Formelement erkannt, das diese Bedeutung von «Modernität» absorbierte, konnte der frühere Wintergarten zum Gartenzimmer[17] oder zur Sitzecke im grossen Wohnraum wie beim Haus Barell. Und hier war dieses Element, wie erinnerlich, für einen engen Zusammenhang zwischen Haus und Garten von besonderer Wichtigkeit; der Umstand, dass sich hier ein Austritt zum Garten befindet, was sonst bei Salvisbergs Wohnzimmern nicht der Fall war (ausser bei den als «Halle» bezeichneten Räumen), verweist auf die «Vorlage» des Wintergartens. (Dieses Montageprinzip konnte so weit gehen, dass der «Wintergarten» sowohl seine angestammte Funktion verlor als auch den Charakter eines eigenständigen Elements, ohne deswegen zu verschwinden: der grosse Aufenthaltsraum des «Säuglings- und Mütterheims Elfenau» in Bern [1929–31, Nr. 136] ist zwar in eine Grossform integriert, doch ist diese Grossform selbst – durch die Auskragung, die Art der Fenster – eine Ableitung von den Liegeveranden des Lory-Spitals; und diese hatten, analog zu den Wintergärten der Häuser, die Stelle bezeichnet, an der der Übergang zur Moderne versucht wurde.)

Es wäre aber unrichtig, Salvisbergs Antwort auf die Veränderung, die seit 1925 in der Architektur unübersehbar war, nur im Element des Wintergartens sehen zu wollen. Daneben gab es eine leise Lockerung der Wohnformen, die sich in den Grundrissen niederschlug. Verglichen zum Beispiel mit der Förmlichkeit des Eintretens, wie es noch 1919 von Muthesius als völlig selbstverständlich beschrieben worden war[18], nimmt sich das Eintreten ins Haus Barell geradezu ungezwungen aus. Bei Muthesius pflegte ein Besucher am äusseren Portal zu klingeln, vom Pförtner eingelassen zu werden, darauf zum Haus hin zu schreiten, dort erneut zu klingeln, seine Karte abzugeben, im Vorraum auf einer dafür eingebauten Bank Platz zu nehmen, vom Diener zur Garderobe geleitet und dann vom Herrn oder der Dame schliesslich begrüsst zu werden. Der offene Vorhof des Hauses Barell erübrigte einen Pförtner; die Autos fuhren ungehindert vor; ein Windfang fehlt; die Halle ist von der früheren Wohnfunktion befreit worden und stellt jetzt einen weiten, repräsentativen Vorraum dar.

Solche Veränderungen finden in den Grundrissen logischerweise ihren Ausdruck, immer aber unter der Voraussetzung der Massivbauweise und der Einheit des «Zimmers».

Beim Beginn seiner vielfältigen Tätigkeit als Wohnhaus-Architekt gab sich Salvisberg seit etwa 1920 zwei Grundtypen als Vorlage. Für grosse und mittelgrosse Häuser einen dreiraumbreiten Typ, für kleinere Häuser einen zweiraumbreiten Typ (bei ersterem beträgt das Verhältnis von Länge zu Breite immer annähernd 3:2, bei letzterem etwa 1:1). Betrachten wir den grösseren Typ. Sein Grundmuster entstand durch eine Dreiteilung der Länge, wobei der mittlere Teil der breiteste war, und

Grundrissschema der Häuser Salvisberg I (oben) und II (unten)

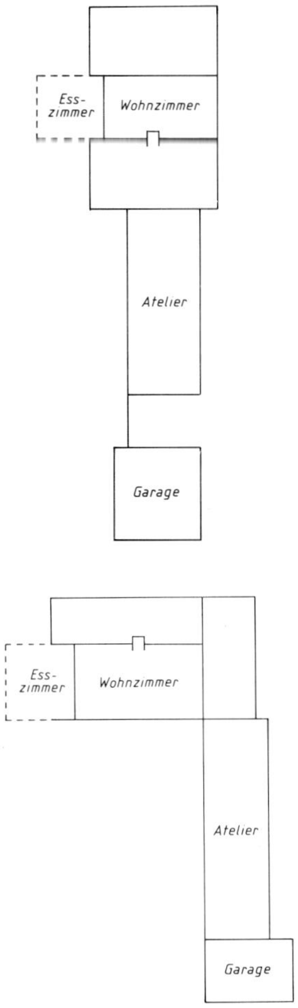

Grundrissschema von Salvisbergs zwei Wohnhaustypen

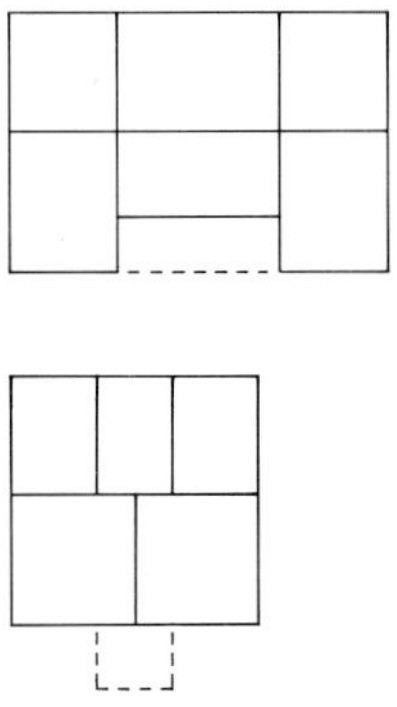

16 Haus Tänzer (Nr. 121), Haus Penzlin (Nr. 134).
17 Haus Zoellner (Nr. 131), Haus Flechtheim (Nr. 140).

eine Zweiteilung der Breite. So entstand eine mittlere Zone mit der Eingangshalle und den dazugehörenden Nebenräumen (WC, Garderobe) und eine sogenannte «Halle». Eher selten lag in dieser «Halle» der Ansatz der Treppe zum Obergeschoss, wie es der genauen Definition entspräche, doch stimmte die Bezeichnung insofern, als dieser Raum ein Durchgangszimmer zu den flankierenden Räumen war: Speisezimmer, Salon oder Herrenzimmer waren oft nur über diese «Halle» zu erreichen.

Die Halle entwickelte sich seit 1900 zunehmend von einem reinen Repräsentationsraum (was sie in der Form der englischen «Hall» nicht gewesen war) zu einem Wohnraum. Dabei machte sich das Bedürfnis geltend, ihr den Charakter des Durchgangszimmers zu nehmen. Das war aber nur möglich, wenn die strenge, achsiale Anordnung der Räume aufgegeben wurde. Das Haus Penzlin (obwohl insgesamt problematisch, weil sich gerade die Wohnräume an die Symmetrie klammern) zeigt, auf welche Weise dies geschehen konnte: die Räume liessen sich entlang der mittleren Längswand verschieben oder sogar vertauschen, so dass das Wohnzimmer nicht mehr in der Mitte zu liegen brauchte (Haus Flechtheim). Damit wurde es möglich, die einzelnen Räume von der – ebenfalls von der Achsenbindung befreiten – Vorhalle her zu erschliessen.

Diese Veränderungen widerspiegelten sich auch deutlich am Äusseren der Häuser. Die Räume lassen sich nur verschieben, wenn sie nicht mehr an eine regelmässige Fensterordnung gebunden sind. Diese war aber bei den traditionelleren Landhäusern durch die Klappläden mitbestimmt, die sich, zurückgeschlagen, entweder gar nicht oder dann ganz überdecken sollten. Gleichzeitig mit den übrigen Veränderungen befreite sich der Grundriss vom Modul der Fensterachse. Soweit es die nach wie vor tragende Aussenwand erlaubte, wurden die Fenster zu Bändern zusammengefasst. Diese Modernisierung äusserte sich in Häusern, die den technisch bedingten Verzicht auf Klappläden dazu benützten, den ländlichen Charakter zugunsten eines mehr städtischen aufzugeben. War 1927 das Haus Tänzer noch ganz der Tradition verpflichtet gewesen (Klappladen-Modul, gleichartige Fenster bei allen Räumen der Strassenseite, inkl. Küche und Bad), so griffen das Haus Wiertz (1928, Nr. 129), Charlton (1928, Nr. 141) und Frank (ca. 1930, Nr. 153) die Thematik der Moderne auf. Bei diesen Häusern kam nun ein Prinzip zum Ausdruck, das z.B. auch bei der Villa Barell anzutreffen ist: die Fenster des Erd- und die des Obergeschosses folgen ihrem eigenen Rhythmus und bilden die Einteilung des Grundrisses geschossweise an der Fassade ab. Diese verschiedenen Rhythmen wurden um 1930 auch gelegentlich dazu benützt, ein asymmetrisches Gleichgewicht der dunkel in der weissen Wand liegenden Fensteröffnungen zu inszenieren – ein bildnerisches Thema, das über De Stijl und Bauhaus auch schon die Typographie von Annoncen erfasst hatte.

Die beschriebene Modernisierung des Grundrisses äusserte sich nicht zuletzt im volumetrischen Aufbau dieser frühen «modernen» Häuser. Nimmt man den Grundriss des Hauses Frank, erkennt man hinter der zurückhaltend dynamischen Massenkomposition den Grundrisstyp des zweiraumbreiten Hauses, bei dem der Wintergarten aus der Mittelachse auf die Seite gerückt und die Treppe um 90 Grad umgelegt wurde; die nach der Strasse vorgerückte Garage bildet eine Wand, die den Zugang zum Haus asymmetrisch begleitet. Anlässlich einer Besprechung des Hauses Charlton schrieb der Kritiker Max Osborn: *«Es ist ein Vergnügen an sich, diese Grundrisse zu lesen, zu beobachten, wie sie, rein als Zeichnungen genommen, die Fläche leicht und angenehm füllen und organisieren. Die starre Zentralanlage ist aufgegeben. An ihre Stelle tritt eine Ordnung, die unter Verzicht auf Symmetrien eine Verschränkung der Flächenteile, in diesem Falle also der Raumeinheiten, sucht.»*[19]

Diese sehr gute Beobachtung und Beschreibung lässt sich zum Schluss am Haus Barell überprüfen. Obwohl hier das Grundstück kaum grösser ist als beim Haus Penzlin, ist das Haus viel subtiler darauf situiert; es weicht nicht mehr vor dem Flächenanspruch des Gartens bis zur Baulinie zurück, sondern teilt mit gelassener Ruhe die Gesamtfläche in verschiedene gleichwertige Bereiche auf. Der Vorplatz, der so entsteht, ist nicht mehr der achsialsymmetrisch komponierte «Schmuckhof» der früheren Häuser, sondern wird seitlich betreten und befahren. Seine Lage innerhalb des Grundstücks wie auch die Eingangsfassade des Hauses zeichnen sich durch ein asymmetrisches Gleichgewicht aus; es handelt sich also um die Anwendung eines bildnerischen Grundbegriffes der modernen Kunst. Doch die Funktion und Bedeutung dieses Vorplatzes ist noch die alte, gesellschaftlich kodierte. Salvisberg reagierte wach auf die Veränderungen der Ästhetik, prüfte sie auf ihre Tauglichkeit, und wenn er sie für gut befand, ordnete er sie seinen Zielen ein. Diese Bemühungen waren der Verfeinerung des wertkonservativen herrschaftlichen Wohnhauses gewidmet.

---

19 Max Osborn, «Neue Wohnhäuser von O.R. Salvisberg, Berlin», in *Moderne Bauformen*, 1930/8, S. 321.

Haus Tänzer, Berlin, 1927; Strassenseite, Erdgeschoss-Grundriss

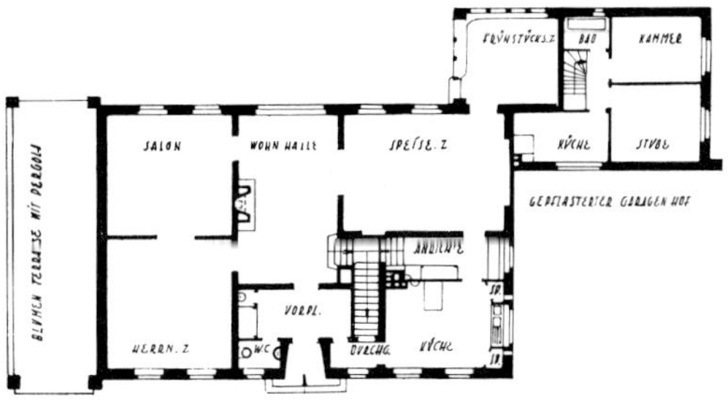

Haus Charlton, Berlin, 1929; Strassenseite. Haus Barell, Ansicht gegen den Vorhof

Haus Barell, Basel, Vorentwurf, 1932

MÖBEL UND INNENRAUM

ARTHUR RÜEGG

«(...) In der Innenraumgestaltung des Maschinenlaboratoriums wurde jedes Pathos vermieden. Wie weit es geglückt ist, durch lichte Farben, durch Stahl, Glas, helle Hölzer und viel Licht einen neuen Hochschulcharakter zu erzielen, wird der Besucher bei einer Besichtigung am besten selbst beurteilen können.»[1] (Prof. Salvisberg)

Diese abschliessenden Sätze aus dem Text, den Otto Rudolf Salvisberg 1933 zum Maschinenlaboratorium der Eidgenössischen Technischen Hochschule in Zürich schrieb, gehören zu den wenigen Textstellen, die es von ihm über die Innenraumgestaltung seiner Bauten gibt.

Die Aufforderung, sich am Bau selber ein Urteil zu bilden, wird auf einen bestimmten Punkt gelenkt: Ziel der Innenraumgestaltung war offenbar, einen neuen – unpathetischen – «Hochschulcharakter» zu schaffen durch die Verwendung bestimmter «moderner» Materialien und durch grosse Fenster. Die Frage, ob mit diesen Mitteln auch andere Aufgaben charakterisiert werden können, bleibt dabei offen.

Die Sätze legen den Schluss nahe, dass die Einteilung der Architektur in funktionsbestimmte Gattungen bei Salvisberg auch (oder gerade auch) für die Innenraumgestaltung gilt. Im weiteren vermitteln sie den Eindruck, dass Salvisbergs Innenräume wesentlich durch eine vom Material bedingte Raum-Stimmung geprägt sind. Beide Feststellungen werden im folgenden zu präzisieren sein.

Ausser wenigen solchen Textstellen gibt es von Salvisberg selbst keine schriftlichen Aussagen zum Thema; auch sind weder Rechnungsbelege noch eigentliche Möbel-Pläne erhalten geblieben. Diese Tatsache könnte auf einem Desinteresse Salvisbergs an den Fragen der Innenraumgestaltung beruhen. Das reichlich vorhandene Bildmaterial der ausgeführten Bauten spricht jedoch gegen diese Annahme; die sorgfältig durchgebildeten Innenräume des Architekten finden sich in vielen deutschen Publikationen der 20er und 30er Jahre zu diesem Thema.[2] Die Frage des Mobiliars wird allerdings kaum für sich abgehandelt – der Umstand, dass Salvisberg gewisse Räume (etwa sein Esszimmer an der Restelbergstrasse in Zürich) sowohl möbliert als auch unmöbliert publiziert hat, unterstreicht noch das Primat des Architektonischen. Trotzdem gibt es besonders schöne Stücke (etwa die Schreibtische), die offensichtlich von Salvisberg selbst entworfen wurden und die auch ausserhalb ihres Kontextes sofort als solche erkennbar sind.

Das Fehlen schriftlicher Aussagen kann auch auf eine gewisse Fraglosigkeit gegenüber den bestehenden Werten hinweisen. Aufgrund dieser Vermutung soll im folgenden die Innenraumgestaltung der Wohnhäuser untersucht werden, die nach dem Ersten Weltkrieg in grösserer Zahl entstanden – und die mit ihren Elementen auf den ersten Blick genau den bürgerlichen und grossbürgerlichen deutschen Haushaltungen entsprechen, wie sie von Hermann Muthesius beschrieben wurden.[3]

Dieses Fehlen zwingt endlich zu einer Interpretation von Salvisbergs Absichten aufgrund von Beobachtungen und Vergleichen. Da man vor allem auf Publikationen in Zeitschriften angewiesen ist (neben dem Studium der noch vorhandenen Interieurs), kommt den abgebildeten Gegenständen der Einrichtung eine wichtige Rolle zu: sie müssen Innenräume, aber auch die Art der Innenraumgestaltung, um die es «eigentlich» geht, vertreten. Dies gilt allerdings nicht nur für die Einrichtungen Salvisbergs, sondern auch – mit polemischer Absicht – für die Arbeiten der Architekten des Neuen Bauens.[4]

Homogene und heterogene Einrichtungen

Die Vorstellung von Architektur und Einrichtung als einem Ganzen war vom Barock bis ins 19. Jahrhundert wohl kaum widersprochen. Diese *«homogenen»* Innenräume, die mit der Zeit in den Mietwohnungen der kleinbürgerlichen Schichten zur «kompletten» Einrichtung verkamen, wurden von den Vertretern des Neuen Bauens in zunehmendem Masse bekämpft. Hans Schmidt polemisierte gegen den *«dreiteiligen Spiegelschrank»* und damit indirekt gegen den Schein des bürgerlichen Wohnens. Mit Ausstellungen und Manifesten wurden *«heterogene»* Einrichtungen propagiert, welche aus *«den Anforderungen der besten und technisch einfachsten Form»* entwickelt sind. Gegenstände ganz unterschiedlicher Form und Gestaltung waren ein Ganzes, solange sie als Ausdruck einer gleichen Haltung oder Ideologie verstanden werden konnten.

Hannes Meyer beschrieb die Haltung, die diese Gegenstände verbindet, als *«Befriedigung gleicher Bedürfnisse mit gleichen Mitteln»*. Sie war für ihn das Kennzeichen von wahrer Gemeinschaft. *«Das Ergebnis sind Standardprodukte (...). Ihre Form ist unpersönlich. Ihre Anfertigung erfolgt serienweise. (...) Reine Konstruktion ist das Kennzeichen der neuen Formenwelt.»*[5]

«Vielfältige Motivierung – strenger Gesamtcharakter»:
1 *Bücherschrank aus dem Landhaus Geyer in Zeuthen, 1920*

Die Idee der Standardprodukte führte zu zwei grundsätzlich verschiedenen Ansätzen in der Innenraumgestaltung: «Serienweise Anfertigung» und «reine Konstruktion» waren die Leitmotive, welche schliesslich einer ganzen Reihe von (Stahl-) Möbeln Pate standen. Ihre «raison d'être» war die materialgerechte Verarbeitung (Biegen von Rohren, um Schweiss-Stellen zu vermeiden). Dies führte zum hinterbeinlosen Stuhl als einem wirklich neuen Stuhl-Typ.

Der zweite Ansatz, der im wesentlichen von Le Corbusier vertreten wurde, befasst sich mit den Typen im Sinne von «objets types». Dabei handelt es sich um Gegenstände, die während langer Zeit produziert wurden und dabei nach und nach eine vertraute, bildhafte Gestalt angenommen haben.[6] Diese Gestalt ist die beste Antwort auf eine grundlegende funktionale Frage und gleichzeitig auf die Frage der damit verbundenen Form. Deshalb hat Le Corbusier ein ganzes Repertoire von anonymen Serienprodukten verwendet, welche seiner Meinung nach die Qualitäten von «objets types» besassen, deshalb sind aber auch seine eigenen Möbelentwürfe immer Versuche innerhalb solcher bestehender Typenfamilien. Diese beiden Ansätze kennzeichnen beinahe die ganze Arbeit des Neuen Bauens auf dem Gebiete der Einrichtung. Wie verhält sich Salvisberg dazu?

Das Haus des Architekten an der Restelbergstrasse in Zürich (1930–31) soll hier stellvertretend für seine Villen stehen: zum einen konnte er hier seinen Vorlieben freien Lauf lassen, zum anderen entstand es in der Zeit, in der das Neue Bauen seine grösste Wirkung entfaltete.

In der Tat finden sich an der Restelbergstrasse gewisse Typenmöbel: im Wohnzimmer die Satztische von Marcel Breuer, im Esszimmer, um den von Salvisberg entworfenen schweren Esstisch, mehrere lachsrote Bugholzstühle und im Gartenzimmer zwei verschiedene Stahlrohrmodelle mit Peddigrohrgeflecht respektive Stoffbespannung.

Bei den Bugholzstühlen handelte es sich nicht etwa um die «klassischen» Modelle (die von Le Corbusier zu «objets types» erklärt worden waren), sondern um das von Adolf Schneck entworfene Modell Thonet A 61 F aus den späten 20er Jahren.[7] Obwohl diese Stühle aus nur sechs einzelnen Bugholzstücken bestehen, wirkt das Resultat weniger integriert als die alten Modelle, dafür aber kräftiger und in einem oberflächlichen Sinne «moderner». Dadurch, dass Salvisberg sie in einem lachsroten Ton strich, der auch sonst im Haus Verwendung fand, wurde der «Typencharakter» aufgehoben: die Stühle waren Teil des Interieurs, als ob sie speziell für diesen Ort entworfen wären.

Ähnlich liegt der Fall bei den Gartenstühlen, welche Teil der von Erich Dieckmann um 1930–31 geführten systematischen Untersuchung über das Herstellen von Stühlen aus nur ein bis zwei gebogenen Linien waren.[8] «Materialgerecht» waren sie nur insofern, als sie ausschliesslich aus gebogenen Teilen bestanden; die Elastizität des Stahlrohres wurde kaum ausgenützt. Die Armlehnen des einen Modelles waren mit am Gestell angeschweissten Metallplatten verschraubt; dies passte schlecht zur raumgreifenden Geste, welche «reines Biegen» suggerierte und ihren Ausdruck in der für Dieckmann typischen Ausbildung der bügelartigen Stuhlbeine fand.

In beiden Fällen ging es Salvisberg weder um ein «objet type» noch um die Umsetzung einer neuen Technologie in ein gültiges Typenmöbel; es muss die formale Qualität – der «moderne Charakter»? – dieser Möbel gewesen sein, welche eine Integration in das Haus Restelbergstrasse erlaubten.

Die raumgreifende Form, verbunden mit einer etwas schweren Eleganz, kennzeichnet auch die hölzernen, mit

---

1 Otto Rudolf Salvisberg in *Die Bauten des Maschinenlaboratoriums der ETH,* Einweihungsschrift, Zürich o.J. (1935).

2 Sie erschienen in Zeitschriften wie *Moderne Bauformen* ab 1914 und in Anthologien wie Gustav Adolf Platz, *Wohnräume der Gegenwart,* Berlin 1933, oder H. Eckstein, *Die schöne Wohnung – Beispiele neuer deutscher Innenräume,* München 1934; sie fehlen allerdings in den Publikationen des Neuen Bauens.

3 Vgl. z.B. Hermann Muthesius, *Wie baue ich mein Haus,* München 1917.

4 Zu diesem Mittel der «Metonymie» sowie zum folgenden Abschnitt «Homogene und heterogene Einrichtungen», s. Arthur Rüegg und Martin Steinmann, «Einrichtungen», in *archithese,* 1983/1, S. 34ff.

5 Hannes Meyer, «Die neue Welt», in *Das Werk,* 1926/7.

6 «(...) ces objets banaux ont l'avantage d'une lisibilité parfaite (...) Et ce qu'il fait qu'ils sont d'une lisibilité parfaite, c'est qu'ils ont toujours été recréés dans les caractères les plus généraux, standards (...).» In Amédée Ozenfant und Charles-Edouard Jeanneret, *La peinture moderne,* Paris 1925, S. 168. – Vgl. Arthur Rüegg, «Vom Interieur zum Equipement», in *archithese,* 1983/1, S. 9–15, Arthur Rüegg, «Charles-Edouard Jeanneret, architecte-conseil pour toutes les questions de décoration interieure...», in *archithese,* 1983/2, S. 39–43, und Arthur Rüegg, «Anmerkungen zum Equipement de l'habitation bei Le Corbusier», in *Le Corbusier – La ricerca paziente,* Lugano 1980, S. 152–162.

7 Vgl. Christopher Wilk, *150 Years of Thonet Furniture,* New York 1980, S. 90.

8 Vgl. van Geest/Máčel, *Stühle aus Stahl,* Köln 1980, S. 76/77, sowie Erich Dieckmann, *Möbelbau,* Stuttgart 1931.

2
3

4
5

aufgelegten Sitzkissen versehenen Fauteuils im Wohnzimmer. Handelt es sich hier um einen Entwurf Salvisbergs? Die Tatsache, dass solche Fauteuils schon im ersten Haus des Architekten am Berliner Südende (1922, publiziert 1927) gestanden hatten, mag dafür sprechen – sicher verkörperten sie für Salvisberg den Inbegriff eines eleganten und bequemen Sitzmöbels.

Neben dem freistehenden Fauteuil gab es in Berlin auch eine doppelt so breite Sofa-Variante und eine gleich konstruierte eingebaute Sitzbank – eine wörtliche Transformation von Mobiliar zu Architektur, die ihrerseits im Widerspruch zu einer Auffassung des Möbels als beweglicher Gerätschaft stand.

Die Innenräume an der Restelbergstrasse zeigen ebenfalls eine grosse Zahl von schweren Tischen und eingebauten Möbeln, welche nun ohne Zweifel von der Hand Salvisbergs stammen: vor allem Büchergestelle, Sofas und Bänke, der Kaminplatz, Schiebetüren mit reichem Splint-Furnier. Nussbaum fand dabei Verwendung ebenso wie Makassar für die Möbel; die Wände waren mit hellbeiger Salubra-Tapete bezogen (aus der Le Corbusier-Kollektion?), die Decken weiss gestrichen. Zum dunklen Nussbaum kam die Kaminverkleidung aus grün-schwarzem Serpentin, die mit einem grau-blau-beigen Smyrna-Spannteppich im Wohnzimmer kontrastierte.

Diese Aufzählung von Materialien und Elementen liefert Indizien für eine weitere Bestimmung der Innenräume Salvisbergs: Trotz des Vorkommens einiger Typenmöbel handelt es sich dabei nicht um neutrale Hüllen um die heterogenen Gerätschaften des modernen Menschen; es handelt sich im Gegenteil um Ensembles, um *homogene* Innenräume, in denen alles aus einem Geist ist, die Raumstimmungen schaffen durch Materialien und durch den Bezug auf eine Ikonographie des Wohnens, die die entsprechenden Bilder liefert. Damit rückt Salvisberg von den «Avantgardisten» weg in die Nähe von Gestaltern wie Emile-Jacques Ruhlmann, Michel Frank und anderen, eventuell auch Erich Mendelsohn, dessen Haus am Rupenhorn (1929–30) eine ähnlich elegante Heiterkeit ausstrahlt wie Salvisbergs Villa (die Verwandtschaft geht bis hin zu den von Mendelsohn selbst entworfenen Fauteuils).

Typisierung von Raumsituationen

Der Vergleich mit diesem Werk Mendelsohns – einem der schönsten deutschen Wohnhäuser um 1930 – ist interessant, weil es zunächst ebenfalls als Synthese traditioneller und «moderner» Gestaltungsabsichten verstanden werden kann. Während der Grundriss am Rupenhorn jedoch aus Raumfolgen besteht, die längs der Fenster zwangslos erschlossen werden, wirkt Salvisbergs Grundriss konservativer: er ist viel stärker auf die Wirkung in sich geschlossener Räume angelegt, die einen ausgesprochen repräsentativen Charakter aufweisen, etwa das Arbeitszimmer, das an das Büro eines Generaldirektors Barell (Hoffmann-La Roche) denken lässt. Dieser beinahe «öffentliche» Charakter der Räume wird durch die Erschliessung unterstützt, die meist in den Raumecken erfolgt und so zur Inszenierung der rechteckigen Zimmer beiträgt. Der Blick fällt entweder auf eine lokalsymmetrische Anordnung (wie im Arbeitszimmer) oder auf eine grössere zentrale Öffnung, die zum nächsten Raum verbindet (wie im Wohnzimmer). Eine weiterführende Tür ist schräg gegenüber der ersten Tür angeordnet; dies betont weiter die Geschlossenheit der Räume. Diese Technik wird auch beim Hauseingang angewendet, wo die Haustür diagonal gegenüber dem Eingang zum Wohnzimmer liegt.

Die Diele selbst wird bestimmt durch die gewendelte Treppe, die sie enthält: sie ist recht eigentlich ein «Treppen-Raum». Diese Beobachtung lässt sich nun im Hause weiter verfolgen: anders als bei Mendelsohn besitzen die meisten Räume eine von ihrer Funktion bestimmte charakteristische Ausformung. Neben dem «Treppen-Raum» gibt es ein Esszimmer in der Form eines auf drei Seiten geöffneten Wintergartens, ein Wohnzimmer, in dem sich die Wand mit dem Kamin und das grosse Fenster gegenüberliegen, eine lange offene Gartenhalle usw.

Es scheint, als ob der Grundriss zusammengesetzt sei aus einzelnen Bausteinen, die man sich auch in anderer Konstellation denken könnte. Diese Feststellung wird

«Typisierte Raumsituationen» Haus Salvisberg II, Zürich, 1930–31:
2 *Wohnzimmer mit Cheminée-Wand. Durchblick zum Esszimmer*
3 *Wohnzimmer*
4 *Esszimmer als Wintergarten. Stühle von A. Schneck*
5 *Schiebetüre zwischen Wohn- und Esszimmer*
6 *Grundrisse*

6

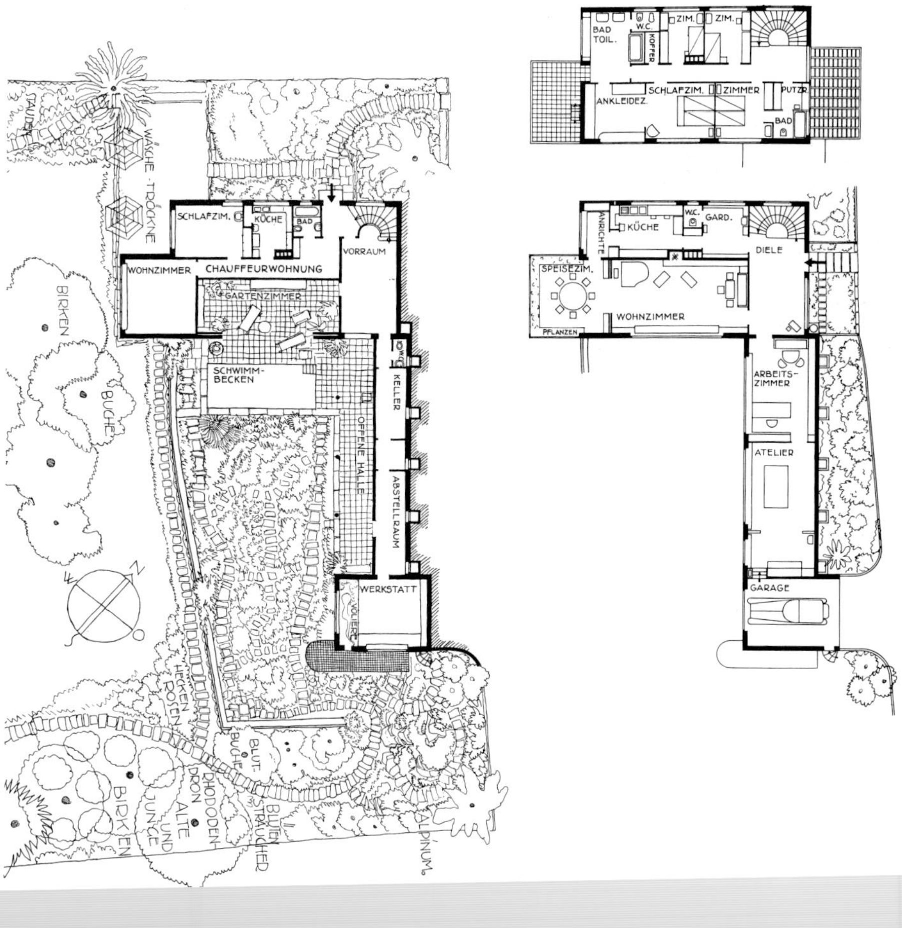

7
8

9
10

7 *«Treppen-Raum» im Hauptgeschoss*
8 *«Gartenzimmer»*
9 *Badezimmer in sorgfältiger Durchbildung*
10 *Offene Halle. Stuhl von E. Dieckmann*
11 *Arbeitszimmer von Prof. Salvisberg*

11

durch den Vergleich der grossen Zahl von ausgeführten Wohnhäusern bestätigt. Es gibt auf der Ebene von Raumteilen oder ganzen Räumen eine Themenbildung, welche im Lauf der Zeit eine immer klarere Form annimmt. Typisiert werden bei Salvisberg offenbar nicht die einzelnen Möbel. Typisiert werden vielmehr bestimmte *Raumsituationen,* welche das Wesen des bürgerlichen Wohnhauses ausmachen.

Salvisberg tritt auch auf dieser Ebene in Gegensatz zu den Vertretern des Neuen Bauens, welche durch die Interpretation neuer Lebensformen zu einer neuen Interpretation des Wohnhauses kamen. Die freien Grundrisse, die sich an den Bedürfnissen einer fortschrittlichen, gebildeten, bürgerlichen Schicht orientierten, blieben allerdings für das breite Publikum, vor allem in Deutschland, ein Greuel. Gustav Adolf Platz schrieb noch 1932–33: «*Die Verbindung aller Räume einer Wohnung zu einer zusammenhängenden Einheit ist vollends eine Unmöglichkeit. Die Verwirklichung solcher Ideen, wie sie die Arbeitsgemeinschaft Le Corbusier-Jeanneret-Charlotte Perriand durch ihren Kombinationsraum im Herbstsalon 1929 propagiert hat, würde (...) den Rückfall in barbarische Zustände bedeuten. (...) Schon das Bad mit halbhohen Wänden im Obergeschoss der Einfamilienhaus-Halle von Le Corbusier in der Weissenhofsiedlung war nur unter ganz bestimmten Voraussetzungen (Junggesellenwohnung) zu begreifen.*»[9]

Diese «Kombinationsräume» waren das Resultat einer Zerlegung der einzelnen Tätigkeiten des Wohnens in zeitlich gestaffelte Abläufe, analog den Theorien Frederick Taylors für das Gebiet der Betriebswirtschaft.[10] Die Wohnung konnte gemäss dieser Auffassung «wie eine Maschine» funktionieren; die Veränderbarkeit der Grundrisse und der Einrichtung verstärkte dieses Bild und ergab einen effizienten Ansatz für das Problem der zu verkleinernden Wohnungsgrundrisse – ein Problem, für das Hermann Muthesius 1919 nur die Reduktion der Zimmerzahl und die Verkleinerung der Zimmer empfehlen konnte.[11]

Variation als Arbeitsweise

Es ist interessant zu beobachten, wie gewisse Raumsituationen in Salvisbergs Werk sich im Lauf der Zeit entwickeln. Als Beispiel mag der *Wintergarten* dienen, der ein wichtiges Element des bürgerlichen Wohnhauses darstellte.

Bereits 1912, beim Haus Dr. Neutze in Berlin, erstreckt sich eine Veranda mit Winterfenstern in der ganzen Breite von Wohn- und Esszimmer; sie stellt sozusagen den Ausgangspunkt dar. 1920, beim Landhaus Geyer in Zeuthen, taucht das gläserne Gebilde als achteckiger, erkerartiger Vorbau vor dem eigentlichen Speisezimmer auf, gemeint als Sommer-Essplatz. Beim eigenen Haus dann, 1922 in Berlin-Südende, wird plötzlich das Esszimmer selber als ganzjährig benutzbarer Wintergarten ausgebildet: ein neuer Raum-Typ ist entstanden. Dieser nun rein ausgebildete Raum kommt in der Folge in fast

12
13
14

15
16
17

gleicher Form vor im Haus Charlton, 1928, im Haus Stern, 1929, im Haus Frank, 1930, alle in Berlin, und wieder im zweiten Haus Salvisberg, 1931, in Zürich.

Entscheidend ist nun, dass im Lauf dieser Entwicklung die älteren Stufen weiter zur Anwendung kommen, so etwa die Trennung von Wintergarten und eigentlichem Speisezimmer. Es scheint, dass Salvisberg durch diese flexible Handhabung der Elemente den Vorstellungen der Bauherren auf das beste entsprechen konnte.

In einem anderen Bereich scheint es sich ähnlich zu verhalten: Auch die Materialwahl zeigt eine grosse Streuung, die wahrscheinlich auf die unterschiedlichen Bauherren zurückgeht. Die frühen Bauten Salvisbergs sind darüber hinaus gekennzeichnet durch «*die Einfügung der vielfältigsten Motivierungen* (gemeint Motive, A.R.) *in den Einzelheiten in einen streng durchgeführten architektonischen Gesamtcharakter*», welche ihnen «*eine mühelose, harmonische und gediegene Wirkung und zugleich jenen Reichtum an Formen gibt, der keine Stelle langweilig und tot lässt und immer wieder überrascht*».[12]

Die Variation von Material und Oberflächengestaltung lässt sich am Thema des Kamins zeigen, das in keinem bürgerlichen Haus fehlen durfte. In den frühen Villen ist der Kamin ornamental behandelt; er ist als liegendes Rechteck in der Mitte der Wand angeordnet, meist mit einem Spiegel oder einem Bild darüber. Das endgültige Thema fand Salvisberg wieder in seinem ersten Haus: der lange, niedere Kamin wird von einer dicken Platte als Kaminsims abgeschlossen; darüber hängen Bilder, die die lokale Symmetrie betonen. Was hier in Cannstädter Travertin ausgeführt war, kann auch in Backstein und Holz oder in anderen Materialien ausgeführt sein. Das Bild über dem Kamin kann durch ein rechteckiges Büchergestell ersetzt werden (Haus Direktor Stern, 1929), es kann von Wand zu Wand gespannt werden, der Kaminsims kann einseitig verlagert oder gar um die Raumecke geführt sein: immer handelt es sich um die Variationen eines einmal etablierten Grundmusters, ähnlich den syntaktischen Variationen in der Sprache.

Die Anpassung vorgegebener Elemente an die jeweilige Aufgabe lässt sich nicht nur am Wohnhaus, sondern auch an andern Bauaufgaben beobachten, etwa bei den Büro-Arbeitsplätzen, denen Salvisberg besondere Beachtung schenkte. Sie zeigen schön, wie er seine Räume der gesellschaftlichen Situation (und damit auch einem Budget) anpasste.

Bei Hoffmann-La Roche etwa sass der Generaldirektor in einer weissen Nische, die unten von Nussbaumkästen eingefasst war. Sie wies in der Achse ein Blumenfenster (eine Art Wintergarten en miniature) auf, das rechts und links von je einem Büchergestell flankiert war. Die Person des Chefs wurde somit achsial und im Gegenlicht inszeniert, umgeben von kostbar verarbeitetem Material und schönen Büchern.

Beim Einzelbüro im Beamtentrakt wurden die *gleichen Mittel* eingesetzt, die Inszenierung war aber weit zwangsloser. Auch hier gab es brüstungshohe Tablarkästen mit einem Schreibtisch davor, die Symmetrie war aber nur noch fein mit einem Bild angedeutet. Auch hier bestanden die sorgfältig entworfenen Möbel aus Nussbaumholz, das Material wurde aber, was die Maserung betrifft, weit weniger dramatisch verarbeitet; auf Hochglanzpolitur ist verzichtet.

Auf diese Weise wurden die Themen der Innenraumgestaltung variiert und der speziellen Aufgabe angepasst. Dabei lassen sich Stufen der formalen Entwicklung erkennen: die zunächst auf eine fröhliche Art verzierten Elemente werden immer mehr zu schmucklosen Bauteilen, die den Raumcharakter durch ihre Ausformung bestimmen helfen; es handelt sich offenbar um eine Art «Modernisierung» bewährter Elemente (etwa des bürgerlichen Wohnhauses). Die Rolle der «vielfältigen Motivierungen» wird dabei von Materialtextur und Farbstimmung übernommen, welche die typisierte Raumsituation auf einen konkreten Ort beziehen. Damit wird die individuelle «Erfindung», die *Idee als Unikat*, überflüssig, ebenso wie die oft damit zusammenhängende Sucht nach «originellen Lösungen». Bei Salvisberg ist die Idee vielmehr im gesamten Baugedanken enthalten, der auf Adaptation und Weiterentwicklung einmal gefundener Raumkomponenten beruht.

18
19

«Thema und Variation»:
12 *Kamin in der Halle, Landhaus Geyer in Zeuthen, 1920*
13 *Kamin im Musikzimmer, Haus Salvisberg I in Berlin, 1922*
14 *Kamin in der Halle, Haus Bernheim in Berlin-Dahlem, 1923/24*
15 *Kamin in der Halle, Landhaus Zoellner in Klosterheide, 1929*
16 *Kamin im Herrenzimmer, Haus Stern in Berlin-Wannsee, 1929*
17 *Kamin im Wohnzimmer, Haus Salvisberg II in Zürich, 1930–31*

«Anpassung an sozialen Status»:
18 *Hoffmann-La Roche: Zimmer im Beamtentrakt, 1935–37*
19 *Hoffmann-La Roche: Zimmer des Generaldirektors, 1935–37*

---

9 Gustav Adolf Platz, *Die Wohnräume der Gegenwart*, Berlin 1933, S. 106.
10 Vgl. Martin Steinmann, «Sigfried Giedion, die Mechanisierung der Wohnung und die ‚machine à habiter'», in Stanislaus von Moos und Chris Smeenk (Hg.), *Avant Garde und Industrie*, Delft 1983, S. 135–149.
11 Hermann Muthesius: *Kann ich auch heute noch mein Haus bauen?* München 1920.
12 Ernst Völter, «Zu den Bauten von Otto Rudolf Salvisberg», in *Moderne Bauformen*, 1925/11, S. 34.

Viele Gedanken zu diesem Aufsatz wurden in Gesprächen mit Claude Lichtenstein und vor allem mit Martin Steinmann geklärt.

VON DER GARTENSTADT ZUR GRO

DIE GESCHICHTE EINES ARCHITEKTONISCHEN

KRISTIANA HARTMANN

Otto Rudolf Salvisberg, soweit ist man sich einig, ist ein «anderer» Moderner. Vor dem Hintergrund seines langen Aufenthaltes in Berlin zwischen 1908 und 1930, in jener Stadt, in der die Diskussion um die Moderne eine gewisse Intensität besessen hatte, war Salvisberg eher ein «später» Moderner. Erst als die neue Architektur schon Allgemeingut geworden war, konnte er sich entschliessen, liebgewonnene, traditionelle Raumvorstellungen in Frage zu stellen. Als Salvisberg in Berlin schon längst zu den Architekten mit nicht mehr zu übersehender Auftragsfülle gehörte (was unter Architekten noch heute als Qualitätsmerkmal gilt), 1927, charakterisierte Paul Westheim, einer seiner getreuesten und frühesten Kommentatoren, seine *«Art zu bauen», sie* hätte *«etwas handwerklich Unsensationelles»*.[1] Die *«Sphäre des Gutbürgerlichen»*[2] entspräche seiner Architektur, die mit *«Stimmungszubehör»*[3] ausgestattet sei und eine *«gemächliche Breiträumigkeit und behäbige Massigkeit»*[4] ausstrahle. Ja sogar *«dekoratives Wohlbehagen»*[5] gönne sich dieser «andere» Moderne, dieser *«charaktervolle Konservative»*[6], *«sinnliches Behagen»*[7], gleichzeitig *«betonte Zurückhaltung»*[8]. Nur einmal wagt Westheim diese Ode an das Massvolle, um nicht zu sagen Mittelmass, aufzubrechen, indem er meint: *«Ich würde diesen gemütlichen Einschlag lieber vermissen.»*[9]

Das betont Zurückhaltende, der Hang zum anerkannt Traditionellen, die Abneigung gegen Experimente in Salvisbergs Frühwerken entsprach seiner Affinität zur Süddeutschen Schule, die er durchlaufen hatte bei Thiersch und Hocheder in München. Der süddeutsche Raum war zu Anfang des Jahrhunderts eine beliebte Ausbildungsregion für junge Architekten. So arbeiteten z.B. Ernst May und Bruno Taut einige Jahre zuvor bei Theodor Fischer, während Wilhelm Büning, der Koautor der Grosssiedlung «Weisse Stadt», seine Ausbildung zum Diplom-Ingenieur an der Technischen Hochschule in München erworben hatte.

Man müsste dieses «besondere», «andere» im Hinblick auf den Standort Berlin einmal etwas kritischer unter die Lupe nehmen. Handelt es sich doch nicht einfach um eine andere Architektur mit mehr Wärme und mehr Anschaulichkeit, mehr haptischen Qualitäten, sondern um eine andere Interpretation von Architektur, um eine andere Haltung des Architekten seinem Werk und seiner Umwelt gegenüber. Auch wenn Salvisberg Zeit seines Lebens nicht zu den präzisen und beredten Architekturtheoretikern gehörte, muss seine Art des Bauens und Planens – besonders im Siedlungsbau der gartenstädtischen Phase lässt sich dies erkennen – in Beziehung zu seinem politischen, mindestens kulturpolitischen Selbstverständnis gebracht werden.

Paul Westheim gibt in seinem ersten Artikel über Salvisberg im Jahr 1914 einen Hinweis: *«Der Name Otto Salvisberg konnte der breiten Öffentlichkeit bisher nicht bekannt werden (...) Er war nämlich liiert mit einem Finanzarchitekten.»*[10] (Schaudt und Zimmerreimer, Berlin.) Ein Jahr zuvor hatte sich Salvisberg selbständig gemacht, aber den Zugang zum Berliner Finanzbürgertum, für das er *«mondäne und elegante»*[11], von der Material- und Ornamentwahl prächtige Villen in den Berliner Nobelquartieren bauen konnte, hatte er auch während der ökonomischen Krise der Nachkriegszeit nicht verloren. Viele seiner Aufträge, auch die im Bereich des Siedlungsbaus, verdankt er seinen guten Beziehungen zu diesen Kreisen. Adolf Behne hat, auch wenn er Salvisberg nicht namentlich erwähnt, die Probleme des repräsentativen Villenbaus in den Nachkriegsjahren in einem kritischen Artikel: «Chronik der deutschen Baukunst seit Kriegsende» im *Bouwkundig Weekblad* (1923) wie folgt beschrieben: *«Die reicheren dieser ‚Villen' sind auf Repräsentation gestellt, die nicht selten zur Protzerei wird. Schlimm ist besonders ein ‚Palais' in Westend bei Berlin, das in seiner Verbindung von Verschwendungssucht und Geschmacklosigkeit abstossend wirkt. Wer heute baut, muss sehr viel Geld haben (der Preis für eine Zimmertür beträgt etwa 500 000 M.) und legt grossen Wert darauf, dass man seinen Reichtum bemerkt. Die einfacheren Beispiele fallen häufig in das Gezierte und Kokette, soweit sie nicht ganz belanglose Dutzendware bleiben. Der Stil ist entweder Klassizismus (...) die neuen Reichen markieren ‚Tradition'; oder Expressionismus (...) die neuen Reichen ‚protegieren die junge Kunst'. Dazwischen gibt es mannigfache Übergänge.»*

Salvisbergs Architektur soll durch diese Feststellung nicht abgewertet werden, waren es doch meist die finanzstarken Schichten, die der Architektur- und Kunstentwicklung ihre mäzenatische Hand reichten. Allerdings hatte sich gerade im Siedlungs- und Wohnungsbau unseres Jahrhunderts, sei es die Gartenstadtbewegung des frühen 20. Jahrhunderts oder der Grosssiedlungsbau der 20er Jahre, eine Bauherrschaft hervorgetan, die programmatisch in Opposition zur traditionellen Finanzbourgeoisie stand.

SSIEDLUNG

ANDELS IM SIEDLUNGSBAU DER 20ER JAHRE

Die Vertreter der Reformbewegungen des 20. Jahrhunderts rekrutierten sich aus sozialliberalen, sozialdemokratischen oder gar sozialistischen und anarchistischen Kreisen. Sie liierten sich in der Regel mit Architekten ihrer eigenen politischen Couleur.

In der Berliner Vorkriegszeit, zwischen der Jahrhundertwende und dem Ersten Weltkrieg, waren die Pfeiler der Wohnungs- und Städtebaureform eindeutig links von der Mitte angesiedelt. Mit beissender Kritik am Haus- und Wohnungsspekulantentum, das zur verpönten Mietskasernenstadt geführt hatte, geizte man nicht. Die bildenden Künstler, welche die Propaganda für eine menschengerechtere Wohnungs- und Planungspolitik unterstützten, gehörten wie z.B. Käthe Kollwitz, Heinrich Zille, Hans Baluschek, Otto Nagel zur linken Intelligenz des späten Wilhelminismus.

Bruno Taut, der im Auftrage der deutschen Gartenstadtgesellschaft 1913 in Berlin-Grünau die Gartenstadt Falkenberg baute, der nach 1924 in Kooperation mit Martin Wagner für Gemeinnützige Baugesellschaften in Berlin über 10 000 Wohnungen in verschiedenen Grosssiedlungen und Wohnanlagen realisierte, gehörte während der wirren aber trotzdem konstruktiven Jahre der Nachkriegszeit, 1919–21 (23), zu den führenden Köpfen der politisch argumentierenden Avantgarde im Arbeitsrat für Kunst, in der Novembergruppe, in der Gläsernen Kette. In diesen Zirkeln, zu denen sich ein Hans Poelzig noch zugehörig erklärte, sucht man Salvisberg vergeblich. Utopie war nicht seine Stärke. Er musste sich anderseits während der Inflationszeit nicht beklagen, wie etwa Bruno Taut, tatenlos, auftragslos, arm am Schreibtisch zu sitzen, statt am Reissbrett zu entwerfen, oder utopische Pamphlete zu schreiben.[12]

Trotzdem gehörte Salvisberg schon 1926, und 1929 noch einmal, zu den Architekten, die sich schliesslich als Erbauer von gemeinnützigen Grosssiedlungen einen Namen machten. Für die «Weisse Stadt» an der Schillerpromenade, die letzte von Salvisbergs Berliner Grosssiedlungen, die er zusammen mit Büning und Ahrends erstellte, übertrug man Salvisberg die Gesamtplanung. Ist die Annahme, Salvisbergs moderate Moderne entspräche zugleich auch einer konservativen Grundstimmung und dem Umgang mit der Finanzbourgeoisie, verfehlt?

Die Vermengung von politischem Selbstverständnis, von politischer Haltung des Architekten mit seiner

gie und Werk herauszuschälen, stösst nicht selten vor allem seitens der engen typologisch-morphologischen Interpreten von Stadtraum auf Kritik. Die Architekturdiskussion kurz vor und kurz nach dem Ersten Weltkrieg, insbesondere die der 20er Jahre, kann und darf jedoch von dieser Wechselbeziehung nicht gelöst werden. Sowohl die künstlerische Avantgarde zur Linken als auch die konservativen Kräfte innerhalb der Baumeisterschaft traten für eine Interpretation ein, die den politischen Gehalt ihrer Werke berücksichtigte. Die Architekturdiskussion im Deutschland der Zwischenkriegszeit war angeregt bis aggressiv. Stellung wurde, wenn auch nicht expressis verbis, von jedem bezogen. So muss auch das Werk des Auslandschweizers Salvisberg (es gab ja schliesslich noch weitere Auslandschweizer, z.B. Hannes Meyer, dem man eher Affinitäten zur äussersten Linken zuschreiben könnte) dieser Prüfung standhalten. Zur Beweisführung und zur Charakterisierung des planerischen Oeuvres von Salvisberg sollen deshalb die Siedlungen mindestens einer zusammenfassenden Darstellung und kurzen Analyse unterzogen werden.

Es können im Werke Salvisbergs zwei chronologisch aufeinanderfolgende Phasen des Siedlungsbaus unterschieden werden: 1. die gartenstädtischen Siedlungen in Piesteritz 1916, Köpenick 1919/20, Schwaz 1920, Nauen/Mark 1920, Dortmund/Dorstfeld 1920/21, Garching 1923, und 2. die «funktionalistischen» Grosssiedlungen in Berlin, d.h. «Onkel Tom» 1926 (mit der Ladenstrasse 1929) und «Schillerpromenade» 1929.

---

1 Paul Westheim, «O.R. Salvisberg», in *Neue Werkkunst*, Berlin, Leipzig, Wien, Chicago 1927.
2 Paul Westheim, a.a.O., S. 9.
3 Paul Westheim, a.a.O., S. 10.
4 ebda.
5 Paul Westheim, a.a.O., S. 9.
6 Paul Westheim, a.a.O., S. 10.
7 ebda.
8 ebda.
9 Paul Westheim, a.a.O., S. 14.
10 Paul Westheim, «Architekturen von Otto Salvisberg, Berlin», in *Moderne Bauformen*, 1914/3, S. 113.
11 Diese beiden die Bauten Salvisbergs charakterisierenden Adjektiva stammen von Ronald Rohns monografischer Studie in *Das Werk*, 1941/11, S. 301.
12 Vgl. dazu *Bruno Taut 1880–1938*, Ausstellungskatalog, Akademie der Künste, Berlin 1980 und Kurt Junghanns, *Bruno Taut*, Berlin (DDR) 1976.

Die «gartenstädtischen» Siedlungen

Salvisberg kam über seine Beziehungen mit der Berliner Finanzbourgeoisie, über den Direktor der Berlinischen Bodengesellschaft[13], Herrn Kommerzienrat Georg Haberland, zu seinem ersten Siedlungsbau in Piesteritz. Diese Gesellschaft war 1890 ins Leben gerufen worden, um Gelände planmässig aufzuschliessen, um baureife Baustellen zu schaffen und sie unter Gewährung von Baugeldkrediten an Baugewerbetreibende zu veräussern. Der Haberlandschen Bodengesellschaft verdankte Salvisberg auch den Auftrag für seine zweite Siedlung, die Eigenheim-Gartenkolonie in Köpenick (Elsengrund 1919/20), ausserdem war er 1926 für diese Gesellschaft (die personell und institutionell mit der Tempelhofer Feld AG liiert war) innerhalb eines Hochhauswettbewerbes (Verwaltungsgebäude der Junckers Luftverkehrs AG) am Tempelhofer Damm tätig. Salvisberg entwarf damals einen an das Ullstein-Hochhaus erinnernden expressionistischen Bau, der nicht zur Ausführung kam.[14]

Für die erste Siedlungsplanung, die Gartenstadtsiedlung der Mitteldeutschen Reichswerke (Werkssiedlung der Reichsstickstoffwerke) in Piesteritz, heute Bezirk Halle, DDR, deren gartenstädtischer Bebauungsplan vom Geheimen Baurat Prof. Gerlach stammte, wurde Salvisberg 1916/17 mit der *«architektonischen Durchbildung der Anlage»* betraut.[15]

Das besondere politische «Klima», in dem diese Siedlung entstand, veranschaulicht ein Zitat aus einer Monographie der Siedlung: *«Während Millionen deutscher Männer draussen im Felde Schulter an Schulter stehen, in heldenhaftem Ringen das Vaterland gegen die Überzahl neidvoller Feinde zu schützen, entstehen daheim neue Wohnsiedlungen, die dem Arbeiter ein behagliches Heim verschaffen und der Befriedigung seiner sozialen Bedürfnisse dienen sollen. Den Erfordernissen der Verhältnisse entsprechend, widmen jetzt vorzugsweise die an der Gewinnung von Kriegsgerät beteiligten (...) Industrien dem Bau von Arbeiterkolonien ihr Interesse.»*[16]

Die Architektur der 470 Häuser umfassenden Siedlungen in Piesteritz, die neben der reinen Wohnbebauung ein Gemeindehaus, je eine katholische und eine protestantische Kirche mit Pfarrhaus, ein Arzt- und ein Apothekerhaus, ein Schulhaus, ein Konsumgebäude – heute Kulturhaus – und je ein Ledigenhaus für männliche und weibliche Angestellte des Werks vorsah, ist mit der ein Jahr zuvor vom Fischer-Schüler Paul Schmitthenner

1

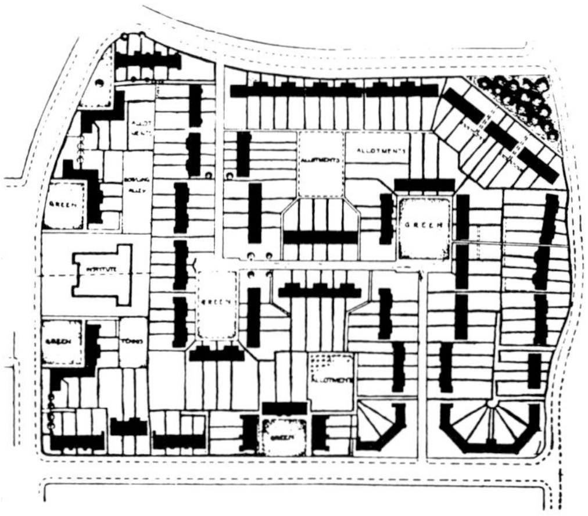

2

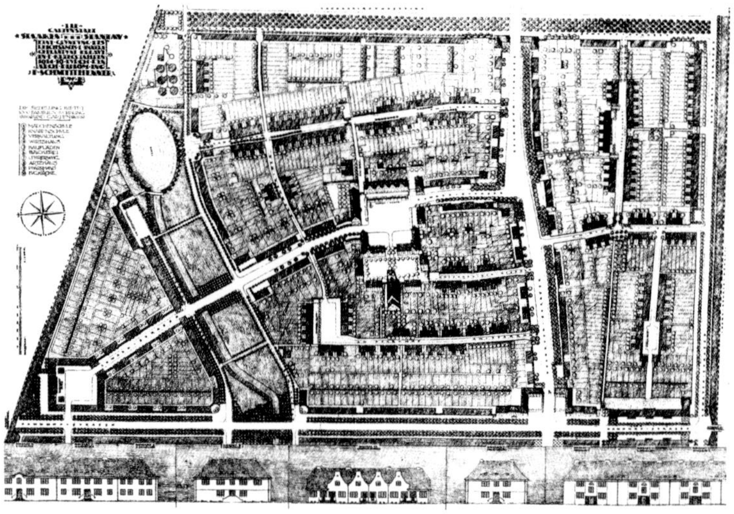

13 Vgl. dazu *70 Jahre Berlinische Bodengesellschaft*, Berlin o.J., *60 Jahre Berlinische Bodengesellschaft*, Berlin 1950, und *Geschichte der Berlinischen Boden-Gesellschaft*, Berlin (o.J.).

14 Zeichnung davon im Salvisberg-Nachlass, Institut gta, ETH Z.

15 Vgl. M. Müssigbrodt, *Gartenstadt-Siedlung der Mitteldeutschen Reichswerke erbaut im Kriegsjahr*, Berlin 1917, S. 7, und: *Gemeinnützige Baugesellschaft Berlin-Ost mbH.*, Berlin 1929; vgl. auch das von der Bauakademie der DDR verfasste Buch: *Städtebau* (Autorenkollektiv), Berlin (DDR) (o.J.), S. 39.

16 M. Müssigbrodt, a.a.O., S. 3.

3

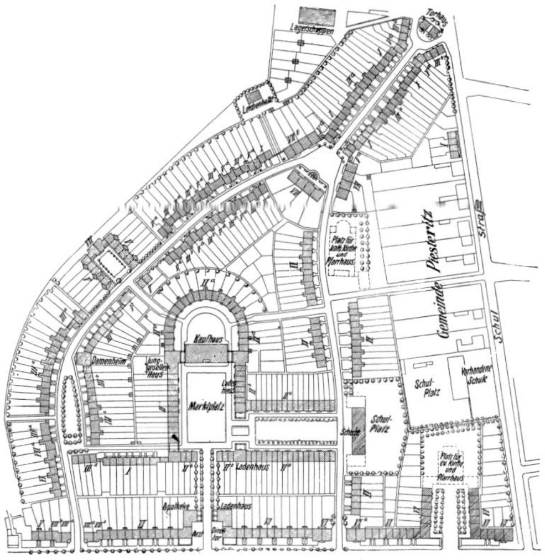

6

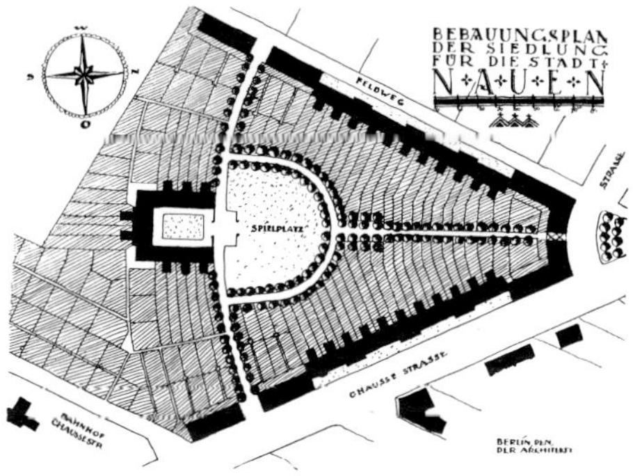

1 *Ebenezer Howard: Gartenstadt Letchworth bei London. Aus: Raymond Unwin, Grundlagen des Städtebaus, 1910*

2 *Paul Schmitthenner: Gartenstadt Staaken, Berlin-Spandau, 1915*

3 *O.R. Salvisberg: Werkssiedlung der mitteldeutschen Reichswerke, Piesteritz/Wittenberg, 1916–19 (Kat. Nr. 37)*

4 *O.R. Salvisberg: Arbeitersiedlung der Weimann-Werke, Schwaz, 1920–21 (Kat. Nr. 47)*

5 *O.R. Salvisberg: Siedlung Cöpenick, Berlin, 1919–20*

6 *O.R. Salvisberg: Siedlung Nauen, 1920*

7 *O.R. Salvisberg: Bergarbeitersiedlung Dortmund/Dorstfeld, 1920/21*

4

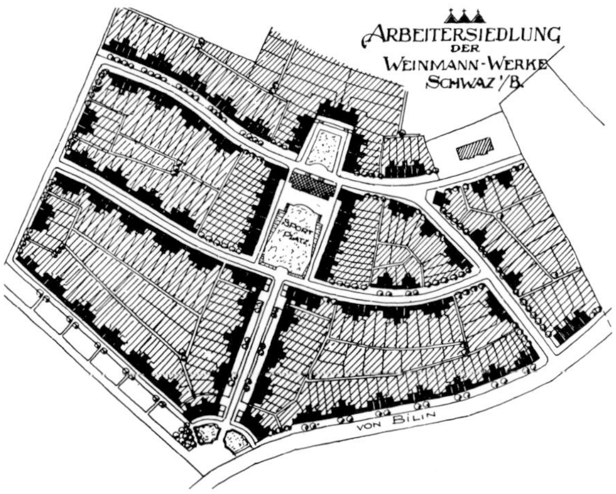

7

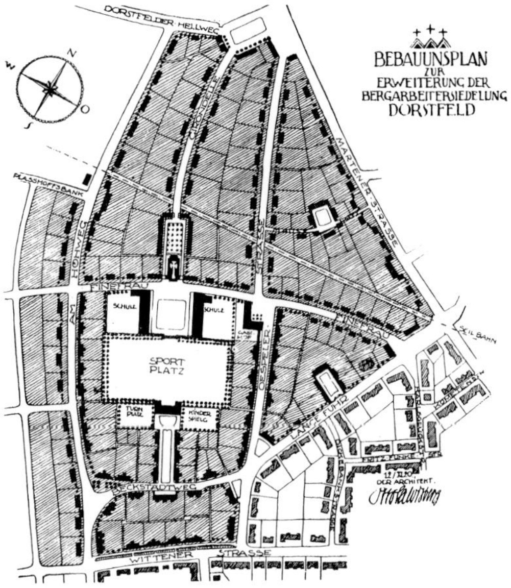

5

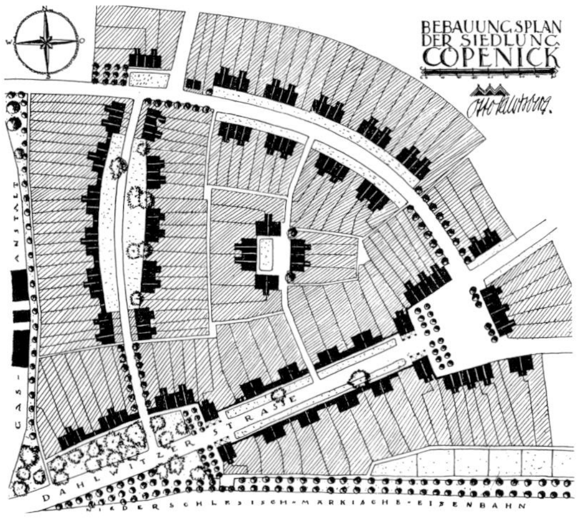

entworfenen Gartenstadt Staaken in Berlin zu vergleichen. Die Anknüpfung an die Handwerks- und Bautradition «um 1800»[17], die angestrebte Einheitlichkeit im architektonischen und städtebaulichen Ausdruck nach Art des landesfürstlichen Städtebaus der Biedermeierzeit (Achsenbezüge, Symmetrien im Siedlungsraum und innerhalb des Einzelbaus), die sorgfältige Beachtung der natürlichen (topographischen) Verhältnisse und des Baum- und Strauchbestandes sichern diesen beiden Anlagen ihren eindeutigen Stellenwert unter den späten Gartenstädten.

Die 1910 in Raymond Unwins Buch *Grundlagen des Städtebaus* propagierten (und seit 1901 in England und in Deutschland längst erprobten) gartenstädtischen Planungselemente des Städtebaus, die Wohnhöfe, Sackgassen und Wohnstrassen, die belebte Strassenflucht in Abwendung von der monotonen Reihung, die Gruppenbauweise usw. sind allesamt aufgenommen und anschaulich umgesetzt worden. Salvisberg und Schmitthenner haben die gestalterischen Ideen der Gartenstadt überzeugend rekapituliert.

Die fugenlose Übernahme der gartenstädtischen Planungspraxis in die Weimarer Republik, die vielfältigen Repliken auf die städtebaulichen Erkenntnisse der Vorkriegszeit auch in den ersten Nachkriegsjahren, sie zeichnen Salvisbergs folgende Planungspraxis aus und werfen ein Licht auf die von ihm nicht eingelöste Forderung vieler seiner Zeitgenossen, für eine neue Zeit angemessene neue Architektur- und Stadtformen zu suchen. Musste die Ablehnung traditioneller Raumqualitäten auch nicht so radikal ausfallen wie etwa bei Le Corbusiers Ville Contemporaine von 1922, so vermisst man bei Salvisbergs Siedlungen der frühen 20er Jahre doch den Wunsch und den Willen, über bestimmte Traditionen kritisch nachzudenken.

Paul Westheim interpretierte Salvisbergs Weigerung, die Zeitdiskussion mitzutragen, positiv und mit einem Seitenhieb auf den Kollegen Taut: «*Seiner Zweckhaftigkeit fehlt das Tendenzvolle, um nicht zu sagen: das Puritanische dieser Sachlichkeitsprogrammarchitektur. Er ist wohl bestrebt, Haus und Wohnung als einen handlichen Apparat zu organisieren; aber, wie Taut es neuerdings will, Haus und Wohnung die Stimmung einer Dynamo-Schalthalle zu geben, widerstrebt ihm.*»[18]

Das gute Einvernehmen zwischen dem Architekten und der ausführenden Gesellschaft, der Haberlandschen Berliner Bodengesellschaft, führte 1919 zum Auftrag an Salvisberg für eine weitere Siedlung, die Eigenheim-Gartenkolonie in Köpenick[19], einem östlichen Vorort Berlins. Bis 1920 sind 120 von den ursprünglich vorgesehenen 400 Häusern fertiggestellt worden. Salvisberg entwickelte drei verschieden grosse Haustypen von 61, 80 und 113 m^2, alle mit seitlichen oder hinteren Anbauten für einen Stall und einen gedeckten Sitzplatz. Die Anlage reproduziert wieder die anerkannten Raumvorstellungen der Gartenstadt: gekrümmte Strassen mit gestaffelten Reihenhäusern, spindelförmige Erweiterungen, achsial angeordnete Strassenkreuzungen, Beachtung des Kiefernbestandes usw. Die behäbig geschifteten Walmdächer mit ihren achsenbetonenden Dachaufbauten geben der Anlage ein ruhiges, festgefügtes Gepräge. «*Die ganze Anlage macht einen anspruchslos freundlichen Eindruck. Die Häuser haben Kiesputz erhalten, von dem sich die weiss gestrichenen Gesimse, die flächig breit gehaltenen Türumrahmungen und die farbig gehaltenen Haustüren kräftig herausheben.*»[20]

Mit vergleichbaren gestalterischen Mitteln arbeitete Salvisberg auch beim Bau weiterer Arbeitersiedlungen in Schwaz, Böhmen (Arbeitersiedlung der Weimann-Werke, 1920), in Nauen in der Mark (Städtische Siedlung, 1920) und in Dortmund/Dorstfeld (Bergarbeiter-Kolonie, 1920/21).[21] Alle drei Anlagen sind gekennzeichnet von der Idee der übergeordneten achsialen Zentralplätze und der untergeordneten, gekrümmten doppelhaus- resp. reihenhausbestandenen Wohnstrassen. Oft signalisiert ein torähnliches Hauspaar mit Arkaden die Eingangssituation. In der Regel sind die Häuser durch eine sanfte innere Achsialität gekennzeichnet. Immer wieder gibt das geschiftete Sattel- oder Walmdach über einem karniesartigen Hauptgesims den vertikalen Abschluss. Die Farbigkeit der Siedlungen wird durch den Gebrauch verschiedener Materialien und moderater Tönungen bestimmt.

Eine besondere Gestaltung leistete sich Salvisberg in der südlichsten seiner Werkssiedlungen, in der für die Reichsstickstoffwerke (vgl. Piesteritz) 1923/24 erstellten Werkssiedlung im oberbayerischen Garching. Bei der Gruppierung der Reihenhäuser übernahm Salvisberg die erprobten Grundsätze, während er bei deren Gestaltung alpine Merkmale wie weit vorragende Satteldächer über breitgelagerten eineinhalbgeschossigen Häusern, Wechsel von Putz- und Holzverschalung usw. vorsah. Auch bei den mehrgeschossigen Mehrfamilienhäusern nahm er bayerische Gestaltungsdetails auf. Die Gemeinde Garching ist heute noch stolz auf ihre denkmalgeschützte Siedlung, die sie als «*die schönste Siedlung*» der 20er Jahre in Deutschland bezeichnet. Der geplanten Privatisierung (1985) müsste allerdings eine sorgfältig konzipierte Ortssatzung zu Grunde gelegt werden.

Bei den Grundrissen der Siedlungshäuser sah Salvisberg, der Natur der Sache entsprechend, eine rationelle und dennoch wohnliche Einteilung vor. Fast alle Siedlungen waren mit Wohnküchen ausgestattet. Hervorzuheben wäre, dass schon in der Werkssiedlung in Piesteritz 1916 ein Bad im 1. OG zur Verfügung stand und dass die Bodenkammern im 2. OG, im Unterschied zu vergleichbaren Siedlungen, heizbar waren. «*Die genormten Bauteile (Fenster, Türen, Treppen u.a.) sind Stapelware und tragen dadurch zur Verbilligung der Bauten bei. Die Grundrisse verraten bei einfachem konstruktivem Aufbau eine wohlüberlegte Raumausnutzung und geringe Gestehungskosten.*»[22]

Die funktionalistischen Grosssiedlungen

Die zweite Gruppe städtebaulichen Schaffens von Salvisberg umfasst die beiden Grosssiedlungen in Berlin. Die «Moderne» hatte sich aus den Anfangsgefechten zwischen Kubismus, Konstruktivismus, de Stijl usw. gemausert. Die «Gartenstadt» hatte nicht mehr den Ehrgeiz, gestalterische Vorreiterin zu sein. Sie begnügte sich damit, den organisatorischen Zusammenhang zum neuen Siedlungsbau aufrecht zu halten und das alte gartenstädtische Reformziel, die Lösung der Bauherrschaft vom Grosskapital, zu verfolgen. Die neue Bauherrschaft waren die Kommunen und deren beauftragte gemeinnützige Träger. Die Sozialdemokratie hatte mindestens auf dem politischen Parkett die Fäden in der Hand und arrangierte sich mit denen, die die Mittel für die sozialen Bauvorhaben bieten konnten.

Die Siedlung «Onkel Toms Hütte» in Berlin-Zehlendorf

Der Bauunternehmer Adolf Sommerfeld, verantwortlicher Leiter der 1872 gegründeten «Allgemeinen Häuserbau AG», eines kommerziell orientierten Bau- und Grundstückskonzerns, stellte unter der Massgabe, die Bauten vom eigenen Konzern ausführen zu lassen, für die Errichtung der Grosssiedlung «Onkel Toms Hütte» im Berliner Süden (Zehlendorf) Baugelände für etwa 28 000 Bewohner zur Verfügung. Die in einem eher konservativen Mittelstandsquartier geplante Grosssiedlung, deren erste Etappe zwischen Wilskistrasse, Riemeisterstrasse und Onkel Tom Strasse 1926–28 von den Architekten Bruno Taut, Hugo Häring und Otto Rudolf Salvisberg entworfen wurde, führte vor Baubeginn zu Auseinandersetzungen zwischen dem verantwortlichen Stadtbaurat, Martin Wagner, und den Bezirksvertretern. Das gutbürgerliche Klima Zehlendorfs sollte doch nicht durch die plötzliche und massenhafte Ansiedlung von

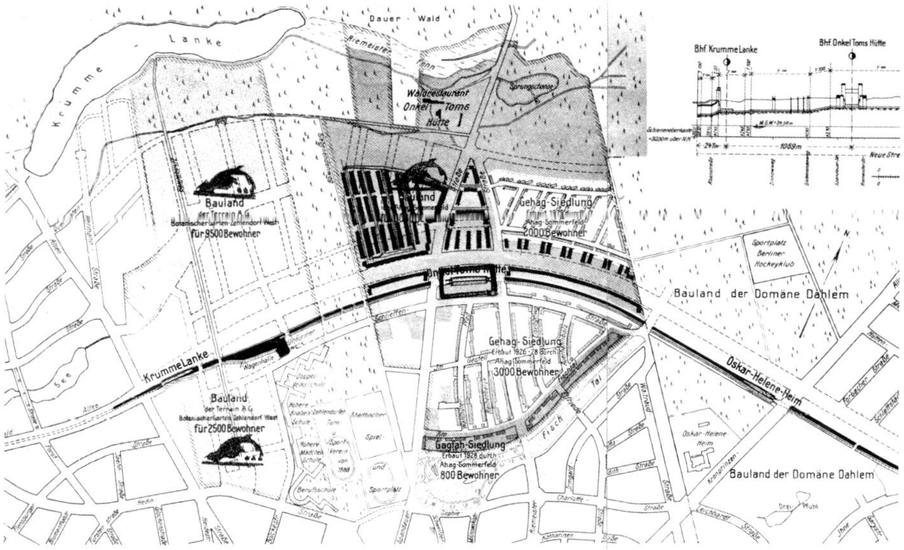

8

9

8 *Bahnhofsblock Onkel Toms Hütte, Plan der Bahnverlängerung Thielplatz – Krumme Lanke*
9 *Bahnhofsblock Onkel Toms Hütte, Dokumentation der «Allgemeinen Häuserbau AG Adolf Sommerfeld»*

---

17 Vgl. dazu die vielbeachtete Beispielsammlung sog. guter Architektur des Berliner Architekten Paul Mebes, die 1910 unter dem Titel *Um 1800* erschienen ist. Vgl. auch Edina Meyer, *Paul Mebes*, Berlin 1972. – Paul Mebes schuf zusammen mit Paul Emmerich eine Vielzahl von Wohnanlagen und Siedlungen in den 10er und 20er Jahren. In der Regel benutzten sie eine eher traditionell-konservative Architektursprache; Salvisberg hat sich mit Sicherheit auch an ihrer Architektur orientiert.

18 Paul Westheim, «Otto Rudolf Salvisberg, Berlin», in *Das Werk*, 1925/1.

19 Vgl. dazu u.a. *Wasmuths Monatshefte für Baukunst*, 1920/21, S. 331–342, und *Berlin und seine Bauten*, IV/A, Berlin 1970, Obj. 222 I, S. 366.

20 *Wasmuths Monatshefte*, a.a.O., S. 332.

21 Paul Westheim gibt in *Das Werk*, 1925/1, S. 12, interessante Details zur Beauftragung Salvisbergs in Dortmund: «Ich entsinne mich, wie vor ein paar Jahren in einer Industriestadt des Westens [in Dortmund] eine Arbeitersiedlung gebaut werden sollte, für die der dortige Stadtbaurat [Hans Strobel, K.H.] einen Entwurf gemacht hatte, der eigentlich schon so gut wie angenommen war. Eine Bodengesellschaft [Berlinische Boden-Gesellschaft von Haberland!], die die Ausführung gern gehabt hätte, bat Salvisberg, in aller Eile einen Gegenentwurf zu machen, der in der entscheidenden Sitzung vorgelegt werden könnte. Und dieser Entwurf war so ohne weiteres überzeugend, dass der andere überhaupt nicht mehr in Frage kam.»

22 F.B. in *Die Schweizerische Baukunst*, 1920/21, S. 180.

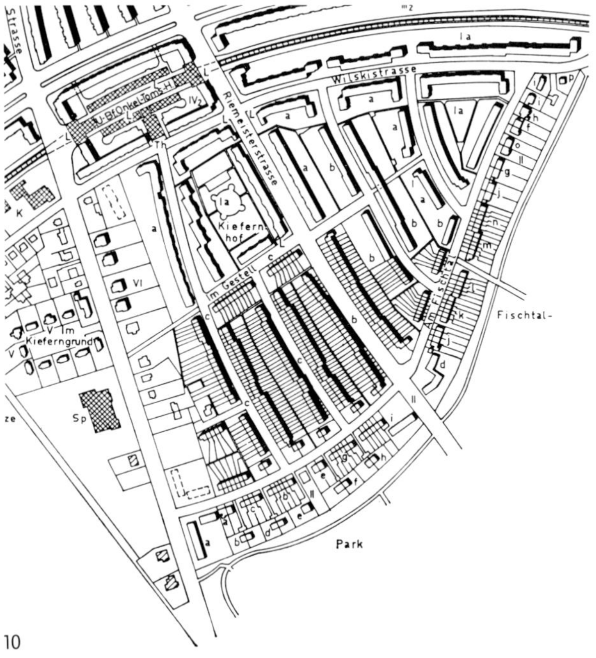

10

kleinen Angestellten, womöglich Sozialdemokraten, oder gar Arbeitern getrübt werden. Die Staatsraison obsiegte. Die Siedlung wurde gebaut und sollte, insbesondere durch die weiteren Bauetappen im Norden des Geländes und durch die von Salvisberg entworfene Ladenstrasse (s. unten), eine der vielgerühmten Grosssiedlungen Berlins werden.

Die Mitautorschaft Salvisbergs bei der Realisierung der Gesamtanlage unter der organisatorischen (bauherrschaftlichen) Durchführung der GEHAG entsprach offensichtlich einem Zugeständnis an den Grundstückshändler und Konzern-Chef Sommerfeld. Salvisberg hatte schon 1924 im Auftrage von dessen Terraingesellschaft «Am neuen Botanischen Garten» eine *«gutbürgerliche»* (Katalogtext) Reihenhausanlage an der Hortensienstrasse geplant und erstellt. Unter dem Namen *«Typ Salvisberg»* wurden von Sommerfeld Einfamilienhäuser von der Stange – *«nach Wunsch im ganzen Reich»* – angeboten. Der Faltprospekt mit Grundriss und Ansichtszeichnung preist die besonderen Leistungen der Gesellschaft für Berlin wie folgt an: *«Für Gross-Berlin stehen unsere preiswerten Terrains in Zehlendorf-West und -Mitte und am neuen botanischen Garten zu Verfügung. Bei Wahl dieser Terrains gewähren wir Hypotheken bis zur Höhe des Terrainwertes.»*[23]

Salvisbergs 157 Reiheneinfamilienhäuser im südwestlichen Teil der Siedlung Onkel Tom zwischen Im Gestell und Am Fischtal sind im Habitus den beiden anderen Baugruppen von Taut und Häring angeglichen. Sie zeigen alle das programmatische flache Dach, das 1928 zum berühmten «Dächerkrieg von Zehlendorf»[24] geführt hatte. Die langen Einfamilienhausreihen sind der Strassenflucht entlang bildhaft versetzt, so dass sich Erweiterungen der Strasse, Verengungen, Durchblicke ergeben, Anordnungsmerkmale, die dem gartenstädtischen Repertoire entsprachen, dem sich sowohl Taut wie auch Salvisberg verpflichtet fühlten.

Die Salvisbergschen Einfamilienhäuser betonen stärker als die der anderen Architekten ihre Individualität, *«indem er* (Salvisberg) *Nachbar für Nachbar durch eine Rollschicht* (aus Klinker) *trennt»*, so eine Notiz im *Berliner Tageblatt* vom 19. März 1928. Der Artikel führt weiter unten an, dass die für eine weitere Bauetappe zu erprobende fabrikmässige Erstellung von Wohnungen zu einer Studienreise von Walter Gropius mit dem Bauunternehmer Adolf Sommerfeld nach Amerika führen werde, *«um geeignete Vorrichtungen für den fabrikmässigen, maschinellen Wohnungsbau zu studieren und zu erwerben»*.[25]

Das Eis war gebrochen. Salvisberg konnte und wollte das Rad der Zeit nicht mehr zurückdrehen. Die Typisierung und Standardisierung, die Taylorisierung des Wohnungsbaues bis zum «Wohn-Ford» hatte ihren Siegeszug begonnen.

Die städteplanerische und organisatorische Grossleistung sollte Salvisberg bei der ihm anvertrauten Planung der Grosssiedlung «Weisse Stadt» (früher «Schillerpromenade») vollbringen. Während der Planung erreichte ihn die Aufforderung, innerhalb der Zehlendorfer Grosssiedlung die in die Annalen des Städtebaus eingegangene «Ladenstrasse», den von der Sommerfeldschen «Allgemeinen Häuserbau AG» erstellten U-Bahnhofsblock Onkel Toms Hütte, zu planen und zu bauen. Der Block sollte neben 124 Wohnungen, 27 Läden (inkl. Bank und Post), ein Kaffee, ein Kino, 98 Auto- und 30 Motorradeinstellplätze enthalten.

Diese höchst moderne, avantgardistische, in Deutschland in dieser Grösse und in diesem organisatorischen Zusammenhang bis dahin noch nicht vorgedachte Wohn-, Laden- und Bahnhofseinheit sollte erst im Nachkriegsstädtebau ihre zahlreichen Nachfolger erhalten – beginnend mit den neuen Zentren in Stockholm.

Salvisberg plante eine sowohl vom technischen Ablauf als auch von der Gestaltung vorbildliche Einheit, die leider nicht in ihrer ganzen Konsequenz (auch unter wesentlichen Planänderungen durch Alfred Grenander) ausgeführt worden ist. Die, wie in der Entwurfszeichnung ersichtlich, in eleganten Schwingungen gestylte Anlage (an Mendelsohn erinnernd, dem Salvisberg freundschaftlich zugetan war), entsprach einer Dynamik, die sogar gewisse Gestaltungen der 50er Jahre vorweg nahm.

---

23 Vgl. Faltprospekt des Konzerns im Salvisberg-Nachlass, Institut gta, ETH Z. (Kat. Nrn. 64, 89.)

24 Zwischen der GEHAG-Siedlung und der von Tessenow geplanten und von verschiedenen Architekten ausgeführten GAGFAH-Siedlung 1928.

25 Die Verbindung Gropius–Sommerfeld hatte seit der Errichtung des berühmten expressionistischen Blockhauses für Sommerfeld von Walter Gropius im Jahre 1921 bestanden. Gropius' Interesse an wirtschaftlichen Baumethoden entsprach seinen damaligen Aktivitäten für die Reichsforschungsgesellschaft für die Wirtschaftlichkeit im Bauen (RfG) seit 1928.

Gehag-Siedlung Onkel Toms Hütte, Berlin-Zehlendorf, 1926–28 (Kat. Nr. 106):

10 *Situationsplan*
1a: Bauabschnitt Bruno Taut
1b: Bauabschnitt Hugo Häring
1c: Bauabschnitt O.R. Salvisberg

11 *Aus: Welt-Spiegel, Berlin, 9.11.1928*

Die hinkende Strasse

Der Dächerkrieg in Zehlendorf

Diese Strasse hinkt —
weil sich in ihr flache und steile Dächer begegnen

Im westlichen Berliner Vorort Zehlendorf ist im letzten Jahre am Rande des Grunewaldes eine neue Siedlung entstanden. In langgestreckten Häuserzeilen und mit sonnigen Hofgärten wurde bei der Anlage dieser neuen Stadt die Naturschönheit ihrer Lage gleichsam in die Wohnstätten hineingeleitet – ein grosser künstlerischer Erfolg der einheitlichen Baugesinnung, zu der sich drei Architekten, Bruno Taut,

Luftbild der Siedlung am Fischtalgrund,
bevor der Dächerkrieg entbrannte. Auf der Wiese rechts vor den Siedlungsbauten ist jetzt die bedauernswerte Sperrkette von neuen Häusern mit steilen Dächern entstanden

Auch dies ist ein Beispiel für die unharmonische Wirkung zweier verschiedenen Bauweisen

''ugo Häring und Otto Salvisberg, bei dieser Schöpfung vereinigt haben. Die Künstler haben am -lgrund das ihnen gestellte Bauprogramm in kubischen Zellen aneinandergereiht und das -che Ganze mit flachen Dächern ausgestattet. Und das Flachdach hat hier durch die einer Durchbildung einen völligen Sieg davon getragen. – Leider wurden die guten ıngen, schönen Siedlerstadt dadurch zerstört, dass in den letzten Monaten an dem n Strassenrand des Fischtales eine andere Siedlung entstand, deren Häuser-Rhythmus der Flachdachsiedlung zuwiderläuft, sondern durch die Wahl des -- die frühere Einheitlichkeit des Stadtbildes zerstört hat. Das Fischtal '-enden Strasse" geworden. Es ist sehr bedauerlich, dass im Zeitalter neinnützige Siedlungstätigkeit so ein verzertes Stadtbild entstehen

liess. In der Steildachsiedlung wurde am 1. September eine Jubiläumsausstellung durch ihre Bauherrin „Gagfah" eröffnet. – Die Muse der Baukunst hat Berlin schon immer stiefmütterlich behandelt. Alle hundert Jahre einmal hat sie einen grossen Baumeister an die Spree entsandt; ihre schönen Bauwerke

Eine schöne, nicht verschandelte Strasse im Zehlendorfer Fischtalgrund

haben aber an dem Sand der Mark keinen guten Nährboden gefunden. Auch jetzt fehlt der Reichshauptstadt der starke Baumann, der ihr rapides Wachstum mit Weisheit leitet. Siebzehn Architekten haben unter der Führung von Heinrich Tessenow den Zehlendorfer Dächerkrieg entfacht. – Die am gleichen Strassenland feindlich sich gegenüberliegenden Siedlungen werden miteinander nie Frieden schliessen. – Deutschland, und mit dir die ganze Welt, feiert in wenigen Wochen das traurige Jubiläum der zehnjährigen Wohnungsnot. Der zehnjährigen Jubiläumssiedlung der „Gagfah" wurde diese Not nicht zur Tugend. G. Stn.

'tliche Bebauung erzielt immer ein gutes Stadt- und Landschaftsbild

Die Grosssiedlung «Schillerpromenade», heute «Weisse Stadt», in Berlin-Reinickendorf

Salvisberg hatte eine «andere», eigene Moderne entwickelt, keine puritanische, sondern eine elegante, schnittige Moderne, die er etwa mit Emil Fahrenkamp teilte. Die lange Zeit seiner «Konversion zur Moderne» hatte ihm eine stilistische Sicherheit und deshalb vielleicht auch ein persönliches Ausdrucksvermögen verliehen, das er beim städtebaulichen Entwurf und bei der architektonischen Gestaltung der Siedlung «Schillerpromenade» (1928–31) anwenden konnte. Hier arbeitete er im übrigen frei von Zugeständnissen oder Rücksichten irgend einem Finanzier gegenüber.[26]

Während der Jahre des ideologischen Kampfes um den «modernen Zweckbau» (Adolf Behne 1923) oder um das Bauhaus in Weimar (vor allem 1923–25) hat sich Salvisberg verdeckt gehalten. Das vielzitierte Berliner Finanzbürgertum hatte sich seinerseits erst zum Ende der 20er Jahre, von einigen Ausnahmen abgesehen, dem Haus Sternfeld von Erich Mendelsohn (1923) oder dem Haus Kallenbach von Walter Gropius (1922) mit der Moderne arrangieren wollen. Ein Bruno Paul, ein Peter Behrens und natürlich ein Hermann Muthesius waren angesehener als ein Bruno Taut, ein Hugo Häring, ganz zu schweigen von einem Hannes Meyer. Die Moderne war, vielleicht mit dem anspruchsvollen, kostspieligen, materialaufwendigen Barcelona Pavillon von Mies van der Rohe, dem das Deutsche Reich offiziell vertretenden Bau auf der Weltausstellung im Jahr 1929, dem Verdikt der Linkslastigkeit, und der programmatischen Entsagung entkommen. Emil Fahrenkamp (Shell Haus 1930ff.), wie vor ihm Erich Mendelsohn, der schon immer seinen ganz persönlichen Weg ging, der «anderen» Moderne aber wichtige Impulse gab (Kino Universum 1926/27), hatten mit ihren Bauten den Weg zur Eleganz der internationalen 30er Jahre aufgezeigt. 1928–30, zum Zeitpunkt seiner Berufung an die ETH nach Zürich, hatte Salvisberg seine gestalterische Sicherheit und Ruhe, die auch seine Geschäftshäuser vor dem Ersten Weltkrieg kennzeichnen, wiedergefunden, nun im Sinne einer eleganten Moderne.

Otto Rudolf Salvisberg gehörte seit der «Schillerpromenade» nicht mehr zu den Architekten, die man nicht kannte. Ganze Sondernummern widmeten Bauzeitschriften dieser Siedlung in Reinickendorf.[27] Dabei hatte Salvisberg beim städtebaulichen Konzept (über 1000 Wohnungen) die Erfahrungen der gartenstädtischen Phase nicht etwa über Bord geworfen. Immer noch waren es die bildwirksamen Gestaltungsmittel, die seinen «neuen» Städtebau kennzeichnen: Eingangssituationen mit Tor-(Brückenhaus von Salvisberg) oder Turmcharakter (Turmhäuser von Ahrends), Erweiterung des Strassenraumes zu Plätzen, Gestaltung des Raumes durch Grünplanungen (Strassenbäume, Heckenrabatten), klassische Gliederung der Fassaden mit angedeuteten Binnenachsen und einem Vexierspiel mit vertikalen Treppenhausfensterbändern, raumwirksames Spiel

12

einerseits mit Dachüberständen, anderseits mit knapper, kubischer Modellierung. Seine Liebe galt nicht dem kompromisslosen, raumnegierenden reinen Zeilenbau einer Siedlung Dammerstock.

Die geplante Gesamtüberbauung ist bis 1931 (Ende der Bauarbeiten) nur zu einem Teil fertiggestellt worden. Vor allem die nordöstliche Überbauung der Schillerpromenade (Volksschule, Lyceum), das Pendant zu Salvisbergs 280 m langer Wohnhauswand und der raumwirksame Abschluss zur Lindauer Strasse mit seinen grosszügigen drei- bis fünfreihigen Baumalleen konnte nicht mehr ausgeführt werden.

Die vorhandenen städtebaulichen Qualitäten beweisen Salvisbergs Geschick im Umgang mit urbanen Volumina. *«Wenn die Siedlung fertiggestellt sein wird»*, so Julius Posener in einem Aufsatz in *L'Architecture d'Aujourd'Hui* (1931), *«ist sie ohne Zweifel eine der wichtigsten architektonischen Manifestationen des heutigen Berlin.»* (Nicht von ungefähr wird in der von Martin Wagner und Adolf Behne 1929 herausgegebenen Zeitschrift *Das neue Berlin* auf die städtebauliche Leistung der Grosssiedlung «Schillerpromenade» hingewiesen.) In der Alltagssprache seiner Bewohner wurde der neue, leicht unterkühlte, weite und doch urbane Stadtteil in Reinickendorf «Weisse Stadt»[28] umbenannt. Damit ist bewiesen, dass diese Siedlung im Gegensatz zu vielen anderen ihrer Zeit Urbanität angesetzt hat. Gerade noch die «Wohnstadt Carl Legien» an der Ostberliner Erich-Weinert-Strasse von Bruno Taut und Franz Hillinger (1929/30), eine vier- und fünfgeschossige Wohnhofanlage mit Ladenzeile und Gaststätten, könnte im Hinblick auf die städtischen Qualitäten zum Vergleich herangezogen werden.

Die von der Gemeinnützigen Heimstättengesellschaft «Primus» (gegr. 1919) auf ehemaligem Gemeindeland für Arbeiter erstellte «Weisse Stadt» wurde von Otto Rudolf Salvisberg (städtebauliches Konzept 1928) in Kooperation mit Prof. Wilhelm Büning, dem Architekten Bruno Ahrends, dem Architekten und Architekturjournalisten Friedrich Paulsen sowie dem Gartenarchitekten Ludwig Lesser erstellt. Intensive bauwirtschaftliche Voruntersuchungen führten zur Normierung von Fenstern, Türzargen und Betonfertigteilen für die Treppenhäuser, zu vier verschiedenen Küchentypen und vor allem zum Bau eines zentralen Heizwerkes, das die Warmwasserversorgung gewährleistete und einer Zentralwäscherei angegliedert war. 22 Läden (darunter eine Apotheke), ein Kaffee und Kindertagesstätten waren vorgesehen.

Die erste Vorplanung Salvisbergs wurde in Zusammenarbeit mit den anderen Architekten moderiert und zu Teilen geändert. Die Architekten waren in der Ausgestaltung der architektonischen Details, bei grundsätzlicher Übereinkunft zur «moderaten» Moderne, frei. Um so interessanter ist ihre Manifestation zur Einheit in der Vielheit. So unterscheidet sich der eher expressionistische Ausdruck der Ahrendsschen Bauten (Wechsel im Dachüberstand, bewegte Gestaltung der Hausanschlüsse, expressionistische Details bei den Treppenhausachsen usw.) von der sachlichen, kühlen Ruhe des langgestreckten Wohnhofes oder von der konstruktiven Modernität des in Stahlbetonskelettbauweise ausgeführten Brückenhauses von Salvisberg.

Mit diesem gewichtigen Pfand in der Tasche konnte der Auslandberner getrost und selbstbewusst (hier musste ihm wohl niemand etwas vormachen) seinen Architektur- und Städtebaulehrstuhl an der Eidgenössischen Technischen Hochschule in Zürich einnehmen.

13

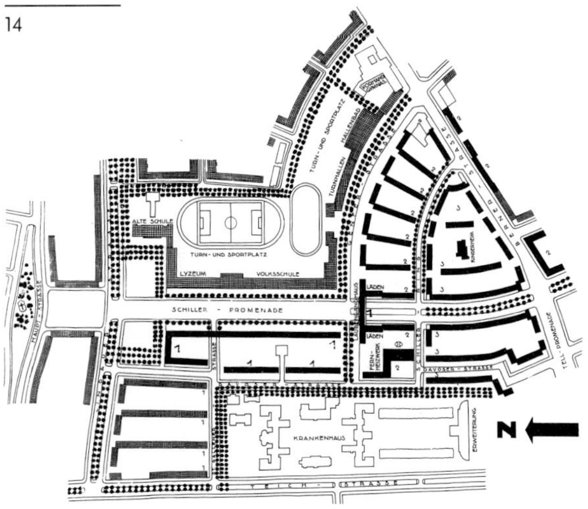

14

Grosssiedlung Schillerpromenade oder Weisse Stadt, Berlin-Reinickendorf, 1929–30 (Kat. Nr. 137):
12 *O.R. Salvisberg: Brückenhaus*
13 *Übersicht Bauteil Bruno Ahrends*
14 *Situationsplan*
1 Bauteil O.R. Salvisberg
2 Bauteil Wilhelm Büning
3 Bauteil Bruno Ahrends

---

26 Die Architekturwerkstatt Helge Pitz–Winfried Brenne u.a., 1 Berlin 41, Rheinstrasse 45, hat 1982–84 im Auftrag der GSW (Gemeinnützige Siedlungs- und Wohnungsbau-Gesellschaft GmbH) Berlin eine Dokumentation «Weisse Stadt Reinickendorf» zur 50jährigen Geschichte der Siedlung erstellt. Ihr primäres Interesse galt der Erarbeitung des Originalzustandes sowie den Grundlagen für zukünftige Massnahmen dieser unter Denkmalschutz stehenden Siedlung. Die vorliegenden Ausführungen haben Erkenntnisse dieses Gutachtens mitberücksichtigt.

27 Vor allem in *Bauwelt*, 1948/30 (Sonderdruck: Gross-Siedlung Berlin-Reinickendorf, Schillerpromenade), S. 1–24. Vgl. auch: F. Huth, «Ein Massen-Kleinwohnungsbau in Berlin-Reinickendorf», in *Deutsche Bauhütte*, 1930, S. 253–255; Julius Posener, «Grand Lotissement à Berlin-Reinickendorf», in *L'Architecture d'Aujourd'Hui*, 1931/5, S. 38–43; Martin Wagner und Adolf Behne, «Bebauungsplan Reinickendorf», in *Das Neue Berlin*, 1929, S. 82–83. (Eine weitergehende Bibliographie vgl. Gutachten Pitz–Brenne, a.a.O. [vgl. Anm. 26].)

28 Im Gutachten Pitz–Brenne steht unter «Farbe im Stadtraum», einem Kapitel, dem sich die Autoren mit besonderer Sorgfalt gewidmet haben: «Nähert man sich heute der Weissen Stadt, so kann man sich schwer vorstellen, dass die nun grauen Mauern von so beeindruckendem Weiss gewesen sind, dass sie den volkstümlichen Namen der Siedlung entstehen liessen. In der Literatur Anfang der 30er Jahre wird so auch immer wieder das Weiss erwähnt. Dazu erfährt man noch, dass die Dachüberstände blau, grün und rot waren, sonst nichts. Vielleicht waren auch die etwa zehn Jahre Farbe zu kurz, denn mit dem Dritten Reich verschwand auch hier die Farbe unter braunen Neuanstrichen. So vollständig vergessen war die ursprüngliche Farbigkeit, dass die Ergebnisse der Farbuntersuchung allgemeine Überraschung hervorriefen. Die zum Teil leuchtenden Farben der Fassadenelemente liessen das Weiss erst so nachhaltig in den Köpfen wirken. Besonders eindrucksvoll muss das strahlende rotanteilige Blau gewesen sein, welches Ahrends auf den Dachüberständen, den Treppenhausfenstern, den Loggien, Regenrinnen und Regenabfallrohren, Büning auf den Haustüren und den Schaufenstern und Salvisberg auf den Blendrahmen und Deckleisten der Fenster, den Stahlfenstern, auf den Stanzblechen der Kellerfenster und ebenfalls auf den Dachüberständen verwendeten. Salvisberg begegnet dem Blau mit leuchtend roten Haustüren und Bühning setzte ihm ein Orangenrot im Dachbereich entgegen. Einheitlich verwendeten die Architekten für die Holz-Fensterflügel ein warmes, helles Gelb (...). Ein ähnliches lichtes Gelb wurde wahrscheinlich an den Wänden und Decken der Laubengänge des ‚Brückenhauses', bei welchen die Holzfenster, Blendrahmen und Deckleisten grün gestrichen waren, verwendet (...).»

INDUSTRIELLE REPRÄSENTATION

ZU DEN BAUTEN DER HOFFMANN-LA ROCHE IN

ULRIKE JEHLE-SCHULTE STRATHAUS

Otto Rudolf Salvisberg erhielt 1935 von Emil Barell, dem Generaldirektor der Firma F. Hoffmann-La Roche, den Auftrag, das Verwaltungsgebäude für den Basler Konzernsitz zu bauen. Salvisberg war damals seit sechs Jahren Professor für Architektur an der ETH, berühmt als Lehrer und als Praktiker, der vor seiner Berufung nach Zürich in Berlin ein erfolgreiches Büro geleitet hatte. Barell hatte sich von ihm bereits sein privates Wohnhaus konstruieren lassen.

Das von Barell bestellte Gebäude stand nach elf Monaten Bauzeit schon 1936. Salvisberg wurde in der Folge zum Hausarchitekten der Firma. Er konnte neben dem Verwaltungsgebäude zwei Betriebsbauten realisieren: 1936 den Speditions- und Lagerbau für pharmazeutische Produkte (Pharmagebäude, Bau 27) und 1939 ein Chemie-Fabrikationshaus (Bau 29).

Das Verwaltungsgebäude (Kat. Nr. 186)

Das Verwaltungsgebäude der Firma F. Hoffmann-La Roche liegt zwischen der Grenzacherstrasse und einer Rheinpromenade über einer steilen Böschung in einem Park-Areal unmittelbar neben der Fabrik. Auf die herrliche Lage mit dem alten Baumbestand und auf die Grösse des Grundstücks reagierte Salvisberg im Einverständnis mit seinem Bauherrn. Er breitete das Raumprogramm möglichst horizontal aus und verstand die Gebäudeflügel als Fassung des Parks. In der an die westliche Grenze der Parzelle gerückten U-Form des Hauses sind Direktion und Verwaltungsabteilungen der Firma untergebracht. Die Eingänge für die Beamten und die Direktion befinden sich in den kurzen Flanken des Gebäudekomplexes an der Grenzacherstrasse und auf der Rhein-Seite.

Beim Beamten-Eingang an der Grenzacherstrasse, der seiner Bedeutung entsprechend einen Vorplatz erhielt und zurückversetzt wurde, musste der freigelegte Brandgiebel der nachbarlichen Häuserzeile kaschiert werden. Salvisberg setzte also einen um ein Geschoss niedrigeren Sammlungstrakt, der die Traufhöhe des bestehenden Hauses übernimmt, in die westliche Flucht seiner Anlage. Dieser kleine Sammlungstrakt auf Stützen, zwischen denen Platz für Fahrräder ausgespart war, unterscheidet sich vom übrigen Bau. Es ist eine mit Glasbausteinen ausgefachte transparente Stahlkonstruktion.

Das ganze übrige Gebäude aus Eisenbeton wurde mit Laufener Kalksteinplatten (70× 80 cm) verkleidet. Die

1

Fensterprofile sind überall aus Bronze. Die dünne Betonplatte als oberer Abschluss kragt weit vor. Trotz solcher einheitlicher Merkmale gibt es Unterschiede in der Behandlung des Verwaltungs- und des Direktionsflügels. Dessen Entrée von der Rhein-Promenade her ist grossartig, ganz auf Repräsentation hin angelegt. Das vornehme Repertoire reicht vom hohen Einfahrtstor über einen von gepflegtem Buschwerk gerahmten Vorplatz bis zu den wie Seifenblasen gewölbten Glasscheiben des Portals und der schachbrettartig gemusterten Bodenfläche der Eingangshalle, an deren Ende scheinbar schwerelos und frei wie Skulpturen von Pevsner eine geschwungene Eichentreppe ins Obergeschoss führt. Der Direktionsflügel ist wie die beiden anderen dreigeschossigen Trakte zweibündig konzipiert.

Im Direktionstrakt, dessen erster Stock als Bel-Etage verstanden ist, sind die Halle, das Auditorium, der Sitzungssaal und das Podest der Haupttreppe zweigeschossig. Die Halle, von der die Türen in die Säle abgehen, wird durch ein hochliegendes Fensterband, angebracht über den rheinwärts gelegenen Direktionsbüros, von Süden her beleuchtet. Für die Stirnseite der Halle entwarf der «neusachliche» Niklaus Stoecklin ein sechs mal sechs Meter grosses Wandbild. Es ist hervorgegangen aus einem engeren Wettbewerb unter Basler

JND ELEGANZ

A S E L

Malern. Die unbestechliche sezierende Art, mit welcher der Künstler hier unter Verzicht auf Figürliches Pflanzen und primitives Leben als Urstoff der Pharmazeutik darstellt, unterstützt das Pathos der Strenge, welches Salvisberg in diesem Gebäudeteil wohl angestrebt hat. Stoecklin hat sein Riesenformat auf Fern- und Nahsicht eingestellt. Die als übergrosses Repoussoir gemalten Pflanzen an den Seiten des Bildes geben schon vom anderen Ende der vierzig Meter langen Halle her den Blick frei auf eine Industrielandschaft. Die Nahsicht hingegen eröffnet dem Betrachter Perspektiven im Mikrobereich der Pflanzenwelt.

In dieser streng-feierlichen Halle sind die Grundelemente vereint, die das Innere des ganzen Baus durchziehen: weisse Wände kontrastierend mit Nussbaum oder Esche, serielle Anordnung von Türen, Bänken und Fenstern, Betonrippen-Decke, deren «Graphik» das Thema «Band» und «Reihe», welches den Raum ausmacht, steigert. Die Materialien sind alle mit handwerklicher Sorgfalt behandelt. Die Art und Weise, wie verschiedene Stoffe zusammenstossen oder aneinandergefügt sind, erinnert an den Finish der Ausstattung luxuriöser Zugsabteile aus den Zeiten des Orient-Express. Die indirekte Beleuchtung mit den Deckenstrahlern oder jenen Beleuchtungskörpern, die in die Fensterbrüstung versenkt sind, gehören auch zu dieser Zauberwelt. Das Licht, auch das natürliche, ist überall gefasst und einbezogen in die «Choreographie» der architektonischen Mittel. Es erhellt den hintersten Winkel, wird durch Glastüren geführt und reflektiert auf Vitrinen, ist – wie schon erwähnt – von Bronzeprofilen gerahmt und kommt von oben, durch Gläser, die wie selbst strahlende Paneele leuchten. In den Büroräumen reichen die Fenster bis zur Decke als gälte es, die Klarheit des wissenschaftlichen Tuns, das allen Produkten der Pharmazeutik zugrunde liegt, zu versinnbildlichen.

Zur Klarheit und zum Luxus gehört die vornehme Zurückhaltung. Der relativ niedrige Baukörper ist so plaziert, dass seine Dimension vom Besucher erst im Innern begriffen wird. Beide Eingänge liegen an den Schmalseiten der U-Form. Abgesehen von den Büros der Direktion, die auf den Rhein orientiert sind, ist das Haus in beinahe klösterlichem Stil nach innen gekehrt, öffnet es sich auf den Park, den es umschliesst.

Interessant ist die Beobachtung, dass Salvisberg traditionelle «Ikonographie» mit neuen Bauformen verbindet. Es gibt in diesem Verwaltungsgebäude die

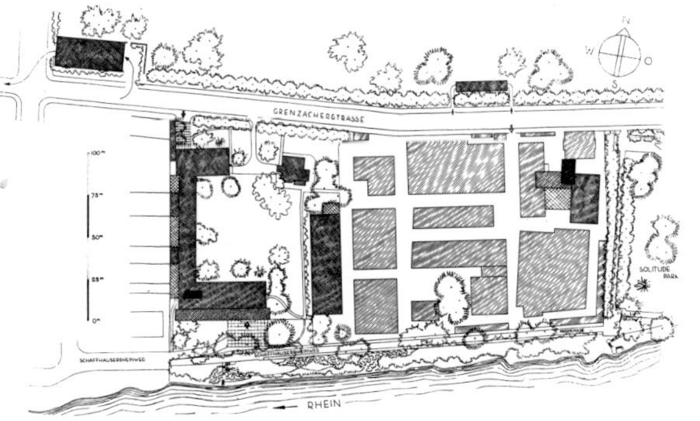

2

Sprache des wertvollen Materials: ausgewählte Holzsorten, fein Gemasertes in Holz und Stein, die edle Bronze, das diskrete Schwarz-Weiss, ans königliche Schachspiel erinnernd, das Glas, den Glanz, das Polierte. Das alles kaschiert eine moderne Konstruktion aus Eisenbeton. Das alles über einem hochmodernen Gerüst. Da wird nicht einfach verputzt wie bei den Pionieren des neuen Bauens. Da gibt es zwar Metallrahmen, aber keine industriellen Stahlprofile. Das Bauhaus steht nur Pate. Die hochrechteckigen Fensterproportionen am Direktionsflügel verhindern, dass man an Le Corbusiers Bandfenster erinnert ist. Näher sind einem Gedanken an Renaissance-Paläste angesichts dieser Proportionen und dieser Reihen.

Die Moderne als Manifest mit ideologischen Vorzeichen ist nicht Salvisbergs Thema. Die Moderne ist für ihn moderne Technik. Er braucht sie, weil sie mehr ermöglicht und verkleidet sie, wenn sie ihm zu karg erscheint.

Sorgfalt und handwerkliche Genauigkeit sind bei ihm, ganz anders als bei Le Corbusier oder Hans Schmidt, Forderungen. Darin ist Salvisberg der Bürger inmitten von Revolutionären. Nur geht die Sorgfalt über das Durchschnittliche hinaus. Die Dimensionierung der Betonpfeiler richtet sich nach den Massen der Schriftenordner. Die Beton-Aussenpfeiler entsprechen den Leitungssträngen und dem Anschluss der verschiebbaren Leichtwände. Nach aussen jedoch treten solche Gedanken und Massnahmen nicht in Erscheinung. Das «Bild der Moderne» entwickelt sich nur dem Analysierenden. Die Ornamentlosigkeit, die die «weisse», die «puristische» Moderne auszeichnet, ist bei Salvisberg überholt. Er setzt an die Stelle des Ornaments die Oberfläche des «unschuldigen» Materials: Keramik, Metall

1 *Niklaus Stöcklin: Wandbild in der Halle des Direktionstraktes, 6× 6 m*
2 *Situationsplan*

3
5

4

Verwaltungsgebäude:
3 Zimmer des Generaldirektors, mit Blick gegen das Blumenfenster. Material: Nussbaum mit weisser Wand
4 Arbeitsraum im Beamtentrakt
5 Haupteingang. Material: Laufener Natursteinplatten, Bronzefenster

6 Erdgeschosskorridor mit Einblick in die Arbeitsräume. Wände Salubra, Boden Gummi
7 Galeriegeschoss des Sammlungstraktes mit Stahlstützen, Antikorrodal-Schaukasten und -Geländer, Gummiboden
8 Eingangshalle mit Haupttreppe in Eichenholz

6
8

7

Holz, besondere Glätte, Patina, Maserung. Handwerkliche Tradition und industrielle Fertigung kreuzen sich und ergänzen sich im Verwaltungsgebäude der Hoffmann-La Roche.

Da gibt es die Glasbausteine am Sammlungstrakt, die Gummiböden in manchen Korridoren. Da gibt es aber auch die ausgewählten Steine und nach Ebenisten-Art bearbeiteten Hölzer.

Die Villa Barell (Kat. Nr. 174)

Die Villa des Generaldirektors Barell, die Salvisberg zwei Jahre vor dem Verwaltungsgebäude bauen durfte, erscheint von heute aus wie eine Vorstudie zum Verwaltungsgebäude. Sie steht am Rennweg 62 in Basel und verbindet bereits die Qualitäten des Luxus mit denen der Diskretion. Abgewandt von der Strasse, verbirgt schon dieses Haus seine wahre Grösse und öffnet sich auf die Gartenseite. Das Haus ist zweigeschossig und entwickelt sich relativ flach über einem L-förmigen Grundriss. Während die Wandflächen gegen die Strasse zu dominieren, öffnet sich das Erdgeschoss mit grossen Fensterflächen und einer Pergola gegen den Garten. Auch diese Villa ist zum Teil mit Natursteinplatten verkleidet. An der Eingangsseite ist die geschwungene Türlaibung betont. Die Garageneinfahrt und die Gartenmauer, zudem die Fenstereinfassungen am ganzen Gebäude, sind ebenfalls hervorgehoben mit dem beigen Stein. Die erwähnte abgerundete Türlaibung des Eingangs nimmt die gewölbten Glasvitrinen vorweg, die den Haupteingang zur Verwaltung begleiten.

Auch im Interieur der Villa Barell verwendet Salvisberg Elemente, wie er sie später im Verwaltungsgebäude einsetzt: die frei schwingende Treppe in der Eingangshalle, von der die gesamte Erschliessung ausgeht, die massiven Möbel und Einbauten aus Nussbaum-Holz, den Spannteppich in der Halle des oberen Geschosses, ähnlich wie in der Halle des Verwaltungsgebäudes.

Hier wie dort hatten architektonisches Vokabular und Materialwahl zu antworten auf den Anspruch des Bauherrn nach Repräsentation und zurückhaltender Richesse. Barell war als Vorsteher des Industriebetriebs Hoffmann-La Roche auch in seinem Wohnhaus eine öffentliche Figur, und das Verwaltungsgebäude sollte anderseits neben seinen halböffentlichen Funktionen Qualitäten, wie Ruhe und Abgeschlossenheit ausstrahlen, Qualitäten wie sie die Villen-Architektur kennt.

Das Pharmagebäude (Kat. Nr. 187)

Beim Bau 27, dem Pharmagebäude von 1936, das Lager, Verpackungsräume und Spedition der pharmazeutischen Produktion unter einem Dach vereinen sollte, lässt sich Salvisberg von anderen Überlegungen lenken. Das Betonskelett wurde jetzt als Pilz-Flachdecken-Konstruktion ausgebildet, mit achteckigen Stützen. Die Brüstungen sind mit den Decken vergossen. Die durchgehenden horizontalen Fensterbänder reichen hinauf bis zur Deckenuntersicht. Das Dach über dem sechsstökkigen Bau war wieder weit auskragend und dünn. Es trug an seiner Unterseite die Schiene des Fahrkorbs für die Fassadenreinigung. Dieser Fahrkorb war in einer Nische über dem Nebentreppenhaus parkiert. Ursprünglich bestimmten Stoffstoren das Bild der Fassade mit. Sie liessen sich mittels Fotozellen automatisch steuern, je nach Einfall des Sonnenlichts. Der unverkleidete Beton war weiss gestrichen, die Eisenprofile der Fenster hoben sich dunkelblau von den Flächen ab.

Die Skelettkonstruktion ermöglichte eine freie Raumeinteilung. Die Nebenräume und die vertikale Erschliessung liessen sich im «Turm» unterbringen, der den Bau 27 um zwei Geschosse überragte. Die Dachfläche sollte ursprünglich eine überdachte Aussichtsterrasse erhalten. Der Bau 27 wurde in der Folge mehrmals verändert. 1951 erweiterte ihn Roland Rohn nach Süden, gegen den Rhein zu, so dass die Ostfassade um mehr als das Doppelte länger wurde. Rohn versuchte sich der Grundstruktur der Lösung seines Vorgängers anzupassen und verstand seinen Anbau als «Fortsetzung». Später jedoch musste er die gesamte Anlage aufstocken. Der «Turm» als selbständiger Bauteil verschwand, die Dachterrasse wurde geopfert. Schliesslich wurden die Pilzköpfe im Inneren teilweise unter einer abgehängten Installationsdecke verborgen. Diese Pilzköpfe, oft als Hommage an Robert Maillart apostrophiert, haben hier ihre direkte Referenz in der chemischen Fabrik von Beeston bei Nottingham, die Ewan Owen Williams zwischen 1930 und 1932 gebaut hatte.

Im Fabrikbau lieferte Salvisberg mit der modernen Betonkonstruktion auch das moderne Bild. Im Gegensatz zum Verwaltungsgebäude, in dem es um die Inszenierung traditioneller Werte ging, liess er hier die Fassade unverkleidet und brachte mit einer auffälligen, von aussen sichtbaren Stützenkonstruktion die Kühnheit der Statik seines Gebäudes ins Spiel.

Chemie-Fabrikationshaus (Kat. Nrn. 194–196)

Als Fabrikationsgebäude (Bau 29) entwickelte Salvisberg 1939 einen interessanten neuen Bautypus. Für die bis anhin eingeschossig untergebrachte Produktion sah er einen dreigeschossigen Bau vor, der eine Art Innenhof enthält, einen hohen, durch alle Geschosse stossenden Raum, der von Galerien ringsum begleitet wird. Dieser luftige und lichte Hof ist ausgestattet mit einem Laufkran, der schwere Apparaturen in die oberen Stockwerke schaffen kann. Die Decken der Galerien bestehen aus lose zwischen Stahlträger verlegten Holzbohlen und sind problemlos zu verlegen bei jeder Veränderung der Installationen. Die ganze Konstruktion besteht aus Stahlstützen, die frei hinter der Fassade stehen. An den Längsseiten mit ihren Fenster- und Brüstungsbändern sind Fluchtbalkone angehängt. Die schmale Südseite ist durch Beton-Lamellen gegliedert. Das Dach springt in Salvisberg'scher Manier wiederum weit vor.

9

Pharma-Gebäude:
9 *Innenraum mit Fensterbändern und Pilzstützen*

Das Haus hat sich bewährt und wurde nach Salvisbergs Tod mit leichten konstruktiven Veränderungen viermal reproduziert innerhalb des Areals von Hoffmann-La Roche.

Die Bauaufträge, die Otto Rudolf Salvisberg von der Firma Hoffmann-La Roche erhält, sind eng verknüpft mit einer Person, mit Emil Christoph Barell (1873–1953). Barell war als Chemiker schon 1896 als persönlicher Mitarbeiter von Fritz Hoffmann-La Roche, also des Chefs, in die Firma eingetreten und hat als eine der wichtigsten Figuren die Geschichte der Firma geprägt, das heisst die Zeit der eigentlichen Firmengründung bis 1952. Nach den Rückschlägen der Firma während des Ersten Weltkrieges und den politischen Veränderungen in Russland, die für die Hoffmann-La Roche den Verlust des gesamten russischen Marktes, das war ein Fünftel der Verkäufe vor dem Krieg, bedeuteten, «*sanierte Barell das Unternehmen zu Beginn der 20er Jahre mit fast unerbittlicher Härte. Und er drückte der Firma auch organisatorisch und im ganzen Auftreten seinen sehr persönlichen Stempel auf. (...) Der internationale Aufbau von Roche nach dem Ersten Weltkrieg ist wesentlich Barells Werk.*» *(Der Kleine La Roche,* Basel 1982, S. 15.)

1933 wurde Barell zum Mitglied des Verwaltungsrates gewählt, bestimmte als solcher auch die Baupolitik des Konzerns. Es waren die Umsätze in der Vitaminherstellung, die der Verwaltung die Möglichkeit gaben, mitten in der Wirtschaftskrise einen Neubau und neue Fabrikationsstätten zu errichten. Barell beauftragte Salvisberg nicht nur mit diesen Neubauten, sondern auch später noch mit einem Gesamtüberbauungsplan für das Roche-Areal, der trotz mancher Veränderungen noch heute in der Anordnung der Baukomplexe durchscheint. Barell war es, der, nach seiner Übersiedelung nach Amerika, den Konzern nach Ausbruch des Zweiten Weltkrieges von dort aus unabhängig von der direkten Bedrohung des Kriegs weiterleitete.

Die internationale Expansion eines Hauses, das zwar von Anfang an übernationale Bedeutung hatte und auch internationale Produktionsstätten besass – schon 1896 wurde in Grenzach produziert –, wurde vor allem zwischen den Kriegen von Barell veranlasst mit Niederlassungen in Brüssel, Bukarest, Warschau, Prag, Shanghai, Bombay, Madrid, Buenos Aires, Montreal und Stockholm. Ferner machte die 1926 gegründete «Sapac», als Schwestergesellschaft untrennbar mit der La Roche verbunden, durch den Sitz in Kanada dem politischen Geschehen in Europa weitgehend entzogen, es möglich, dem durch den Nationalsozialismus bedrohten Stammhaus in Basel ein unabhängiges selbständiges Netz internationaler Verbindungen zu knüpfen.

Die Persönlichkeit eines Barell war wohl verwandt mit dem Charakter von Salvisberg. Es muss bei der Realisierung des Baus oft heftige Auseinandersetzungen zwischen dem impulsiven und harten Dr. Barell und dem nach den hinterlassenen Aufzeichnungen von Dr. Vetter mit einem ebenso harten *«Bernergrind»* ausgerüsteten Professor Salvisberg gegeben haben. Salvisberg selber nahm in seiner Eröffnungsrede darauf Bezug, etwa so: *«Der Architekt (...) muss jedoch einen unbekannten Faktor einsetzen, der ihn fördert oder hemmt: das ist das Temperament des Bauherrn. Man kann nicht behaupten, dass in diesem Fall das Temperament des Bauherrn ohne Einfluss auf den Baufortgang geblieben sei, wenn plötzlich aus entlegenem Teil des Atlantischen Ozeans Baubefehle gefunkt wurden.» (Fragmente aus der Roche-Geschichte, 3mal 25 Jahre,* Basel 1971, S. 56.)

Der Ausweitung zum multinationalen Konzern in den 30er Jahren entspricht also eine Baupolitik, ein architektonisches Erscheinungsbild der etablierten Modernen eines Salvisberg.

ZWEI HOCHSCHULBAUTEN

CLAUDE LICHTENSTEIN

Salvisberg hatte in seinem Leben zweimal die Gelegenheit, Bauten für die Hochschule zu errichten. Innerhalb weniger Jahre entstanden die Institute der Universität Bern und die Erneuerung bzw. Erweiterung des Maschinenlaboratoriums der Eidgenössischen Technischen Hochschule (ETH) in Zürich. Als er die Berner Institute entwarf, war Salvisberg noch der «erfolgreiche Schweizer im Ausland», der dank seiner Fähigkeit nun auch in seiner Heimat arbeiten konnte; beim Bau des ETH-Komplexes war er Hochschulprofessor und eine «offizielle» Person.

Diese Hochschulbauten werden im folgenden näher betrachtet. Dies geschieht nicht, um sie miteinander zu vergleichen, denn obwohl beide Hochschulbauten sind, sind sie von ihrer Funktion her dafür zu verschieden. Es gibt aber gemeinsame Voraussetzungen, die zu verschiedenen Ergebnissen geführt haben:

Beide Bauten sind wesentlich in einem städtebaulichen Denken begründet. Dessen Rahmen war im grosszügigen, weitgehend offenen Gelände in Bern ein ganz anderer als in den beengten Verhältnissen des Zürcher Hochschulareals.

In beiden Fällen war in der Aufgabenstellung davon die Rede, dass die Gebäude keine Prunk-, sondern «Zweckbauten» werden sollten. In Bern wie in Zürich darf es als Salvisbergs eminente Leistung gelten, dass er diesen Auftrag vollkommen erfüllte – gerade dadurch, dass er ihn nicht als eine Anweisung verstand, eine «Fabrik» zu bauen, sondern dass er der jeweiligen Aufgabe durch bestimmte Materialien einen sinnfälligen Ausdruck verlieh.

Beide Bauten bestehen aus Beton. In Bern ist er für die äusseren Wände verwendet und sichtbar belassen, in Zürich hingegen für ein Skelett, das mit Muschelkalkplatten verkleidet ist. So geben die beiden Hochschulbauten Anlass zu einer Darstellung, die Salvisbergs Beitrag zur Geschichte des Betons einschliesst.

Universitätsinstitute, Bern (1928–31)

Die Universitätsinstitute in Bern gehen auf einen Wettbewerb zurück, der, für Berner Architekten ausgeschrieben, im Sommer 1928 stattfand. Salvisberg und Brechbühl erhielten den 1. Preis. Es war in kurzer Zeit ihr dritter Erfolg in Bern.[1] Kurz nach Bekanntwerden des Wettbewerbsergebnisses wurde zudem Salvisbergs Berufung als neuer Architekturprofessor an der ETH publik. So rückte dieser Entwurf zusätzlich ins Scheinwerferlicht. Er vermochte wohl nicht wenige Vorbehalte gegenüber Salvisbergs «Modernität» auszuräumen, denn unter den 35 eingesandten Arbeiten war sein Entwurf bei weitem der radikalste und damit, in der Optik von 1928, auch der «modernste».[2]

Das Wettbewerbsgelände lag in einem Wohnquartier unweit des Stadtzentrums; es war Teil eines fast quadratischen Geviertes von 200 Meter Seitenlänge, das sich im Besitz des Kantons befand, und das in der nördlichen Hälfte bereits mit einigen Instituten der Universität bebaut war. Die südliche Hälfte war für die neuen Institute vorgesehen; hier gab eine Absenkung des Geländes von rund 10 Metern der Muldenstrasse ihren Namen, die es nach Süden begrenzt (neuerdings umbenannt in Sahlistrasse).

Da die Aufgabe als schwierig galt, gab die ausschreibende Behörde einen Vorentwurf in Auftrag, dessen Ergebnisse den Teilnehmern zur Verfügung standen. Salvisberg und Brechbühl waren nicht die einzigen, die die Institute entgegen diesem Vorentwurf zusammenfassten.[3] Doch die anderen Bewerber machten die Mulde zum Ausgangspunkt ihres Vorschlags, indem sie die Institute darum herum anordneten und zumeist von der Muldenstrasse her erschlossen. Das ergab erstens eine starke Trennung zwischen der Strassenseite und der gegen das Innere des Areals gewandten «Rückseite»; zweitens waren diese Komplexe vielfältig gegliedert, mit Eingängen auf verschiedener Höhe, mit einer unzusammenhängenden Geschosseinteilung und mit unterschiedlichen Gebäudehöhen.

Die «Radikalität» von Salvisbergs und Brechbühls Entwurf liegt in der Entschiedenheit, mit der er sich nicht nur über das Vorprojekt, sondern vor allem über die Topographie hinwegsetzte. Sein Kennwort hatte programmatischen Charakter: «Durch Randblock zur Freifläche». Es ist der einzige schriftliche Hinweis auf den Grundgedanken des Entwurfs. Erst später äusserte sich Salvisberg zur Disposition der Institute: *«Unter bewusstem Verzicht auf ein Zentralsystem mit Mittelrisalit und repräsentativem Haupteingang entstand denn durch die Reihung dieser Institute ein Bau, der ein weitläufiges Korridorsystem vermeidet, der aber jeder Einheit ihr geistiges Eigenleben durch die gewisse Abgeschlossenheit sichert.»*[4]

Salvisberg setzte der Mulde ein rund 200 Meter langes, durch vier Querflügel gegliedertes Gebäude entgegen, dessen Erdgeschoss sich auf den tiefsten

Punkt der Mulde bezog. Einzig das Gerichtsmedizinische Institut verankert als höher gelegener, dadurch besonders ausgezeichneter Bauteil die gesamte Anlage auf dem Niveau der Bühlstrasse. Die Eingänge der übrigen Institute lagen gegen Norden. Da die Anlage sich also nicht so sehr auf die Muldenstrasse, als auf das Innere des Areals bezog, sahen Salvisberg und Brechbühl einen neuen Zugang auf der Nordseite vor. Im Wettbewerbsprojekt war das Gelände so aufgefüllt, dass dieser auf der Höhe des ersten Geschosses lag; das Erdgeschoss war nur auf der Südseite, gegen die Muldenstrasse, frei. Die Eingangsfassade war zweigeschossig, mit Hörsälen direkt über den Eingängen. In diesem Punkt unterscheidet sich der ausgeführte Bau am stärksten vom Wettbewerbsprojekt. Das Gebäude war als autonomer Baukörper «gegen» die Mulde gesetzt, die aber gerade dadurch zu mehr wurde als nur zu einer Geländeunregelmässigkeit, der man durch lokale Anpassung begegnet. Wo die anderen Entwürfe episodisch blieben, wirkte Salvisbergs Vorschlag durch seine überzeugende Einfachheit und Prägnanz. Hans Bernoulli, ein kluger Beobachter, sagte von Salvisberg: *«Ihm war es oft weniger darum zu tun, auf das Wesen eines Bauwerkes einzugehen, als vielmehr aus dem gegebenen Thema einen Organismus zu bilden, der den stärksten Eindruck vermitteln konnte. Den stärksten Eindruck eines Lebensgefühls, von dem er besessen war.»*[5]

Bedeutsam für die Richtigkeit dieser Charakterisierung ist der Umstand, dass die Institute wohl formal, aber nicht funktional zusammengefasst sind; entgegen dem äusserlichen Eindruck gibt es im Inneren keinen über die ganze Länge durchlaufenden Korridor. Wich-

1

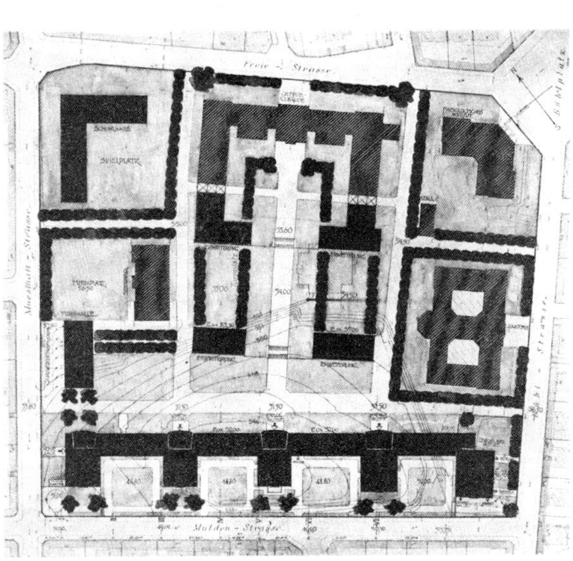

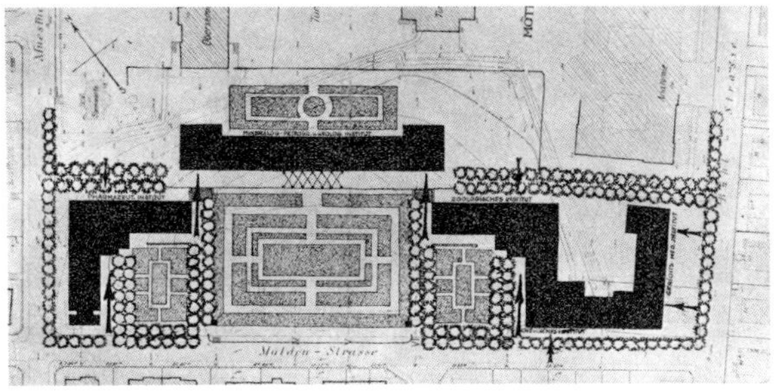

2
3

Universitätsinstitute Bern (Kat. Nr. 139), Wettbewerb 1928:
1 *Entwurf Salvisberg und Brechbühl, Modell*
2 *Entwurf Salvisberg und Brechbühl, Situation*
3 *Entwurf K. Indermühle (3. Rang)*

1 Nach dem Lory-Spital, der sich 1928 seiner Vollendung näherte, und dem Säuglings- und Mütterheim.
2 Nur 6 Projekte wurden zwar publiziert; ich komme aber zu diesem Urteil durch mündliche Äusserungen von Personen, die damals diesen Wettbewerb verfolgt haben. – Das Preisgericht setzte sich zusammen aus: Regierungsrat W. Bösiger, den Architekten Arnold Hoechel, Armin Meili, Otto Pfister, Martin Risch, Stadtbaumeister Hiller, Kantonsbaumeister Egger, Prof. P. Arbenz.
3 Auch hier lässt sich der entwerferische Beitrag Otto Brechbühls nicht bestimmen. Der Bau ist eine Leistung des Büros Salvisberg und Brechbühl. Wenn im folgenden nur noch von Salvisberg die Rede ist, dann deshalb, weil er üblicherweise der dominierende Teil war.
4 Otto Rudolf Salvisberg, «Technik und Formausdruck im Bauen», in *Technische Rundschau*, 1933/51, S. 1–4 (auch abgedruckt in *werk-archithese*, 1977/10, S. 52–54 und im Anhang, S. 230).
5 Hans Bernoulli, «Zum Tode von Professor O.R. Salvisberg», in *Basler*

4

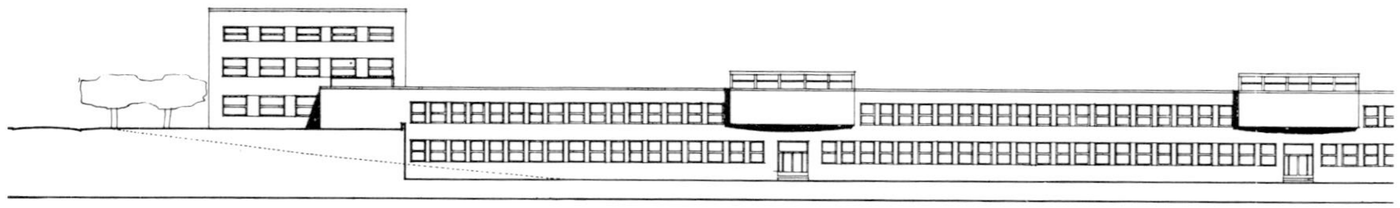

N O R D F R O N T

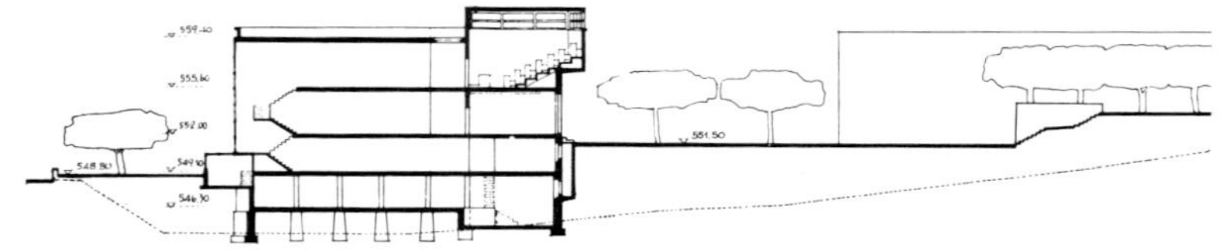

A X E N S C H N I T T

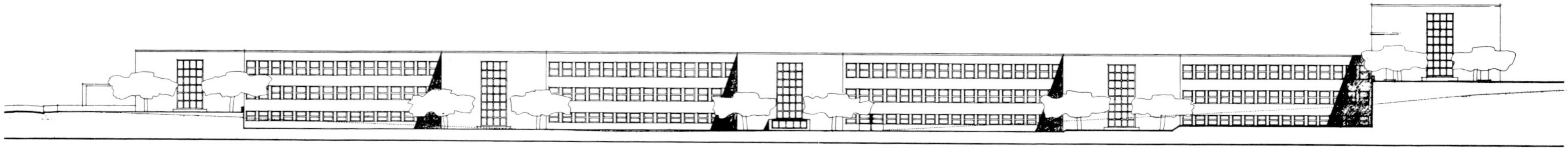

S Ü D F R O N T

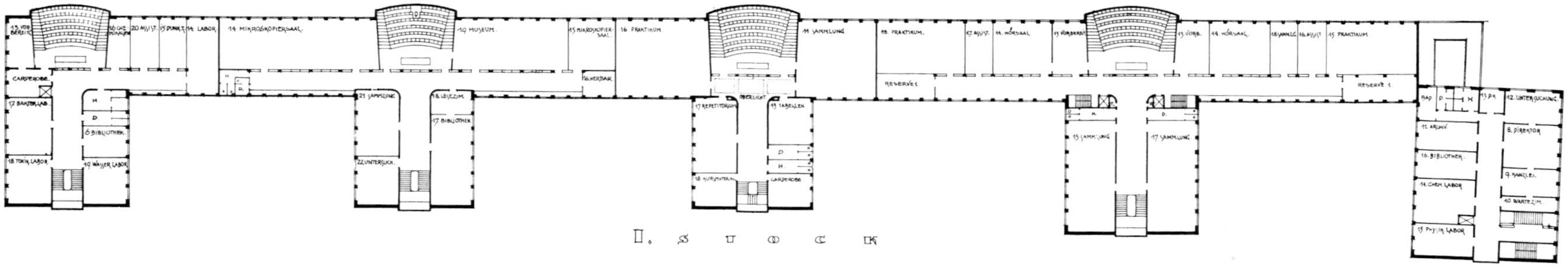

II. S T O C K

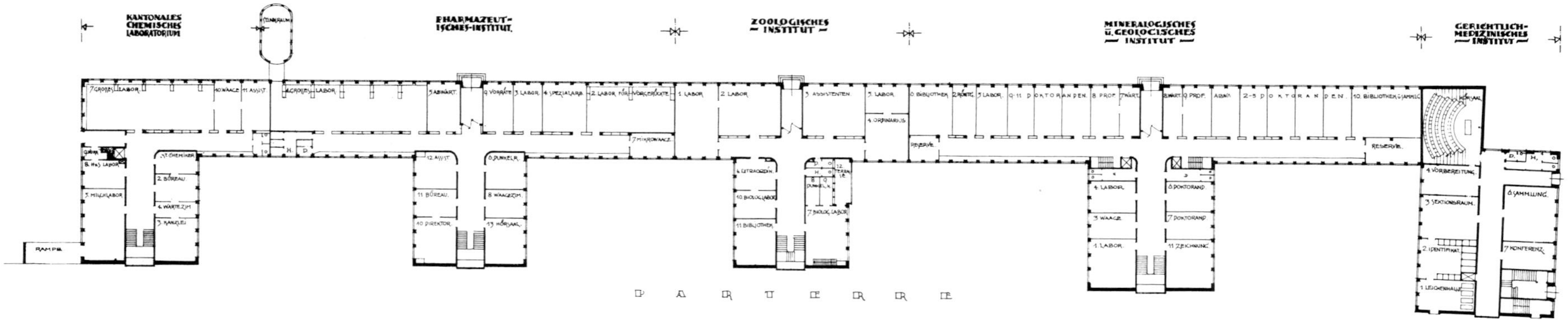

P A R T E R R E

5

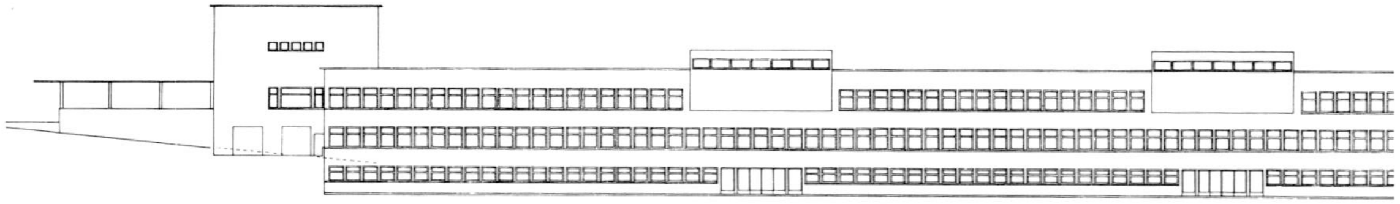

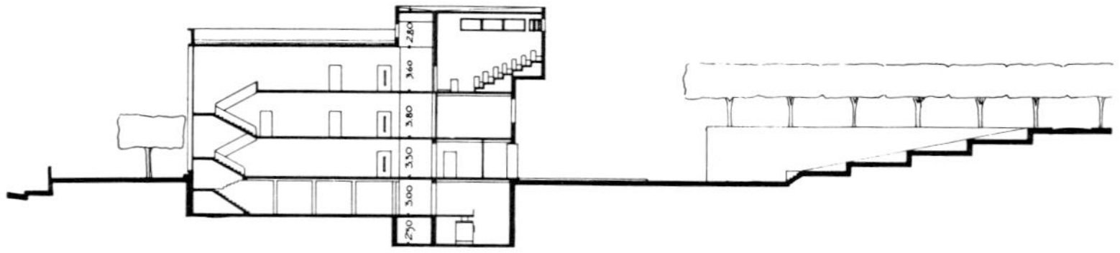

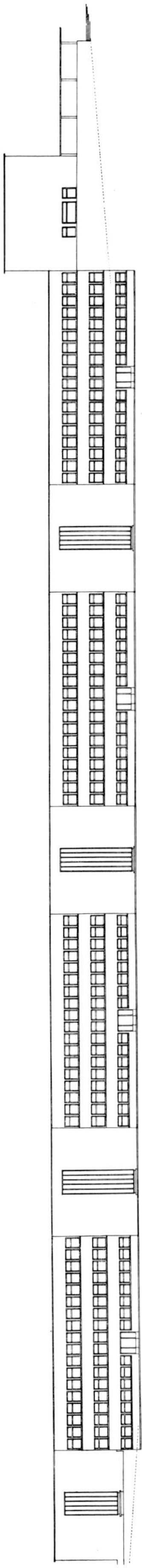

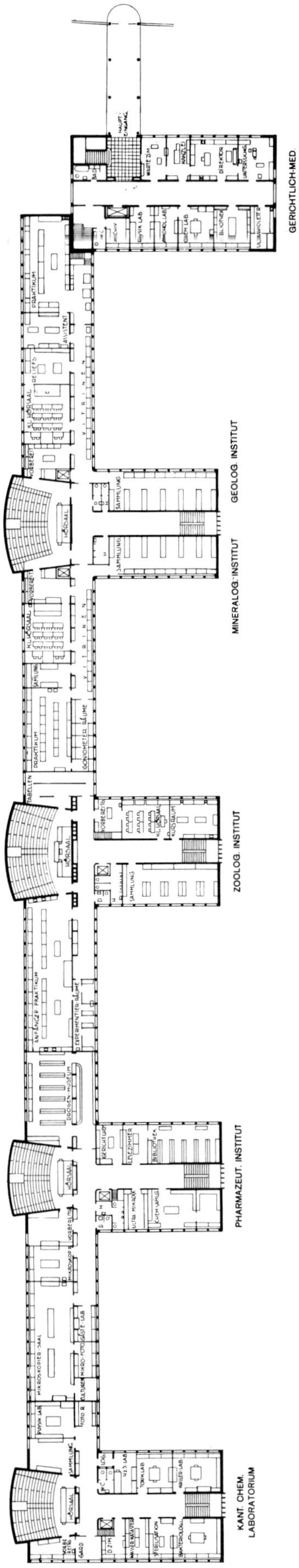
GERICHTLICH-MED. INSTITUT
GEOLOG. INSTITUT
MINERALOG. INSTITUT
ZOOLOG. INSTITUT
PHARMAZEUT. INSTITUT
KANT. CHEM. LABORATORIUM

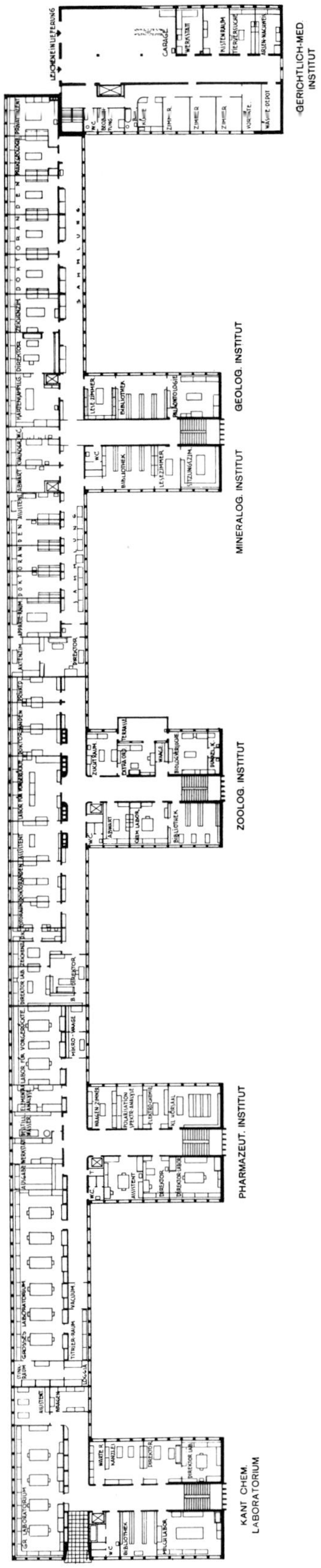
GERICHTLICH-MED. INSTITUT
GEOLOG. INSTITUT
MINERALOG. INSTITUT
ZOOLOG. INSTITUT
PHARMAZEUT. INSTITUT
KANT. CHEM. LABORATORIUM

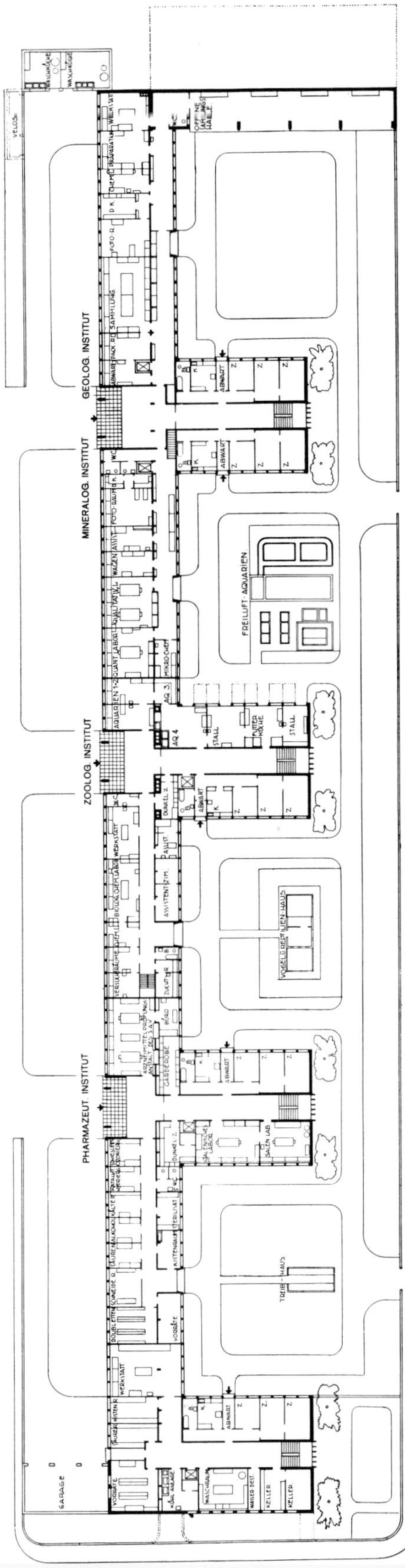
GEOLOG. INSTITUT
MINERALOG. INSTITUT
ZOOLOG. INSTITUT
PHARMAZEUT. INSTITUT
FREILUFT AQUARIEN
GARAGE

tig an diesem Bau ist die zusammenfassende Form. Um bei Bernoullis Erwähnung von Salvisbergs «Lebensgefühl» zu bleiben: es lässt sich bezeichnen als ein Drang, die Dinge zu ordnen (Salvisberg beklagte wiederholt die «Zerrissenheit» seiner Zeit[6]).

Das Kammsystem ist eine denkbar gute Möglichkeit, um diese ordnenden Gesten darzustellen: es zeigt die Teile und ihre Zusammenfassung zugleich. Es ist kein Zufall, dass Hans Poelzig[7] und Erich Mendelsohn[8], beide im Selbstverständnis als Künstler Salvisberg vergleichbar, ebenfalls Bauten in diesem System entwarfen. Dafür waren nicht nur die funktionellen Vorzüge – gute Übersichtlichkeit, gute Erschliessungs- und Belichtungsverhältnisse, hohe Ökonomie[9] – ein Grund, sondern auch seine Bildmacht, die im Motiv des Rhythmus und der Wiederholung liegt.

Doch gerade diese Kraft in Salvisbergs Entwurf, seine Einfachheit, erweist sich beim genauen Betrachten des Grundrisses als errungen. Die scheinbar so selbstverständliche Reihung von Hörsälen und Eingängen ist das Resultat eines vermutlich mühevollen Ausgleichsprozesses; die Lösung einer Gleichung mit mehreren Unbekannten, zu der die «ordnende Hand der Architekten» wohl mehrmals ansetzen musste: Erstens handelt es sich um Institute von verschiedener Grösse, deren Eingänge und Hörsäle einen gleichmässigen Rhythmus ergeben mussten. Zweitens liegen diese Elemente in der Mittelachse jedes Instituts. Die Möglichkeiten zur gleichmässigen Reihung waren folglich durch deren Binnensymmetrien eingeschränkt. Die Reihenfolge der Institute ergab sich daraus. Doch zugleich gibt der Situationsplan noch über eine weitere, vielleicht die entscheidende Absicht Auskunft. Entgegen dem Eindruck, den der realisierte Bau (besonders in seiner heutigen Umgebung) vermittelt, war der Entwurf nicht nur auf eine tangentiale Sicht hin angelegt; vielmehr wurde er in einen dreifachen achsialen Bezug gesetzt zum bestehenden Chemiegebäude am Nordrand des Geländes. Dessen Mittelrisalit und der Eingang zu einem der neuen Institute liegen auf einer nur unwesentlich abgekröpften Achse, und Entsprechendes gilt von den beiden seitlich am Chemiegebäude vorbeiführenden Zugängen. Das heisst, dass die Institutsmittelachsen auch durch die bereits bestehende Bebauung des Areals bestimmt waren, deren Achsen auf den Neubau projiziert wurden. Diese achsialen Bezüge sind im Situationsplan deutlich durch die Anlage von Wegen und die Bepflanzung mit Baumreihen herausgearbeitet. Damit wird (unerwartet?) in diesem auf den ersten Blick so radikal (und radikal neu) wirkenden Entwurf Salvisbergs gewohntes Repertoire als Städtebauer erkennbar.[10] Im Gegensatz zu den anderen Entwürfen war Salvisbergs Vorschlag nicht nur vom Rand her gedacht und wirkt deshalb nicht bloss auf diesen Rand (die Muldenstrasse) zurück; er ist im Inneren des Areals verankert, in dem er zusammen mit den bestehenden Bauten ein «Feld» städtebaulicher Spannungen und Bezüge erzeugt.

Der Bau lässt sich indessen nicht nur dem traditionellen, von Salvisberg beherrschten städtebaulichen Leitbild zuordnen, sondern bietet sich auch einer geradezu futuristischen Interpretation dar. Sobald man den frontalen Standpunkt gegen einen tangentialen tauscht, wirken die gebauten Institute wie eine Konkretion von Entwürfen Sant'Elias oder Mendelsohns: aus sich heraus geformte, in wiederkehrenden Spannungsbögen schwingende Materie. Dabei wirkt die Eingangsfassade besonders eindringlich durch die Gleichzeitigkeit zweier Tempi. Die fast unabsehbaren Fensterreihen erzeugen ein rasches Metrum, das durch die vier Auditorien wie durch eine Folge von Paukenschlägen rhythmisch überlagert wird. Es kann kein Zufall sein, dass Giuseppe Terragni sich im Entwurf zur Mittelschule von Busto Arsizio (1934) angeblich direkt auf Salvisbergs Bau bezog[11]: diese Art von Dramatik entsprach ihm.

Die Veränderungen bei der Ausführung blieben im Rahmen des gewählten Konzeptes. Der wichtigste Unterschied wurde bereits erwähnt: die Mulde wurde in einem geringeren Mass aufgefüllt. So ist die Nordfront des Gebäudes nun dreigeschossig. Im Grundriss veränderten die Scheidewände zwischen den Instituten ihre Lage. Die Institute sind nicht mehr symmetrisch, sondern so disponiert, dass sie in der Mittelachse der nach Süden offenen Gartenhöfe einen weiteren Eingang erhielten. Entscheidend ist aber, dass die Achsen von Eingängen und Auditorien ihre Lage nicht veränderten.

Hier muss nun vom Material die Rede sein, das unablösbar mit der Erscheinung dieser Institute verbunden ist: vom Sichtbeton. Im Wettbewerb hatten Salvisberg und Brechbühl keine Aussage zum Material gemacht. Ein späteres Schaubild zeigte eine Plattenverkleidung, wobei es sich dabei um eine taktische Massnahme handeln könnte. Die Entscheidung, den Beton unverkleidet zu lassen, muss aber schon früh gefallen sein. Lange dachte man an einen hellen Anstrich[12]; dass schliesslich darauf verzichtet wurde, hatte sicher ästhetische Gründe.

---

6 In Vorlesungen und Schriften, z.B. in «Technik und Formausdruck im Bauen», a.a.O. (vgl. Anm. 4).

7 Verwaltungsgebäude der IG Farben, Frankfurt a/M (1928–30).

8 Wettbewerbsprojekt für das Verwaltungsgebäude des Deutschen Stickstoffsyndikats, Berlin (1929).

9 Entwurf Salvisberg und Brechbühl: 38 000 m³ Rauminhalt; andere prämierte Entwürfe: 45 500 m³, 49 000 m³, 40 000 m³, 43 000 m³.

10 Der «Regelmässigkeit» des Projektes widerspricht zwar, dass auf den zweiten Blick verschiedene Unregelmässigkeiten zum Vorschein kommen: die Abstände zwischen den Institutsmittelachsen sind nicht alle gleich; auch liegen diese nicht immer genau in der Mitte; einer der Querflügel ist länger und breiter. Gewisse Probleme, bei Wettbewerbsbeiträgen nichts Ungewöhnliches, wurden hier so auf verschiedene «Posten» verteilt, dass am Schluss die sinnfällige Ordnung resultierte, auf die es Salvisberg ankam: «Symmetria» als «Ebenmass» im Vitruv'schen Sinn. – Die verschieden grossen Hörsäle waren Bestandteil des Wettbewerbsprogramms und sind auch so gebaut: zwei Hörsäle von 5 Achsen Breite, zwei von 7 Achsen Breite.

11 Thomas L. Schumacher, «Quando Terragni parlava con Dante» (Levels of Meanings in Terragni: The Danteum Project), in *Parametro*, 1976/46, S. 44.

12 Otto Brechbühl in einem Gespräch, Sommer 1977.

4 Grundrisse, Fassaden und Schnitt des Wettbewerbsentwurfs, 1:900

5 Grundrisse, Fassaden und Schnitt des ausgeführten Baues, 1:900

6 Der Bauplatz; im Vordergrund die Muldenstrasse

7 Luftaufnahme

6
7

Wir stehen vor der überraschenden Feststellung, dass der Sichtbeton, der geradezu das Symbol einer negativ bewerteten Moderne geworden ist, in der Zwischenkriegszeit keine wirkliche visuelle Präsenz erlangte. Gewiss, es gab die ausgesprochenen Zweckbauten: Fabrikbauten, Silos, Lagerhäuser, Markthallen. Bei «gehobenen» Bauaufgaben blieb der Sichtbeton die Ausnahme, eigenartigerweise immer wieder bei sakralen oder quasi-sakralen Bauten: Unity Temple von Frank Lloyd Wright (1906), Notre Dame Kirche in Le Raincy von den Brüdern Perret (1923) und Antoniuskirche in Basel von Karl Moser (1926), Goetheanum Dornach von Rudolf Steiner (1928). Im Profanbau blieben Poelzigs Geschäftshaus in Breslau (1911) und Salvisbergs Lindenhaus (1913) lange fast die einzigen Beispiele. Es war also vor allem die Generation der 1860 bis 1880 Geborenen, die dem Reiz dieses Materials eine eigene Bedeutung zumass. Für die nachfolgende Generation war Beton in diesem Sinn kein Thema; für sie war er ein konstruktives Mittel. Die Architekten des Neuen Bauens verdeckten Mauerwerks- und Betonflächen gleichermassen mit feinen, hellen Verputzen.[13] Den Grund zu nennen fällt nicht schwer: Sichtbeton verrät die letztlich noch handwerkliche Bauweise.

Im wichtigen Buch *Beton als Gestalter* von Vischer/Hilberseimer (1928) heisst es: «*Schwierig ist jedoch die Behandlung der grossen Betonflächen. Es ist schon versucht worden, dieselbe ganz zu sparen und den Beton so stehen zu lassen, wie er aus der Schalung kommt. Zumindest hat ein solcher Bau ein rohes Aussehen. Das kann bei bestimmten Baugattungen, z.B. Fabrikbauten, wohl angehen. Aber es entstehen hier doch gewisse Unstimmigkeiten.*»[14] Salvisberg drückte sich in seinem «Bauingenieur-Kolleg» an der ETH allerdings genauer und verbindlicher dazu aus, in einem Satz, der sein persönliches Engagement und seine Entscheidung zugunsten des Sichtbetons darlegt: «*Es bedurfte erst der Überwindung einer gewissen Scham, dem Material des Eisenbetons zum eigenen Ausdruck zu verhelfen (...) Als im Jahre 1910 (sic) der erste monolithische Betonbau in Berlin mit bis dahin ungewohnt grossen Spannweiten als Sichtbetonbau abgerüstet wurde, erhielt ich nebst begeisterten Anerkennungen ebensoviel Proteste. Die monolithische Form, die breiten Fensterachsen, der Abdruck der Holzschalung, waren ungewohnte Dinge.*»[15]

Welche Eigenschaften des Sichtbetons mögen Salvisberg so fasziniert haben, dass er sich für ihn so exponierte? Die Antwort lautet wohl: sein «Wahrheitsgehalt», den er auf mehreren Ebenen zu erkennen glaubte. «*Der Eisenbetonbau verlangt klare, mathematisch genaue Entwürfe und Konstruktionssysteme. Seine Unabänderlichkeit setzt wohlüberlegte Planwirtschaft voraus.*»[16] Ein Bau in Sichtbeton ist der unbestechliche Ausdruck dieses Bemühens und der Fähigkeiten des Architekten, auch dank seiner «Gestaltungskraft» es zum Gelingen zu führen: zur stärksten denkbaren Einheit von Konstruktion und Form: «*Die strukturelle Erscheinung des Sichtbetons lässt sich (...) nicht mehr von der konstruktiven Form trennen.*»[17] Im Sichtbetonbau sah Salvisberg eine Möglichkeit, der «*Urkraft baulicher Überlieferung*» etwas Ebenbürtiges entgegenzustellen, wobei er erkannte, dass man durch die Anwendung der modernen Technik zu «*den gleichen Ausgangspunkten gelangt, welche primitive Völker zu ihrer plastischen Ausdrucksform mit Lehm und primitiven Geflechten von Ruten und Stangen führten*».[18] Neben dem «Wahrheitsgehalt» von Beton schätzte er an ihm aber auch seine Stofflichkeit; als indirekter Ausdruck der Holzstruktur sei seine Oberflächenwirkung lebendig und taktil, was sich in seiner Wirkung entscheidend bemerkbar mache. Was Salvisberg in seiner Vorlesung von einem Wasserturm sagte, lässt sich ohne weiteres auf die Berner Universitätsinstitute übertragen: «*Ohne strukturelle Bereicherung dieser Flächen durch das Material, beispielsweise glatt verputzt, würde aber der Kubus in seiner Grösse sicher kalt und öde dastehen.*»[19]

8

Um noch einmal auf die Berner Institute zurückzukommen: sie sind nicht abstrakt («kalt und öde»), sondern stofflich-konkret, sprechen aus, wie sie «gemacht» sind. Die Rundung der Hörsäle ist aus Flächen zusammengesetzt und bildet damit die Form der Schalung auf eine doppelte Weise ab: erstens durch die einzelnen Bretter, zweitens durch die Flächen, die, leicht gegeneinander geknickt, von diesen Brettern gebildet wurden. Wenn diese Form als technisch bedingt bezeichnet wird, heisst das nicht, dass nicht auch eine kontinuierliche Rundung möglich gewesen wäre. Doch der polygonale Verlauf entsprach vermutlich eher Salvisbergs gestalterischem Interesse: er erreichte damit, an der Nordostfassade, ein kraftvolleres Licht- und Schattenspiel als bei einer kontinuierlichen Rundung.

In der Grossform, im formalen Detail und im Material sind die Berner Institute ein gutes Zeugnis für Salvisbergs wichtigstes Anliegen als Architekt und Architekturlehrer, das er bei seiner Rückkehr in die Schweiz darlegte. Er hielt die Versöhnung von Tradition und «Jetztzeit» durchaus für möglich: *«Die Urkraft baulicher Überlieferung ist auf Schweizerboden von elementarer Stärke und fordert ebenbürtige Gestaltungskraft von unserer Zeit.»*[20]

Das Maschinenlaboratorium mit Fernheizkraftwerk der ETH, Zürich (1930–35)

Als Salvisberg seine Berufung als Professor an der Architekturabteilung der ETH annahm, war ihm zugesichert worden, dass er vom Bund Bauaufträge erhalten würde. Wenige Wochen nach Antritt seines Lehramtes begann er seine Arbeit am Komplex von Maschinenlaboratorium und Fernheizkraftwerk (FHKW), deren Bau 1935 abgeschlossen war.

Im Gegensatz zu den Berner Instituten, die in offenem Gelände entstanden, war die Planung des ETH-Komplexes durch sehr beengte Platzverhältnisse geprägt und erschwert. Ausserdem bedingte die Notwendigkeit, den Lehrbetrieb während der Bauarbeiten weiterzuführen, eine ausgeklügelte Einteilung in Bauabschnitte.

Das Areal liegt auf der «Hochschulterrasse», einem flach geneigten Stück des Zürichbergs, nördlich vom Semper'schen Hauptgebäude der ETH. Darauf war bereits 1898 durch den Architekturprofessor Recordon ein Maschinenlaboratorium gebaut worden, das aber in nur 30 Jahren viel zu klein geworden und völlig veraltet war. *«Dem Fortschritt der Technik halten auch meterdicke Mauern nicht stand»*, schrieb Salvisberg in der Einweihungsschrift.[21] Doch wurde der Recordon-Bau nicht abgebrochen, wie man aus dieser Äusserung schliessen könnte, sondern durch Salvisberg in einer souveränen Art mit dem Neubau verschmolzen. Der Altbau wurde durch einen Betonskelett-Neubau zum Lehrgebäude von mehr als doppelter Länge erweitert, wobei seine Geschosshöhen übernommen wurden. Das Alte wurde aber so stark verändert und mit dem neuen Teil amalgamiert, dass nur ein aufmerksamer Betrachter von sich aus den Unterschied wahrnimmt. Der Eingang ist in den neuen Teil an der Sonneggstrasse verlegt, die hier in die Rämistrasse einmündet. Das Gebäude schmiegt sich elastisch der Strassenkrümmung an. Die Verbindungsstelle zwischen Alt und Neu ist so ausgerundet, dass sie kaum mehr als solche in Erscheinung tritt. Offensichtlich ging es Salvisberg um eine Synthese, nicht um eine didaktische Gegenüberstellung der beiden Epochen.

Es ist aufschlussreich für das Denken Salvisbergs, dass er auch keinen grundsätzlichen Unterschied zwischen der Massivbauweise des Altbaus und dem Skelett der Erweiterung vorführen wollte. Im Gegenteil, er suchte

9

8 *Kleiner Hörsaal, Rohbau nach dem Ausschalen (Sommer 1930)*

Maschinenlaboratorium mit Fernheizkraftwerk ETH Zürich (Kat. Nr. 163):
9 *Maschinenlaboratorium der ETH Zürich; Rückseite vor dem Umbau durch Salvisberg; Architekt Recordon, 1896. Aufnahme um 1900*
10 *Studienmodell aus dem Büro Salvisberg, 1930, mit höherer Maschinenhalle und niedrigerem Fernheizkraftwerk als im ausgeführten Bau*

die beiden Kategorien einander so weit als möglich anzugleichen. Im Entwurfsstadium vom November/Dezember 1930 war der Neubauteil, als Skelettbau mit weiten Fenstern, noch klar und kontrapunktisch den kleineren Fenstern des Altbaues entgegengesetzt. Im Ausführungsentwurf wird eine gegenläufige Tendenz sichtbar, die nur durch den Willen Salvisbergs erklärt werden kann, Alt und Neu zur Synthese zu bringen: die Fenster des Altbaues wurden bis zum äussersten möglichen Grad erweitert. Umgekehrt wurde am Neubauteil das Achsmass enger als beim Recordon-Bau gewählt. Der Grund dafür liegt wohl darin, dass der schlankere Querschnitt der Skelett-Pfeiler durch eine grössere Anzahl von Pfeilern ausgeglichen werden sollte, damit über die gesamte Länge des Gebäudes das Verhältnis

10

---

13 Richard M. Schindlers Haus Lovell (1926) war eine der seltenen Ausnahmen. Le Corbusier verwendete den «béton brut» erstmals an den plastisch geformten Stützen des Schweizerpavillons in Paris (1931), zum eigentlichen Thema wurde er für ihn indessen erst nach 1945 (Unité d'Habitation, Marseille, 1947–52).
14 Julius Vischer/Ludwig Hilberseimer, *Beton als Gestalter*, Stuttgart 1928, S. 75.
15 Otto Rudolf Salvisberg, «Ein Wort an den Gestalter in Eisenbeton», in Bauingenieur-Kolleg, S. 43 (unveröffentlichtes Typoskript im Salvisberg-Nachlass, Institut gta, ETH Z).
16 ebd., S. 40.
17 ebd., S. 50.
18 ebd., S. 42.
19 ebd., S. 47.
20 Otto Rudolf Salvisberg, «Architektenschule», in *Das Werk*, 1929/7, S. 209.
21 Otto Rudolf Salvisberg, *Das Maschinenlaboratorium der ETH Zürich*, Festschrift, Zürich 1935, S. 7.

11
12

von Fenster- und Mauerfläche gleich oder zumindest möglichst ähnlich werde. Der Richtungswechsel der Strassenfront des Lehrgebäudes, gerade an der Verbindungsstelle der beiden Teile, kommt der Absicht zur Angleichung zustatten, weil damit auch eine Verschiebung der Fluchtpunkte und damit eine Veränderung der perspektivischen Verkürzung verbunden ist.

Die satte Haut aus Muschelkalkplatten, die den Sichtbacksteinbau von 1898 und das neue Betonskelett verkleidet, unterstreicht die Absicht, Alt und Neu in einer versöhnlichen Weise zu behandeln. Im Gegensatz zu den Berner Instituten ist der Beton hier ausschliesslich in dienender Funktion eingesetzt. Voraussetzung für den Ausgleich, den diese Fassade vorführt, war Salvisbergs eher ablehnende Haltung gegenüber frei im Raum stehenden Stützen[22]; mit den Pfeilern in der Ebene der Aussenwand unterscheidet sich dieses Skelett von der Form, die es in der Theorie des Neuen Bauens gefunden hat. Dennoch: In einer Photographie von Hans Finsler kommt die unbedingte «Modernität» von Salvisbergs Bau als denkbar grosser Gegensatz zur üppig-plastischen Architektur von Gustav Gulls «Naturwissenschaften» zum Ausdruck. Das Bild wurde in der *Neuen Zürcher Zeitung* mit der Unterschrift «Zwei Zeiten» publiziert.[23]

Auch auf den Grundriss hatte der Bau von Recordon entscheidenden Einfluss. Der Erdgeschoss-Plan macht förmlich sichtbar, wie Salvisberg die Erweiterung aus dem Altbau gewissermassen «herauszog». Durch eine subtile Linienführung des Korridors erreichte er einen sanften Übergang zwischen der gekrümmten Strassenfront und der Maschinenhalle, deren Form durch die geradlinige Kranbahn massgeblich bestimmt war. Auch hier kommt eine wesentliche Veränderung während des Entwurfsstadiums zum Ausdruck. Im Gegensatz zur frühen Arbeitsphase ist im Ausführungsentwurf (mit Datum vom 28. April 1932) die Hoffassade des Altbaues entfernt worden. Der Bau muss sich dadurch wesentlich verteuert haben; doch scheint sich Salvisberg aus dem Interesse an einer möglichst leichten und einheitlichen Wirkung der «inneren» Fassade des Lehrgebäudes gegen die Maschinenhalle zu dieser Änderung entschlossen zu haben.

Die Maschinenhalle, von der aus diese sanft geschwungene «innere Fassade» gut sichtbar ist, welche die Krümmung der Strasse (mithin die Lage des Gebäudes im städtischen Zusammenhang) in Erinnerung ruft, ist das Kernstück der ganzen Anlage. Ihr Boden liegt ein Geschoss tiefer als das Hochparterre mit dem Pausenkorridor; von diesem aus konnte man auf hellrot und blau gestrichenen Holzbänken sitzend, durch eine Reihe grosser, sprossenloser Fenster in die lichterfüllte Maschinenhalle hinunterblicken.[24]

Die Maschinenhalle war eine der ersten geschweissten Stahlkonstruktionen der Schweiz. Die Vollwandträger mussten mehrere Funktionen erfüllen: erstens mussten sie die Glasprismendecke tragen, die, mehrere hundert Quadratmeter gross, die Halle zu einem lichtdurchfluteten Maschinen-«Salon» machte, auf dessen rotem Klinkerboden die Erzeugnisse des schweizerischen Know-How ausgebreitet waren. Zweitens dienten die Stahljoche als Träger der Kranbahn, und drittens als Auflager für einen weiteren neuen Gebäudeteil, der im ersten und zweiten Obergeschoss talseitig an den geschwungenen Korridor anschliesst und in dem sich Professoren- und Assistentenbüros befinden. Der Gebäudeschnitt zeigt mit derselben Gelassenheit wie die Grundrisse, wie die Teile ineinandergreifen.

Um das Maschinenlaboratorium würdigen zu können, muss nicht zuletzt von den Innenräumen die Rede sein. In zeitgenössischen Beschreibungen war immer wieder von deren Lichtfülle die Rede. Nicht nur, dass von der Halle her Licht in den Pausenkorridor einfiel und dass in den Obergeschossen die Korridore durch hochliegende Mattglasscheiben erhellt wurden: eine weitere wichtige Lichtquelle war der vollständig verglaste südliche Abschluss der Korridore, von Salvisberg als «Kopflicht»

22 Ausnahme: das Betriebsgebäude der Hoffmann-La Roche in Basel (1936–37); ein Industriebau, bei dem Salvisberg gute Lichtverhältnisse dem «Nachteil» der im Raum stehenden Stützen überordnete.
23 *Neue Zürcher Zeitung*, 19. Juni 1940.
24 Stanislaus von Moos, «Architektur auf den zweiten Blick», in *werk-archithese*, 1977/10, S. 3–6, bes. S. 6, und Claude Lichtenstein, «Maschinenlaboratorium und Fernheizkraftwerk der ETH Zürich 1930–1934», in *Dreissiger Jahre Schweiz – ein Jahrzehnt im Widerspruch* (Ausstellungskatalog Kunsthaus Zürich), Zürich 1981, S. 166–171.

11 *Lehrgebäude des Maschinenlaboratoriums; Umbau des Recordon-Gebäudes und Erweiterung; Universitäts-/Sonneggstrasse*
12 *Stahlkonstruktion der Maschinenhalle (Ing. Prof. L. Karner, ETH Zürich)*
13 *Maschinenlaboratorium, Lehrgebäude, von Norden*
14 *Schnitt durch Lehrgebäude, Maschinenhalle und Werkstattgebäude, 1:700 Grundriss des Eingangsgeschosses, Arbeitsstand Dezember 1930 (mit stehengelassener Rückfront des Altbaues und einer anderen als der ausgeführten Konstruktion der Maschinenhalle) Eingangsgeschoss des ausgeführten Baues (Ausschnitt); abgetragene Rückwand des Altbaues*
15 *Situation; rechts das ETH-Hauptgebäude*
16 *Luftaufnahme während des Baues (1933)*

13

14

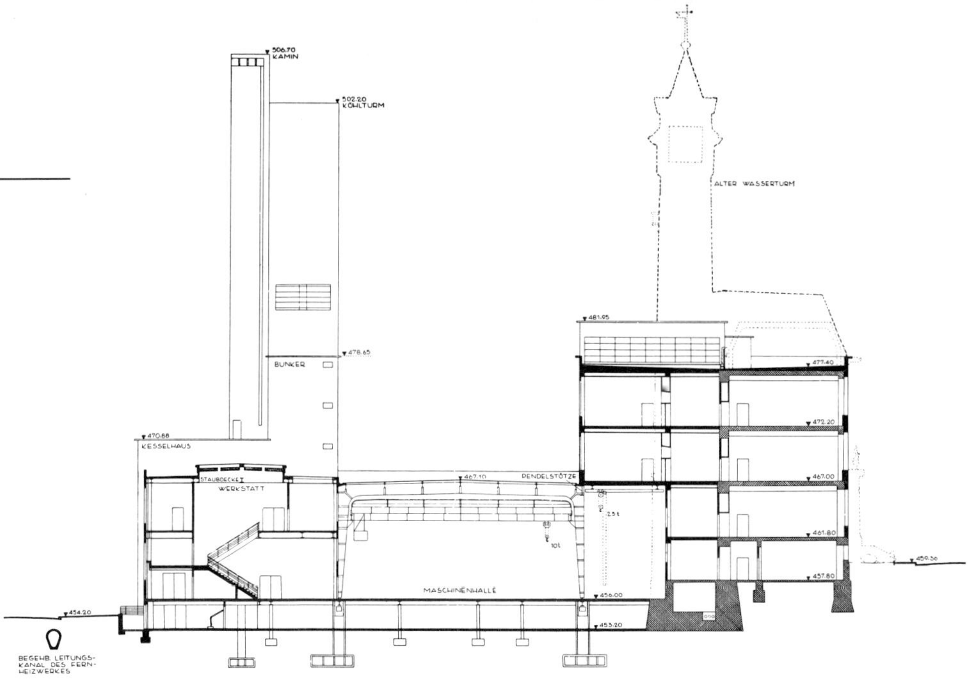
KAMIN
KÜHLTURM
ALTER WASSERTURM
BUNKER
KESSELHAUS
WERKSTATT
PENDELSTÜTZE
MASCHINENHALLE
BEGEHB. LEITUNGS-
KANAL DES FERN-
HEIZWERKES

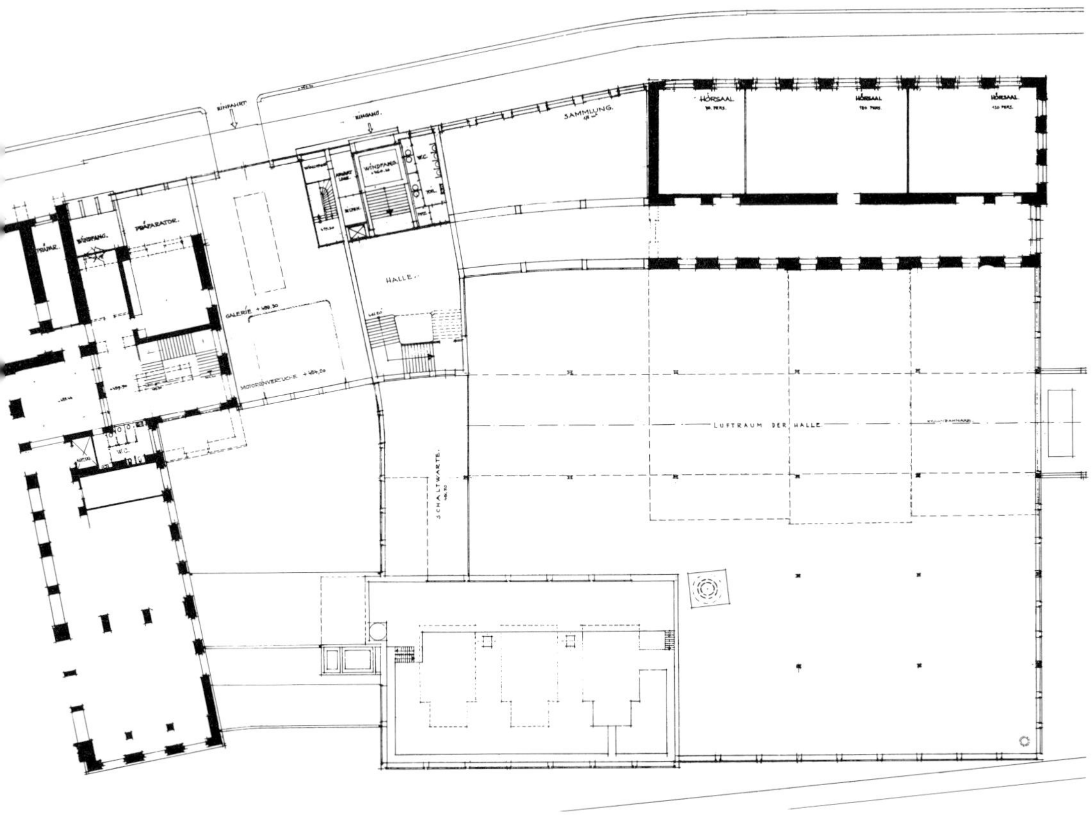
HÖRSAAL
HÖRSAAL
HÖRSAAL
SAMMLUNG
HALLE
SCHALTWARTE
LUFTRAUM DER HALLE

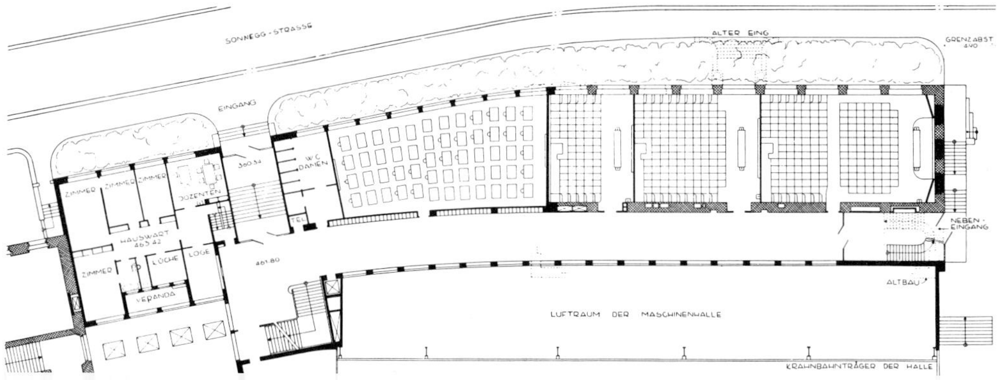
SONNEGG-STRASSE
ALTER EING.
GRENZABST.
EINGANG
W.C. DAMEN
ZIMMER
ZIMMER
ZIMMER
DOZENTEN
HAUSWART
ZIMMER
KÜCHE
LOGE
VERANDA
NEBEN-
EINGANG
ALTBAU
LUFTRAUM DER MASCHINENHALLE
KRAHNBAHNTRÄGER DER HALLE

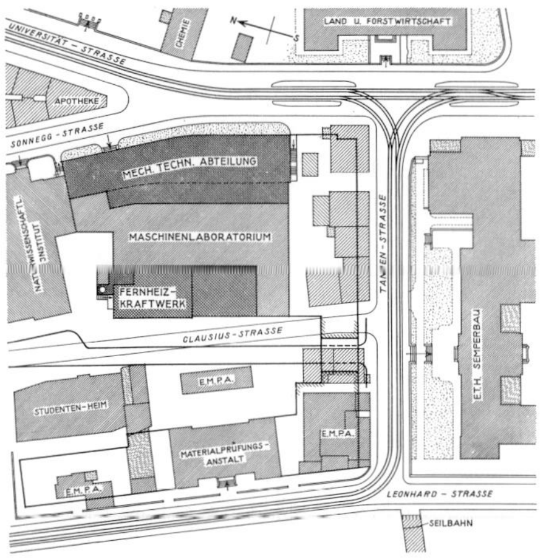
UNIVERSITÄT-STRASSE
CHEMIE
LAND U. FORSTWIRTSCHAFT
APOTHEKE
SONNEGG-STRASSE
MECH. TECHN. ABTEILUNG
MASCHINENLABORATORIUM
FERNHEIZ-
KRAFTWERK
TANNEN-STRASSE
CLAUSIUS-STRASSE
E.T.H. SEMPERBAU
STUDENTEN-HEIM
E.M.P.A.
E.M.P.A.
E.M.P.A.
MATERIALPRÜFUNGS-
ANSTALT
LEONHARD-STRASSE
SEILBAHN

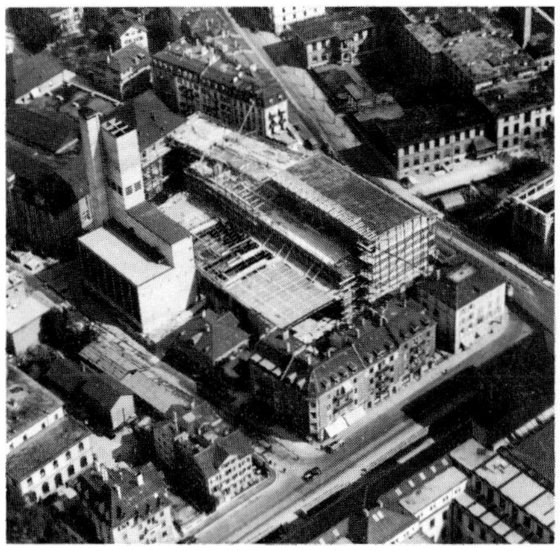

15
16

17

bezeichnet, wo auch die stählerne Nebentreppe angeordnet war. Maschinenhalle, Korridore, Treppen, Hör- und Zeichensäle bildeten einen wohlkalkulierten Raum-, Farb- und Lichtzusammenhang.[25]

Der Architekturkritiker Peter Meyer schrieb, das Maschinenlaboratorium sei *«ein Fabrikbau, doch zugleich belastet mit gewissen Repräsentationspflichten»*[26], und andernorts: *«Nicht dass alles Pathos verschwunden wäre, aber es ist zum technischen Pathos geworden, es hat sich mit dem Gebrauchszweck identifiziert, statt als Monumentalpathos daneben zu stehen.»*[27] Salvisberg stellte denselben Sachverhalt aus einem anderen Winkel dar als er – nicht ausdrücklich auf das Maschinenlaboratorium bezogen – sagte: *«Der Industriebau, der Profanbau kann und soll immer nur sich selbst darstellen und bedeuten. Er darf nicht mehr sein wollen. Sein Sinn und Zweck soll durch die eigene Ausdrucksform klar in Erscheinung treten.»*[28]

Die ausserordentliche Bedeutung des Maschinenlaboratoriums innerhalb Salvisbergs Werk (die, hält man sich seinen ursprünglichen Zustand vor Augen, insgesamt jene der Berner Institute noch übertrifft) liegt darin, dass Salvisberg genau dieses ständige Umschlagen zwischen Industrie- und leicht repräsentativem Schulgebäude thematisiert hat und dass er dabei eine raffinierte Form für den scheinbaren Widerspruch des «Sich-selbst-Bedeutens» gefunden hat. Der Bau scheint voller feiner ikonographischer Hinweise zu sein: Die Eisenfenster der Hör- und Zeichensäle sind, als Eisenfenster mit dünnen Sprossen und gekoppelten Lüftungsflügeln, als Elemente des Industriebaus behandelt, die aber mit der edlen Verkleidung aus Muschelkalkplatten kontrastieren. Die Betonfenster des Haupttreppenhauses, ebenfalls Elemente des Industriebaues, sind in unmittelbare Opposition gesetzt zu den kostbaren Klinker-Formsteinen der Treppe und zu deren elegantem Geländer aus Aluminium und schwarz lackiertem Holz. Überhaupt, das Aluminium, genauer «Antikorrodal», an Treppengeländern und geschwungenen Heizungsröhren im Windfang wollte etwas bedeuten: nämlich, dass es, weitherum als «Schweizer Silber» bekannt, ein zukunftsträchtiges industrielles Erzeugnis eines an Rohstoff armen Landes sei. In diesem Zusammenhang ist die Vermutung vielleicht nicht zu weit hergeholt, die Maschinen in der Halle, die vom Korridor aus während der Vorlesungspausen betrachtet werden konnten, hätten die Einheit von Theorie und Praxis befördern sollen – ein Aufruf an alle, den fehlenden natürlichen Reichtum des Landes durch Erhaltung der hochstehendsten Technologie wettzumachen.

Der dritte Teil neben dem Lehrgebäude und der Maschinenhalle ist das Fernheizkraftwerk mit seinem charakteristischen Turm. Das Fernheizkraftwerk wurde als eine Musterstation konzipiert, die zugleich als Anschauungsbeispiel im Unterricht an der Abteilung für Maschinenbau dienen und die öffentlichen Grossbauten der Umgebung mit Fernwärme versorgen sollte. Vom geradezu kühnen technischen Niveau des Werks zeugt die Berichterstattung in der Presse: *«Mit dem Bau des Fernheizkraftwerkes ist zwar ein neuer grosser Hochkamin entstanden. Durch ihn werden aber über 100 rauchende Schlote stillgelegt und ein ganzer Stadtteil rauchlos mit Wärme, Warmwasser, Dampf und elektrischer Energie versorgt (...) Der Gedanke, den etwa 45 m unter der Erde durchführenden Eisenbahntunnel zur direkten Anlieferung der Kohle vom Eisenbahnwagen aus zu verwenden, enthob die bereits verkehrsreichen Strassen einer Lastwagenanfuhr. Ein elektrischer Aufzug von 67 m Höhe, der schnellste der Schweiz, befördert die Betriebsleute innert 20 Sekunden zum Tunnel. Zur Nachtzeit, in der keine Züge verkehren, wird die Kohle durch ein 75 m langes Rohr mittels Turbogebläse und Dampfturbine hochgesaugt und gelangt durch den Conveyer, eine 130 m lange Kette mit Becherwerk in die einzelnen Hochbunker (...)»*[29]

Es verwundert nicht, dass Salvisberg mit der Form des Kamins eine Entsprechung zum technischen Innenleben zu finden versuchte. Wie die Berner Institute war das Fernheizkraftwerk mit dem Kesselhaus, dem Rückkühler, Schornstein und Kohlenbunker als Sichtbetonbau ausgeführt, teilweise – beim Kamin – unter Verwendung des neuen Systems mit einer Gleitschalung. Deren Nuten und Arbeitsfugen ergaben eine feine Zeichnung der grossen fensterlosen Flächen. Salvisberg sagte dazu: *«Auf sonstige Zierart wurde verzichtet, da ein Hochkamin besser als solcher in Erscheinung tritt, statt sich als rau-*

17 *Kamin und Kesselhaus des Fernheizkraftwerkes; der Kamin wurde mit einer Gleitschalung hochgezogen*
18 *O.R. Salvisberg (1935): die «Stadtkrone» Zürichs: links Salvisbergs ETH-Erweiterung im geplanten Endausbau, in der Mitte Sempers ETH-Hauptgebäude, rechts Karl Mosers Universität (1914), an deren Entwurf Salvisberg 1907 mitgearbeitet hatte*
19 *Bruno Taut: «Die Stadtkrone» (1919)*

chender Campanile oder Rathausturm zu gebärden.»[30]

Wenn auch die Lage des Fernheizkraftwerks und die Höhe von Kamin und Rückkühler teils vorgegeben oder technisch bedingt waren, verfolgte Salvisberg mit der Architektur des Kamins eine bestimmte städtebauliche Absicht: durch die gegeneinander versetzte Anordnung von Kamin und Rückkühler erreichte er eine grössere Masse des Bauwerks, das zudem durch Licht und Schatten auch auf weite Distanz hin scharf konturiert wurde. Obwohl «nur» ein Kamin, trat dieser markante Baukörper über eine Distanz von 300 Meter mit dem Turm der Universität von Karl Moser in einen Dialog, in dem der Bau von Semper die ruhende Mitte blieb. Photomontagen legen davon Zeugnis ab, dass Salvisberg diese Absicht bewusst verfolgte.

Als «Wunschbild» bezeichnete er einen generellen Entwurf für eine Gesamtüberbauung des Areals: *«Erst der Kontrast dieser Horizontalen mit der Vertikalen des Turmes des Fernheizkraftwerkes und dessen dadurch gewonnenen Beziehungen zur übrigen Bebauung werden das Bild der Stadtkrone Zürichs voll ergänzen.»*[31] Der Begriff der «Stadtkrone» verweist auf den expressionistischen Gedanken Bruno Tauts und anderer, einen geistigen und architektonischen Brennpunkt zu schaffen. In Salvisbergs ETH-Bauten widerspiegelt sich also ganz ähnlich wie bei den Berner Instituten ein städtebauliches Denken, das nicht in einer Verehrung der Technik begründet ist, sondern in anderen Inhalten, das aber von Salvisberg aktualisiert wurde. In den Berner Bauten ist der stossende Rhythmus des Technischen Zeitalters sinnbildlich eingebracht worden. Der Turm des Fernheizkraftwerks in Zürich ist auch von seiner Funktion her ein Bau der Technik, dem sein Schöpfer eine elementare «Ausdrucksform» gab. Der Bildhauer Hanns Welti berichtet, dass diese Form Picasso tief beeindruckte, als die beiden eine Bootsfahrt auf dem Zürichsee machten: *«Darüber hinaus heftete sich sein Blick lange an den Turm von Salvisberg, an die Fernheizungszentrale der ETH, die er als schönes und reines Signum der Landschaft empfindet. Picasso bedauerte, dass es noch keine Ansichtskarten gäbe mit dieser starken, vertikalen Fermate, dem Ausdruck einer starken Zeit.»*[32]

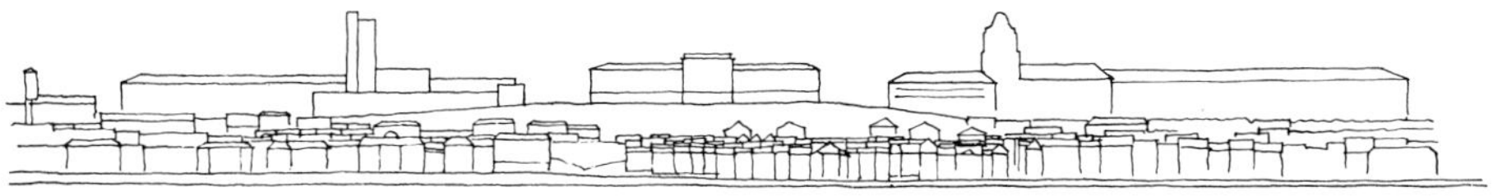

18

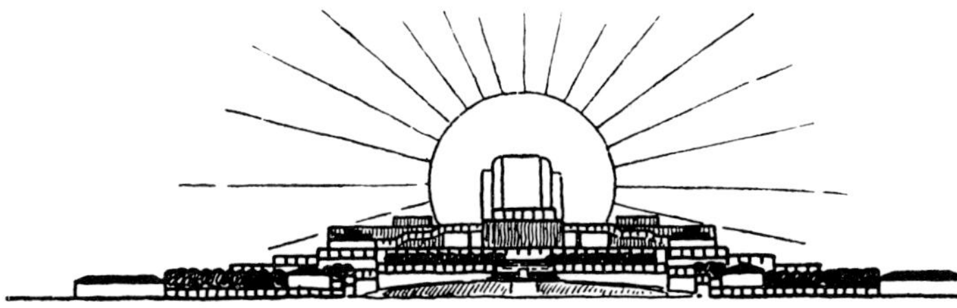

19

25 Nach verschiedenen früheren Auf- und Anbauten wurde der innere Zusammenhang 1983 durch die ETH ohne baupolizeiliche Bewilligung grundsätzlich verändert!

26 Peter Meyer, «Architektur von 1933 bis 1943», in *Schweizerische Bauzeitung*, Bd. 121, 1943, S. 188.

27 Peter Meyer; «Hochschulbauten», in *Das Werk*, 1935/8, S. 288.

28 Otto Rudolf Salvisberg in Bauingenieur-Kolleg, a.a.O. (vgl. Anm. 15), S. 12.

29 *Schweizer Illustrierte Zeitung*, 14. Sept. 1932, S. 1324.

30 Otto Rudolf Salvisberg in Bauingenieur-Kolleg, a.a.O. (vgl. Anm. 15), S. 49.

31 Otto Rudolf Salvisberg in Festschrift, a.a.O., (vgl. Anm. 21), S. 8.

32 Hanns Welti, «Picasso auf dem Zürichsee», in *Neue Zürcher Zeitung*, 14. Sept. 1932.

S P I T A L

E N T W I C K L U N G U N D A N W E N D U N G E I N E S T Y P U S

CHRISTIAN SUMI

Der vorliegende Grundriss- und Schnittvergleich gibt einen Einblick in die Entwurfsarbeit Salvisbergs. In Ermangelung von ersten Skizzen und Vorprojekten (ausser denen des zweistufigen Wettbewerbes für das Lory-Spital), welche Aufschlüsse über die Entstehung eines Projektes und damit Anhaltspunkte zu den einzelnen Entwurfsverfahren geben könnten, sind im folgenden vier Projekte der Baugattung Spitalbau miteinander verglichen. Es handelt sich demzufolge nicht um eine chronologische Untersuchung (Skizzen, Vorprojekte und ausgeführte Projekte), sondern um einen thematischen Vergleich.

Der Spitalbau um 1930 scheint sich hierfür besonders zu eignen: erstens realisiert Salvisberg im Ende der 20er Jahre einsetzenden Spitalbauboom innerhalb von nur fünf Jahren vier mittelgrosse Spitäler, und zweitens wird der Spitalbau jener Zeit vermehrt von wissenschaftlich-medizinischer Seite her bestimmt, so dass es möglich ist, die Projekte bezüglich einem klar definierten Bauprogramm zu vergleichen. Typisch für den Spitalbau jener Zeit ist unter anderem die Forderung nach durchlaufenden Balkonen und Liegehallen, wie sie auch bei den hier untersuchten Spitälern in Erscheinung treten. Die typisierten Bauprogramme und die Tatsache, dass die Bauten innerhalb von wenigen Jahren entstanden sind, bilden die Grundlage des nach verschiedenen Aspekten (Tafeln I–IV) geordneten Vergleiches der Spitäler von Salvisberg und Brechbühl: das Chronischkrankenheim Lory (1929) und das Säuglings- und Mütterheim Elfenau (1930), beide in Bern, das Bezirksspital in St-Imier und das Tuberkulosenheim in Pruntrut (beide 1934). (Die Grundrisse sind im Massstab 1:400, die Schnitte 1:200 wiedergegeben.)

Der Vergleich macht deutlich, dass Salvisberg für seine Spitalbauten also nicht grundsätzlich neue Lösungen erfindet, sondern auf bereits vorhandene, bekannte Grundrisslösungen zurückgreift. Wie bei den Villen (siehe Claude Lichtenstein, «Villen und Landhäuser») sucht Salvisberg auch bei den Spitalbauten nach einem Grundtyp, der durch Variation für die verschiedenen Arten von Spitälern verwendbar ist. Das heisst auch, dass seine Technik, Grundrisse und Schnitte zu bilden, von einem gattungsbezogenen Denken bestimmt ist und damit in krassem Gegensatz steht zu den Bemühungen eines Le Corbusier beispielsweise, welcher mit seinen 1927 publizierten «5 Punkten einer Neuen Architektur»

Verfahren vorschlägt, die gerade ausserhalb des Systems der einzelnen Baugattungen liegen. Der «plan libre» beispielsweise, das Zerlegen der Wand in eine tragende Stütze und eine nichttragende Wand, ist nicht gattungsgebunden, der Bruch mit dem konventionellen System der Gattungen wird betont. So liegt denn die Bedeutung Salvisbergs nicht im Versuch, das architektonische System grundlegend in Frage zu stellen, sondern in der Art, wie er mit vorhandenen Architekturteilen (zum Beispiel mit den auf Lösungen der Moderne verweisenden, verglasten Eckveranden) umgeht. Das Arbeiten mit solchen Versatzstücken führt bei den Bauten zu einer gewissen Ambivalenz zwischen Tradition und Moderne, wie sie auch bei der Untersuchung der Detailzeichnungen nachgewiesen wurde (siehe Christian Sumi und Ernst Strebel, «Detailzeichnungen»). Im Gegensatz zum Verwaltungsgebäude der Hoffmann-La Roche in Basel beispielsweise, bei dem sich die Merkmale der traditionellen und der modernen Architektur verbinden, stehen sie in den Spitälern – gebaut zwischen 1929 und 1934 – noch nebeneinander, wie es die «modernen» Eckveranden des Lory-Spitals deutlich machen, die einen «traditionellen» Baukörper umfassen.

1
2

Tuberkulosenheim Pruntrut, 1934:
1 *Modell*
2 *Ausgeführter Bau, auf Druck der örtlichen Ziegelindustrie mit Satteldach*

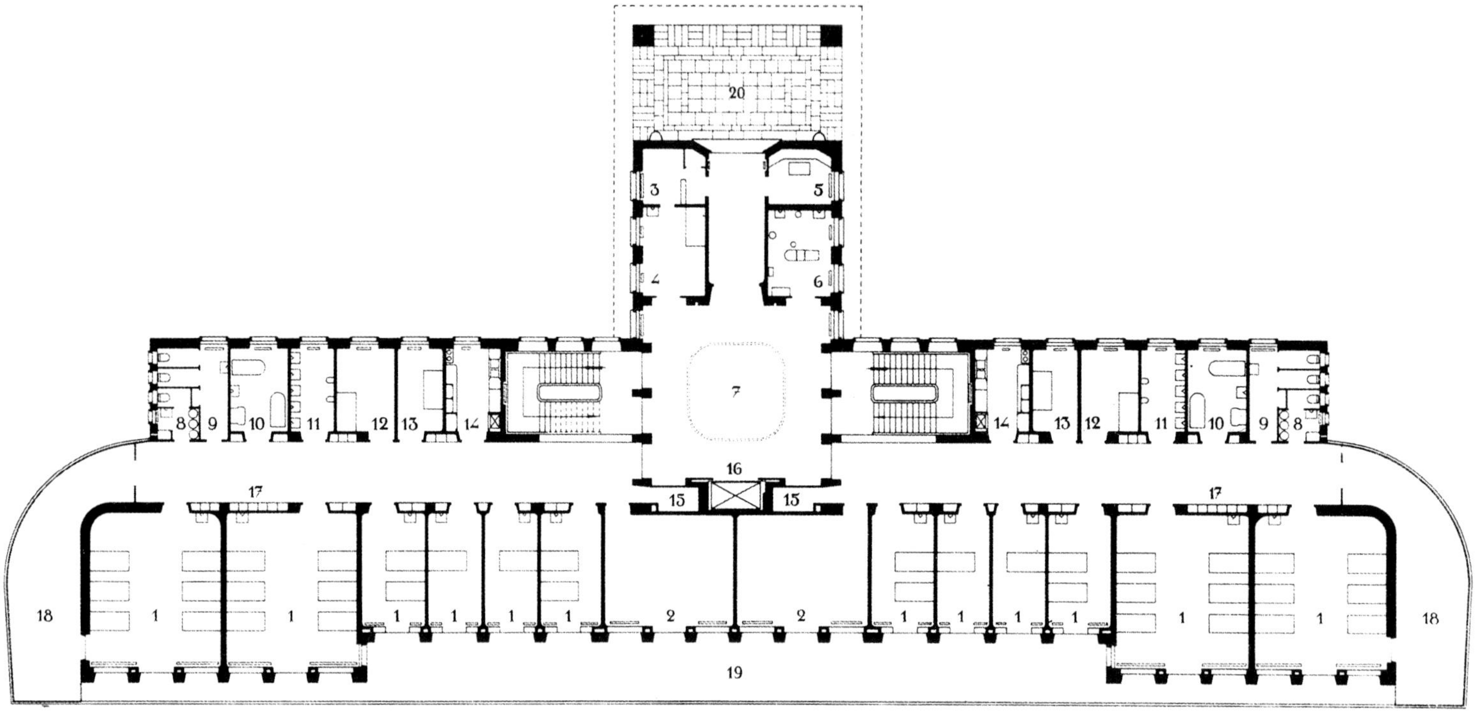

LORY-SPITAL, 1929

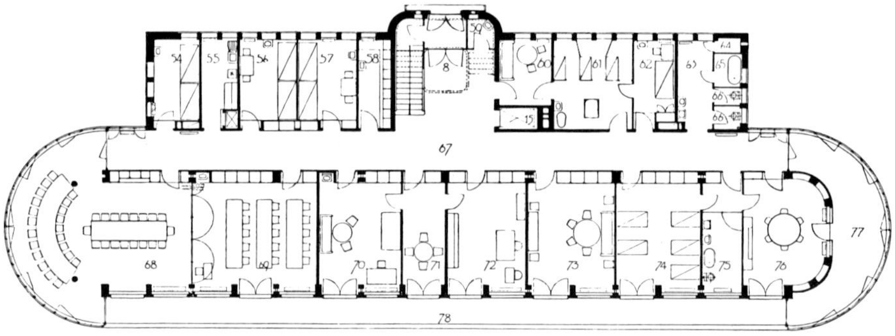

ELFENAU, 1930

Eingangsgeschosse

Allen Projekten gemeinsam ist der langgezogene, durch einen Mittelkorridor erschlossene Baukörper. Auf der Südseite liegen die Patientenzimmer, auf der Nordseite die dazugehörigen Nebenräume. Deutlich erkennbar sind die vor den Patientenzimmern durchlaufenden Balkone mit den unterschiedlich ausgebildeten Eckveranden (Liegehallen): In Bern, beim Lory-Spital und bei der Elfenau, sind sie als viertels- bzw. halbkreisförmige Auskragung den beiden Stirnseiten angesetzt, in St-Imier und Pruntrut bilden sie kastenartige Verlängerungen der Balkone. Die Projekte unterscheiden sich weiter im Eingangsbereich. Beim Lory-Spital und dem Spital in St-Imier liegt der Eingang in einem dem Hauptbaukörper axial angefügten Nordflügel. Er führt von der Vorfahrt an der Anmeldung vorbei in die Halle, die beim Lory-Spital zweigeschossig ausgebildet ist. Die Elfenau und das Spital in Pruntrut haben keinen Nordflügel. Die Eingänge sind dort markiert durch die leicht aus der Fassade heraustretenden Treppenhäuser mit abgerundeten Kanten. Unter dem Zwischenpodest hindurch gelangt man in die durch das Treppenauge gebildete kleine Halle, an der die Anmeldung liegt.

Die Unterschiede im Grundriss ergeben sich aus den von den Spitaltypen bestimmten unterschiedlichen Anforderungen. In St-Imier und in Pruntrut werden die Liegehallen zur Behandlung von TB verwendet und sind deshalb wie die Balkone nach Süden gerichtet. In Bern werden sie anders genutzt und sind deshalb ost- bzw. westorientiert an den Stirnseiten der Baukörper angeordnet. Das Lory-Spital und das Spital in St-Imier haben neben den Zimmergeschossen zusätzliche Spezialräume (Labors, Operationssäle), die im erwähnten Nordflügel untergebracht sind. Die Elfenau und das Spital in Pruntrut haben keine derartigen Räume. In beiden Fällen besteht der Eingang aus einem typisierten, hallenartigen Treppenhaus.

Das heisst, dass Salvisberg bei seinen Spitalbauten von einem allgemeinen Grundriss, einem Grundrisstyp (einer zweibündigen Anlage mit durchlaufendem Balkon auf der Südseite) ausgeht und ihn durch Variation (unterschiedliche Ausbildung der Eckveranden) oder durch Hinzufügen weiterer Gebäudeteile (Nordflügel) den spezifischen Anforderungen des einzelnen Spitals anpasst. Diesen der Gattung «Spital» entsprechenden Grundrisstyp entwickelt Salvisberg im Laufe der Arbeit am Lory-Spital.

Mit dem Bau dieses Spitals (1929) schafft sich Salvisberg einen Namen als Spitalfachmann und wirkt ab 1930 in zahlreichen Wettbewerben für Spitäler ähnlicher Grösse mit. Es ist denn auch kein Zufall, dass der von Salvisberg entwickelte Grundrisstyp bzw. seine Auslegungen für viele Projekte der Bezugs-

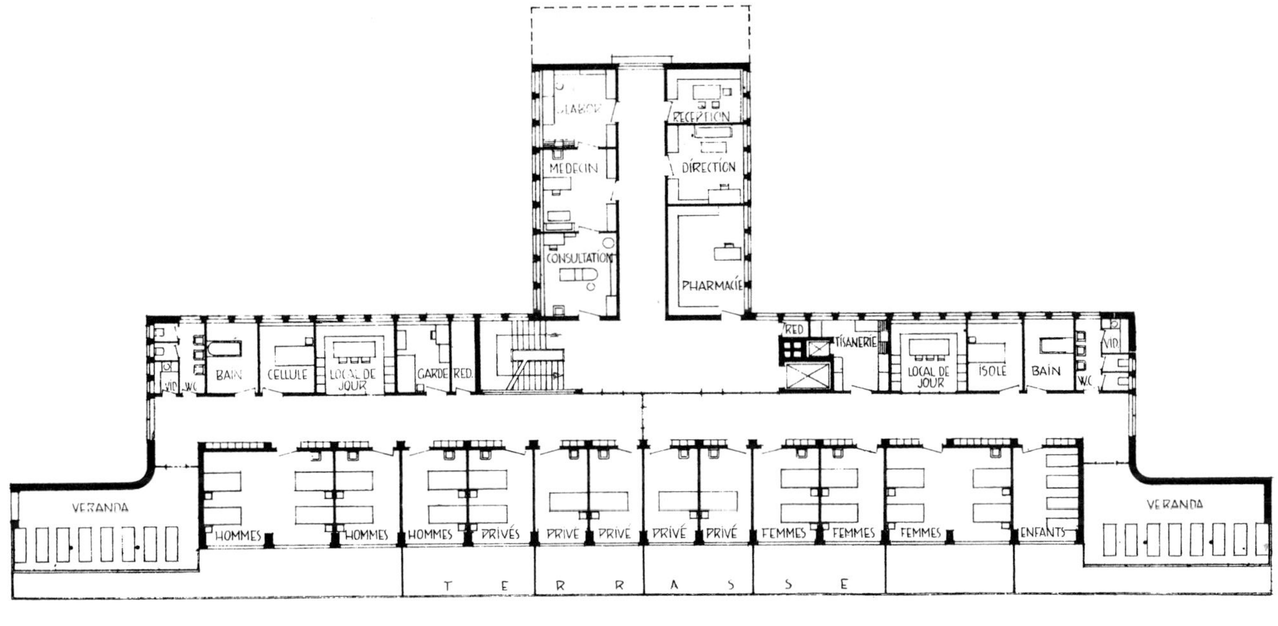

ST-IMIER, 1934

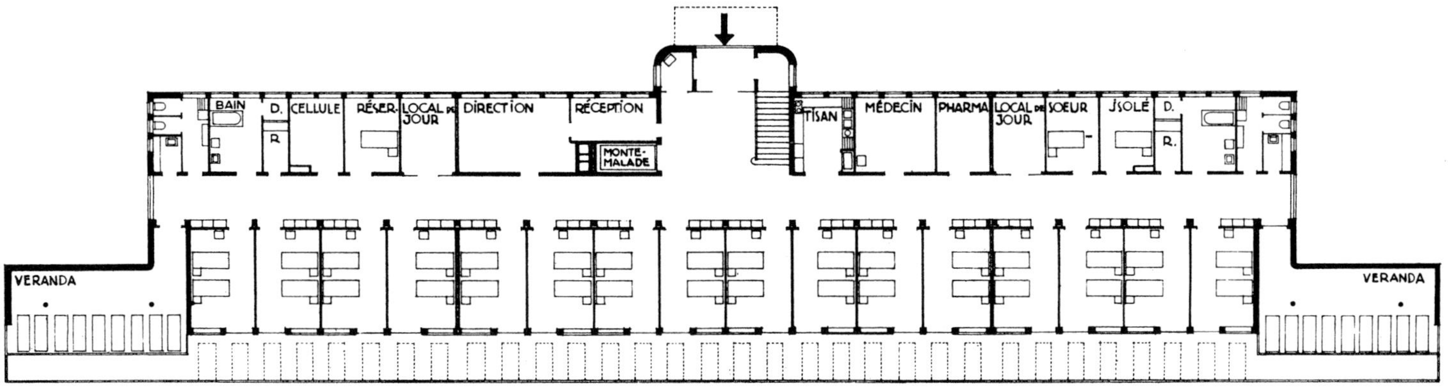

PRUNTRUT, 1934

punkt ist und dass diese Projekte auch meist die vordersten Ränge belegen. Dazu zwei Beispiele aus dem Jahre 1932:

Die Projekte für ein neues Frauenspital in Aarau (1) variieren den T-förmigen Grundriss des Lory-Spitals, das erstprämierte Projekt für ein Krankenasyl in Wädenswil (2) versucht, Merkmale des Lory-Spitals (T-förmiger Grundriss) und der Elfenau (halbkreisförmige Eckveranden) zu verbinden. Der Versuch, den von Salvisberg entwickelten Grundrisstyp zu erweitern, um ihn auch für grössere Spitäler zu verwenden – etwa beim erstprämierten Projekt für das Kantonsspital in Chur, wo das Schwesternhaus dem T-förmigen Grundriss als Annex angefügt ist (3) –, befriedigt indessen nicht. Die in der Mitte der 30er Jahre einsetzende Planung von kantonalen Spitälern verlangte nach grundsätzlich neuen Grundrissstrukturen (siehe zum Beispiel das Kantonsspital in Zürich). Das bedeutet denn auch das Ende der Aera Salvisberg im schweizerischen Spitalbau. 1938 realisierte er in Zürich noch das Kinderspital, das aber auf Grund seiner besonderen Lage (am Rande eines städtischen Gefüges aus dem 19. Jahrhundert) und seines Programmes (es schliesst ein Auditorium für die Ausbildung von Ärzten ein) nichts Gemeinsames mit den früheren Spitalbauten mehr hat.

1

2

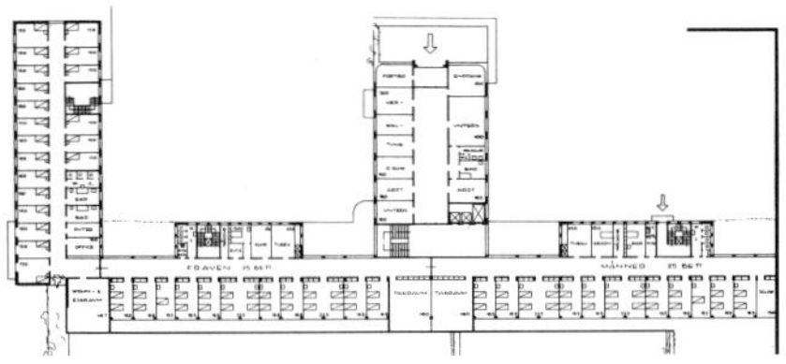

3

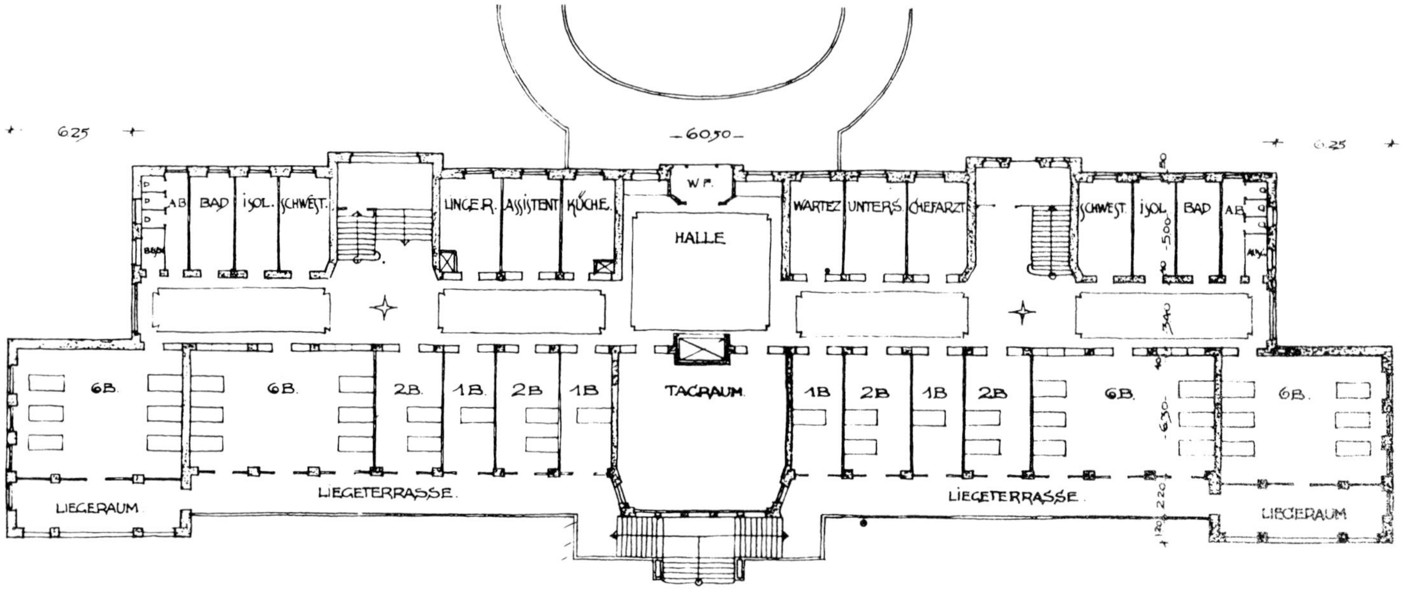

WETTBEWERB 1. STUFE, 1924 (1)

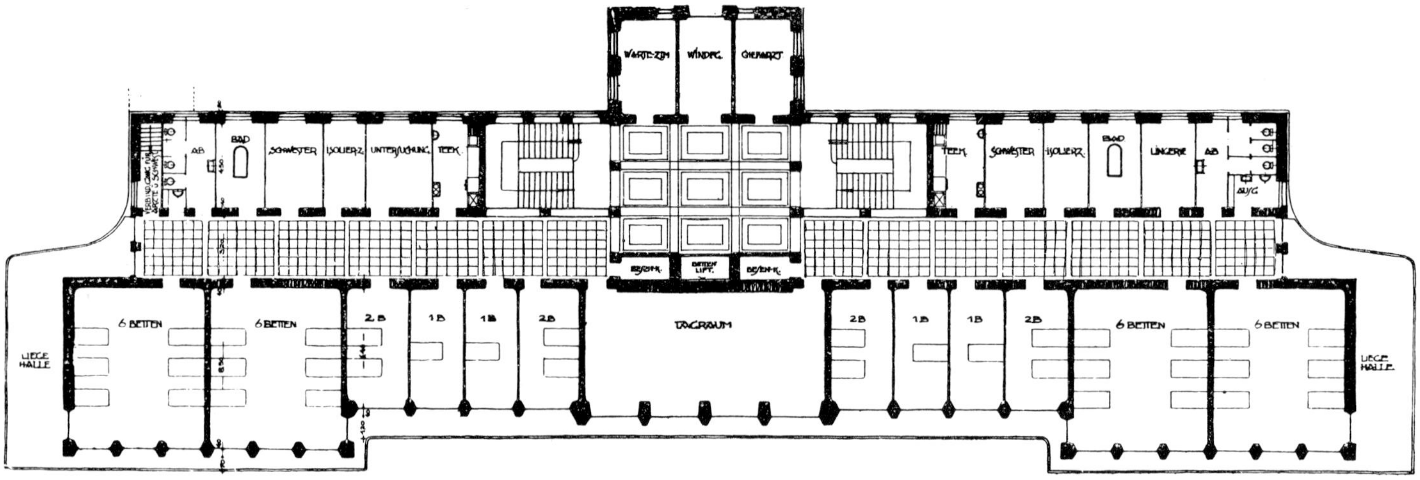

WETTBEWERB 2. STUFE, 1925 (2)

Das Lory-Spital 1924–29

Im 1924 öffentlich ausgeschriebenen Wettbewerb kommen insgesamt 50 Projekte zur Jurierung, von denen fünf zur Überarbeitung bestimmt werden. Auf der zweiten Stufe geht das Projekt von Salvisberg und Brechbühl als Sieger hervor und wird von der Jury zur Ausführung empfohlen. Der Vergleich mit dem Projekt der ersten Stufe illustriert die Herausbildung der Merkmale der Grundrisse, wie sie in Tafel I kurz beschrieben worden sind.

Turmartige Eckrisalite und ein mit dem Balkon bündiger Mittelrisalit charakterisieren das erste Projekt (1). Der Baukörper besteht aus zwei gleichen Einheiten, die durch die aus der Fassade etwas heraustretenden Treppenhäuser markiert werden. Zwischen den beiden Einheiten liegen der Eingang und die grosszügige Eingangshalle, davor, im Mittelrisalit, die Aufenthaltsräume. In den Eckrisaliten sind pro Einheit (Abteilung) eines der zwei Sechserzimmer und die nach Süden gerichtete Liegehalle untergebracht. Demgegenüber weist das zweite Projekt im Grundriss folgende Veränderungen auf: der Mittelrisalit wurde aufgegeben; die Eckrisalite sind breiter, sie enthalten nun zwei Sechserzimmer und sind durch die durchlaufenden Balkone und die seitlichen Liegehallen wie mit einer Klammer verbunden. Im weiteren wurden die beiden Treppenhäuser an die Eingangshalle verlegt und das Wartezimmer und ein Büro in einem separaten Nordflügel untergebracht. Damit sind die Merkmale der Spitäler Salvisbergs im Grundriss bereits klar formuliert. Im Ausführungsprojekt sind der Nordflügel vergrössert und die an den Stirnseiten angeordneten Liegeterrassen verglast und in ihrer Geometrie verändert.

Für die zweite Stufe des Wettbewerbes wurde das Programm gestrafft und die Lage der Räume teilweise vorgegeben; so müssen die Liegeterrassen an den Stirnseiten angeordnet werden, was zur Folge hat, dass sich die eingereichten Projekte in der Disposition ähnlich sind. In der Art jedoch, wie die den Bau konstituierenden Teile (zum Beispiel eben die Liegehallen) ausgeführt und zueinander in Beziehung gesetzt sind, unterscheiden sich die verschiedenen Entwürfe (2: Salvisberg & Brechbühl / 3: Rybi & Salchli, Bern / 4: Wildbolz, Biel). Beim Projekt von Salvisberg sind die Balkone zu einer klammerartigen Form zusammengefasst und geben damit dem Gebäude ein einheitliches Gepräge. Das Aufgeben des Mittelrisalites und das Betonen der Gebäudeenden durch die Liegeterrassen verstärkt die Horizontalität des Baukörpers, wodurch die für den damaligen Spitalbau typische Forderung nach Licht, Luft und Sonne auf der formalen Ebene ihre Entsprechung findet. Diese Tatsache hebt die Jury, in der neben anderen auch Prof. Karl Moser mitwirkt, in ihrem Bericht denn auch hervor: «Die Elemente, die ihnen hiezu dienten, sind ganz natürlich entwickelt,

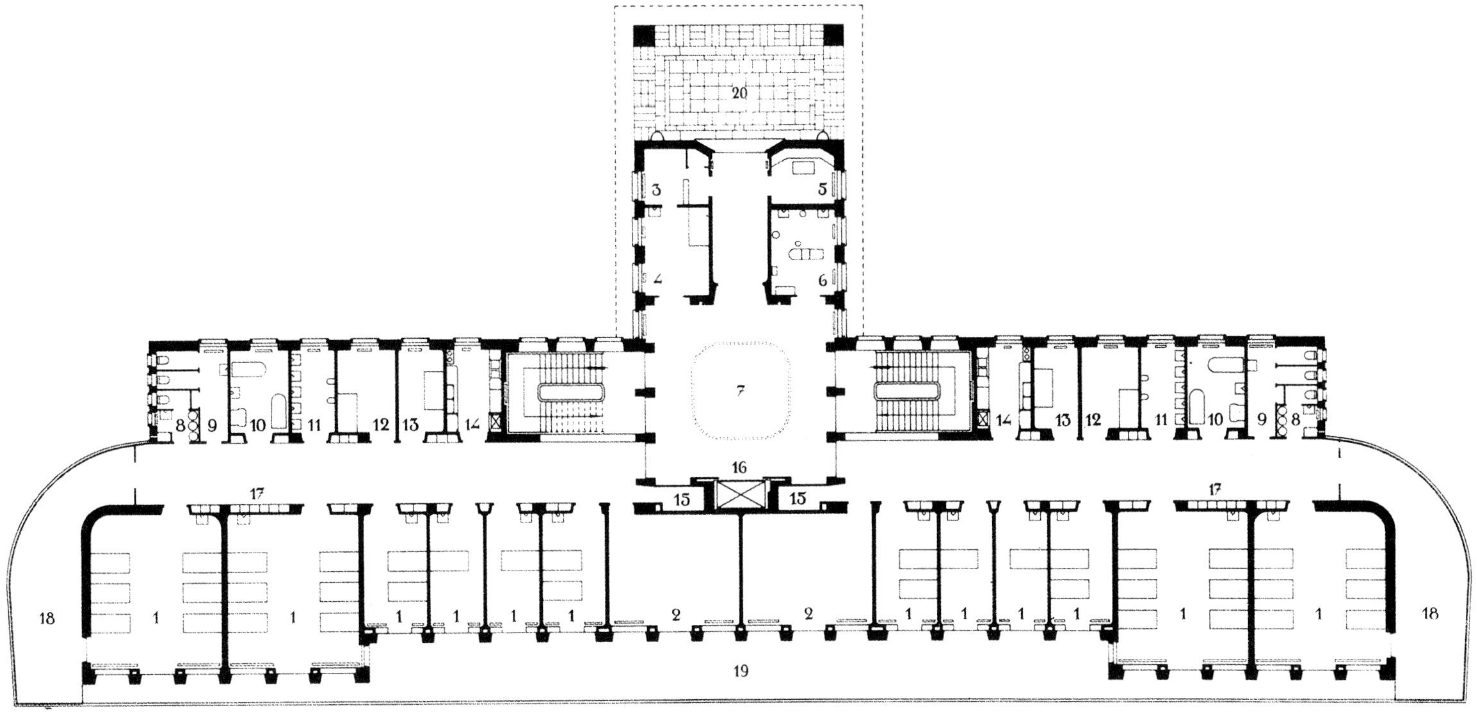

AUSFÜHRUNGSPROJEKT, 1926–29

einerseits aus den Bedingungen, die bezüglich Besonnung und Beleuchtung der Zimmer an ein Krankenhaus gestellt werden müssen, anderseits aus der durch diese Bedingungen erforderlichen Konstruktionsweise. Trotzdem die Bauten weder heimatschützlerische noch formalhistorische Elemente aufweisen, werden sie sich sowohl in den Bauplatz wie in das allgemeine Stadtbild Berns würdig einreihen. Ja, man muss hervorheben, dass eben diese Architektur mit den alten Bauten Berns eine viel grössere geistige Verwandtschaft als mancher historisierende Neubau deswegen aufweist, weil das architektonische Grundgesetz, aus Zeit und Bedürfnis heraus zu schaffen, beiden in gleicher Weise zugrunde liegt.» (Aus: Loryspital, *Architekturwerke und Innenausstattung*, Bern 1929)

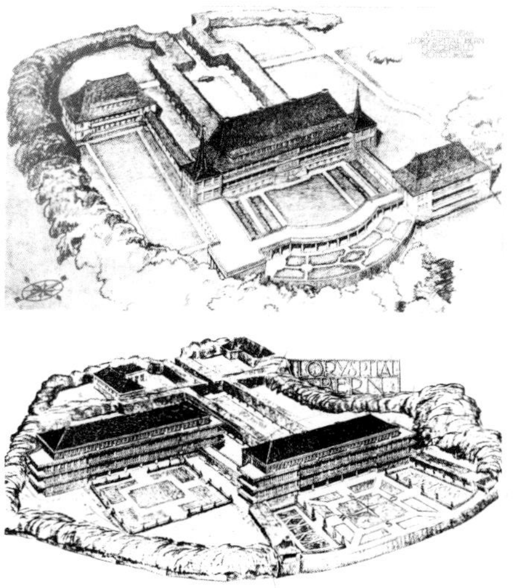

1

2

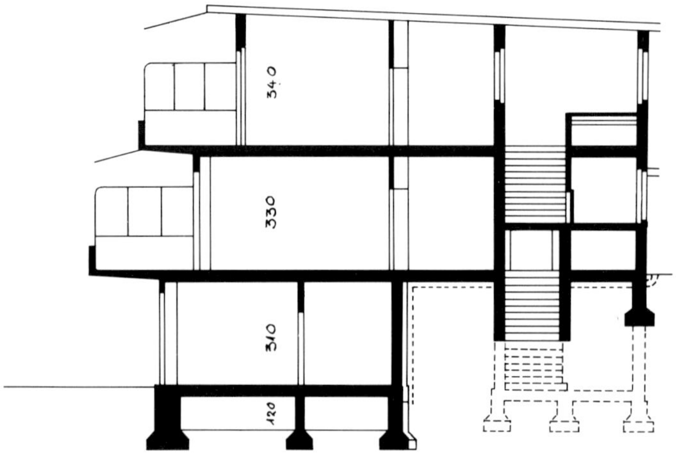

ST-IMIER, TB-PAVILLON

Schnitte

Nebst der verschiedenartigen Anwendung der beim Lory-Spital entwickelten Grundrisslösung (siehe Tafel II) arbeitet Salvisberg bei den Spitälern in St-Imier und Pruntrut an einer neuen Thematik, der Rückstaffelung der nach Süden gerichteten Balkone. Insbesondere geht es darum, Dachrand und Balkonbrüstungen auf eine gegen oben zurückweichende gerade Linie zu bringen. Der bescheidenste Bau dieser Reihe ist der kleine TB-Pavillon in St-Imier. Damit die Balkone beider Geschosse die gleiche Tiefe haben, ist die Aussenwand des Attikageschosses zurückversetzt. Das Pultdach bildet die Decke des oberen Geschosses, Balkonbrüstungen und Dachrand liegen aber nicht auf einer Linie. Der Aufbau des Projektes für Pruntrut, das in Abweichung zum Vorschlag von Salvisberg mit einem Satteldach ausgeführt wurde, ist analog. Das Pultdach ist jedoch leicht überhöht, so dass die Balkone und der Dachrand nun auf einer Linie liegen. Das Spital in St-Imier ist gegenüber den beiden anderen Projekten um ein Stockwerk höher. Um auch hier die drei Balkonbrüstungen mit dem Dachrand auf eine Linie zu bringen, ist das Pultdach mit einer Holzkonstruktion noch mehr überhöht als in Pruntrut. Das Attikageschoss prägt denn auch die Front dieses Spitales und wirkt als Rücken der vor dem Baukörper durchlaufenden Balkone. Um 1930 ist die Staffelung der Geschosse gegen hinten bzw. die Terrassierung ein aktuelles Thema. Richard Döcker untersucht es in seinem Buch «Terrassentyp» (Stuttgart 1929) anhand einer Serie von Schnittschemas (1). Dabei schlägt er für alle Geschosse die gleiche Zimmer- und Balkontiefe vor, wodurch sich die Terrassierung der Vorderseite als Auskragung der Rückseite, die durch eine freistehende Stütze abgefangen wird, «wiederholt». Döcker konzeptionalisiert das Thema und gelangt dadurch zu einem grundlegend neuen Schnittbild: zum geschossweise nach hinten verschobenen Laubengangtyp. Dagegen ist die Staffelung bei Salvisberg von pragmatischer Art; sie wird auf einen bereits festgelegten Grundriss angewendet, auf den langgezogenen Zweibünder, ohne dass er sich wesentlich verändert. Das gleiche gilt für das Schnittbild, auch wenn es auf der Vorderseite «aufgeweicht» wird: es ergibt sich aus dem Grundriss, der für Salvisberg der bestimmende Faktor bleibt, anders als beispielsweise für Döcker, der die traditionelle Hierarchie im Entwurf von Grundriss und Schnitt umkehrt.

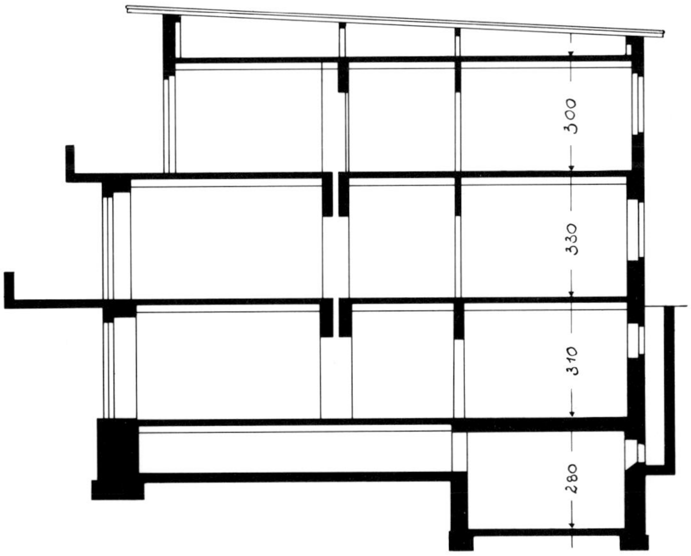

PRUNTRUT

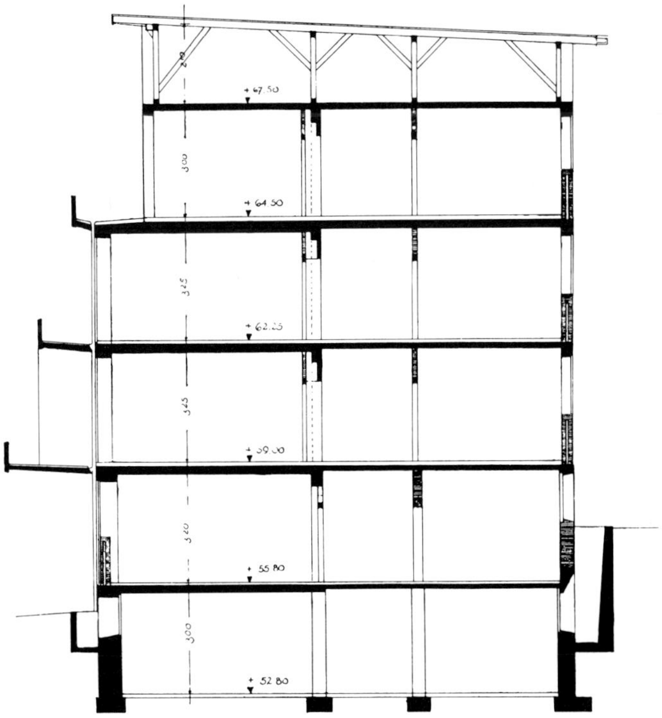

ST-IMIER

1

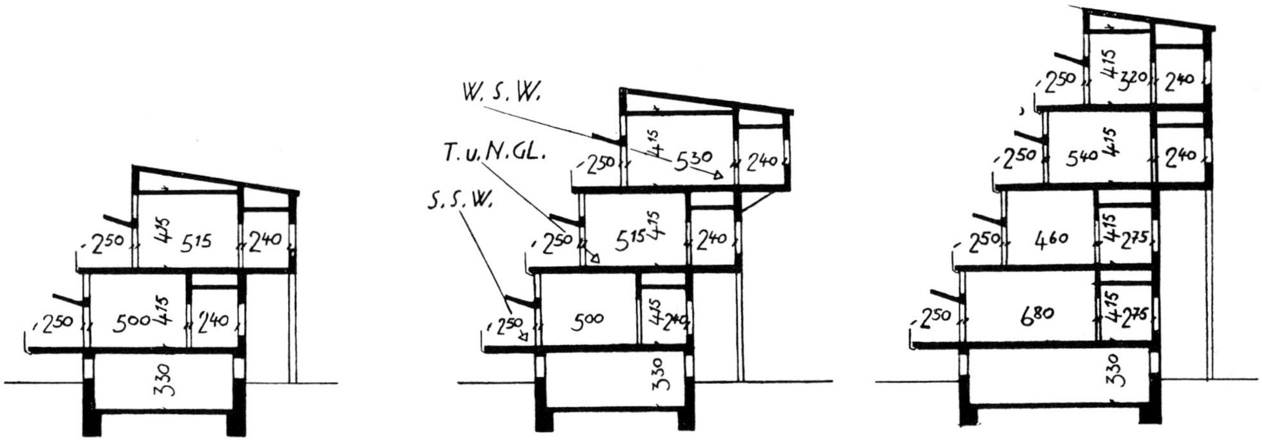

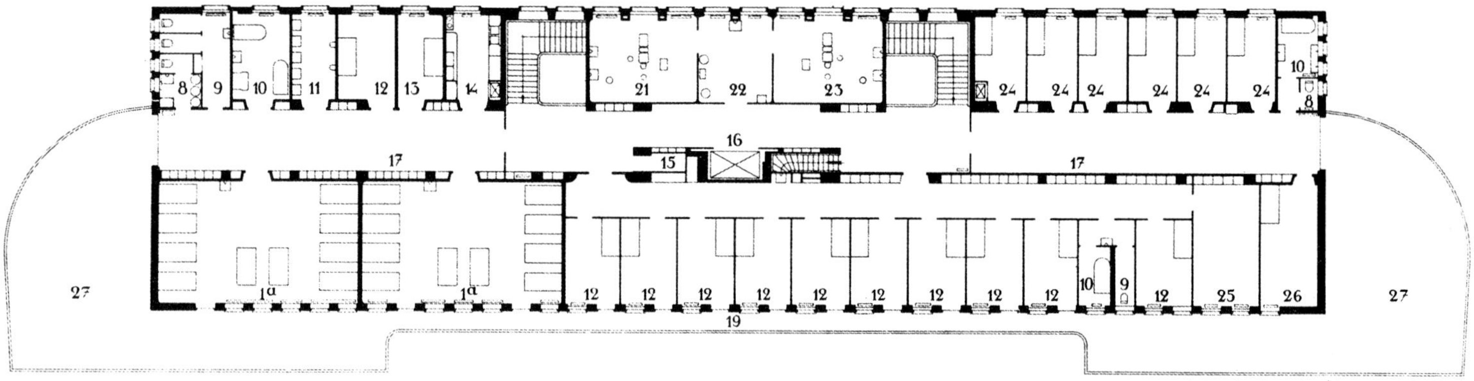

LORY-SPITAL, 1929

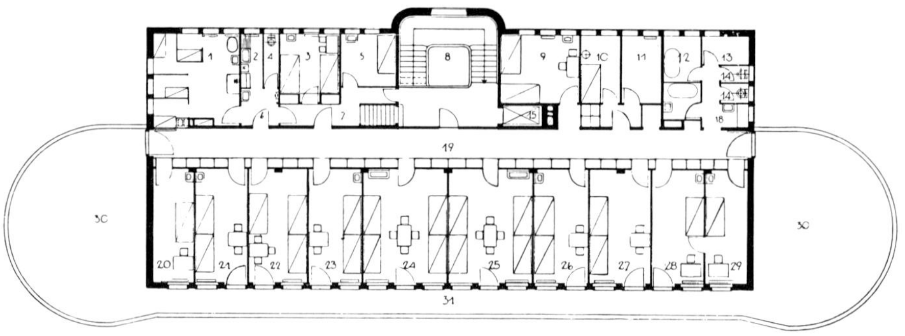

ELFENAU, 1930

Attikageschosse

Die langgezogenen Baukörper treten bei den Grundrissen der Attikageschosse besonders klar in Erscheinung und verdeutlichen noch einmal das Charakteristische dieser Spitalbauten: konventioneller, zweibündiger Grundriss mit durchlaufenden Balkonen, ergänzt mit unterschiedlich ausgeformten Eckveranden, die zusammen mit den Balkonen das Gebäude klammerartig umfassen. Illustriert wird dieses Merkmal in Pruntrut, wo auf Druck der örtlichen Ziegelindustrie das Dach nicht, wie vorgesehen, mit einem mit Kupfer belegten Pultdach, sondern mit einem Satteldach realisiert wurde (vgl. Abb. S. 197). Das Ziegeldach betont den zweibündigen Baukörper und unterstreicht damit seinen konventionellen Charakter (es erinnert an ein «gewöhnliches» Wohnhaus mit vorgehängten Balkonen). Klar zum Vorschein kommt der zweibündige Baukörper auch auf der Rückseite der Gebäude mit den auskragenden Eckveranden und den unterschiedlich ausgebildeten Eingangsituationen: beim Lory-Spital der Nordflügel (Werkkatalog Nr. 103), bei der Elfenau das leicht aus der Fassade heraustretende Treppenhaus (Werkkatalog Nr. 136).

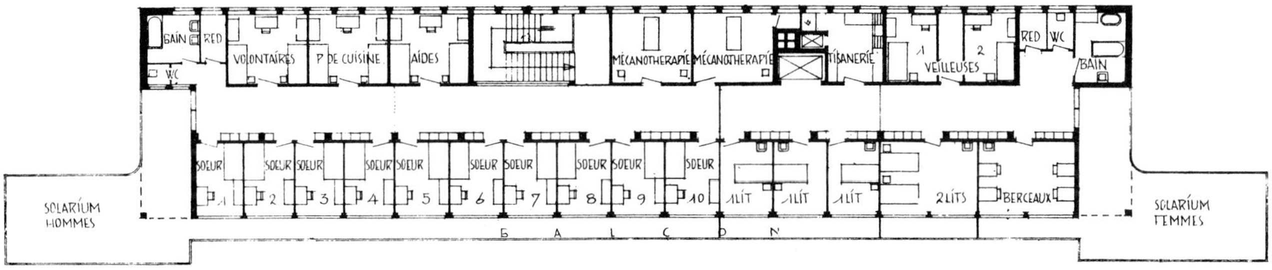

ST-IMIER, 1934

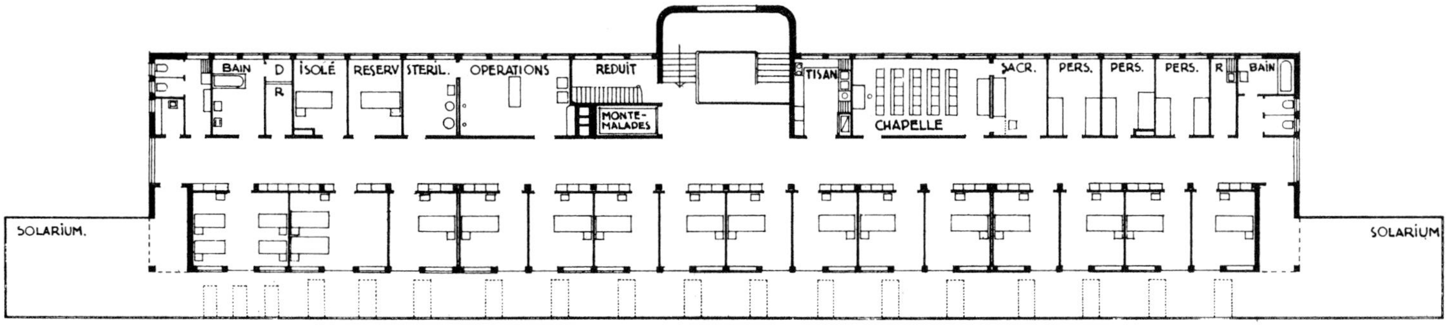

PRUNTRUT, 1934

DETAILZEICHNUNGEN

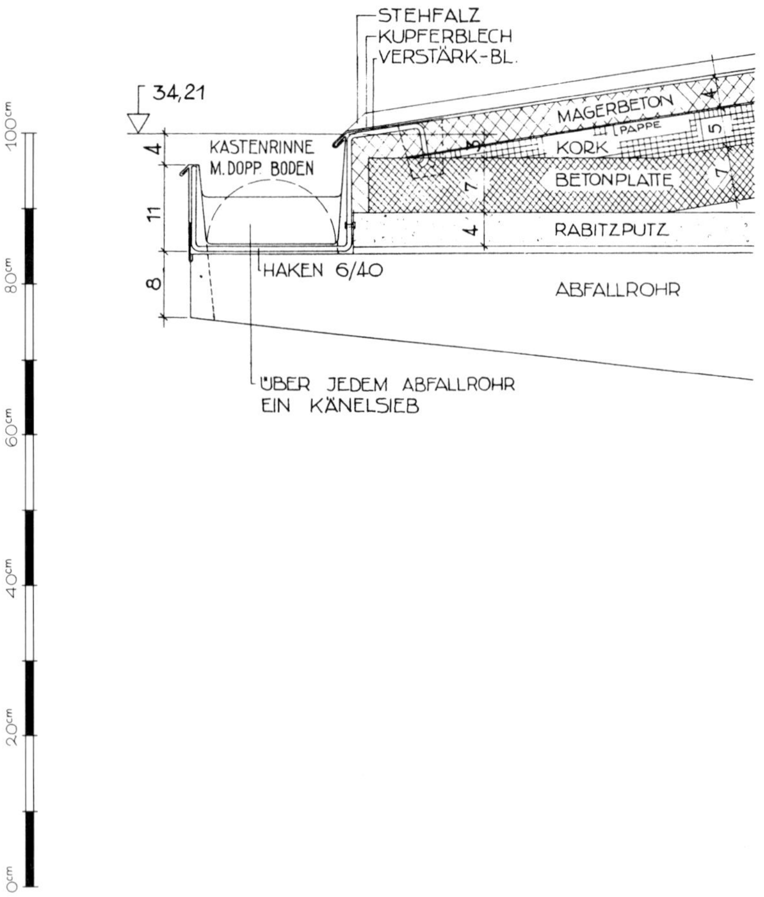

1

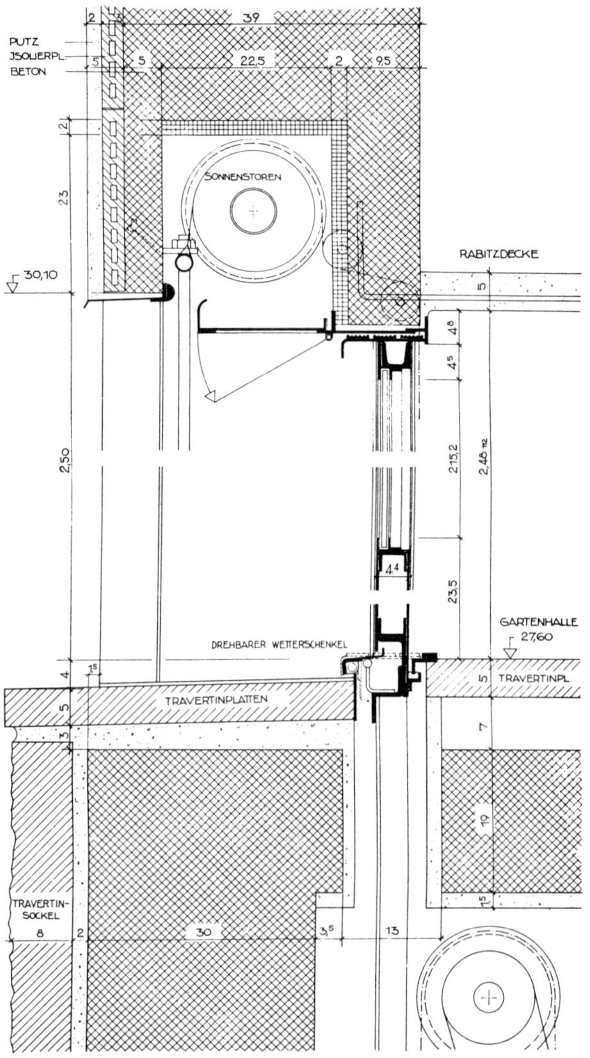

2

ERNST STREBEL
CHRISTIAN SUMI

Heute, wie auch schon in den 30er Jahren, ist die Beschreibung der Architektur Salvisbergs geprägt von einer gewissen Zweideutigkeit. Umschreibungen wie «*bodenständig*» und «*derb grosszügig*» (Peter Meyer)[1], «*klassisch-schön*» und «*veredelt neuzeitliche Architektur*» (Roland Rohn)[2] oder «*indifferent*», «*Architektur auf den zweiten Blick*» (von Moos)[3] weisen darauf hin, dass die Architektur Salvisbergs nicht eindeutig einer bestimmten Tendenz oder Schule zuzuordnen ist. Vielmehr scheint es, dass gerade dieses «Dazwischen» ihr Wesen und ihre Bedeutung ausmacht.

Ausgehend von einer Dokumentation von Detailzeichnungen aus den 30er Jahren (1. Teil), möchten wir im Sinne eines Kommentars (2. Teil) diesen Sachverhalt untersuchen und durch Vergleichen dieser Zeichnungen einige Merkmale der Architektur Salvisbergs jener Zeit beschreiben. Insbesondere interessiert uns der Zusammenhang von technisch-konstruktiver Massnahme und formaler Bedeutung innerhalb seiner Architektursprache.

1 In *Schweizerische Bauzeitung*, 1932/13, S. 161ff.
2 In *Das Werk*, 1940/11, S. 297ff.
3 In *werk-archithese*, 1977/10, S. 3–6.

Haus Barell, 1934

Dachrand (1)

Die dünne Betonplatte ist entsprechend der Dachneigung gegossen, ihre Untersicht ist horizontal verputzt und mit der Kastenrinne bündig gefügt. Der Dachaufbau besteht aus einer Kork-Isolation mit einem Magerbeton-überzug. Darüber ist das kupferne Blech-Falzdach montiert. Vierkantige Dachwasser-abfallrohre sind der Untersicht (und der Fassade) vorgesetzt.

Schnitt durch das Versenkfenster (2)

Das Stahlfenster ist innen mit den Stützen fluchtbündig versetzt. Aussen entsteht dadurch

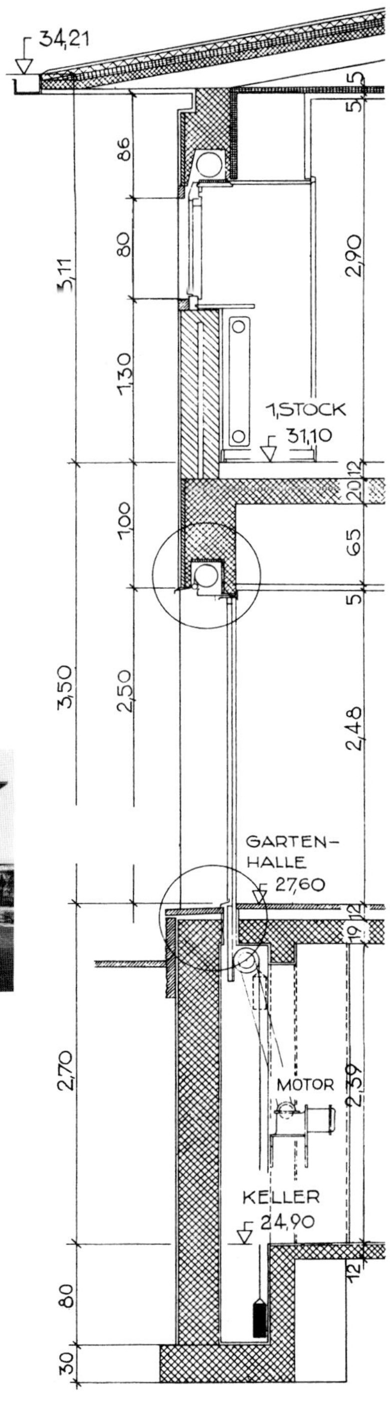

3

4

5

eine tiefe Leibung, in deren Sturz der Storenkasten für die Stoff-Sonnenstore eingelassen ist. Der Kasten ist unten mit einem klappbaren Blechdeckel abgeschlossen. Isolierplatten, eingelegt in die Schalung des Betonsturzes, verbessern den Haftgrund für den Verputz. Die Platten des Bodens in der Gartenhalle und die Fensterbank sind aus geschliffenem, die Platten des Sockels aus gebrochenem Travertin. Das Fenster wird in das Untergeschoss abgesenkt. Geschlossen verhindert ein klappbarer Wetterschenkel das Eindringen von Regenwasser, und offen deckt der obere Fensterabschluss den ganzen Bodenschlitz ab.

Fassadenschnitt (3)

Der Schnitt geht über alle drei Geschosse und zeigt, wie das Fenster der Gartenhalle (4) in das Untergeschoss abgesenkt werden kann. Es wird mit Gegengewichten ausbalanciert und von einem Elektromotor angetrieben. Im Obergeschoss sind die Holzfenster hinter feinen Travertin-Gewänden versetzt (5). Diese haben minimale Leibungstiefen und sind in der Fassade putzbündig. Der grosse Dachvorsprung des Schrägdaches hat eine horizontale Untersicht. Beim Berührungspunkt von Untersicht und Fassade wird eine Schattenfuge markant ausgebildet.

Allgemeines

Die Decken sind Eisenbeton-Flachdecken. Nur das Dach ist entsprechend der Dachneigung gegossen und weist bei geringster Plattenstärke Betonunterzüge auf. Stützen (z.B. bei der Gartenhalle) und Wände sind verkleidete Stahlträger oder verputztes Mauerwerk. Die inneren Decken sind unterschiedlich heruntergehängt; im Obergeschoss stimmt ihre Untersicht mit der Untersicht des Dachvorsprungs überein.

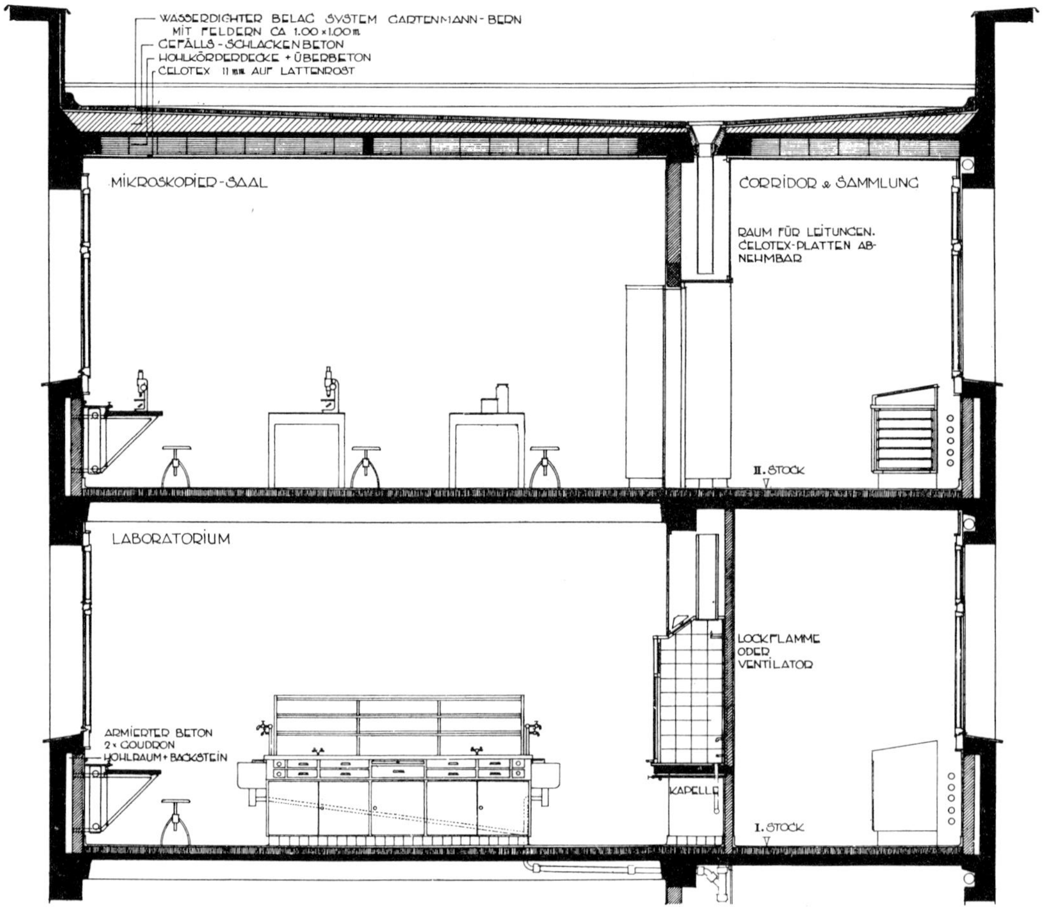

1

3

Institutgebäude der Universität Bern, 1930

Schnitt durch die Labor- und Unterrichtsräume (1)

Der Querschnitt zeigt die obersten zwei Geschosse des dreigeschossigen Traktes. Der Dachrand besteht aus einer hochgezogenen Brüstung und wird mit einer rechtwinkligen Auskragung abgeschlossen. Hinter diesem Kranzgesims liegt ein nicht begehbares Flachdach. Das Dachwasser wird in einer inneren Installationszone abgeführt. Sie liegt zwischen den Arbeitsräumen und dem Korridor und ist mit Vormauerungen und demontablen Platten abgedeckt. Darin sind alle Leitungen, Frisch- und Abwasser, spezielle Lüftungen, aber auch besondere Arbeitsplätze wie Laborkapellen integriert. Die Betonrippendecke ist im Labor sichtbar (3). Im Mikroskopiersaal unter dem Flachdach ist die Schilfrohrzellen-Rippendecke mit Celotex-Platten glatt abgedeckt. (Celotex-Platten sind Zuckerrohrfaser-Platten mit schall- und wärmedämmenden Eigenschaften.)

Schnitt durch den Hörsaal (2)

Der Hörsaal mit den hochliegenden Fenstern ist allseitig mit Celotex-Platten verkleidet (4). Die Verdunkelungsstoren sind innen montiert und verhindern das Öffnen der Fenster, so dass der Saal künstlich belüftet werden muss. Auch diese Installationen sind unsichtbar. Der Ventilator hinter der Tafelwand und über dem Korridor saugt die Luft künstlich ab. Die Frischluft strömt unter den Sitzreihen in den Raum und wird dort von verdeckten Heizkörpern im Winter zusätzlich erwärmt. Für die Wärmegrundlast sorgen die Heizrohre direkt unter den Fenstern und über der ansteigenden

4

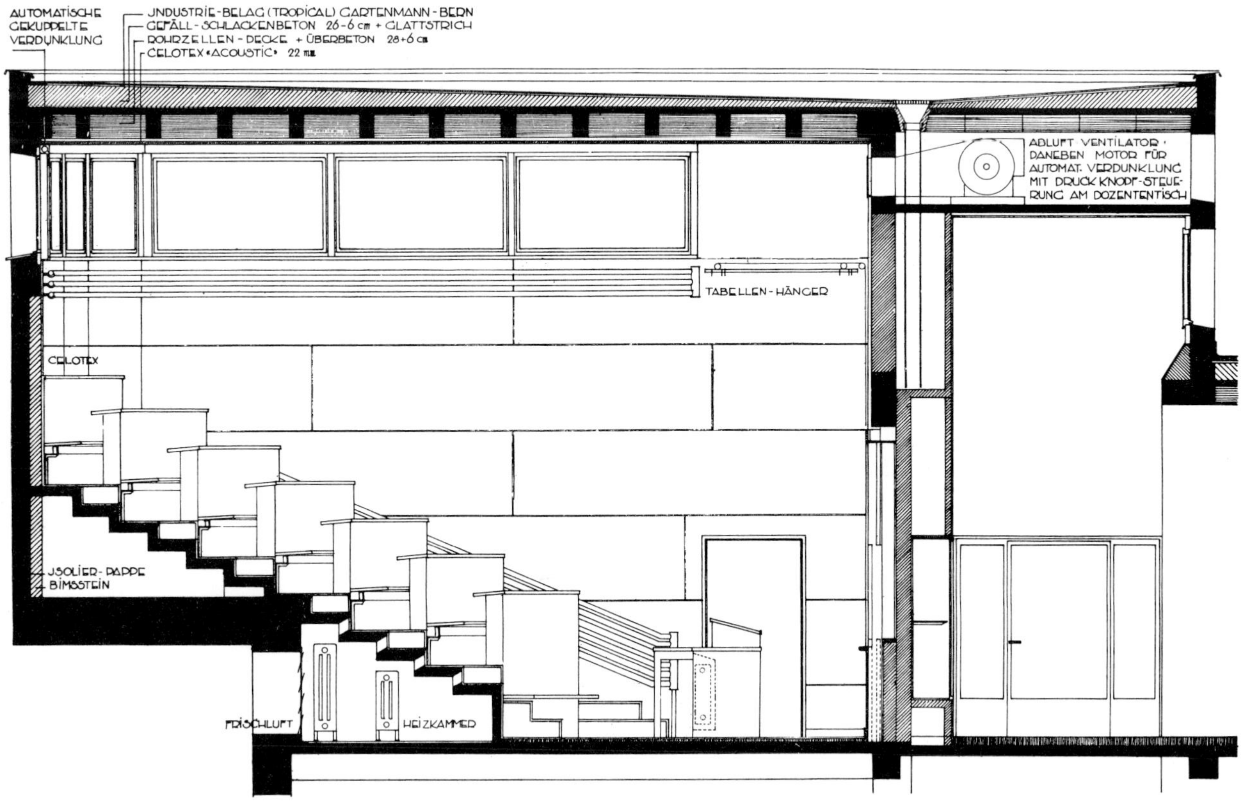

2

Abtreppung sowie der Heizkörper unter dem Demonstrationstisch. Die glatte Deckenuntersicht verkleidet eine Kassettendecke aus Schilfrohrhohlkörpern. Das darüberliegende Flachdach ist ebenfalls nicht begehbar, wird aber nur durch eine knappe, fassadenbündige Brüstung abgeschlossen. Die Dachentwässerung geschieht in der Installationszone, in die auch Ausstellungsvitrinen wandbündig integriert sind.

Allgemeines

Die tragenden Elemente bestehen aus Eisenbeton und sind in der Fassade schalungsroh belassen (5). Die Normierung der Fenstergrösse erlaubte eine Wiederverwendung der Schalungselemente. Hinter der tragenden Betonfassade wurde nach einer Papplage eine Bimsstein-Vormauerung hochgezogen. Die gestrichenen Holzfenster sind, mit dieser Vormauerung bündig, innen angeschlagen. Die Innenwände sind nicht tragend.

5

4

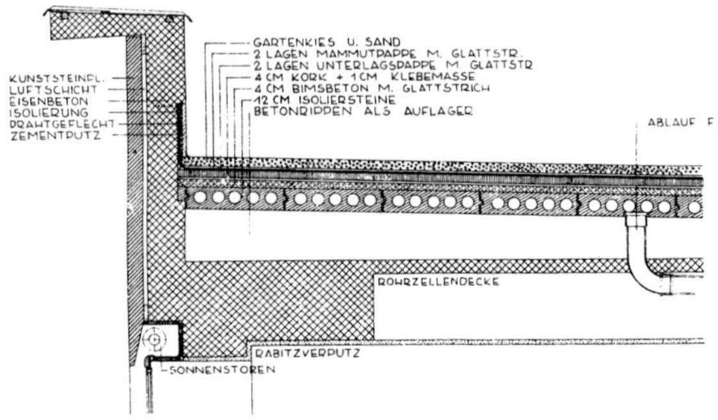

1

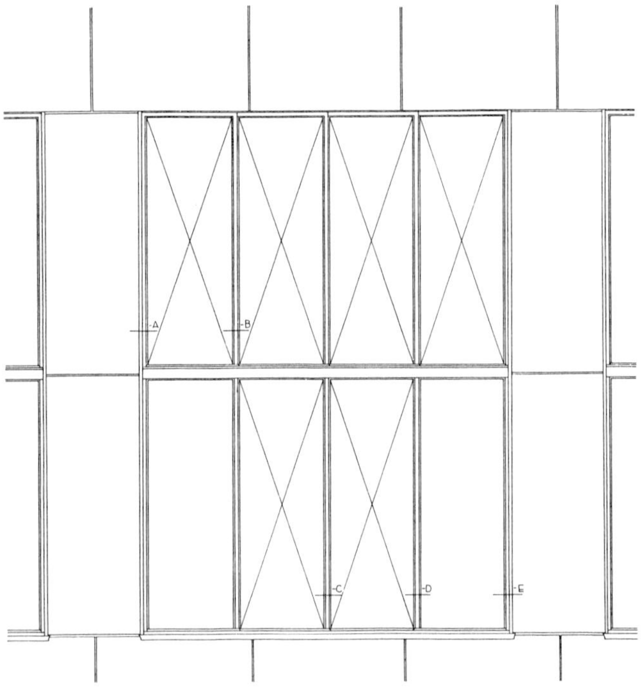

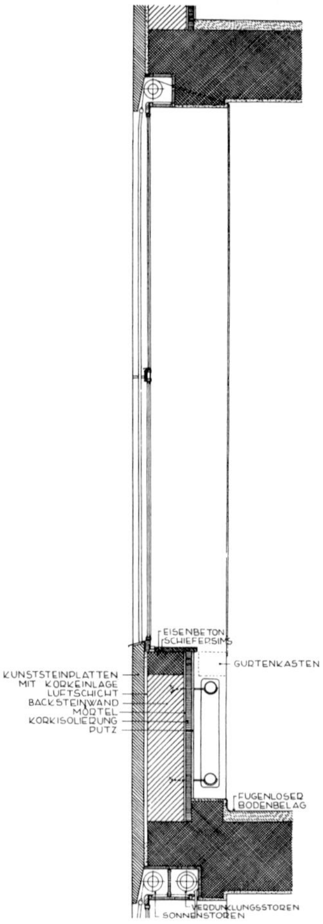

2

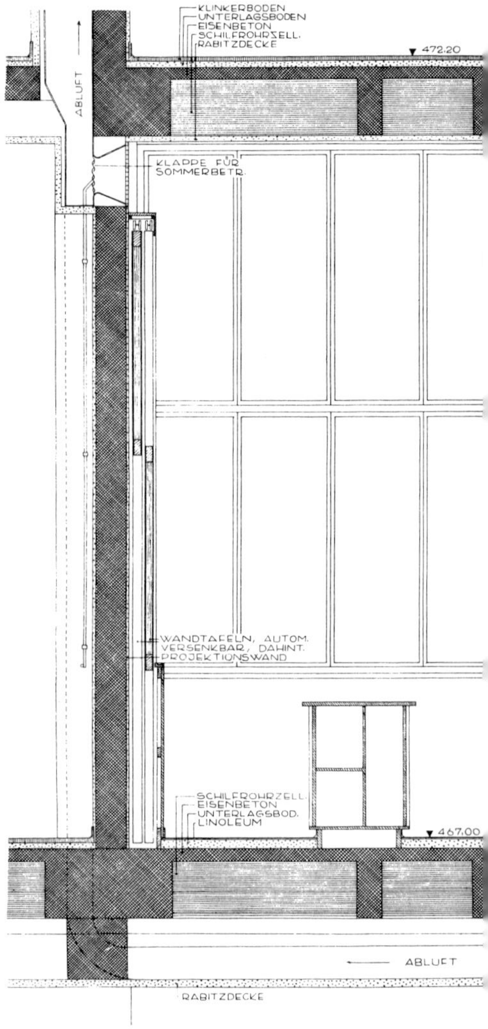

Maschinenlaboratorium an der ETH Zürich, 1930–33

Dachrand (1)

Die Dachrandbrüstung ist hochgezogen und mit einer horizontalen Auskragung abgeschlossen. Die Höhe dieses Kranzgesimses entspricht nicht dem dahinterliegenden, nicht begehbaren Flachdachteil. Auf die statisch notwendige Betondecke ist zusätzlich eine Betonbalkendecke mit Isoliersteinhohlkörpern im Gefälle verlegt. Im so entstandenen Hohlraum sind bereits die Leitungen für eine spätere Aufstockung verlegt.

Fenster, Schnitt und Aussenansicht (2)

Das Fenster ist mit glatten Stahlprofilen konstruiert und hat zweimal vier stehende Fensterflügel. Ein feines, horizontales Kämpferstück stabilisiert die ganze Konstruktion. Die vier oberen Drehflügel sind gekoppelt und können mechanisch geöffnet werden. Unten sind die beiden äusseren Flügel fest, so dass die mittleren zurückgeschlagen werden können. Die Aussparungen für die Sonnenstoren befinden sich an den Deckenstirnen, so dass kein Sturz entsteht. Die Fensterebene liegt satt hinter den senkrecht versetzten Verkleidungsplatten (4).

Schnitt durch den Hörsaal (3)

Auf der Betondecke steht die Holzunterkonstruktion der Abtreppung. Die Untersicht der Schilfrohrhohlkörperdecke ist horizontal verputzt und, soweit akustisch notwendig, mit Celotex verkleidet (5). Der Saal ist gelüftet. Die Frischluft tritt hinten unter der Decke in den Raum und wird im Winter an der vordersten Pultreihe und im Sommer vorne unter der Decke abgesogen. Alle Kanäle sind verdeckt unter der Decke, der Abtreppung und hinter Vormauerungen montiert. Die beiden automatisch versenkbaren Wandtafeln geben die Projektionswand frei. Die Projektionskabine

5

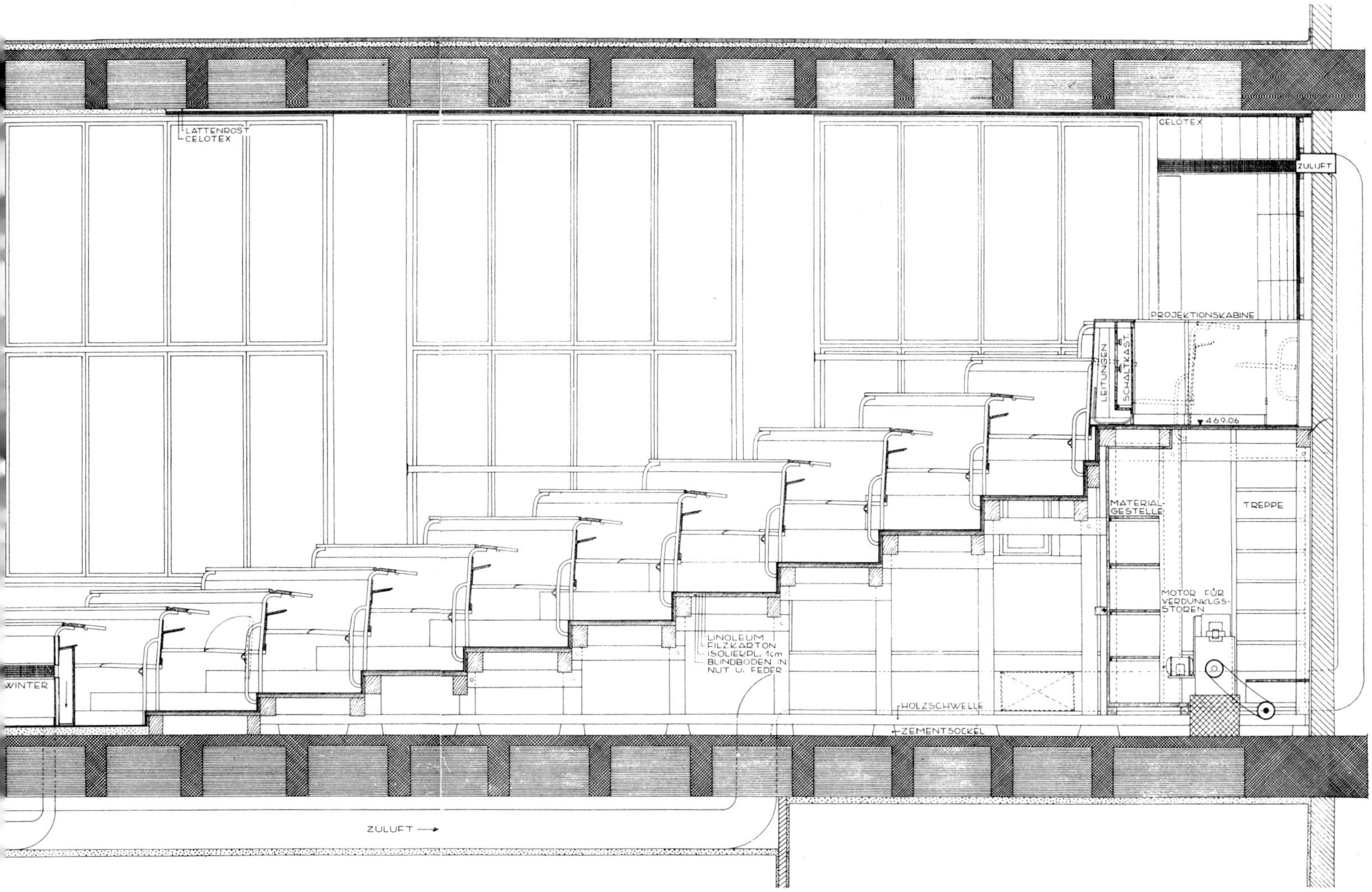

3

befindet sich an der Saalrückwand. Von dort führt eine Treppe unter die Abtreppung, wo auf Gestellen Unterrichtsmaterial aufbewahrt wird. Der Motor für die automatischen Verdunkelungsstoren ist ebenfalls hier. Das fest eingebaute Mobiliar besteht aus Stahlrohrmöbeln mit Klappsitzen; der ganze Boden ist mit Linoleum belegt.

Allgemeines

Der Rohbau ist ein Eisenbetonständerbau. Der Altteil (6) wie der Neuteil (4) sind mit Kunststeinplatten verkleidet. Die Fassade ist nicht hinterlüftet, und in die vorfabrizierten Platten ist eine Wärmedämmschicht eingelassen. Brüstung und Zwischenwände sind in Backstein gemauert und verputzt. Die Decken sind alles Schilfrohrzellendecken, deren Untersicht auf einer Rabitzunterkonstruktion verputzt ist.

6

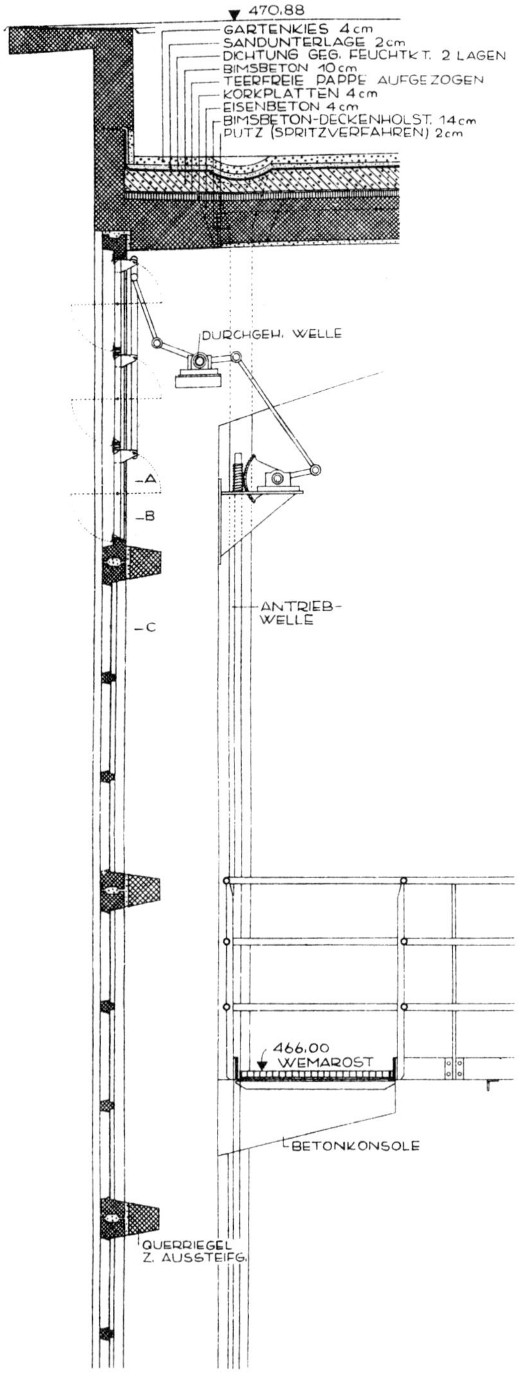

1

2

3

Fernheizkraftwerk beim Maschinenlaboratorium an der ETH Zürich, 1930

Oberer Fassadenschnitt mit Dachrand (1)

Die gut 13 m hohe Halle des Kesselhauses ist in der ganzen Höhe der Fassade verglast. Die Stützen der Eisenbeton-Binder sind mit inneren Betonquerriegeln ausgesteift (3). Binder und Querriegel bilden die Unterkonstruktion, auf welche die vorfabrizierten, rechteckig liegenden Beton-Fensterrahmen von aussen montiert sind. Diese Elemente haben einen stärkeren äusseren und feinere innere Rahmen, in welche neun liegende Rohglasscheiben direkt eingekittet sind. Gläser, Betonrahmen und Betonskelett liegen aussen nahezu in einer Ebene (2). Die oberste Fensterelementreihe ist mit drehbaren Fenstern aus Antikorrodal (korrosionsbeständiges Aluminium) versehen. Diese sind mechanisch gekoppelt und können gleichzeitig von unten geöffnet werden. Das Dach ist flach und nicht begehbar. Der Rand ist hochgezogen und mit einer rechtwinkligen Auskragung abgeschlossen. Die Betonkonsole am Binder (3) trägt den umlaufenden Installationsgang, eine Eisenkonstruktion mit eingesetzten Gitterrosten. Alle Installationen sind sichtbar montiert.

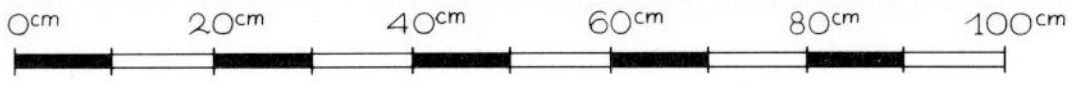

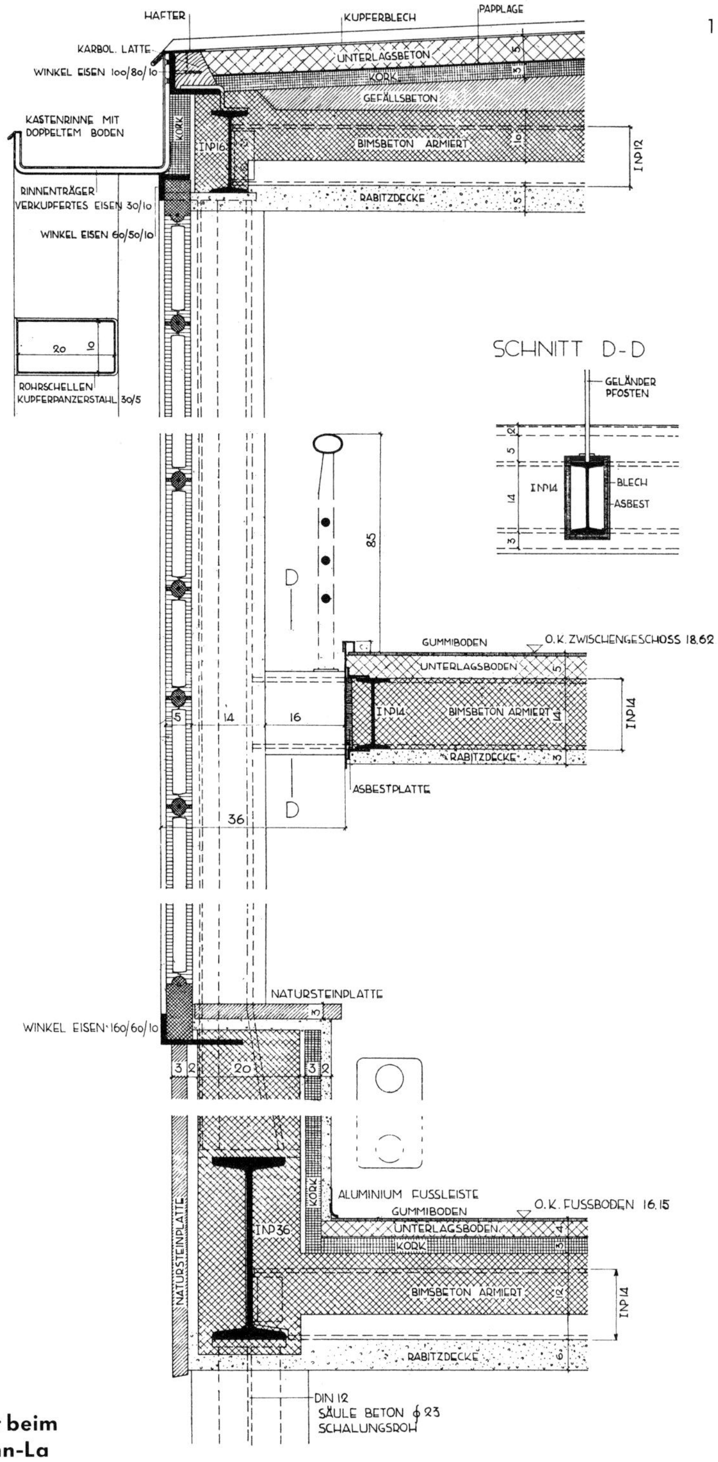

1

3

2

Sammlungs- und Ausstellungstrakt beim Verwaltungsgebäude der Hoffmann-La Roche in Basel, 1936

Fassadenschnitt (1)

Die zwei Geschosse der Sammlungs- und Ausstellungsräume mit ihrer eingezogenen Galerie sind in der ganzen Höhe mit Glasbausteinen verglast. Metallrahmen bilden zweigeschossige, stehende Rechteckfelder, in welche Luxfer-Glasbausteine eingesetzt sind. (Die Berliner Glasbaufirma Luxfer produzierte diese Glashohlprismen seit 1899. Um 1930 sind die Glasbausteinwände «System Luxfer» ein gängiger Begriff.) Die Metallrahmen sind vor die komplett verkleidete Stahlkonstruktion des dreigeschossigen Traktes gehängt (2). Die Deckenfelder der Stahlkonstruktion wurden mit Bimsbeton ausgegossen; alle Untersichten sind auf einer Rabitzunterlage verputzt. Die Brüstung wurde hochbetoniert und mit Kork isoliert; innen ist sie verputzt, aussen mit nicht hinterlüfteten Natursteinplatten verkleidet. Das gegen die Fassade gerichtete Gefälle des Flachdaches wurde mit einem Gefällsbeton erreicht. Unter dem Blechfalzdach aus Kupfer liegt eine Wärmedämmung. Das Dachwasser wird in einer vorgesetzten, auskragenden Kastenrinne abgeleitet. Das viereckige Dachwasserabfallrohr ist von der Fassade losgelöst. Die Stahlstützen auf der Innenseite der Verglasung sind mit Asbest und Blech verkleidet.

Dasselbe gilt für die Deckenstirne der Galerie. Im Innern wurden für die Böden Gummibeläge, für Geländer und Vitrinen Antikorrodal verwendet (3).

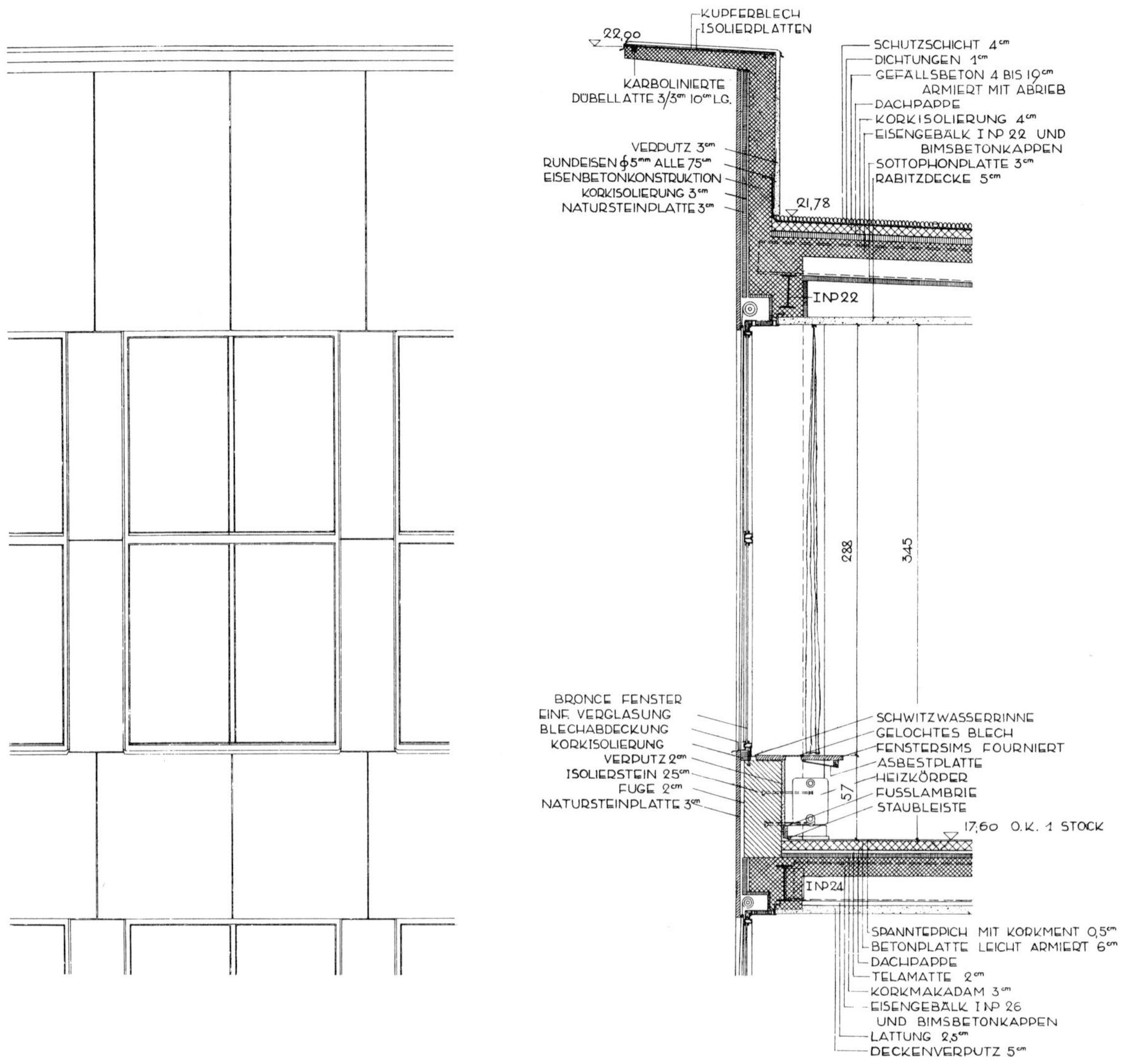

1

Verwaltungsgebäude der Hoffmann-La Roche in Basel, 1936

Fenster und Dachrand, Schnitt und Ansicht (1)

Das vierteilige Fenster wird mit einem horizontalen Kämpferstück in zwei doppelflüglige Teile gegliedert. Es ist aus flachen Bronze-Profilen gefertigt. Die Naturstein-Fassadenverkleidung besteht aus Laufener Kalksteinplatten, die ebenfalls stehend angeordnet sind. Die Fensterebene liegt bei minimaler Leibungstiefe gleich hinter der Verkleidung. Die Fassade ist nicht hinterlüftet. Eine hohe, betonierte Dachrandbrüstung ist mit einer rechtwinkligen Auskragung abgeschlossen. Dieses Kranzgesims und das dahinterliegende, nicht begehbare Flachdach liegen nicht auf gleicher Höhe. Die Sonnenstore aus Stoff ist im Fenstersturz montiert. Die heruntergehängte, innere Decke und der Fenstersturz sind nahezu bündig. Die Brüstung ist mit Isoliersteinen aufgemauert und innen verputzt. An ihr ist der Heizkörper montiert. In den furnierten Fenstersims ist ein gelochtes Blech für die Warmluftzirkulation eingebaut. Schwitzwasserrinne, gelochtes Blech und Sims liegen in einer Flucht. Unter dem Sims lenkt eine Asbestplatte den Warmluftstrom gegen die einfach verglasten Fenster.

Eingang zum Direktionstrakt, Detailschnitt (2) und Ansicht (3)

Der Eingang ist um drei Stufen erhöht, zwei Blumenfenster mit gerundeten Scheiben führen zu den Eingangstüren (4). Die ganze Front ist senkrecht gegliedert und mit Bronze-Profilen konstruiert. Über den Türen steht die Firmenaufschrift mit aufgesetzten Einzel-Buchstaben. Die Fassadenverkleidung wurde unter die Decke über dem Vorplatz gezogen. Die Platten sind mit Schrauben an eine unsichtbare Metallkonstruktion befestigt. Ihre Bronze-Kappen sind in der Untersicht sichtbar.

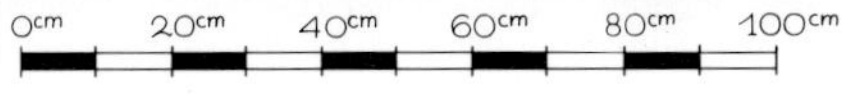

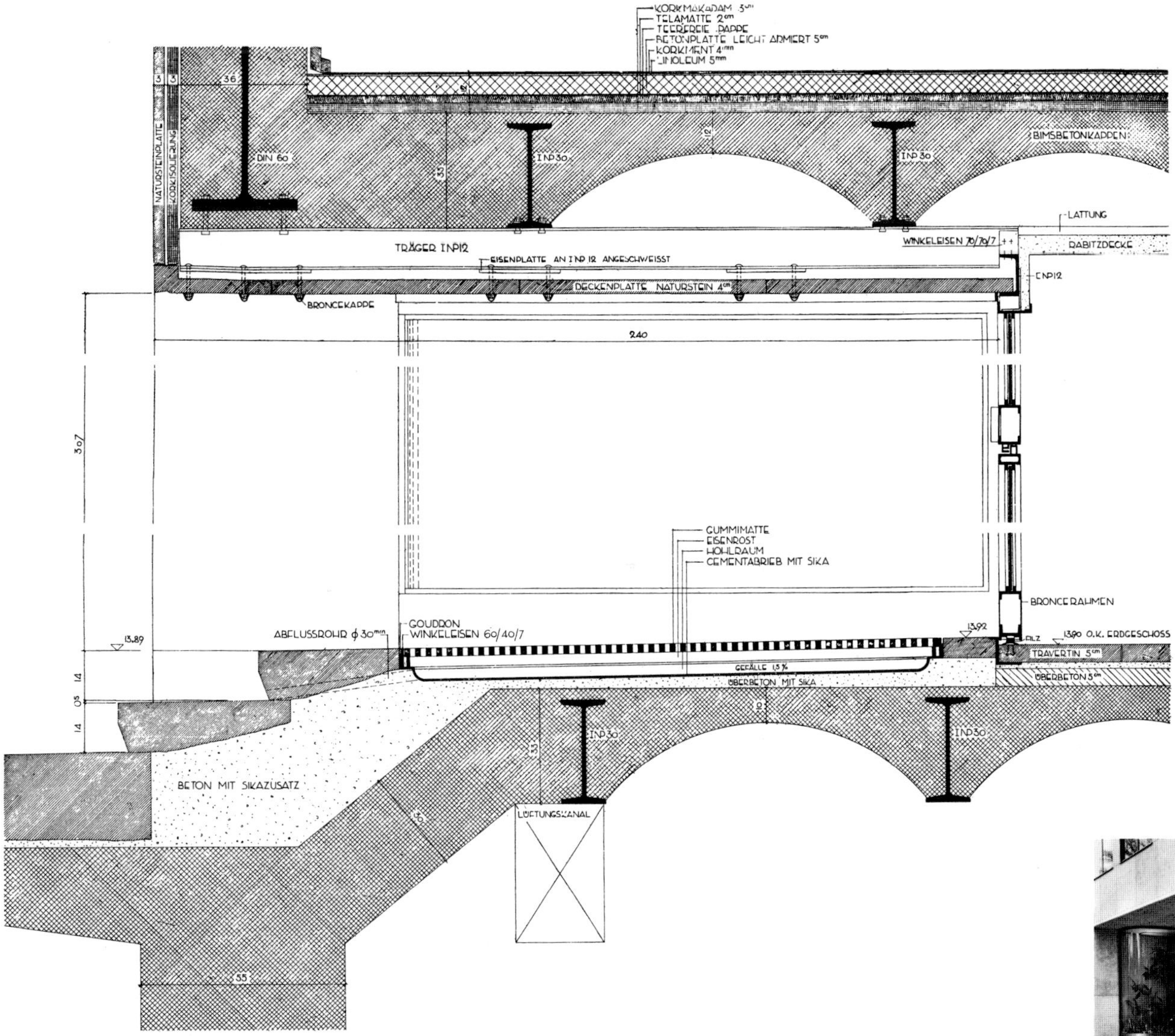

2

4

Allgemeines

Für die Tragstruktur werden unterschiedliche Materialien verwendet. Die Stützen sind aus Beton, in den betonierten Fensterstürzen sind IPN-Träger eingegossen und die Decken sind Eisenbalkendecken mit eingesetzten Bimsbetonkappen. Die oberste Decke ist im Gefälle verlegt. Der Wärme- und Trittschalldämmung wurde grösste Aufmerksamkeit geschenkt. Sie ist zwischen Natursteinverkleidung und Beton, über und unter dem Flachdach und im Fussboden angeordnet.

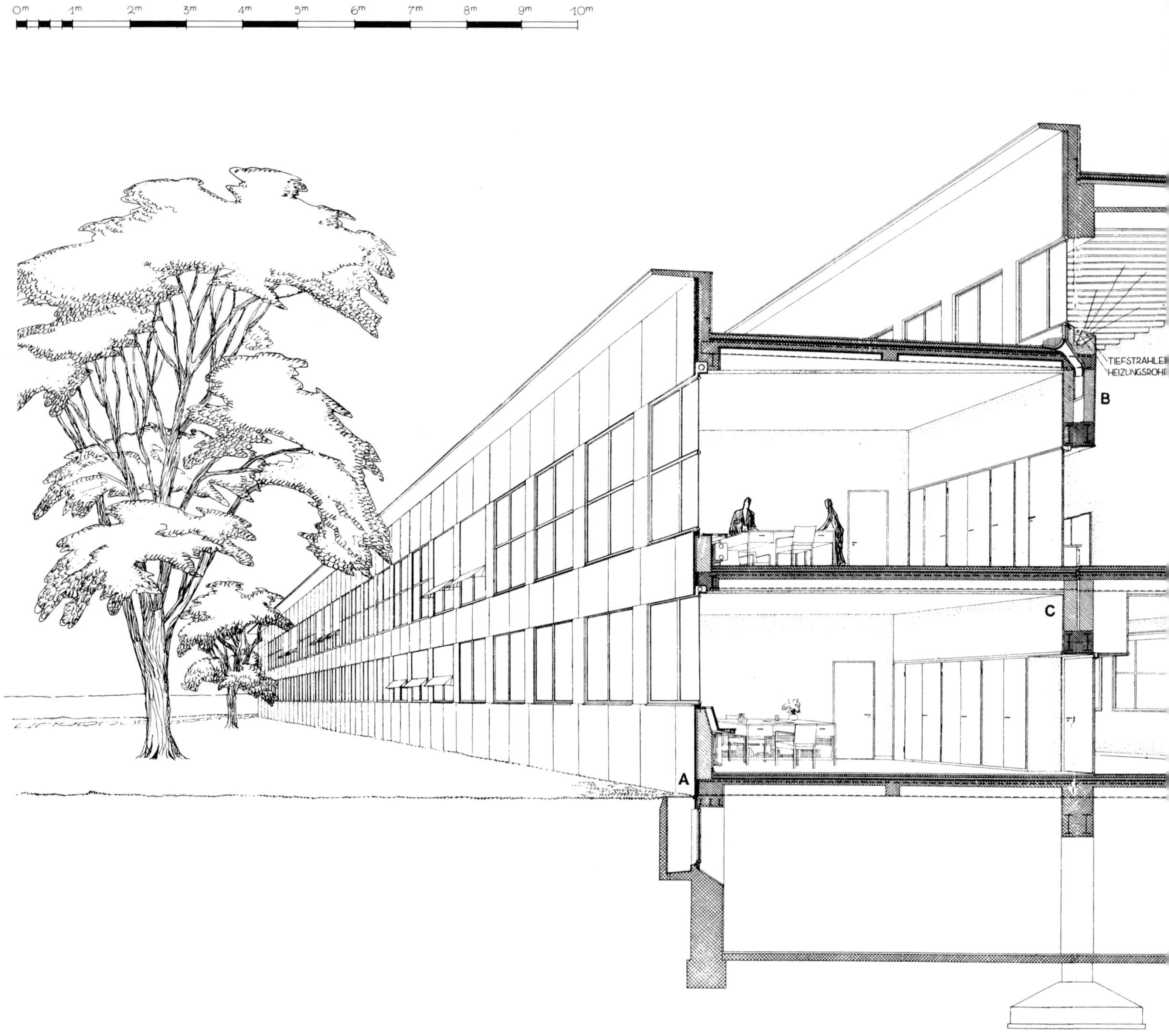

1

Die hier dokumentierten Detailzeichnungen sind zwischen 1933 und 1937 in der Architekturzeitschrift «Moderne Bauformen» erschienen.[4] Es sind mit wenigen Ausnahmen die einzigen Detailzeichnungen, die Salvisberg je publiziert hat. Es ist deshalb anzunehmen, dass sie für Salvisberg und seine Art der Detaillierung in dieser Zeit von einer gewissen Relevanz sind. Im folgenden vergleichen wir an diesen Bauten die Schnittstellen Fassade-Dachrand, Fassade-Fenster, Fassade-Sockel und Innenwand-Decke im Hinblick auf gemeinsame Merkmale. Der Vergleich hat fragmentarischen Charakter und beschränkt sich in den Aussagen auf die hier dokumentierten Projekte.

1. Fassade – Dachrand: Die Universitätsbauten in Bern und Zürich und das Verwaltungsgebäude der Hoffmann-La Roche in Basel haben alle als oberen Fassadenabschluss ein horizontal auskragendes Kranzgesims. Beim Walmdach des Hauses Barell in Basel entsteht durch das bündige Fügen der rechteckigen Dachrinne und der Verkleidung der Dachuntersicht dieselbe Wirkung.

2. Fassade – Fenster: Ausser beim Institutsgebäude in Bern liegen die geschlossenen Fassadenteile (beim Verwaltungsgebäude in Basel und beim Maschinenlaboratorium in Zürich in Form einer Steinplattenverkleidung) zusammen mit den Fenstern in einer Ebene. Die Fensterbänke sind sehr knapp ausgebildet, die Fenstereinfassungen aus Travertin beim Haus Barell sind bündig mit der Putzfassade versetzt. Dadurch entsteht der Eindruck einer gespannten Haut, ein Eindruck, der beim Maschinenlaboratorium durch die Rundung noch verstärkt wird.

3. Fassade – Sockel: Die Baukörper sind unmittelbar

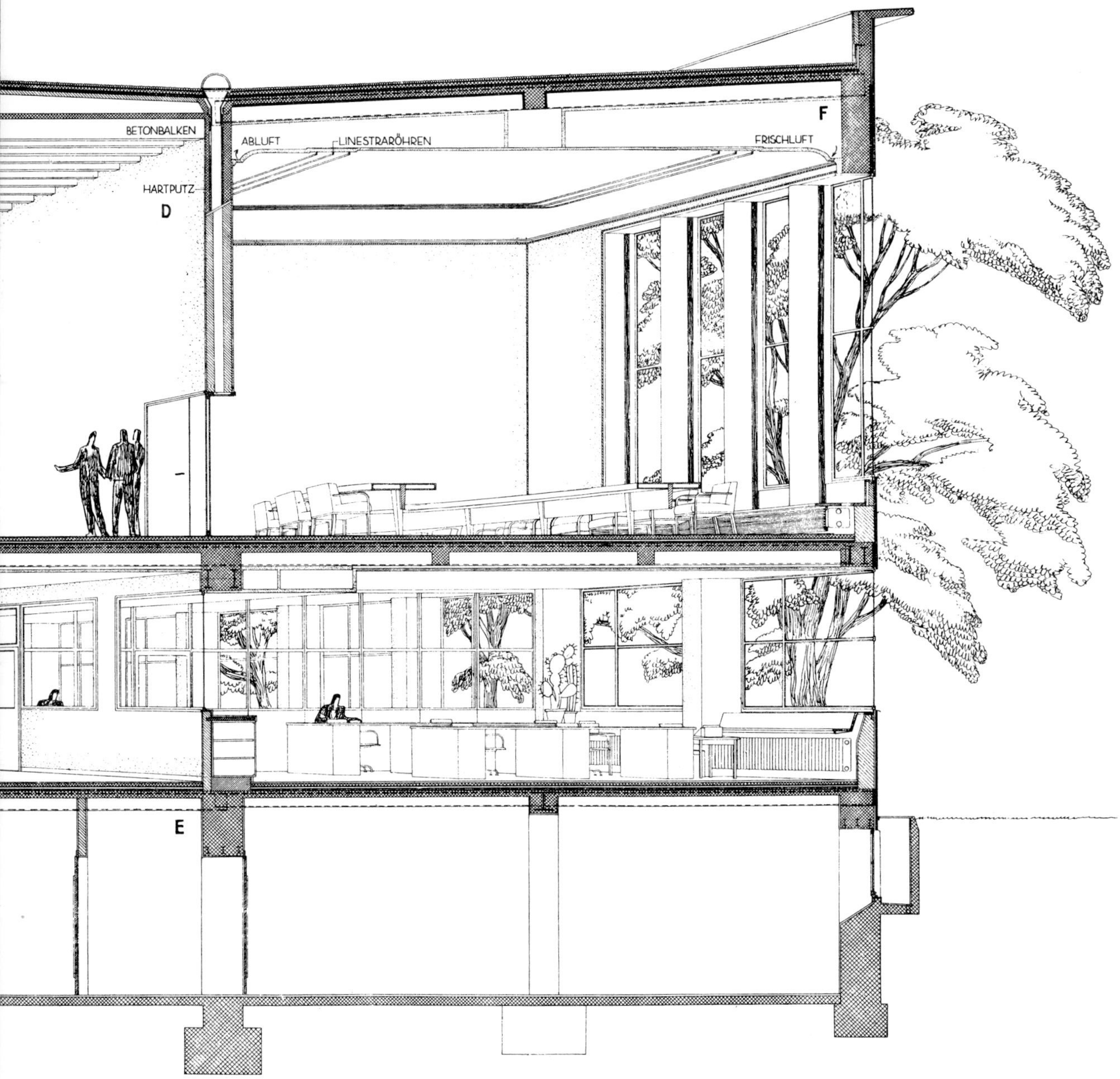

auf den Boden gestellt und nicht etwa auf Stützen. Dabei wird die Sockelzone nur schwach ausgezeichnet. Der rund 1 Meter hohe Granitsockel des Maschinenlabors schliesst beim Neuteil bündig an die Plattenverkleidung an und tritt beim Altteil gegenüber der Verkleidung etwas vor.

4. Innenwände – Decken: Zwischen die Pfeiler eingebaute Wandschränke und in die zweischaligen Wandkonstruktionen integrierte Installationen einerseits, heruntergehängte, mit den in den Fassaden eingebauten Storenkästen eine durchgehende Fläche bildende Decken anderseits charakterisieren die Innenräume der Büro- und Verwaltungsbauten Salvisbergs. Bei den Laboratorien in Bern und in der grossen Eingangshalle der Hoffmann-La Roche sind die Decken als Betonrippendecken ausgebildet und sichtbar belassen.

ziehen. Die genannten Schnittstellen lesen sich als Versuch, verschiedene Bauteile in übergeordneten Volumen zusammenzufassen. Durch das Verfahren des bündigen Fügens ergeben sich zusammenhängende Flächen, wobei die einzelnen Bauteile ihre volumetrische Verschiedenheit verlieren und sich lediglich noch durch die unterschiedlichen Materialien unterscheiden. Beleg hierfür ist beispielsweise die Dachuntersicht beim Haus Barell, wo die Dachrinne rechteckig ausgebildet ist, damit sie sich bündig an die Verschalung des Dachvorsprunges anschliesst. Deutlich wird diese Absicht

4 *Moderne Bauformen*, 1933/2, S. 63ff. (Institutsgebäude der Universität Bern); *Moderne Bauformen*, 1936/1, S. 33ff. (Haus Barell); *Moderne Bauformen*, 1936/2, S. 88ff. (Maschinenlaboratorium und Heizkraftwerk der ETH Zürich); *Moderne Bauformen*, 1937/8, S. 441 (Verwaltungsgebäude der Hoffmann-La Roche

Verwaltungsgebäude der Hoffmann-La Roche, Basel, Querschnitt durch den Direktionsflügel 1:100

auch an der Ausbildung der Innenwände des Verwaltungsgebäudes der Hoffmann-La Roche: Die Tiefe der Wandpfeiler entspricht in den Massen der Tiefe der Einbauschränke, womit sich zwischen Pfeiler und Schrank eine durchgehende Fläche ergibt.

Die Reduktion der Schnittstellen Aussen wie Innen auf einfache, den einzelnen Bauteilen übergeordnete Geometrien führt zu einer Vereinfachung des ganzen Baukörpers und verweist damit auf ein formales Merkmal der Moderne: die glatte, kontinuierliche Fläche.

2

Der Bestand an Bauteilen sowie deren Anordnung an den beschriebenen Schnittstellen ist jedoch konventionell, das heisst, die verschiedenen Schnittstellen verweisen auf traditionelle Lösungen. So erinnern etwa die horizontal auskragenden Kranzgesimse der Hochschul- und Verwaltungsbauten an die Dachuntersicht bei Satteldächern, obschon es sich bei den erwähnten Bauten um Flachdachkonstruktionen handelt. Trotz der Veränderung der typischen runden Form der Dachrinne beim Dach des Hauses Barell verweist diese, zusammen mit der Verkleidung der Untersicht, wieder auf einen traditionellen Dachabschluss, wie auch die zwar in den Ausmassen reduzierte und mit dem Putz bündig versetzte Fenstereinfassung an ein traditionelles Fenster erinnert. Schliesslich handelt es sich auch bei der bündig mit der Verkleidung gefügten Granitplatte beim Maschinenlaboratorium um eine traditionelle Lösung, nämlich einen Wandsockel als Verbindung zwischen Boden und Baukörper. Das heisst, die Bauteile werden zwar in ihrer Form verändert und reduziert und nehmen dadurch zum Teil fast Zeichencharakter an, die Anordnung innerhalb der Schnittstellen verweist jedoch noch auf konventionelle Muster. In diesem Sinne könnte man bei Salvisberg in Zusammenhang mit den erwähnten Beispielen von einer traditionellen Ikonographie der Schnittstellen sprechen. Sie weisen noch genügende «Lesehilfen» auf, um sie als solche zu erkennen. Ähnlich verhält es sich mit der Betonrippendecke der grossen Halle der Hoffmann-La Roche in Basel, welche, zusätzlich inszeniert durch die indirekte Beleuchtung, bis zu einem gewissen Grade an eine Holzbalkendecke erinnert und damit wiederum den traditionellen Charakter dieses Raumes unterstreicht.

3

Weitet man die Betrachtung auf den ganzen Bau aus, so zeigt sich, dass die hier untersuchten Beispiele tendenziell dem architektonischen System der Tradition[5] entsprechen, das Le Corbusier als Gegensatz zu seinen «5 Punkten für eine neue Architektur» skizziert hat.[6]

- Die Bauten stehen unmittelbar auf dem Boden; sie sind also nicht durch Stützen von diesem abgehoben (Punkt 1).
- Die Bauten haben – mit Ausnahme des Hauses Barell – alle ein Flachdach. Dieses ist aber nur beim Maschinenlaboratorium als Terrasse genutzt (Punkt 2).
- Die Hochschul- und Verwaltungsbauten haben eine tragende Pfeilerstruktur und entsprechen somit der Voraussetzung des freien Grundrisses. Durch das bündige Fügen von Pfeilern und Wandschränken entsteht aber der Eindruck von konventionellem Mauerwerk (Punkt 3).
- Die Fassaden der untersuchten Beispiele sind Teil der tragenden Struktur. Es gibt also keine Bandfenster (Punkt 4) und die Fassaden können nicht frei von dieser Struktur ausgebildet werden (Punkt 5).

Analog den Schnittstellen lassen sich auch auf das ganze Gebäude bezogen Merkmale finden, die auf traditionelle Lösungen hinweisen. Die Art und Weise, wie die verschiedenen, den Bau konstituierenden Elemente auf einander bezogen sind, verweisen auf ein System, welches in den erwähnten Aspekten jenem der Tradition ähnlich ist. Verwendet Salvisberg trotzdem neue Elemente, die im traditionellen Repertoire fehlen, wie etwa die kübelartigen, ohne Kranzgesims abgeschlossenen Hörsäle in Bern, so sorgen ausgewählte Hinweise wie das durchlaufende Kranzgesims und die tiefen Fensterleibungen für die Zuordnung zum konventionellen Bild der Fassade. Auf diese Weise wird der Neuigkeitswert zurückgenommen oder, wie im Falle des Heizkamins der Heizzentrale, als zu einer Forschungsanlage gehörendes Element gattungsbezogen legitimiert. Es ist denn auch nur folgerichtig, wenn Salvisberg in seinen grosszügigen Eingangshallen Treppen verwendet, die an klassische Vorbilder erinnern, ganz im Gegensatz zu Le Corbusier etwa, der durch die Verwendung von Rampen in vergleichbaren Situationen ein gattungsfremdes Element wählt, welches gerade den Bruch mit den Konventionen hervorhebt.

Ähnlich verhält sich Salvisberg, wenn er bei den Forschungs- und Verwaltungsgebäuden sämtliche Installationen in die zweischaligen Wandkonstruktionen integriert. Wenngleich nicht sichtbar, sind die Installationen doch präsent: Das leise Surren der Lüftungsanlage und die sich lautlos bewegenden Verdunkelungsstoren der Hörsäle in Bern und Zürich deuten alle auf technische Errungenschaften jener Zeit, sie sind jedoch im Grunde genommen traditionellen Raumvorstellungen untergeordnet bzw. eben versteckt und nicht, wie oft bei Le Corbusier, offen gezeigt.[7] Wenn Peter Meyer, Architekturkritiker und späterer Redaktor des «Werk», in dem 1931 in Zürich erstellten Haus Salvisberg II ein «*spezifisch bodenständiges Element*» entdeckt, so gilt dies nicht nur im übertragenen Sinn.[8] Der nach vorne auskragende Teil des Gebäudes erweckt zwar den Eindruck einer schwebenden Kiste, wie er etwa bei der Villa Savoye von Le Corbusier entsteht, das Gebäude steht jedoch, wie die Seitenansicht zeigt, direkt auf dem Boden und ist in diesem Sinne tatsächlich «bodenständig». Stellt Salvisberg dennoch ein Gebäude auf Stützen, wie im Falle des Laubenganghauses der Siedlung Schillerpromenade in Berlin, so gibt es dafür einen handfesten Grund, nämlich die unter dem Gebäude durchführende Strasse bzw. den durchfliessenden Verkehr. Die Strasse und beim eigenen Haus in Zürich die Stützmauer «rechtfertigen» den auf den ersten Blick unkonventionellen Entscheid und relativieren ihn wieder in einem konventionellen Rahmen.

Aus dem Gesagten ergibt sich, dass ein wesentliches Merkmal von Salvisbergs Architektur in den 30er Jahren in der Verbindung von traditionellen und neuen Lösungen besteht. Anschaulich wird es in einer Schnittperspektive des Verwaltungsgebäudes der Hoffmann-La Roche in Basel: sie zeigt die glatte Fassade *und* die auskragende Betonplatte, die sie als Kranzgesimse abschliesst, die Betonrippendecke *und* die mit den Pfeilern bündigen Aktenschränke usw. Anschaulich wird es aber auch im Lehrgebäude des Maschinenlabors in Zürich, wo sich hinter einem Teil der modernen Fassade tatsächlich ein älteres Gebäude «verbirgt», das diese Fassade mitbestimmt hat. Das Maschinenlabor ist damit eine Art Sinnbild für Salvisbergs Architektur, die unterschiedliche Konventionen verbindet.

---

5 Wir beziehen uns hier auf den Begriff «architektonisches System der Tradition», wie ihn Bruno Reichlin in seinem Artikel über die Rezeption des Buches «*The International Style*» von Henry-Russell Hitchcock und Philip Johnson gebraucht und ausgeführt hat. Publiziert in *Werk, Bauen + Wohnen*, 1984/5, S. 48–53.

6 Publiziert in *Oeuvre Complète*, 1910–1929, hg. von Boesiger und Stonorov, Zürich[10] 1974, S. 128–129.

7 Der Hinweis von Stanislaus von Moos in *werk-archithese* (1977/10, S. 6) auf die Architektur von Alison und Peter Smithson ist in diesem Zusammenhang sehr zutreffend. Indirekte Beleuchtung, versteckte Elektromotoren und in die Wandkonstruktion integrierte Installationen kommen den Vorstellungen, wie sie in ihrem Buch «Architecture without Rhetorics» zum Ausdruck kommen, sehr nahe. Die Meinung der beiden Autoren jedoch, sich durch solche Massnahmen jeglicher Rhetorik entziehen zu können, ist heute fraglich. Es handelt sich lediglich um eine andere Rhetorik, die sich beispielsweise von jener eines Le Corbusier unterscheidet. Durch den Vergleich einer Auswahl von Detailzeichnungen Salvisbergs möchten wir gerade versuchen, einige Hinweise auf das Typische der Rhetorik seiner Architektur zu machen.

8 Peter Meyer in *Schweizerische Bauzeitung*, 1932/1, S. 161ff.

UNSER UMGANG MIT SALVISBERG

PROBLEME DER BAU- UND DENKMALPFLEGE

BERNHARD FURRER

Bauwerke sind für ihre Eigentümer in erster Linie Nutzobjekte. Sie sind entsprechend den wechselnden Bedürfnissen einem steten Anspruch auf Veränderung ausgesetzt; besonders bei öffentlichen Grossbauten wie Spitälern, Institutsgebäuden sind Rhythmus und Ausmass der Veränderungen beträchtlich. Während bei grösseren Umbauten die Auftraggeber oft Architekten beiziehen, sind Anpassungen kleineren Ausmasses meist direkt in den Händen von Bauhandwerkern oder den Hauswarten. Je nach dem Gespür der Beteiligten reicht der Umgang mit den Bauwerken vom *behutsamen Umsorgen* eines als wertvoll erkannten Baus bis zum *rücksichtslosen Umspringen* mit einem blossen Funktionsgegenstand. Wenn wir uns im folgenden «unserem Umgang mit Salvisberg» zuwenden, dann ist uns das Werk Otto Rudolf Salvisbergs und unser Verhältnis dazu Beispiel, Beispiel für unsere Beziehung zu aller neueren und neuesten Architektur. Das Verhältnis (und damit das Verhalten) zu neuerer Architektur ist dabei nicht als die Angelegenheit einiger weniger, eines Kreises von Eingeweihten verstanden, miteinzubeziehen ist vielmehr neben dem Architekten auch der Bauhandwerker.

Wir versuchen «unseren Umgang mit Salvisberg» über die Erörterung grundsätzlicher Verhaltensweisen hinaus (die nicht als Rezepturen missverstanden werden sollen) anhand einiger stets wiederkehrender Fälle zu zeigen, welche wir an den Berner Bauten Salvisbergs mit konkreten Beispielen belegen.[1]

Umsichtige Annäherung

Die Zwischenkriegszeit ist, verglichen mit andern Epochen der Architekturgeschichte, schlecht erforscht und aufgearbeitet. Monografische Arbeiten über Einzelbauwerke sind selten; wir wissen besser Bescheid über manches Bürgerhaus des Barock als über Hintergründe und Baugeschichte von neueren architektonischen Werken.

Leider oft vernachlässigte Voraussetzung für den Umgang mit bestehenden Bauwerken ist es aber, die Quellen in ihrer ganzen Breite zu befragen. Dazu gehören die Bauherren-Konstellation, die Entstehungsgeschichte (Wettbewerbe, Projektvarianten, politische Implikationen), die Baugeschichte (mit den Plänen zum Bau und zu späteren Veränderungen), wie auch die Einordnung des Werks in die Zeitstimmung und das Oeuvre des Architekten. Die Quellenlage ist bei jungen Bauten in den meisten Fällen an sich gut, neben den privaten und öffentlichen Archiven steht ein breites Spektrum von Tages- und Fachzeitschriften zur Verfügung. Wichtigster Zeuge bleibt selbstverständlich der ausgeführte Bau; die Entwurfsgedanken können meistens erfasst werden durch eine minutiöse «Lektüre» des Baus mit offenen Sinnen und feiner Empfindsamkeit sowie durch ihre Einordnung in die Denkkategorien des Erbauers.

Beim *Lory-Spital* beispielsweise wurde 1982 in einem frühen Stadium vor dem Umbau die Entwurfsgeschichte analysiert und mit ihrer Hilfe die Empfehlungen für die Behandlung des Baus formuliert.

In der Praxis werden Umbauten allerdings meist anders angepackt. Grundlage der neuen Pläne sind zumeist die selbstsicher formulierten «Anforderungen» der Bauherrschaft. Der bestehende Bau wird als lästige Einschränkung empfunden. Veränderungen und Hinzufügungen werden mit oft willkürlicher, unreflektiert «eigener» Handschrift des umbauenden Architekten gestaltet.

Umnutzung

«Der Gebrauchszweck ist die Seele eines Bauwerks; wenn er verändert wird, haucht der Bau seine Seele aus.»[2] Dieser pathetische Ausspruch ist richtig und falsch zugleich. Zweifellos ist die Zweckbestimmung eines Gebäudes unlösbar mit seiner Gestalt verbunden. Der Umbau einer Kirche zum Wohngebäude, eines Bürger-Wohnhauses in ein Kaufhaus führt zur Vortäuschung falscher Tatsachen, zur «Tapetenstadt».[3]

In der Diskussion um den Ausbau des *Lory-Spitals* wurde von der Bauherrschaft mehrmals in Aussicht gestellt, das Spital werde, wenn es nicht angemessen ausgebaut werden könne, als Verwaltungsgebäude

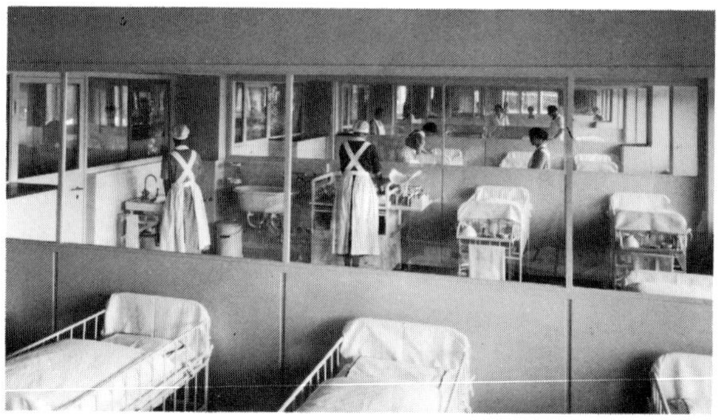

1

umgenutzt. Ein solcher Gebrauch hätte natürlich den Spitalbau mit seinem klaren Aufbau der Patientenzimmer und seinen grossen Liegeterrassen denaturiert. Wer sich den wohl eher als Druckmittel zu verstehenden Vorschlag in der Realität vorstellt, ermisst leicht, dass hier wahrhaftig «der Bau seine Seele ausgehaucht» hätte.

Umnutzungen sind aber nicht a priori auszuschliessen und sie müssen auch nicht zwangsläufig zu «enttäuschenden Täuschungen» führen. Ein Gebäude kann durchaus veränderte Nutzungen aufnehmen, sofern diese der Struktur entsprechen und die notwendigen Umbauten von entsprechendem gestalterischem Niveau sind. Wir sind der Auffassung, dass bei derartigen Umbauten die blosse Anpassung an das Bestehende meistens nicht genüge – aufgrund der oben skizzierten umsichtigen Annäherung an den Altbau müsse vielmehr auf gemeinsamer Grundhaltung ein Ausdruck unserer heutigen Zeit gefunden werden. Gewiss, dieser Ansatz ist anspruchsvoll – das Gelingen liegt hart neben dem Misslingen; sollen wir deswegen auf den Anspruch verzichten?

Eine Umnutzung wird Salvisbergs *Säuglingsspital Elfenau* erfahren. Entgegen allen Versprechungen nahmen seit dem Neubau des gewaltigen Kinderspitals innerhalb des Inselkomplexes die Patientenzahlen in der Elfenau dauernd ab. Die Stiftung «kantonalbernisches Säuglings- und Mütterheim Bern» als Eigentümerin musste deshalb zu allgemeinem Bedauern den Betrieb aufgeben. Das Gebäude soll nun als geriatrisches Heim genutzt werden. Das lichtdurchflutete Innere muss umgebaut werden. Die vollständige Verglasung der Zimmertrennwände, die fehlende Ausrüstung des Spitals mit Bettenaufzügen: die beiden Beispiele mögen genügen, um den unabdingbar radikalen Eingriff in den Innenausbau zu belegen. Die dank einer provisorischen Inbetriebnahme mögliche, sorgfältige Planung lässt die Hoffnung zu, dass ein neuer Ausbau die hohe räumliche und gestalterische Qualität des Baus von Salvisberg aufrechterhalte.[4]

Umriss-Veränderungen

Im Gegensatz zu Umnutzungen, die sich im (nicht weniger wichtigen) Gebäudeinnern abspielen, stellen Umriss-Veränderungen den Baukörper als Ganzes in Frage. Hauptanliegen Salvisbergs, die körperhafte

2
3

Elfenau:
1 *Ursprüngliche Nutzung mit vollständiger Verglasung der Zwischen- und Korridorwände, Aufnahme 1930. Zur provisorischen Herrichtung für eine neue Nutzung als geriatrisches Heim wurden die Zwischenwände geschlossen, die Korridorwände blieben verglast und wurden mit innenliegenden Rollstoren versehen*
2 *Ansicht von Nordosten 1930*
3 *Ansicht von Nordosten 1984, nach der Aufstockung von 1966. Die unklare Disposition der Höhen und die bedeutende Verschlechterung der Proportionen sind offensichtlich*

verankerte Verhältnis seiner Bauten zum Umraum, sind damit in voller Schärfe betroffen.

Das *Säuglingsspital* erlebte wenige Jahre vor dem Baubeginn des neuen Kinderspitals eine starke Zunahme der Pflegetage. Die akute Raumnot führte 1965 zum Plan, das bestehende Attikageschoss des Spitals zu einem Hauptgeschoss umzubauen und eine neue Attika zu erstellen.[5] Von der städtischen Kommission zur Begutachtung ästhetischer Fragen und von privater Seite wurde die Aufstockung vehement bekämpft und

1 Die Beispiele liessen sich im Gesamtwerk Salvisbergs natürlich beliebig erweitern.
2 Votum an der Tagung «Bauen in der alten Stadt», Aachen 27. Mai 1981.
3 Als Beispiele: Spaarne-Kerk in Haarlem, zahlreiche Geschäftshäuser in unseren Altstädten.
4 Bauherrschaft: Spitalverband Bern. Architekten: InderMühle Architekten AG.

darauf aufmerksam gemacht, dass *«die äussere Erscheinung des Baus infolge Veränderung der Proportionen beeinträchtigt»* werde.[6] Dennoch wurde die Aufstockung baupolizeilich bewilligt und 1966 realisiert. Die unbedingte Klarheit der Verhältnisse ist seither zerstört, das gedrückte dritte Hauptgeschoss wirkt auf der Südseite undezidiert. Auf der Rückseite ist die vorher selbstverständlich wirkende Differenzierung der Höhen von Fensterbändern und Mauerflächen einem Durcheinander gewichen, die wichtige Überhöhung des obersten Fassadenbandes ist verloren und die liegende Proportion der Gebäudeflügel ist zum annähernden Quadrat geworden, in welchem die langgestreckten Fensterbänder irritierend wirken. Es mutet ironisch an, dass bereits wenige Jahre nach der verunstaltenden Aufstockung die Patientenzahlen zurückzugehen begannen, was 1983 zur Einstellung des Betriebs des Säuglingsheims führte. An eine Abstockung ist heute leider nicht zu denken . . .

Ein ähnliches Schicksal drohte dem *Lory-Spital.* Die gestiegenen Ansprüche an Komfort und Pflegeeinrichtungen führten zum Bedürfnis einer wesentlichen Ausweitung der rückwärtigen Nebenräume. Gegen das von Betriebsseite als «Minimalanforderung» bezeichnete Projekt, das Ausbau und Aufstockung des Eingangstraktes oder rückwärtige Anbauten vorsah[7], stellte sich die städtische Denkmalpflege, welche durch die Kommission zur Begutachtung ästhetischer Fragen unterstützt wurde. Ein ausführliches Gutachten der Denkmalpflege[8] zeigte die radikale Entwicklung des Entwurfs von Salvisberg auf – von dem völlig in der «heimatschützerisch-formalhistorischen» Tradition verharrenden Wettbewerbsprojekt 1924[9] zum avantgardistischen Entwurf der engeren «Plankonkurrenz» 1925 – und wies auf die entscheidende Gegenüberstellung zwischen dem geschlossenen, muralen Baukörper der Rückseite und der plattenförmig vorkragenden Südseite hin. Das *Lory-Spital* nimmt damit eine Schlüsselstellung im Werk Salvisbergs ein. Dieses Gutachten, konkrete Gegenvorschläge und zahlreiche Gespräche vermochten in mehreren Schritten das kantonale Hochbauamt, die Bauherrschaft und schliesslich die Ärzte und das Pflegepersonal davon zu überzeugen, dass eine Umriss-Veränderung des bestehenden Gebäudes eine schwerwiegende Verunstaltung des für die Entwicklung der Schweizer Architektur hochbedeutenden Gebäudes nach sich ziehen würde.

Es gelang dem Architekten in der Folge einen Vorschlag zu entwickeln, der die betrieblichen Anforderungen in hohem Mass erfüllt durch eine Verlagerung von Räumen (teilweise in die bisher offene, seit Jahren unbenutzte seitliche Liegehalle des «Engländerhubels»), durch geschickte Ausnutzung der rückwärtigen Nebenraumzonen und durch den Einbezug des gartenseitig freistehenden Untergeschosses. Dabei bleibt auch das Innere des Spitals weitgehend intakt.[10] Ob es anlässlich der Umbauten gelingen wird, die 1955 erstellten, seitlichen Anbauten im Untergeschoss und im Attikageschoss zu eliminieren, ist noch offen.

Die beiden Beispiele zeigen klar, dass die Bauten Salvisbergs, welche ihre Ausdruckskraft wesentlich aus dem schnörkellos klaren Aufbau des Baukörpers und seiner sicheren Proportionierung erlangen, auf Eingriffe in ihren Umriss ausserordentlich empfindlich reagieren – empfindlicher noch als Bauten früherer Epochen.

4

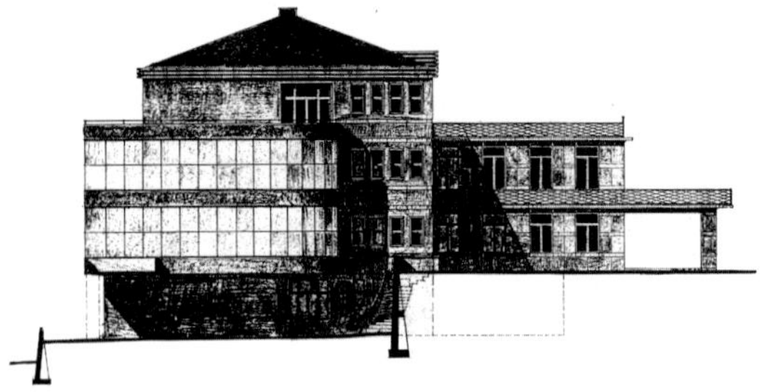

5

6

7

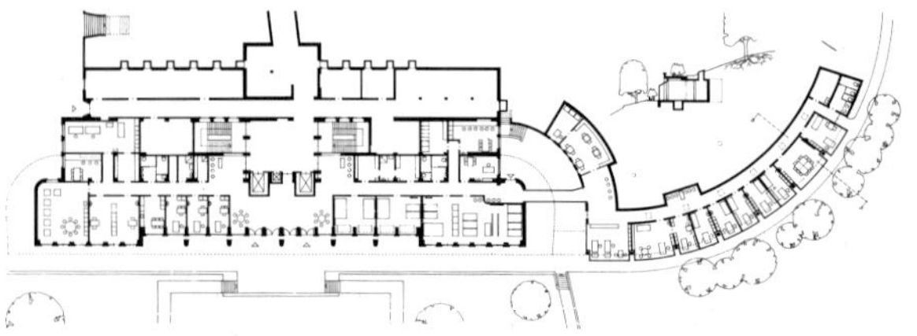

Lory-Spital:

4 *Ostfassade Baueingabeplan 1926*

5 *Ostfassade Projektvariante 1981, Ausbau und Aufstokkung des Eingangstraktes*

6 *Ostfassade Projektvariante 1981 mit zwei rückwärtigen Anbauten*

7 *Untergeschoss-Grundriss des zur Ausführung vorgesehenen Projekts mit Ausbau der seitlichen Liegehallen des «Engländerhubels»*

8

9

SUVA-Haus:
8 Strassenfassade 1931
9 Strassenfassade 1984; die neuen Fenster beeinträchtigen die straffe Wirkung des Gebäudes

Umbau aufgrund technischer Notwendigkeit

Trotz der Sorgfalt in der Detailbearbeitung zeigten sich bei den Bauten Salvisbergs nach einigen Jahrzehnten Bauschäden. Zusammen mit den heutzutage stark gestiegenen Anforderungen an bauphysikalische Eigenschaften wie Wärme- oder Schallisolation sind Umbauten teilweise unumgänglich. Wir gehen hier als Beispiel auf die Fensterkonstruktionen ein.[11]

Das *SUVA-Haus* wurde 1931 mit Holzfenstern, die zweifarbig gestrichen waren, versehen. Sie waren ohne äussere Leibung angeschlagen und betonten dadurch die Fassade als «Haut des Bauwerkes». Namentlich auf der Strassenseite sind die Fenster dem Regen stark ausgesetzt. Die SUVA entschloss sich 1969, die Fenster zu ersetzen. Nach Rücksprache mit dem damals zuständigen Bauinspektorat der Stadt Bern wurden neue, honigfarbene Holz-Metall-Fenster montiert. Die alte, in der Massstäblichkeit der Fassade wichtige Sechser-Teilung mit starkem Kämpferstück[12] wurde aufgegeben; die neuen, von der Travertinverkleidung zurückgesetzten Fenster zeigen hohe, als Sturzpartien wirkende Storenblenden über den drei ungegliederten Hoch-

---

6 Namentlich Prof. Dr. Paul Hofer setzte sich energisch für den bestehenden Bau ein (ausführlicher Bericht vom 2. Mai 1966).

7 Architekt: U. Strasser, Bern. Aufgezeigt wurden insgesamt sechs Varianten, die das zusätzliche Volumen hätten unterbringen sollen; die bereits damals untersuchte und jetzt zur Ausführung vorgesehene Benutzung der seitlichen Liegehalle wurde als «betrieblich unmöglich» abgelehnt. Im letzten Projekt waren die beiden rückwärtigen Anbauten als losgelöste Glaskörper konzipiert.

8 Lory-Spital, Freiburgstrasse 41g: Beurteilung aus der Sicht der Denkmalpflege, Februar 1982.

9 Salvisberg wäre für diesen Wettbewerb *nicht* teilnahmeberechtigt gewesen . . .

10 Grosse Probleme bieten vor allem die Leitungsführung, der Einbau von Lavabos in die Patientenzimmer und die feuerpolizeilichen Auflagen.

11 Als weitere Beispiele wären zu erwähnen die Probleme mit dem Sichtbeton an Fassaden (Carbonatisierung, Armierungsoxidation, Absprengungen), mit Verputzen unter knapp ausgebildeten Gesimsen und Abdeckungen, mit Bodenbelägen, mit auszubauenden technischen Installationen.

12 Der Kämpfer lag bezüglich dem Geschossboden auf + 1.75 m, d.h. auf Augenhöhe des stehenden Menschen: Die Teilung des Fensters nahm Rücksicht auf den sitzend arbeitenden Menschen. Unter dem Kämpfer waren innere Sonnen-Vorhänge angebracht, die darüber liegenden Fenster sollten vor allem die Gebäudetiefe aufhellen.

gewölbten Fassade, des besten Elements des sonst nicht unproblematischen Baus[13], ist nicht zu übersehen.

Die Liegehallen des *Lory-Spitals* waren ursprünglich für eine Benutzung im Sommer und in der Übergangszeit konzipiert. Die seitlich offenen Hallen waren Räume im Freien, Bodenabläufe nahmen den Schlagregen auf. In der Übergangszeit konnten die Hallen mit Schiebefenstern, welche sich dank Scharnieren dem runden Hallengrundriss anpassten, verglast werden; einige Heizrohre temperierten sie.

10

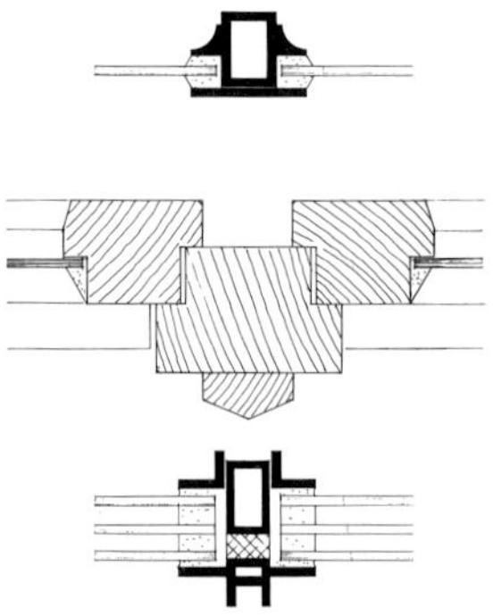

Mit zunehmender Belegung des Spitals wurden die Liegehallen ganzjährig als Aufenthaltsräume genutzt; die undichten, einfach verglasten Metallfenster genügten nicht mehr. So wurden 1955 Doppelverglasungsfenster aus Holz fest eingebaut. Die bei Holzfenstern notwendigen kräftigen Profildimensionen, verstärkt durch die unglückliche Farbgebung in Weiss, verkehren den Eindruck: Aus der zwischen die Brüstungen eingespannten unabhängigen Membran ist ein geschlossen wirkender Bestandteil der Fassade geworden, die Auskragungen haben ihre Wirkung verloren.

Bei der kommenden Sanierung wird eine Rekonstruktion des Zustandes von 1929 nicht möglich sein – die ehemaligen Liegehallen werden weiterhin dauernd als Aufenthaltsbereiche genutzt, die Anforderungen an Dichtheit und Wärmeisolation sind hoch. Die vom Architekten entwickelten isolierten Stahlprofile mit Isolierverglasung werden jedoch mit heutiger Profilsprache den ursprünglichen leichten Eindruck der Salvisbergschen Verglasung wiederherstellen.

Auch die *Institutsgebäude* bieten Probleme mit Fenstern. Die Verglasungen der Treppenhäuser wurden 1931 mit einem heute nicht mehr erhältlichen Glasbaustein ausgeführt, einem flachen, langrechteckigen Glaselement, das mit Nocken zusammengesteckt und mit sehr dünner Mörtelfuge gedichtet wurde. Im Laufe der Zeit entstanden zahlreiche lange Risse infolge von Druckspannungen. Ein Ersatz mit den heute handelsüblichen Glasbausteinen hätte den Eindruck stark verändert; mit Isolierglaselementen aus beidseitigem Drahtkathedralglas konnte eine dem ursprünglichen Zustand

11
12

einigermassen entsprechende Lichtqualität erreicht werden; die bisherige Vertikalteilung durch die aussenliegenden Beton-Vertikalelemente ist jedoch kaum mehr sichtbar – die Strahlrahmungen dominieren.

Umsorgen der Baudetails

Wir haben festgestellt, welch hohen Stellenwert der Umriss, der klare Baukubus als Grossform bei den Bauten Salvisbergs hat. Gleiches gilt auch für die Kleinform, die Baudetails. Sie wurden mit viel Liebe entwickelt und entsprechend der Gesamthaltung des Baus gestaltet. Nicht verwunderlich also, dass beispielsweise Türklinken in Bauten Salvisbergs das Thema «rund-eckig» auf gekonnte Art aufnehmen.

Die Bauindustrie war in der Zwischenkriegszeit in der Lage, auf die Wünsche eines Architekten in hohem Mass einzugehen. Auf Bestellung wurden zu vernünftigen

10 *Loryspital: Horizontalschnitte durch die Fenster der seitlichen Liegeterrassen (Aussenseite der Fenster jeweils unten) oben einfach verglaste Windschutzfenster aus Stahlprofilen 1926/29 mitte Holzfenster 1955/56 unten dreifach verglaste Stahlfenster, Entwurf 1984*

Institutsgebäude:

11 *Treppenhaus des zoologischen Instituts 1984: die Verglasung im ursprünglichen Zustand. Unpassender neuer Bodenbelag aus Klinkern*

12 *Treppenhaus des pharmazeutischen Instituts 1984: die ersetzte Verglasung bewahrt einigermassen die Lichtqualität, nicht aber die optische Gliederung durch die aussenliegenden Beton-Vertikallamellen. Ursprünglicher Bodenbelag in Holzzement, gute Beleuchtungskörper*

13
14

13 *Institutsgebäude: Türklinke mit Rosetten 1984, ursprünglicher Zustand*

14 *SUVA-Haus: Metallzarge mit eingebauter Gummidichtung 1984. Korridorboden (links) mit ursprünglichem Linoleumbelag, Büroboden mit Nadelfilzbelag*

Kosten Spezialanfertigungen auch bei kleineren Stückzahlen geliefert. Zum Boden hin ausgerundete Sockelplatten, Beleuchtungskörper, Liftkabinen und -armaturen, Beschläge wurden nach Detailzeichnungen angefertigt. Auch technische Neuerungen wie beispielsweise die Stahlzargen am *SUVA-Haus,* konsequente Folge der flachen Türblätter[14], waren von der Herstellung her kein Problem.

Heute sind die Verhältnisse anders: nur für Grossobjekte sind Spezialanfertigungen noch finanziell tragbar. Besonders schwierig ist ein Nachbau von Ausstattungsteilen der Zwischenkriegszeit, die zerstört oder verlorengegangen sind. Extrem kleine Stückzahlen und heute nicht mehr übliche Fertigungsprozesse verteuern die Herstellung. Wer die Detaillierungsarbeit eines Salvisberg ernst nimmt, der wird diese Baudetails bei Renovationen erhalten und pflegen oder sie in ihrem Kontext nötigenfalls zu rekonstruieren suchen.

Umstreichen

Wir treffen heute die Bauten Salvisbergs häufig grau an. Türblätter und Wände, Brüstungen und Eisenwerk – alles ist im Laufe der Zeit umgestrichen worden. Grau wurde Mode (und gibt weniger Probleme beim Mischen der Farben).

Unter dieser Einheitsfarbe entdecken wir als ursprünglichen Fertiganstrich eine Palette von differenziert bunten Farben. Salvisberg hatte ein intensives Verhältnis zur Farbe. Es ist belegt durch seine Aquarelle[15] und findet seinen Ausdruck in den feinen Farbabstufungen an seinen Bauten. Die damals weitverbreitete Dualität weiss – anthrazit (oder dunkelblau) genügte ihm oft nicht.

Eindrücklich ist beispielsweise die Farbpalette an den *Institutsgebäuden.* Am Äusseren dominiert der Sichtbeton, dessen leicht ockerbräunliche Tönung zu den dunkelbraunen Fensterrahmen überleitet. Innerhalb des mit durchlaufenden Brüstungsplatten aufgenommenen Themas der Fensterbänder betonen die dunklen Fensterrahmen den Kontrapunkt, die Lochfassade.

Im Innern des Gebäudes sind jedem Institut seine eigenen, fein abgestuften Farben zugeordnet.[16] Die von aussen gleichförmig wirkenden Institute gewinnen dadurch vom Windfang weg ihren eigenen Charakter. Diese heute nur noch in kleinen Resten sichtbare heiterbunte Unterscheidung der Institute soll bei den nächsten Renovationen wieder hergestellt werden. So wurden im pharmazeutischen Institut die alten Farbtöne bereits 1980–82 wieder angebracht.

Umgebungs-Veränderungen

Die ausgeführten Berner Bauten von Salvisberg haben alle eine klare und dennoch rücksichtsvolle Haltung zu ihrer Umgebung[17]: das die Hangformation akzentuierende *Lory-Spital,* das als einsamer «Ozeandampfer» in einem grünen Blättermeer stehende *Säuglingsspital,* das die Blockrandbebauung schliessende *SUVA-Haus,* die in der weiten Mulde verspannten *Institutsgebäude.* Ihre sorgfältig in die städtebauliche Umgebung integrierten Baukuben erheischen bei späteren baulichen Ergänzungen in der Umgebung ein ebenso sorgfältiges Verhalten.

Während das *Lory-Spital* seine dominante Stellung trotz des – bereits im seinerzeitigen Wettbewerbsentwurf vorgesehenen – Neubaus des Anna-Seiler-Hauses unangefochten halten konnte, ist die Wirkung des *Säuglingsspitals* als freistehender, plansymmetrisch ausgebildeter Solitär seit dem Anbau des Schwestern-

---

13 Ungelöst die optisch auf dem dünnen Vordach ruhenden, mächtigen Treppentürme, deren westlicher nicht in erster Linie dem SUVA-Haus, sondern dem anschliessenden Wohnhaus dient; das eigentliche Haupttreppenhaus in der Gebäudemitte ist dagegen aussen nicht ablesbar.

14 In den meisten Häusern damals noch Türblätter mit (einfachem) Fries und Füllungen an Türrahmen mit Futter und Verkleidung.

15 Nur wenige davon sind durch die Publikation in *Werk* 1944/8, im Anschluss an die Ausstellung «Architektur» im Kunsthaus Zürich bekannt.

16 Die Farbpalette wurde vom kantonalen Hochbauamt 1980 systematisch erfasst; die Muster sind nun bei jeder Pinselstrichrenovation greifbar.

17 Bei städtebaulichen Entwürfen grösseren Zuschnitts ist dagegen von Rücksicht nichts zu bemerken. Im Wettbewerb für die Berner Altstadtsanierung 1931/32 schlägt Salvisberg beispielsweise den Abbruch des ganzen untersten Teils der Altstadt vor (Nydeggstalden, Nydeggkirche, Langmauerweg, Matte). Publikation in *Die Berner Woche in Wort und Bild,* 16.1.1932.

15
16

heims 1948[18] völlig kompromittiert. Seit Aufstockung und missglücktem seitlichem Anbau ist nur noch mit Mühe die aussergewöhnliche Klarheit des reifsten – und in seinem selbstverständlichen Schliff bereits etwas faden – Werk des Spitalbau-Neuerers zu erkennen.

Das *SUVA-Haus* kann sich auch seinem neuen Nachbarn, der «City-West» gegenüber mühelos behaupten. Salvisbergs monumentale, eindeutige Haltung zum städtischen Raum kontrastiert wohltuend mit dem unruhigen Auf und Ab, dem nur raumverdrängenden Gewürfel des Neubaus.

Interessant ist die Veränderung der Umgebung bei den *Institutsgebäuden.* Die mit Bauten von bescheidener Höhe besetzte Umgebung wurde 1972/73 vom neuen chemischen Institut (Freiestrasse 3) aufgesprengt. Beim Neubau des zellbiologischen Instituts von 1979–82, das unmittelbar ein Pendant der Salvisberg-Bauten bildet, versuchte der Architekt[19] einen Dialog mit den Institutsgebäuden aufzunehmen. Er setzte ihnen in wesentlich bescheidenerem kubischem Ausdruck eine gestreckte Zeile gegenüber, ohne Auskragungen, ohne hintere Querbauten, in Höhe, Material und Gestaltung jedoch verwandt. Der Rhythmus der Grossteilung ist beibehalten, den konvexen Hörsälen antworten die konkaven Eingänge, die allerdings von den doppelten Pfeilern verstellt sind. Besonders der neu entstehende, gassenartige Raum zwischen den Institutsgebäuden – leider durch die Bepflanzungsgestaltung beeinträchtigt – bringt eine neue Qualität, die auch die Salvisberg-Bauten in ihrer Wirkung steigert.

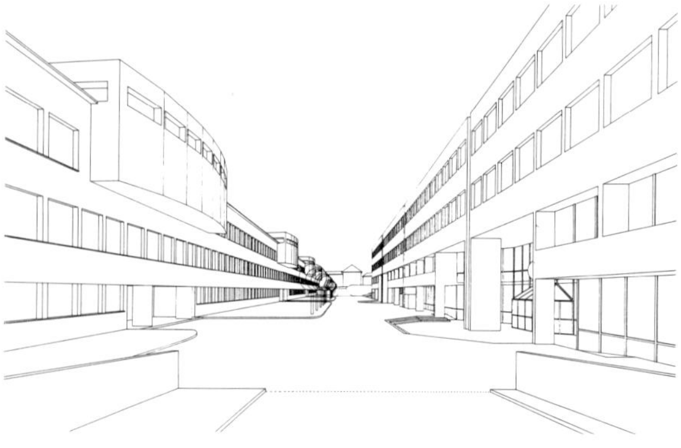

17

18

Umkehrung: Salvisbergs Umgang mit älteren Bauten

In Bern sind uns nur zwei Bauten bekannt, welche das – offenbar problematische – Verhältnis Salvisbergs zu bestehender Bausubstanz belegen.[20] Ein häufig angeführtes Beispiel ist der *Anbau an das Kunstmuseum Bern* 1932–36. Der Anteil Salvisbergs an dieser Erweiterung ist gering.[21] Merkwürdig ist das von Salvisberg beeinflusste, gestalterisch unbewältigte Eindringen des Erweiterungsbaus hinter die lediglich durch das grosse Fenster des Untergeschoss-Foyers modifizierte Altbau-Fassade. Im neuesten Erweiterungsbau von 1981–83 wird gerade dieser «Beitrag» der 30er Jahre nicht etwa grundsätzlich in Frage gestellt, sondern lediglich umgestrichen, neutralisiert; die vordem in die Fassade integrierte Rundform des Treppenabschlusses tritt aussen an der Nahtstelle zwischen alt und neu seither ungebührlich in Erscheinung.

Ein sprechendes Beispiel für die Schwierigkeiten Salvisbergs im Umgang mit älteren Bauten ist der kleine, spätbarocke *Wohnstock hinter dem Säuglingsspital.*[22] Er wurde 1935 umgebaut zu einer Dependenz und später als «Mütterschule» verwendet. Mit dem Ersatz der stehenden Verbretterungen durch horizontale, weiss

Elfenau:
15 *1930: kräftige Wirkung des allseitig freistehenden, plansymmetrischen Solitärs*
16 *1983: östliche Umgebung des ungeschickt aufgestockten Baus verbaut*

17 *Institutsgebäude 1984: rechts der Neubau des zellbiologischen Instituts: Schaffung eines straffen Aussenraums und Aufnahme eines kubischen und gestalterischen Dialogs*

18 *Kunstmuseum Bern: Foyer 1938. Der östliche Flügel des Baus von 1876/78 (Rundbogenfenster) wird zum Foyer (im Untergeschoss mit grossem Rechteckfenster). Links sichtbar der runde Treppenabschluss – konzipiert als Innenform, heute am Äussern an prominenter Stelle sichtbar*

19

19 *Elfenau: Stöckli: 1983. Unbewältigtes Überdecken der Bauformen des 18. Jahrhunderts mit Elementen von 1935*

gestrichene Stülpschalungen, der Anwendung der charakteristischen Fensterformen der Umbauzeit, dem Anbau einer Veranda auf der Südseite und der teilweisen Eliminierung der barocken Gliederungselemente versuchte der Architekt, dem kleinen Gebäude mit Krüppelwalmdach und dreiseitiger Laube ein neues, zum benachbarten Spital passendes Gesicht zu geben. Indes, der Versuch misslang. Das gemütliche Haus wurde zum Zwitterding; es versucht, seinen alten Charakter zu verleugnen, den man ihm dennoch auf Schritt und Tritt ansieht. Es ist offensichtlich, dass Salvisberg kein Verhältnis zum älteren Bau findet: Die Aufnahme eines Dialogs misslingt.

Umdenken in der Denkmalpflege

Die Beschäftigung mit dem Schicksal der Berner Bauten Salvisbergs zeigt, dass die meisten von ihnen mehr oder weniger gravierende Umbauten, Veränderungen oder Verstümmelungen über sich ergehen lassen mussten. Die Denkmalpflege hat sich langezeit *willkürliche Zeitlimiten* für das Mindestalter ihrer Schützlinge, der Baudenkmäler gegeben. Die junge, noch über wenig Kräfte verfügende Disziplin wandte sich Ende des 19. Jahrhunderts vor allem den besonders gefährdeten Bauten und Ruinen des Mittelalters zu; später wurde zwar die Grenze des «Denkmalwürdigen» schrittweise in die Neuzeit verschoben, blieb aber stets einige Generationen hinter der Gegenwart zurück. Obwohl heute die noch in den 70er Jahren geltende Limite des Ersten Weltkriegs allgemein in die jüngere Vergangenheit verschoben ist, bleibt bei den meisten Denkmalämtern, bewusst oder uneingestanden, das Prinzip aufrecht, sich nicht mit der Architektur der letzten Generationen zu beschäftigen.

Diese Haltung ist vor allem in einer weitgehend mit Grund bemängelten Unsicherheit gegenüber der Gegenwart und ihren Äusserungen zu verstehen. Die auf die Denkweise des Historismus zurückgehende Fixierung der Zeitlimite, *«ab wann eine Tatsache als 'vergangene' betrachtet werden könne, entspringt der ohne Interessenkonflikt mit der Gegenwart – vollziehen zu können»*.[23] Während die aktuelle Bautätigkeit in der Fachwelt und in der breiten Öffentlichkeit vermehrt diskutiert wird, entsteht für die Bauten in den ersten Jahrzehnten nach ihrer Entstehung eine «Interessenlücke»: die neuere Architektur ist vogelfrei, schutzlos den Änderungsansprüchen der Benützer ausgeliefert.

Diese Lücke in der zeitlichen Kontinuität des öffentlichen Interesses wird nur in sehr ungenügendem Mass durch die Urheberrechts-Bestimmungen gefüllt. An sich gelten auch Architekturwerke juristisch als «Werke der Literatur und Kunst», und ihr Urheber behält das Recht, *«sich jeder Entstellung, Verstümmelung oder sonstigen Änderung dieses Werkes und jeder anderen Beeinträchtigung des Werkes zu widersetzen, welche seiner Ehre oder seinem Ruf nachteilig sein könnten»*.[24] Das Recht endigt mit dem Ablauf von 50 Jahren seit dem Tod des Urhebers.

Die Praxis allerdings sieht anders aus: bis sich die Denkmalpflege nach zwei, drei Generationen um die Bauwerke kümmert, sind diese längst umgebaut, aufgestockt oder verkleidet. Mit grossem Aufwand wird dann versucht, das Rad zurückzudrehen, gemachte Fehler zu korrigieren. Die Forderung ist daher aufzustellen, dass sich die öffentlichen Stellen (ausser der Denkmalpflege auch Bauämter oder Bauinspektorate) *aller bereits bestehenden Bauten annehmen.* Die Denkmaleigenschaft darf nicht abhängig vom Alter sein, sondern ausschliesslich von der Qualität des Baus oder Ensembles. Die Tatsache, dass bei kleiner zeitlicher Distanz die Qualitäts-Kriterien schwierig zu fassen sind, wird kompensiert durch das Bewusstsein der Vorläufigkeit jeder Auswahl und damit des Wechsels, durch das Bewusstsein auch des häufig gestörten Verhältnisses der Sohnes- zur Vatergeneration.

Wenn wir heute feststellen, dass die grosse Mehrheit der Werke Salvisbergs mehr oder weniger verändert und teilweise verstümmelt auf uns gekommen sind, so muss uns dies ein Fingerzeig sein, die wegweisenden Bauten unserer eigenen Zeit nicht dem Gutdünken und der Willkür der jeweiligen Benützer zu überlassen.

---

18 Architekt Otto Brechbühl, Bern.
19 Architekt Andrea Roost, Bern.
20 Weitere Beispiele lassen sich andernorts finden, so das Bürogebäude der Zöllner-Werke in Berlin-Neukölln, das zwei bestehende Gebäude («Villa» und Wohlfahrtsgebäude) verknüpft.
21 Der Entwurf von Karl InderMühle (1877–1933) wurde von Salvisberg mit einigen Änderungen und Ergänzungen ausgeführt. Vgl. S. Kuthy, «Abschied vom Indermühle-Bau», in *Berner Kunstmitteilungen*, Nr. 205, Mai/Juli 1981.
22 Im Müller-Atlas 1797/99 als Eigentum Bay Pfister verzeichnet.
23 Géza Hajós, «Die kunsthistorische Denkmal-Inventarisation und das Gegenwartsproblem – zur Krise des historischen Abstandes», *DKD* 1, 1982.
24 Bundesgesetz betreffend das Urheberrecht an Werken der Literatur und Kunst vom 7. Dezember 1922 / Berner Übereinkunft zum Schutze von Werken der Literatur und Kunst, revidiert in Brüssel am 26. Juni 1948.

ANHANG

Zeitfragen der Architektur
Von Prof. O.R. Salvisberg
Erschienen in der Festschrift «Die ETH dem SIA zur Jahrhundertfeier», Zürich 1937

Zu allen Zeiten waren die Bauten einer Epoche Niederschlag ihres Kulturlebens. Der Kunsthistoriker späterer Jahrhunderte wird vielleicht die Zerrissenheit und Stillosigkeit unserer Zeit einmal als unvermeidlichen Ausdruck einer zersetzten Kultur und zerrütteten Weltwirtschaft feststellen. Einem rein äusserlichen Stilgemisch vergangener Jahrzehnte folgte auf Irrwegen literarischer Zersetzung eine Verwirrung der Grundbegriffe über neues Bauen. Die riesige Entwicklung der Industrie ermöglichte besonders im Profanbau eine gründliche Abkehr von den bisherigen Baumethoden. Eisenbeton und Stahlkonstruktionen wurden zum formbildenden Element, der Eisenträger versteckte sich nicht mehr schamhaft hinter vorgetäuschten Rabitzgewölbe. Jeder äussere Dekor fällt fort. Dem schweren Stein- und Mauerwerksbau werden leichte Stahlskelettbauten gegenübergestellt, deren struktiver Aufbau schon nach aussen hin leicht erkennbar ist. Der Sieg des neuen Bauens schien nah! Wie aber in jeder Reaktion, so zeigten sich auch hier im neuen Geist Extreme, die sich in übertriebenen Glasfronten, in falscher Übertragung industrieller Ausdrucksformen auf den Profanbau, sogar auf repräsentative städtische Bauten und nicht zuletzt auf Kirchen äusserte. Diese Entwicklung wirkte suggestiv. Eine gewisse Beklemmung, die Angst, dieser Erneuerung nicht folgen zu können, unzeitgemäss zu erscheinen, brachte ein Heer von Mitläufern, die in der Wandlung nur eine modische Äusserlichkeit erblickten und die von heute auf morgen den ihnen geläufigen Formenschatz vergangener Zeiten durch diese «neue Mode» ablösten. In Bild und Schrift wurde nahezu kritiklos jede neue Geste verherrlicht. So entstanden Bauten, die ebensowenig wie jene der vorangegangenen Verfallsperiode aus lebenswahrem Programm, auf klarer Grundlage und mit sauberer Baugesinnung entwickelt wurden. Die betont hervorgehobene, funktionell sein wollende Form wird zum Zerrbild dessen, was sie sein sollte. Sensationelle Machwerke werden mit Schlagworten verherrlicht. Solche Bauten lassen die Beherrschung neuer Bauweisen, neuer Techniken und ihrer sinngemässen Verwendung vermissen. Ihr abstraktes Wesen und die Tatsache, dass sie nur am Reissbrett entstanden, zeigte im besten Fall einen Sieg des Verstandes über das Gefühl. Was aber verhängnisvoller war: durch modische Motive neuer, grundsätzlich guter, aber missverstandener Baumethoden ging der Sinn für Klarheit der Baumassen, für Massstab, Rhythmus, Proportion verloren. Die Vorzüge des flachen Daches wurden als willkommene Verblendung der kompliziert-verschmitzten, ineinander geschobenen Baukörper benutzt. Grossbauten wurden, wie auch kleinste Häuschen, auch dann «aufgelockert», wenn eine solche Gliederung kostspielige, praktische und ästhetische Nachteile zur Folge hatte. Die Bauelemente und ihre Anwendung wurden international-universell. Das neue Wohnhaus in London, Schanghai, New York oder Arosa ist gleich geartet. Zu der ästhetischen Verflachung gesellte sich vielfach eine Unkenntnis in der Verwendung neuer Baustoffe. Der heisse Kampf entgegen eingestellter Bauindustrien setzte ein. Auffallend war neben der Verwendung neuer Techniken die Abkehr von natürlichen Baustoffen. Man bewunderte wohl die von der Sonne dunkel gebräunten Blockhäuser unserer Bergtäler, man freute sich an der Patina jurassischer Kalksteinbauten, am Sgraffito oder andern Putztechniken. Was aber dieser neuen Entwicklung fehlte, war das taktvolle Einordnen der Bauten in ihre Umgebung, war das Feingefühl für Struktur und Farbe, für Sauberkeit und Pflege des Details und werkgerechter Technik. Der Werdegang eines jeden Baustiles fordert Zeit. Er kann nicht künstlich «gemacht» werden. Die letzte Erneuerung im Bauen ist viel zu rasch erfolgt. So sind auch ihre Schwächen vielleicht als wichtiger Übergang zur Läuterung zu werten. Es erscheint deshalb angebracht, die Fragen der heutigen Architektur im allgemeinen zu erörtern. Was ist Baukunst? Vom einfachsten Möbel bis zur Stadtplanung forderte sie zu allen Zeiten grösstes, vielseitiges Können. Bauen heisst von jeher einzelne Elemente zu einem Ganzen zusammenfügen, «Baukunst» das Können, nach erlernbaren technischen Begriffen und Methoden einzelne Bauelemente planmässig zu einer harmonischen, künstlerisch gestalteten Einheit zusammenzufügen. Es gibt «Baumeister», die über dieses Können in hohem Mass verfügen, es gibt Architekten, die weder den Plan noch das einwandfreie Zusammenfügen der Baustoffe beherrschen. Ohne veredelnden Sinn, der über den Daseinskampf hinausgeht, würde sich der Mensch allgemein mit der «Sachlichkeit» des Bauens, dem sinngemässen Zusammenfügen nach rationalen Gesichtspunkten begnügen. Über dem instinktiven Selbsterhaltungstrieb des Tieres ist aber der Mensch in geringerem oder höherem Mass von einem Bedürfnis erfüllt, das durch seine seelisch bewegten Gefühle nach einem Ausdruck drängt. Er liebt die Natur, der er angehört, die Pflanze, das Tier. Er geniesst Werke seiner Mitmenschen in Form von Kunst, Musik, Literatur. Er zeigt Gefühl für den Rhythmus der Bewegung, er wird erfasst vom Überirdischen, Göttlichen. Ohne höheres seelisches Gefühl, ohne jenes Bedürfnis würde sich der Mensch im Bauen mit der «Sachlichkeit» begnügen. So aber fordert er vom Bauwerk eine Ausdrucksform, eine Gestaltung, die seinem Zeitgeist entspricht. Architektur ist nicht allein rechnerisches Ergebnis mathematischer Ordnung, noch viel weniger äusserliches Dekorationsmittel. Sie fordert gleich andern Künsten grundlegende Systematik, Sauberkeit in der werkgerechten Verwendung ihrer Ausdrucksmittel. Sie verlangt Auseinandersetzung mit dem Innen- und Aussenraum. Sie erfasst das ganze Bauwerk, nicht nur seine innern und äussern Oberflächen. Architektur schafft Ordnung im Baukörper wie im Raum. Sie vereinigt Zweckbestimmung, Konstruktion und Formausdruck zur Synthese. Die wesensverschiedenen Aufgaben, die dem Architekten gestellt werden, fordern einen dementsprechenden individuellen Ausdruck. Es kann als ein wesentliches Verdienst neuer Baugestaltung bezeichnet werden, wenn nach einer Verfallszeit verlogene Dekorationsmittel abgelehnt wurden und die Sauberkeit eines struktiven Aufbaues, einer werkgerechten Einordnung der Konstruktionselemente im Raum wie in der äussern Form zur Geltung gebracht wird. Keinesfalls darf jedoch die Konstruktion zum Selbstzweck erhoben, dem Baugedanken übergeordnet werden. Als Dienerin des Bauens mit Verstand bildete sie ebenso im Steinbau der griechischen Antike wie im Beton-, Stahl- oder Glasbau neuer Skelettbauten das rationale, in feststellbaren Zahlenverhältnissen ausdrückbare Hilfsmittel. Der Verstand als Ordner jedes sinnvollen menschlichen Tun und Lassens schafft jedoch allein keinen höhern geistigen, architektonischen Ausdruck. Eine jede Bauaufgabe erfordert klares, architektonisches Erkennen, Fühlen und Wollen, wenn das Bauwerk Sinn, Idee, Zweck, Mittel und Form zu einheitlich harmonischem Ausdruck vereinigen soll.

Zum Bau der Maschine sind in erster Linie Verstand und technische Kenntnisse erforderlich. Der Architekt hat aber vor allem die Lösung jener Probleme zu bewältigen, die jede Kunst ihrem Sinn gemäss vom Schaffenden fordert. Sie verlangt Sauberkeit der Baugesinnung, Kompromisslosigkeit, Takt, Gefühl, ideenvolle, blühende Vorstellungskraft, Intuition, ein hohes Mass humanistischer Bildung und Kultur (im guten Sinn), Menschenliebe und Religion. Denn der Architekt soll Ordner, Organisator, Wirtschaftler, Techniker und Künstler in einer Person sein. Jene Zeiten, in denen der Architekt, losgelöst von allen Lebensvorgängen eines Staatswesens, nach äusserlich formalen Gesichtspunkten seiner Vorliebe für den Formenschatz vergangener Epochen nachging und sich dadurch in schärfsten Gegensatz mit der Gegenwart stellte, sind vorbei.

Vom Städtebauer werden Lebensraum schaffende Ideen und mehr denn je bewusste Planwirtschaft und Wirtschaftsbau gefordert. Nutzflächenplan und Verkehrsplan verlangen zukunftgerichtete Ordnung. Strassen und Plätze dürfen nicht nur dem Moloch «Verkehr» geopfert werden, sie bilden Glieder eines lebendigen, stetig wachsenden Körpers, der Stadt, deren Schönheit sich nur durch bewusste Pflege entwickeln kann. Dem Architekten als Stadtbaukünstler erwächst hieraus die bedeutsamste Aufgabe, in engster Fühlungnahme mit der politischen Führung dem Willen eines Volksganzen einen bleibenden Formausdruck, der Stadt ein Gesicht zu geben. Weshalb sind unsere neuen Stadtteile fast alle trostlos? Das Verantwortungsgefühl des Einzelnen gegenüber der Allgemeinheit ist verloren gegangen. An Stelle rhythmischer Gliederung gleichgearteter Wohnbauten, wie wir sie im alten Stadtbild bewundern, gebärdet sich mit baupolizeilicher Genehmigung jedes Haus mit besonderer Geste. Für die Bauten der Allgemeinheit fehlt oft bei den Behörden die Erkenntnis, durch geeignete Platzwahl die Vorbedingungen für ein kompromissloses, freies Gestalten zu schaffen.

Wenn die gesunden Voraussetzungen für eine organische Einordnung der Bauten fehlen, wie das heutzutage vielfach der Fall ist, so vermag keine noch so feinfühlige Durchbildung der Einzelheiten dieses Grundübel zu verbergen. Beispiele solcher Art lassen sich leider in grosser Zahl anführen: In Bern, wo die Museen mit der Landesbibliothek und dem Gymnasium in einen Block zusammengepfercht sind und wo der Rhythmus der Altstadtgassen durch den neuen massstablosen Kasino-«Platz» beeinträchtigt wird. In Basel, dessen grosser Kunstmuseumsbau ohne jede städtebauliche Vorbereitung in seiner zufälligen Übereckstellung zur Brücke bedeutungslos verlorengeht. In Zürich, dessen repräsentativer Empfangs- und Festraum, die Kongress- und Tonhalle sich gedrängt auf zufällig verfügbarem Restgelände in der Reihe minderwertiger Mietshausbauten verkriecht. «Baustil» zeigt sich nicht nur im Dekor der Fassade. Die Elemente einer Stadtplanung, die in gelockerter Form die Grenzen der gedrängten Altstadt gesprengt, um kühn mit neuen Techniken verkehrstechnische und raumbildende Probleme grosszügig bewältigen zu können, fordern einen formalen Ausdruck dieser Zeit. Wenn der Architekt einzelnen Menschen, Familien oder ganzen Gemeinschaften Heimstätten schafft, so wird er diese von ihrem Lebensrhythmus aus entwickeln. Er schafft Einheiten, fügt diese zu einem Ganzen zusammen, er ordnet und gestaltet. Das Kleinhaus wie der repräsentative städtische Grossbau, erhalten ihrer Bedeutung entsprechend, die ihnen gebührende, stille, zurückgezogene Lage oder eine prominente, repräsentative Stellung. Das tatsächliche Aussehen von Platz und Strasse, die Kontrastwirkungen der Grossbauten des Volksganzen gegenüber schlichter Unterordnung der Privatbauten, die Stadtsilhouette, der Aussen- und Innenraum der Stadt, ihre Beziehung zur Landschaft, sind stilbildende Elemente.

Mitverantwortlich für das Bild unserer Stadt- und Landbebauung ist der Bauherr, sind die Behörden, die Gesetzgebung. Wenn es Zeiten gab, in denen ohne Baugesetze traditionsgebunden einheitlichere Stadt- und Dorfbilder entstanden sind, so ist in einer Zeit technischer Evolution, der eine kulturelle Entwicklung nicht gefolgt ist, ein Schutz der Allgemeinheit gegenüber willkürlicher Sonderinteressen von grosser Bedeutung. Das überlieferte Gut mag in dem Heimatschutz seine Verteidigung finden, das Wachstum unserer Stadt- und Landbebauung kann nur durch verständnisvolle Arbeitsgemeinschaft von Gesetz, Bauherr und Architekt zu neuem, einheitlich schönem Ausdruck gelangen. Die Architekturentwicklung folgt in ihrer Bewegung ewig gleichen Gesetzen. Sie wird mit dem Wiederaufbau der Weltwirtschaft auch das Kriterium der Zerrissenheit und Stillosigkeit überwinden!

Technik und Formausdruck im Bauen.

Von Prof. O. R. Salvisberg, Zürich.[*]

Betrachten wir die heutige Bauentwicklung unserer Städte auf ihre äussere Erscheinungsform, so erkennen wir einen chaotischen Zustand, der sich in völliger Zerrissenheit und Uneinheitlichkeit dartut.

Die grundsätzliche Wesensverschiedenheit gleichzeitig entstandener Bauten weist klar und deutlich auf eine ebenso verschiedene, programmatische Grundlage, deren Auswirkung sich in dem Durcheinander, in den Gegensätzen neuerer Stadtviertel und ländlicher Bauten zeigt.

Demgegenüber empfinden wir die Einheitlichkeit alter Stadtbilder als wohltuenden Kontrast.

Wir fühlen darin trotz der Verschmelzung verschiedener Elemente einen starken, einheitlichen Formausdruck, eine grosse, einheitliche Willenskraft.

Jede bauliche Entwicklung ist Niederschlag einer Epoche. So wird vielleicht der Kunsthistoriker späterer Jahrhunderte die Stillosigkeit unserer Zeit als den unvermeidlichen Ausdruck unserer zerrütteten Weltwirtschaft feststellen.

Noch liegt die Verfallzeit, die im vergangenen Jahrhundert einsetzte nicht hinter uns, noch haben wir keine Veranlassung stolz zu sein auf kulturellen Fortschritt, oder gar auf Reinheit unserer Baugesinnung.

Aus den bedeutendsten Bauten vergangener Epochen und ihrer Entstehungsgeschichte erkennen wir, dass stärkste Ausdruckform stets da entstanden ist, wo ursprüngliches Schaffen frei von Hemmungen sinnlos gewordener Ueberlieferungen die Gestaltung förderte.

Grosse Meister vergangener Jahrhunderte, wie Michelangelo, Leonardo da Vinci, Balthasar Neumann, Dürer, waren Künstler, Organisatoren, Ingenieure und Erfinder zugleich.

Aber auch namenlose Baumeister schufen zahllose Werke in einheitlichem Sinne und mit gleichen Mitteln.

Der Baumeister war Schöpfer von Festungen, Brücken, Wasserbauten, Schlössern oder ganzen Städten.

Wenn wir nicht mit den Russen in gewissem Sinne Raubbau treiben wollen, indem wir den Ingenieur, den Architekten von vorneherein zum Spezialisten ohne den erforderlichen Weitblick stempeln, so werden wir nicht ohne Rückblick, ohne Studium vergangener Epochen einen neuen, aus unserer Zeit geborenen Formenaufbau uns schaffen können.

Zu diesem neuen Schaffen bedarf es aber bei Bauherr und Architekt der Erkenntnis, dass jede grosse Baukunst selbstschöpferisch aus ihrer Zeit, nicht aber aus Vorangegangenem geschaffen wird.

Die Krisis der Baukultur nahm ihren Anfang in einer gegenseitigen, völligen Entfremdung von Technik und Baukunst.

Aus der Erweiterung des Aufgabengebietes, dass die Technik mit neuen Baustoffen, neuen Konstruktionen und veränderten Arbeitsmethoden mit sich brachte, ergab sich ein Spezialistentum, dem der Weitblick für eine umfassende Gestaltung fehlte.

Gerade der Architekt, der im Werdegang eines Bauwerks die Führung übernehmen sollte, wurde zum Spezialisten.

In dem Bestreben, die äussere Formenwelt des Altertums, der Renaissance, Gothik, des Barock oder des Empire möglichst gleichzeitig zu beherrschen, ging ihm das Empfinden einer reinen Baugesinnung verloren.

Der Architekt wurde zum Dekorateur, der seine Dekorationsmittel aus Sammelwerken und Photos bezog.

[*] Auszug aus dem Vortrag vom 4. Dezember im Lesezirkel Hottingen, Zürich.

Palladio.

In den neuen Konstruktionsmethoden erblickte er nur willkommene Mittel, um die Widersprüche, die sich aus den Anforderungen der Zeit und der Anwendung einer Formenwelt längst entschwundener Epochen ergaben, zu verdecken.

In jedem einfachsten Bergdorf unseres Landes, das sich aus gleichgearteten Baukörpern, im Tal oder am Sonnenhang im gleichen Rhythmus, gleichem Material und gleicher Technik sinnfällig aufbaut, ist mehr Kultur enthalten, als in der Pracht unserer Pseudopaläste dieser Zeit.

Imfeld (Binnental).

An Stelle von abgeklärten Baukörpern traten losgelöste Scheinfassaden, wie sie die Renaissance, das Barock hervorbrachten.

Allein nicht nur der Architekt war hier der Schuldige, der Fehler lag viel tiefer, er ergab sich aus der allgemeinen Unkultur, die eine spätere Epoche als schlimmes Erbe anzutreten hatte.

Was um die Jahrhundertwende als «Jugend- oder Sezessionsstil» folgte, war eine rein dekorative, modische Erscheinungsform, die mit Bauen im eigentlichen Sinne nichts zu tun hatte.

Stein und Eisen werden zur erstarrten Teigware.

Paris: Untergrundbahnhof (Place de l'Etoile).

Das Streben nach lebenswahrem Ausdruck der Gestaltung führte aber schon lange vor dem Kriege, wenn auch nur vereinzelt zu Bauten, die zwar noch nicht gänzlich befreit waren von den Dekorationsgelüsten jener Zeit, die aber bereits ihre Zweckbestimmung, ihren baulichen Organismus klar zum Ausdruck brachten.

Aus einigen Beispielen der Vorkriegszeit wie der spätern Entwicklung sei versucht, einen kurzen Ueberblick über «Technik und Formausdruck im Bauen» der letzten Jahrzehnte zu geben, wobei unter anderm auch einige Bauten des Referenten aus der früheren Zeit zur Darstellung gelangen.

Der Steinbau früherer Epochen zeigte im Innern und Aeussern einheitliche Technik.

Die Vorkriegszeit konstruierte zwar bereits Stahlgerüste, Betonständerbauten, sie mussten sich aber verstecken hinter jenen palladinischen Fassaden, die im Widerspruch standen zu den lebenswichtigsten Forderungen des Baues.

Es war die gleiche Zeit, in der sich äussere Dekorationslust noch allerorts in den bizarrsten Formen zeigte.

Die Gegenüberstellung eines Vorkriegsfernheizwerks in Dresden mit dem neuerbauten in Zürich zeigt 2 Extreme.

Fernheiz-werke: Links Dresden, rechts Zürich.

Dort ein mit grossen Kosten veranstaltetes Versteckspiel, hier einfache Körperbildung.

Hochkamin: Fernheizkraftwerk E. T. H. Zürich.

Man vergisst aber dabei leicht, dass durch solche Zusammenfassung in einem Turm Hunderte von Schloten stillgelegt werden und dass, wenn hier die reine Zweckform ihren Ausdruck findet, auch Schönheitsbegriffe in dieser Hinsicht wandelbar sind.

Heute, im Abstand von rund 20 Jahren können wir deutlicher die Entwicklung in der Gestaltung überblicken, die, individuell verschieden, aber hemmungslos nach dem wahren Ausdruck strebt.

Das erste, reine Beton-Geschäftshaus Berlins, das 1913 mit sichtbarem Eisenbetontragwerk entstand, konnte ich nur mit Mühe und unter Hinweis auf alle praktischen und materiellen Vorteile einer schwulstigen, vorgeklebten Säulenfassade gegenüber durchsetzen.

Ganz besonders war es die sichtbare Struktur des konstruktiven, nicht bear-

O. R. Salvisberg: «Lindenhaus» in Berlin».

beiteten Materials, des Betons, die in der Vorkriegszeit als störend empfunden wurde.

Der Bau eines Bureauhauses mit Fabrik von Gropius auf der Werkbundausstellung in Köln 1914, löst sich von der vorherigen

Gropius: Bureaugebäude, Werkbundausstellung, Köln.

Epoche des Formalismus entschieden los.

Aus seiner Zweckbestimmung wird die Technik und aus dieser, in diesem Falle mit Stahl, Glas, Kalksandstein die Gestalt des Baues bestimmt.

Eine Villa von Corbusier aus dem Jahre 1916 zeigt noch deutlich die eklektizistischen Bindungen, von denen er sich erst in seinen spätern Bauten ganz befreite.

Le Corbusier: Villa 1916, Rückfassade.

Die geometrische Fassade.

Es wäre nun aber irrig, anzunehmen, dass durch neue Baustoffe, neue Techniken und Bauweisen sich von selbst ein bestimmter Formausdruck ergeben könne oder gar ergeben müsse.

Die geistige Einstellung unserer Zeit fordert aber, dass man sich dieser Mittel bedient, um zu stilbildender Erscheinungsform zu gelangen.

So bedeutungsvoll im Bauen auch der Baustoff, das Bausystem sein mag, sie dürfen doch nur das Rüstzeug bilden, das ein jeder Gestalter, der dauernde Werte schaffen will, beherrschen muss, um damit ein funktionelles Ganzes, einen dauernden geistigen Wert zu schaffen.

Dass auch in der heutigen Entwicklung darüber noch nicht Klarheit herrscht, sei kurz am Beispiel des zu allen Zeiten bedeutsamen Sakralbaues dargetan.

Der Geist des Protestantismus fordert Einfachheit, Klarheit, schlichte, nicht repräsentative, dafür aber wahre Formgebung, die aus der Zweckmässigkeit hervorgehen soll.

Es sind zwar in neuerer Zeit Kirchen entstanden, deren Körperbildung aus klarer Raumvorstellung hervorgegangen ist und die aus einem sakralen Erlebnis geboren wurden und deren Konstruktionsmittel zu kirchlichem Formausdruck erhoben worden sind.

Die Kirche in Raincy von Perret, kann als ein frühes und gutes Beispiel eines Betonbaues bezeichnet werden, bei dem die Betonung kultisch-kultureller Mächtigkeit der katholischen Kirche mit neuem Baustoff erreicht wird.

Sie wurde 1925 erbaut.

Die minimal dimensionierten Stützen sind völlig von der ganz in Glas aufgelösten, nicht tragenden Aussenwand getrennt, die den Kirchenraum durch ein diffuses, gleichmässig verteiltes Licht erhellt.

Baustoff und Technik und die darin schlummernde Geistigkeit sind in den Dienst der Religion gestellt, wie dies uns ja bereits aus dem filigranartigen Masswerk gothischer Dome, aus jener Entmaterialisierung des Steins bekannt ist.

Perret: Kirche in Raincy 1923.

Nun können wir aber im heutigen Kultbau erkennen, dass vielfach gewisse formale Anleihen an den Industriebau fühlbar werden und dass, wenn die Erlösung des Materials zur erhabenen Form fehlt, die Kirche zum alltäglichen Profanbau herabsinkt.

Es mag dies besonders einer gewissen Reaktion entsprungen sein, die durch die Uebersättigung mit rein äusserem Dekor vergangener Epochen hervorgerufen wurde.

Der Vergleich dieser Kirche in Billstedt beispielsweise mit einem amerikanischen Silo lässt deutlich die Geistesverwandtschaft erkennen, die sich im Aufbau, in der Körperbildung, sogar in dem Verhältnis von Fenster und Fläche zeigt.

Kirche in Billstedt bei Hamburg.

Oder, wie umgekehrt das nächste Bild nicht eine Kirche, sondern die sakrale Geste einer industriellen Anlage, in diesem Falle einer Torschleuse darstellt.

Marientorschleuse in Düsseldorf.

Es ist religiöse Not, die aus dieser Verworrenheit der Begriffe spricht.

Man kann wohl eine Kirche in Beton bauen, wie die von Perret in Raincy, oder wie jene von Prof. Moser in Basel, nicht aber eine Betonkirche.

Sollen unsere Bauten, die ja örtlich gebunden sind, den Ausdruck unserer Kultur verkörpern, so müssen auch die mit unserem Leben verbundenen Vorbedingungen darin berücksichtigt sein, sollen sie nicht als Fremdkörper wirken.

Zur Einordnung der Bauten in unsere Kultur haben wir Gesetzesparagraphen.

Vielleicht ist gerade die Erfordernis eines solchen Gesetzes ein Gradmesser für unsern Tiefstand.

Es gab grosse Epochen, wo es keine Baupolizei gab und wo es eine solche nicht zu geben brauchte.

Die unheilvollen Auswirkungen eines nicht den Anforderungen angepassten Baugesetzes sind uns bekannt.

Besonders der Zwang des ausgebauten Dachgeschosses, der zu den verschmitzt verkrüppelten Dachformen mit den bizarren Aufbauten führt, verwüstet ganze Ortschaften und auch unsere besiedelten Sonnenhänge des Zürichsees.

Bebauung des Zürichbergs.
Typisches Beispiel der «Dächer»-Architektur.

Es ist dies umso unverständlicher, als alle früheren, bodenständigen Dachformen unseres Landes von gegenteiligen gesunden, technischen Erwägungen ausgehend, entwickelt sind.

Bereits das Strohdach des Bauernhauses im Limmattal fasste Wohnung, Stall, Heuboden unter einem homogenen, schützenden Dach zusammen, dessen Neigung durch das Material, das Stroh, bedingt war.

Haus in Neuenhof bei Baden, Limmattal.

In den holzreichen Tälern des Berner Oberlandes entstand von Anfang an das breit gelagerte, von keinem Ausbau unterbrochene Schindeldach mit flacher Neigung, wie dieses auch im kelte-romani-

Kornsilo aus Eisenbeton in Minneapolis.

schen Bauernhaus des Jura als Bretter- oder Schindeldach den Formausdruck einer primitiven, aber gesunden Technik darstellt.

Berner Oberländerhaus in Meiringen.

Jurahaus in Courrendlin.

: Tessiner Steindach mit irgend wel- Aufbauten zu durchbrechen, wäre ıkbar gewesen, und das südliche, ein- Hohlziegeldach bildete eine klaren ɔestimmten Abschluss des Baukörpers oben.

Tessinerhaus in Gandria.

ım Strohdach bis zum Flachdach hat Technik eine Fülle von Konstruktions- eln hervorgebracht.

Berggegenden hat das Flachdach seit zehnten seinen Einzug gehalten und, fachmännische Ausführung vorausge- , sich als bestes Abwehrmittel gegen ıee und Eismassen bewährt.

ürden endlich nur Vollgeschosse mit ı geneigten Dächern ohne Aufbauten ;eschrieben, so dürften unsere Neu- elungen wieder den einheitlichen Cha- er erhalten, den wir in unserer heuti- Bebauung gänzlich vermissen.

iese verschiedenen Dachbildungen aus ıso verschiedener Zweckbestimmung, ichiedenen Techniken hervorgegangen, erlegen von selbst falsche Nachahmun- und die irrige Anschauung, die Um- lung des Handwerks auf die Technik Maschine sei falsch, die maschinelle duktion wirke tötend auf die Form.

er Zürichberg, dieser Berg der «ver- sten Gelegenheiten», gab durch seinen ɔauungsplan die vorhandene Bebauung ihre Steildächer den Anlass zu Ver- chsannahmen, die zeigen, dass bei in- siver Bebauung aber falschem, oder ch geneigten Dächern von allen Erd- chossräumen ein freier Seeblick hätte ielt werden können.

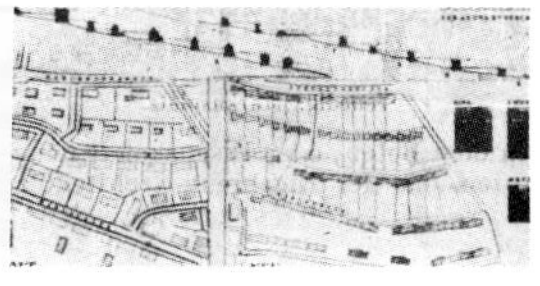

Diplomarbeit: Zürichbergbebauung.

Vir wissen, dass die verschiedensten bilde der Natur wie auch der Mensch, ar von der absoluten Symmetrie weit ent- nt, dass sie aber doch mehr oder weni- damit verwandt sind.

Können aber in der anorganischen Na- Störungen durch Druck oder durch schütterung die Kristallbildungen ver- ıdern, so müssen ebenso Baukörper rch besondere örtliche Gelegenheiten gerichtig zu anderer Formation gelan- ı.

Der Praktiker weiss, dass die verschie- nsten Zweckbestimmungen einer Sym-

Sempervivum.

metrie vielfach diametral entgegenstehen, dass dann die Schaffung einer Symmetrie zwangsläufig Widersprüche mit dem höchsten Ziel eines jeden Bauwerks, nämlich mit dessen organischer Entwicklung zur Folge hat.

Im besten Fall kommt dann ein innerer und äusserer Kompromiss zustande, der vielleicht oberflächlicher Betrachtung nach nicht so stark in Erscheinung tritt, wie er sich in allen Einzelheiten der Organisation auswirkt.

Der Hang zur Symmetrie, zur Dekorationslust, Ueberschwänglichkeit und **Luxus, wie ihn das Quatrocento oder das Barock zeigen, ist rudimentär noch da, doch fehlt die innere Begründung.**

Im Gegensatz zur Symmetrie ist Rhythmus heute vielleicht stärkstes Ausdruckmittel.

Barockachse: Vaux le Vicomte.

Dort im Barockschloss Hauptmotiv der Mitte, Strahlung von einem Zentrum aus bis zu dem fernen Point de vue verlaufende Mittelaxen, hier Rhythmus, Gleichheit, Wiederholung, Gesetzmässigkeit.

Das Metronom des Musikers, der Herzschlag, Atem, Arbeit, Tanz, die ganze Welt der Technik vollzieht sich nach rhythmischen Gesetzen.

In unserer Technik kehrt er in tausendfacher Form wieder nach ewig gleichen Gesetzen der Ordnung.

Klassische Beispiele im Steinbau, wie der Markusplatz in Venedig mit bewusstem Verzicht auf jede Unterbrechung des rhythmischen Systems, auf das der Bau gestimmt war, zeigen was später durch vorgeblendete Risalite, durch unorganische Gliederungen aufgegeben wurde.

Venedig: Markusplatz.

In dem Beton- oder Eisenskelett neuerer Bauten, das der Ingenieur-Architekt zum stilbildenden Element erhebt, kehrt das rhythmische System als funktionelles Glied wieder, wie hier im neuen Stadion von Florenz.

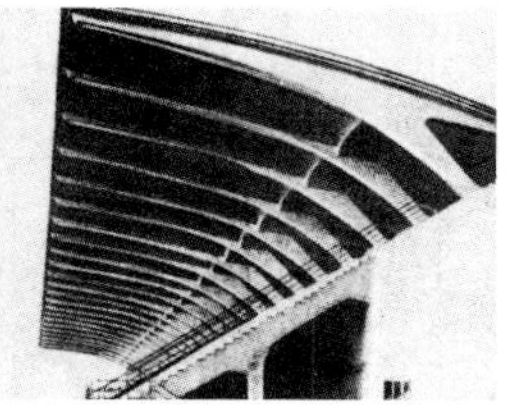

Haupttribüne des neuen Stadions in Florenz.

Als Skelett seien das Büchermagazin der Landesbibliothek in Bern, das den Ständerbau verkörpert, ebenso ein Versicherungsbau erwähnt, bei dem ich versuchte, das Stahlgerüst durch Kupferummantelung nach aussen hin kenntlich zu machen.

Schweizerische Landesbibliothek in Bern.
Büchermagazin von Nordosten.

Tritt heute an Stelle der prätentiösen Scheinfassade von gestern eine dreidimensionale Gestaltung, eine sinnfällige Gruppierung der kubischen Baukörper nach Gesetzen der Belüftung und Besonnung ein, so beschränkt sich die rhythmische

Deutsche Krankenversicherung, Berlin.

Gliederung nicht nur auf einzelne Bauglieder, sie erfasst ganze Baukörper, Strassenzüge, Stadtteile.

Der Genossenschaftsbau, die serienmässige Bauweise, die ganze Wohnviertel gleichmässig entstehen lässt, muss im Bebauungsplan in der Reihung der Typen und schliesslich auch im fertigen Stadtbild ihren Ausdruck finden.

Die neue Wohnstadt verlangt ihr eigenes Gepräge.

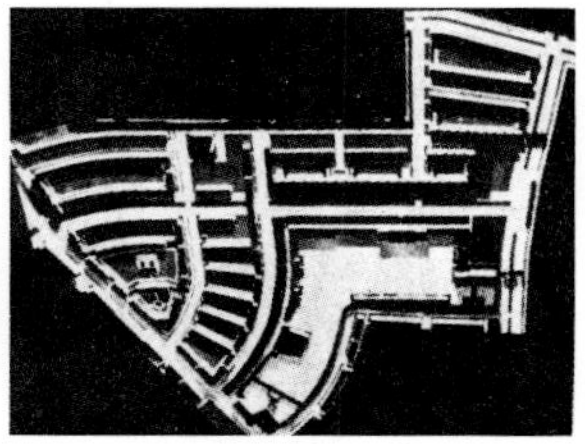

Siedlung Reinickendorf (Berlin), Grundriss.

Eine, unter meiner Führung entstandene Berliner Großsiedelung zeigt diesen Rhythmus, der aus der Reihung gleicher Wohnelemente entstanden ist.

Der heutige Zweckbau, besonders aber der sogenannte «Monumentalbau», falls dieser Begriff überhaupt noch mit unserer Zeit vereinbar ist, muss eine grundsätzlich andere Ausdrucksform erhalten als der Monumentalbau einer steinernen Zeit.

Diese grundlegende Veränderung ist aber nicht allein aus der Veränderung struktiver Mittel, aus einer neuen Organisation der Bauvorgänge oder aus einer Umgestaltung der Ausdrucksmittel hervorgegangen.

Sie ist zum Teil begründet in der veränderten, geistigen Entwicklung unserer Zeit.

Es ist ja nicht mehr der Palast, das Grabmal des Einzelnen, das sich als bedeutsamstes Bauwerk in den Vordergrund drängt.

Es sind Werke der Allgemeinheit, Bauten zur Erhaltung des Volksganzen, der Volkserziehung, Bauten, die einer Menschlichkeit Rechnung tragen, sind mit der technischen Entwicklung in ihrer Ausdrucksform eng verwachsen.

Als in Bern auf Grund eines Wettbewerbes im Jahre 1925 der Bau des Loryspitals in der vorliegenden Form beschlossen wurde, ging eine lebhafte Polemik durch die dortige Presse.

Der Bau des Loryspitals erfolgte trotz der Bedenken schall- und wärmeisoliert in Eisenbeton, der aus dem Kies der Baugrube preiswert hergestellt werden konnte.

Loryspital in Bern, Südseite.

Die freie Auskragung der Liegehallen und Balkone, die für die äussere Erscheinung mitbestimmend sind, bot günstige Gelegenheit zur Anbringung der ganz verschiebbaren Glaswände.

Liegehallen (Loryspital) im Rohbau.

Im äusseren Aufbau entstand dadurch gewissermassen ein Leitmotiv, das aus Material, System und Zweckbestimmung hervorgegangen ist.

Am Umbau des kleinen Pensionshauses in Davos von Gabarell wird klar ersichtlich, was die Befreiung eines Hauses von falsch verstandenen Heimatschutzmotiven und seine Anpassung an die Bedürfnisse für sein Gesicht bedeutet.

Pensionshaus in Davos:
Nach dem Umbau.

Vor dem Umbau.

Der Kanton Bern forderte für die Universität die Unterkunft für 5 Institute für chemische, pharmazeutische, geologische, zoologische und gerichtsmedizinische Forschung.

Unter bewusstem Verzicht auf ein Zentralsystem mit Mittelrisalit und repräsentativem Haupteingang entstand denn durch die Reihung dieser Institute ein Bau, der ein weitläufiges Korridorsystem vermeidet, der aber jeder Einheit ihr geistiges Eigenleben durch die gewisse Abgeschlossenheit sichert.

Hochschulbauten in Bern, Südansicht.

Es ist besonders ein Kennzeichen neuerer Bauten, **dass diese eine ausgesprochene Zurückhaltung gegenüber jeder Art von Ornament und dekorativem Schmuck zeigen.**

Das Gesims, das Detail im alten Sinn verschwindet ganz und macht glatten Wandungen, **grossen subtil gefassten Glasflächen als architektonischen Gestaltungsmitteln Platz.**

So entstehen durch die aus verschiedensten Zweckmässigkeitsgründen verwendeten Elemente ungewohnte Wirkungen.

Landhaus am Golf von Neapel.

Besonders der Verzicht auf das Ornament ist auffallend und fordert gewöhnlich zur Kritik heraus.

Eine Kritik, die durchaus begreiflich ist, die auf überlieferten Anschauungen beruht und die auch heute noch vielfach befangen ist im Aberglauben, dass Kunst gleichbedeutend mit Reichtum sei.

Man vermisst an den Bauten den Reiz äussern Dekors, man stösst sich an ihrer Nüchternheit, an dem Mangel des Stimmungsvollen, an der Wirkung von Details, die bei stilistischen Bauten mitsprechen.

Man sieht vielleicht durch einzelne extreme, aus Neuerungssucht hypermodern gehaltene Bauten ungünstig beeinflusst, die Werke neuerer Baukunst als eine der vielen Kunstmoden an, die bald vorüber, voraussichtlich einer neuen Platz machen wird.

Oder: Der Gegner neuen Bauens schrickt vor allem Ungewohnten zurück und beruft sich auf den bewährten Formenschatz vergangener Zeiten.

Hans Wiertz: Dahlem, Gartenseite.

Er lehnt grundsätzlich jede Neuerung ab und sieht in der neuen Gestaltung nur eine schlimme Folgeerscheinung des Weltkrieges, eine Vernichtung jeder Tradition, einen katastrophalen Radikalismus.

Er ahnt nichts vom Wandel der Gestalt, er kennt nicht den tiefern Sinn, der in unserer Technik, im wahren Formausdruck neuen Bauens liegt.

Suvahaus, Bern, Gesamtansicht

Verständlicher wäre ein Protest der Maler und Bildhauer, die durch den Verzicht auf das Dekorative im Bauen brotlos geworden sind.

Trifft aber den Architekten wirklich die Schuld, wenn für die Schwesterkünste auf seiner Wand, in seinem Raum kein Platz mehr vorhanden war?

Mit der Reinigung der Bauten von unbegründeten Profilierungen und stilistischem Dekor musste folgerichtig auch der bis in unsere Zeit wuchernde Akantus und die ganze sogenannte «Bauplastik» fallen.

Wenn der Pendelausschlag in der Entwicklung zu gewisser Nüchternheit geführt hat, so liegt dies mehr an der völligen gegenseitigen Entfremdung der Künste.

In der Entwicklung dessen, was wir Architektur nennen, ist aber heute ein gewisser Stillstand eingetreten.

Aus dem Ansturm gegen nicht mehr lebensfähige Methoden hat ein ernüchternder Intellektualismus zu einer Angleichung von wesensverschiedenen Bauten geführt, die äusserer Betrachtung nach «modern» erscheinen, die aber nicht aus freier, von den Lebensnotwendigkeiten ausgehender Ordnung entwickelt sind.

Von den modernen technischen Hilfsmitteln, Glas, Eisen und Beton wird ausgiebigster Gebrauch gemacht, jedoch nicht immer, ohne einer übertriebenen Nützlichkeitsdogmatik oder einem primitiven Konstruktivismus zu verfallen.

Trotzdem erhebt sich bei der Betrachtung solcher Beispiele der Einwand, **das neue Bauen sei nicht bodenständig, es sei international.**

Tatsächlich handelt es sich um eine elementare, grundlegende Bewegung, die fast gleichzeitig in vielen Ländern eingesetzt hat, die mit gleich gerichteten Grundsätzen und Zielen überall hervorbricht und auf gleicher geistiger Grundlage beruht.

Ist dieser Vorgang aber neu?

War nicht beispielsweise auch die Gotik ein internationaler, ein kosmopolitischer Stil, der ohne Eisenbahn, Auto, Flugzeug auf Grundlage gemeinsamer technisch-konstruktiver Bauprobleme erwuchs, um deren Förderung sich die Völker des Abendlandes in geistiger Verbundenheit bemühten?

Erschienen in Technische Rundschau, Bern, 1933/51

Werkliste
Bauten und Projekte 1904–1940
Zusammengestellt von Claude Lichtenstein

Der Nachlass von O.R. Salvisberg ist zu einem grossen Teil verlorengegangen. Dies betrifft vor allem Pläne, Skizzen, Modelle und Korrespondenz. In wesentlichen Teilen erhalten ist die photographische Dokumentation und die zeitgenössische Publikation des Werks.

Die Werkliste umfasst 200 Objekte, von denen wir Kenntnis haben, zu denen also mindestens ein sprachlicher Hinweis vorliegt. Es wurde versucht, die chronologische Reihenfolge der Objekte zu ermitteln. Dies ist in einer authentischen Form aus mehreren Gründen nicht mehr möglich: 1. Wir besitzen kaum je einen Hinweis auf den Zeitpunkt der Auftragserteilung (von den Daten des Einsendeschlusses bei Wettbewerben abgesehen). 2. Die Daten der behördlichen Bauabnahme liegen in teilweise schwer zugänglichen ausländischen Archiven (abgesehen davon lassen sich unausgeführte Entwürfe auch damit nicht exakt einordnen). 3. Es lässt sich ohnehin bezweifeln, ob es im Fall eines Büros mit der Produktivität von Salvisbergs Atelier eine authentische Reihenfolge überhaupt noch geben kann. Als massgebliches Kriterium für die zeitliche Reihenfolge der Werke wurde der nachgewiesene bzw. mutmassliche Zeitpunkt ihres Entwurfs angenommen. Dadurch lassen sich ausgeführte und nicht ausgeführte Werke in Beziehung setzen. Die vorliegende Numerierung ist unter diesen Vorbehalten zu betrachten. Sie dient in erster Linie der Handhabung von Nachlass und Monographie.

Siglen und Abkürzungen

Halbfette Ziffern bezeichnen die im Werkkatalog enthaltenen Objekte. Sterne verweisen auf den Salvisberg-Nachlass, ETH-Zürich, Institut gta, Archiv für moderne Schweizer Architektur.

*	Photographien
**	Pläne, z.T. Reproduktionen
***	Photographien und Pläne

Der Vermerk «Erwähnung bei ...» steht nur dann, wenn es sich um den einzigen uns bekannten Hinweis auf ein Objekt handelt.

BusB	Berlin und seine Bauten (Berlin und München 1970 ff.) Bd. IV A (1970): Die Wohngebiete Bd. IV B (1974): Die Wohngebäude – Mehrfamilienhäuser Bd. IV C (1975): Die Wohngebäude – Einfamilienhäuser Bd. VIII A (1978): Handel Bd. VIII B (1980): Gastgewerbe
DBZ	Deutsche Bauzeitung
MBF	Moderne Bauformen (Stuttgart)
Westheim (1927)	Paul Westheim (Hrsg.): «Neuere Arbeiten von Otto Rudolf Salvisberg, Berlin», in *Neue Werkkunst,* Berlin – Leipzig – Wien – Chicago 1927
SBZ	Schweizerische Bauzeitung (Zürich)
WMH	Wasmuths Monatshefte für Baukunst und Städtebau (Berlin)

1
Diplomarbeit am Technikum Biel
1904, «Eingebautes Wohnhaus»
E.J. Propper (Hg.), *Die Bauschule am Technikum in Biel*, Zürich, Stuttgart um 1905, Tafel 28.

2*
Gymnasium Biel
1907, Wettbewerbsentwurf, «Tschäris», nicht prämiiert

3
Pavillonschule in Tavannes (BE)
1907, Wettbewerbsentwurf, «2×2=4», 4. Preis
SBZ, Bd. 50, 1907/19, S. 240 ff.

4*
Volksschule Baden-Baden
1907, Wettbewerbsentwurf, «Lausbub», nicht prämiiert

5*
Gymnasium Bregenz
1908, Wettbewerbsentwurf (mit Friedrich Krebs, Karlsruhe), «Zweihellermarke», 3. Preis

6
Rathaus Rudolfstadt
1908, Wettbewerbsentwurf, nicht prämiiert

7
Theater in Hagen/Westfalen
1909, Wettbewerbsentwurf (mit Hans Spitzner, Berlin), nicht prämiiert
Deutsche Bauhütte, 1910/25, S. 211.

8
Gymnasium Rastatt
1909, Wettbewerbsentwurf, nicht prämiiert

9*
Bierhaus Siechen, Berlin
1909–10 (im Büro von Johann Emil Schaudt und Paul Zimmerreimer), Berlin-Mitte, Potsdamer Platz 3 (zerstört)
Berliner Architekturwelt, 1911, S. 262–267. – *BusB* VIII B, S. 66.

10*
Haus Winkler
1910–11 (im Büro Zimmerreimer), Berlin-Frohnau, Adresse unbekannt
MBF, 1914/3, S. 133–134, Taf. 25.

11
Cecilienplatz, Gartenstadt Frohnau
1911, Wettbewerbsentwurf, 1. Preis (ausgeführt?), Berlin-Frohnau (heute Zeltinger Platz)
MBF, 1914/3, S. 131–132. – Julius Posener, *Berlin auf dem Wege zu einer neuen Architektur*, München 1979, S. 300, 302–303.

12*
Knabenmittelschule, Finsterwalde
1911, Wettbewerbsentwurf, 3. Preis
MBF, 1914/3, S. 126.

13
Bebauungsplan Waidareal, Zürich
1912, Wettbewerbsentwurf (mit H. Hilfiker), «WAZ», 2. Preis
SBZ, Bd. 59, 1912/17, S. 228–230.

14
Terrassenabschluss, Brauerei Pfefferberg, Berlin
um 1912 (im Büro Zimmerreimer), Berlin-Prenzlauer Berg, Schönhauser Allee
MBF, 1914/3, S. 124–125.

15
Viktoriaschule Magdeburg
1912, Wettbewerbsentwurf, «Blockeinheit», 3. Preis
DBZ, 1912/60, S. 522–523.

16*
Mietshaus am Hohenzollerndamm
1912 (im Büro Zimmerreimer), Berlin-Schmargendorf, Hohenzollerndamm 85–87/Egerstrasse 12 (teilweise zerstört)
MBF, 1914/3, S. 121, 123. – *BusB* IV B, S. 258 f.

17*
Geschäftshaus der Spiritus-Zentrale GmbH
1912–1913 (im Büro Zimmerreimer), Berlin-Tiergarten, Schellingstrasse 14–15 (zerstört)
Berliner Architekturwelt, 1914/1, S. 8–12.

18*
Haus Neutze
1912 (im Büro Zimmerreimer), Berlin-Dahlem, Drosselweg 3/Ecke Pacelliallee
MBF, 1914/3, S. 134–137. – *BusB* IV C, S. 99 (ohne Abb.).

19*
Geschäftshaus Prächtel
1912 (im Büro Zimmerreimer), Berlin-Mitte (DDR), Krausenstrasse 53 (zerstört?). Bildhauerarbeiten von Paul Rudolf Henning.
MBF, 1914/3, S. 120, 122. – *Berliner Architekturwelt*, 1913, S. 114–115. – Walter Müller-Wulckow, *Bauten der Arbeit und des Verkehrs*, Leipzig 1925, S. 10, 60. – Gustav Adolf Platz, *Die Baukunst der neuesten Zeit*, Berlin 1927, S. 353. – Julius Posener, *Berlin auf dem Wege zu einer neuen Architektur*, München 1979, S. 231.

20*
Bebauungsplan Genève-Mervelet
1912, Wettbewerbsentwurf, nicht prämiiert

21
Gross-Berliner Schwimmpalast
1912–13, Entwurf (im Büro Zimmerreimer), Berlin-Wilmersdorf, Fehrbelliner Platz (nicht ausgeführt)
MBF, 1914/3, S. 115.

22*
Tanzlokal «Bal Tabarin»
um 1912 (im Büro Zimmerreimer), Berlin-Mitte (DDR), Jägerstrasse 58 (heute Otto-Nuschke-Strasse), (verändert)
Paul Westheim, Architekturen von O.R. Salvisberg, Berlin, *MBF*, 1914/3, S. 115, 127–130. – *Berliner Architekturwelt*, 1914, S. 438–439. – *BusB* VIII B, S. 70 f.

23
Reform-Hotel
um 1913, Entwurf, Berlin-Tiergarten, Ecke Köthner-/Bernburgerstrasse (nicht ausgeführt)
MBF, 1914/3, S. 113.

24*
Geschäftshaus «Lindenhaus»
1912–13 (im Büro Zimmerreimer), Berlin-Kreuzberg, Ecke Linden-/Oranienstrasse (1945 beschädigt, 1965 abgebrochen)
Paul Westheim, Architekturen von O.R. Salvisberg, Berlin, *MBF*, 1914/3, S. 116–119. – ders., Das Lindenhaus von Otto Salvisberg, *Tonindustrie-Zeitung*, 1914/140, S. 1–2. – *BusB* IX, S. 130–131. – Christiane Klebs, Salvisbergs Bauten in Berlin bis 1920, *werk/archithese*, 1977/10, S. 18–20.

25*
Kaiser Wilhelm-Volkshaus
1913, Wettbewerbsentwurf, Lübeck, Holstentor-Platz, «August 1913», 1. Preis (nicht ausgeführt). Der Entwurf wurde durch Prof. Erich Blunck eingereicht und nach der Preiserteilung ausgeschieden, nachdem Salvisberg als Verfasser bekanntgeworden war; der Wettbewerb war nur für Lübecker Architekten ausgeschrieben.
DBZ, 1914/99, S. 811–815 (zum Wettbewerb allgemein).

26*
Rathaus Potsdam
1913, Wettbewerbsentwurf, «Einheit», nicht prämiiert

27*
Knabenmittelschule, Stendal
1913, Wettbewerbsentwurf, nicht prämiiert

28*
Festhalle in Berlin-Lankwitz
1913–14 (im Büro Zimmerreimer), Dillgesstrasse, (erweitert)

29*
Haus Schwintzer
1914, Berlin-Zehlendorf, Argentinische Allee 7 (teilweise verändert)
Blätter für Architektur und Kunsthandwerk, 1915, S. 28, Taf. 50. – *BusB* IV C, S. 121.

30*
Stadthaus Solothurn
1914, Wettbewerb; zwei Entwürfe zu verschiedenen Standorten; Standort A: Platz vor dem Baslertor: 2. Preis ex aequo. Standort B: Barfüssergasse: 1. Preis. Kennworte «Zweck und Form» (nicht ausgeführt)
SBZ, Bd. 63, 1914/26, S. 371–372; Bd. 64, 1914/2, S. 15–17. – *Die Schweizerische Baukunst*, 1914, Juni, S. 237–244.

31
Realgymnasium Forst/Lausitz
1914, Wettbewerbsentwurf (mit Georg Schmidt, Berlin), «Reform», 3. Preis
Deutsche Konkurrenzen, 1914–1915/367, S. 4, 12–14.

32*
Sanatorium
(Proff. Bier, Hiss, Kullmann und Krugmann) 1915, Entwurf, Berlin-Spandau, Heer-/Döberitzerstrasse (zunächst nicht ausgeführt, später angeblich in der Sowjetunion gebaut)

33*
Bürgerspital Solothurn
1915, Wettbewerbsentwurf, «Organismus», nicht prämiiert

34*
«Veielihubel»-Kirche, Bern
1915, Wettbewerbsentwurf, «Evangelienharmonie», nicht prämiiert

35*
Kollegienhaus der Universität Basel
1915, Wettbewerbsentwurf, «Pax», nicht prämiiert
SBZ, Bd. 67, 1916/16, S. 191 (ohne Abb., nur Jury-Text).

36*
Gartenstadt Spandau-Staaken
1914–17, Architekt Paul Schmitthenner (Mitarbeit Otto Brechbühl 1916–17 und vermutlich auch Salvisberg, s. «Biographie»)

37
Werkssiedlung der Mitteldeutschen Reichswerke
1916–19, Piesteritz/Wittenberg, Pilgerstrasse, Müssigbrodtplatz, Helfferichstrasse, Coswiger Strasse
Berliner Architekturwelt, 1918, S. 43–77. – *Zentralblatt der Bauverwaltung*, 1919/89, S. 529–538. – *Die Schweizerische Baukunst*, 1920–21/11, S. 163–175.

38*
Messepalast Basel (MUBA)
1918, Wettbewerbsentwurf, «SMM», Ankauf
SBZ, Bd. 73, 1919/24, S. 280–281 (o. Abb., nur Jury-Beurteilung). – *Die Schweizerische Baukunst*, 1920–21/12, S. 192.

39*
Haus Richter
1919, Berlin-Dahlem, Rheinbaben-Allee 42
Henri de Fries, *Moderne Villen und Landhäuser*, Berlin 1924, S. 34–39. – *Neue Baukunst*, 1928/5, S. 6.

40
Rötibrücke in Solothurn
1919, Wettbewerbsentwurf (mit Ing. M. Schnyder und den Architekten Studer und Amstein, Solothurn), «Weissenstein hell», 2. Preis (nicht ausgeführt)
SBZ, Bd. 74, 1919/13, S. 114, 158–159. – *Die Schweizerische Baukunst*, 1920, S. 176.

41
Siedlung «Elsengrund»
1919–20, Berlin-Köpenick (DDR), Wolfsgartenstrasse/Janitzkystrasse (teilweise kriegszerstört)
WMH, 1920–21, S. 331–342. – *Die Schweizerische Baukunst*, 1920–21/12, S. 179–188. – *DBZ*, 1931, Beilage «Stadt und Siedlung», Nr. 5, S. 37 f. – *BusB* IV A, S. 366.

42
Vorstadtsiedlung in Halle a.d. Saale
um 1919, Adresse unbekannt (ausgeführt?)
Die Volkswohnung, 1919/24, S. 303–307 (Entwurf).

43
Siedlung in Nauen
um 1920, Chausseestrasse, beim Bahnhof
Die Schweizerische Baukunst, 1920–21/12, S. 190–191, 194.

44*
Siedlung in Emden
um 1920, Adresse unbekannt.

45*
Bebauungsplan, Siedlung VAW-Werk Lauta
um 1920

46*
Haus Geyer
1920, Zeuthen/Mark Brandenburg, Admiralstrasse 3–5
Henri de Fries, *Moderne Villen und Landhäuser*, Berlin 1924, S. 28–33. – *MBF*, 1925/1, S. 33–41, Taf. 12.

47
Siedlung der Weimann-Werke
1920–21, Schwaz, Böhmen (Tschechoslowakei)
Die Schweizerische Baukunst, 1920–21/12, S. 189. – *MBF*, 1925/2, S. 50, 63–71. – *Westheim* (1927), S. 89–93.

48**
Heimstättensiedlung Wilmersdorf
1920–21, Berlin-Wilmersdorf, Hanauerstrasse 1–60 (teilweise zerstört bzw. abgebrochen), Bauherr: Magistrat von Berlin
BusB IV A, S. 299 (Situation).

49
Bergarbeitersiedlung Dortmund-Dorstfeld
1920–21, Wittener Strasse/Lange Fuhr
Die Schweizerische Baukunst, 1920–21/12, S. 193 (Entwurf). – Albert Gut, *Der Wohnungsbau in Deutschland nach dem Weltkriege*, München 1928, S. 427. – Kristiana Hartmann/Franziska Bollerey, *Wohnen im Revier*, München 1975, Obj. Nr. 27.

50
Bürogebäude des Baugeschäftes Hermann Schäler
1921, Berlin-Schmargendorf, Mecklenburgische Strasse 50–57
Neue Baukunst, 1928/5, S. 3.

51*
«Kesselschlossbaude»
1920–1924 (Erholungsheim der Allgemeinen Ortskrankenkasse Berlin-Tempelhof), bei Bad Flinsberg im Isergebirge
Der Baumeister, 1927/2, S. 54–60. – *Deutsche Bauhütte,* 1927/9, S. 110–112.

52*
Haus Salvisberg I
1921–22, Berlin-Südende, Oehlertstrasse 13 (umgebaut 1927; kriegszerstört)
MBF, 1927/12, S. 453–460. – *Neue Baukunst,* 1928/5, S. 5. – *Baugilde,* 1928/4, S. 244–245. – *Das Ideale Heim,* 1929/3, S. 102, 107–113. – *Gartenschönheit,* 1929, S. 304 f. – *BusB* IV C, S. 336, 407.

53*
Methodistenkapelle Herzogenbuchsee (BE)
1922 (mit Otto Brechbühl), Mühleweg 10

54
Methodistenkapelle Arch (BE)
um 1922 (mit Otto Brechbühl), Postweg 5
Erwähnung in *Wasmuths Lexikon der Baukunst,* Berlin 1932.

55*
Vox-Haus
1921–22, Berlin-Mitte, Potsdamerstrasse 4, Umbau (zerstört)
Musikindustrie, 1922/21, S. 719. – *Phonographische Zeitschrift,* 1922/21, S. 902, 906. – *Westheim* (1927), S. 78–79.

56*
Farbwerke Zoellner
1921–22, Berlin-Neukölln, Köllnische Allee
werk/archithese, 1984/6, S. 65–67.

57*
Landhaus-Siedlung am Heidelberger Platz
1922–23, Berlin-Wilmersdorf, Assmannshauser Strasse/Triberger Strasse; Bauherr: Deutsche Erdöl-AG
MBF, 1925/2, S. 58–62, Taf. 17. – *Westheim* (1927), S. 64–67. – *BusB* IV A, Obj. 147 II, S. 299 (Situation). – Gustav Adolf Platz, *Die Baukunst der neuesten Zeit,* Berlin 1927, S. 325.

58*
Siedlung Garching
um 1923, bei München, Oberbayern
Westheim (1927), S. 69–72.

59*
Haus Vogelsang
um 1923, Berlin-Zehlendorf, Forststrasse 44
BusB IV C, S. 231.

60*
Haus Schmidt
um 1923, Berlin-Zehlendorf, Forststrasse 42

61*
Haus Hunziker
1923 (mit Otto Brechbühl), Ins (BE), Bahnhofstrasse 12

62*
Mädchen-Taubstummenschule Wabern (BE)
um 1923 (mit Otto Brechbühl), (nicht ausgeführt)

63*
Haus Bönninghofen
1923, Berlin-Dahlem, Gelfertstrasse 19–21 (zerstört oder abgebrochen)
Das Werk, 1925/1, S. 8–9. –*MBF,* 1925/1, S. 54–55. – *Westheim* (1927), S. 33. – *Neue Baukunst,* 1928/5, S. 7.

64*
«AHAG»-Typenhaus
um 1923, Entwurf für die Firma Adolf Sommerfeld (vermutlich nicht ausgeführt)

65*
Haus Walter Trier
1923, Berlin-Lichterfelde, Herwarthstrasse 10 (abgebrochen)
Westheim (1927), S. 62.

66*
Haus Zoellner
1923, Berlin-Tiergarten, Herkulesufer 14 (zerstört)
Westheim (1927), S. 80–81. – *Baukunst,* 1927/5, S. 109. – *Neue Baukunst,* 1928/5, S. 18.

67*
Haus Oesten
1923, Berlin-Dahlem, Im Dol 50/Am Hirschsprung
BusB IV C, S. 218.

68**

69**
Haus Mosimann
1923 (mit Otto Brechbühl), Ins (BE), Bahnhofstrasse 10

70***
Haus Riesen
1923 (mit Otto Brechbühl), Ins (BE), Bahnhofstrasse 108

71
Bebauungsplan Neu-Westend, Berlin-Charlottenburg
1923 (mit Rudolf Benteli), Wettbewerbsentwurf, «Neu-West», 1. Preis
Westheim (1927), S. 35.

72*
Strandbad «Neuhaus», Interlaken (BE)
um 1923 (mit Otto Brechbühl), (nicht ausgeführt)

73
Doppelvilla H.-H.
um 1924, Berlin-Lichterfelde, Veilchenstrasse 1–2
Archiv der «Haus und Heim Wohnungsbau-AG» (vormals Adolf Sommerfeld), Berlin-Lichterfelde, Hortensienstrasse 51.

74*
Haus Tang (auch: Haus Bernheim)
1923–24, Berlin-Dahlem, Am Hirschsprung 48 (1977 abgebrochen)
MBF, 1925/2, S. 42–53, Taf. 14, 15. – *Westheim* (1927), S. 18–23. – *Neue Baukunst,* 1928/5, S. 4. – *BusB* IV C, S. 216–217.

75*
Garage-Gebäude zum Haus Stauch
um 1924, Berlin-Dahlem, Adresse unbekannt

76*
Haus Dantz
um 1924, Berlin-Grunewald, Adresse unbekannt

77*
Haus Pohland
1924, Falkenstein/Voigtland, An der Allee
Westheim (1927), S. 47–49. – H. Eckstein, *Neue Wohnbauten,* München 1932, S. 14–15.

78*
Sommerhaus Kyser
1924, Werder an der Havel, Adresse unbekannt
Henri de Fries, *Moderne Villen und Landhäuser,* Berlin 1924, S. 208 (Entwurf). – Walter Müller-Wulckow, *Wohnbauten und Siedlungen,* Königstein 1928, S. 38. – *Das Werk,* 1925/1, S. 14–15. – *Westheim* (1927), S. 29. – Gustav Adolf Platz, *Die Baukunst der neuesten Zeit,* Berlin 1927, S. 326 a, Taf. XI.

79**
Konsumgebäude Ins (BE)
1924 (mit Otto Brechbühl), Bahnhofstrasse 8

80*
Sarotti-Messepavillon
1924, Köln, Anuga

81*
Konditorei Sarotti
um 1925, Amsterdam, Adresse unbekannt

82*
Mietshaus
um 1924, Berlin-Wilmersdorf, Johannisberger Strasse 67–70; Bauherr: Wohnbau GmbH

83*
Lory-Spital, Bern
1924, 1. Wettbewerbsentwurf
werk/archithese, 1977/10, S. 10.

84*
Haus Jahn
1924, Berlin-Zehlendorf, Fürstenstrasse 11
MBF, 1925/1, S. 56–57. – *BusB* IV C, S. 232.

85
Haus Bolle
1924–25, Berlin-Nikolassee, Wannseestrasse 2
Baukunst, 1927/5, S. 114. – *Neue Baukunst,* 1928/5, S. 9. – *Westheim* (1927), S. 61.

86***
Haus Krahner
1924–25, Berlin-Dahlem, Auf dem Grat 26 (geringfügig verändert)
Westheim (1927), S. 77. – *Neue Baukunst,* 1928/5, S. 8. – *BusB* IV C, S. 229 (Erwähnung).

87
Haus Happatz
1925, Berlin-Zehlendorf, Waltraudstrasse 19
Neue Baukunst, 1928/5, S. 7.

88*
Mietshauskomplex am Rand des Tempelhofer Feldes
1925, Wettbewerbsentwurf, 2. Preis
DBZ, 1925/43–44, Beilage «Stadt und Siedlung», Nr. 11, S. 81–86, 89–93. – *Westheim* (1927), S. 75, 97.

89***
Reihenhäuser am Bahnhof Botanischer Garten
1924–25, Berlin-Lichterfelde, Hortensienstrasse (teilweise verändert); Bauherr: Terraingesellschaft am Botanischen Garten GmbH (Adolf Sommerfeld)
Die Farbige Stadt, 1927/3, S. 43–44 (Farbdruck). – *Deutsche Bauhütte,* 1927, S. 96–98. – *Westheim* (1927), S. 51, 55–59. – Albert Gut, *Der Wohnungsbau in Deutschland nach dem Weltkriege,* München 1928, S. 523–524. – E.M. Hajos/Leopold Zahn, *Berliner Architektur der Nachkriegszeit,* Berlin 1928, S. 59. – Walter Müller-Wulckow, *Wohnbauten und Siedlungen,* Königstein 1928, S. 2 (Frontispiz).

90
Bebauungsplan für Klein-Machnow
1924–25, Wettbewerbsentwurf, «Grün in Grün», 1. Preis
Der Neubau, 1925/13, S. 166–168.

91*
Geschäftshaus Schwintzer-Graeff
um 1925, Fassadenumbau, Berlin-Mitte (DDR), Sebastianstrasse 18
Westheim (1927), S. 37.

92
Mietshäuser für Beamte
um 1925, Berlin-Steglitz, Chlumer Strasse; Bauherr: Wohnbau GmbH
Neue Baukunst, 1928/5, S. 20.

93
Mietshäuser für Beamte
um 1925, Berlin-Dahlem, Göbenstrasse; Bauherr: Wohnbau GmbH
Neue Baukunst, 1928/5, S. 19.

94*
Getreidespeicher auf dem Rittergut Prächtel
wohl um 1925, Mecklenburg, Adresse unbekannt

95*
Doppelhaus Penzlin-Tänzer
um 1925, Umbau, Berlin-Dahlem, Rheinbaben-Allee 40
Neue Baukunst, 1928/5, S. 5.

96*
Haus Hechler
um 1925, Potsdam (DDR), Adresse unbekannt
Westheim (1927), S. 94–95. – *Die Baugilde,* 1928/4, S. 246.

97*
Freimietenhaus
1925, Berlin-Lichterfelde, Begonienplatz/Nelkenstrasse; Bauherr: Haus und Heim Wohnungsbau-AG (Adolf Sommerfeld)
Westheim (1927), S. 52–53. – *BusB* IV A, Obj. 180 IV 2, S. 332 (Situation). – *BusB* IV B, S. 483–484. – *Deutsche Bauhütte,* 1928/17, S. 259–261. – *Die Baugilde,* 1926/17, S. 958–959.

98
Mietshauskomplex am Hortensienplatz
1925–26, Berlin-Lichterfelde, Hortensienstrasse/Nelkenstrasse/Tulpenstrasse; Bauherr: Terraingesellschaft am Botanischen Garten (Adolf Sommerfeld)
Die Baugilde, 1926/17, S. 953, 959. – *Die Baugilde,* 1928/4, S. 242. – *Westheim* (1927), S. 51. – *Baukunst,* 1927/5, S. 108, 119.

99*
Mietshauskomplex Berlin-Schmargendorf
1925–26, Heiligendammer Strasse/Doberaner Strasse/Krampasplatz; Bauherr: Wohnbau GmbH
E.M. Hajos/Leopold Zahn, *Berliner Architektur der Nachkriegszeit,* Berlin 1928, S. 32. – *Die Baugilde,* 1928/4, S. 240. – *Deutsche Bauhütte,* 1928/17, S. 260–261. – *Neue Baukunst,* 1928/5, S. 11. – Friedrich Schmidt/Martin Ebel, *Wohnungsbau der Nachkriegszeit in Deutschland,* Berlin, o.J. (um 1930), S. 126, 144. – *BusB* IV B, S. 430.

100
Beamtensiedlung Berlin-Lankwitz
1925–26, Preysingstrasse/Weyger Weg/Marienfelder Strasse; Bauherr: Gemeinnützige Beamten-Siedlungsgesellschaft mbH
Friedrich Schmidt/Martin Ebel, *Wohnungsbau der Nachkriegszeit in Deutschland,* Berlin o.J. (um 1930), S. 87, 191. – Albert Gut, *Der Wohnungsbau in Deutschland nach dem Weltkriege,* München 1928, S. 522. – *BusB* IV A, Obj. 184 B I, S. 337 (Situation).

101
Doppel- und Reihenhäuser
1925–26, Berlin-Steglitz, Friedrichsrodaer Strasse/Falkenhausen-Weg
BusB IV A, Obj. 184 B I, S. 337 (nur Situation).

102*
Maschinen- und Apparatefabrik Geyer
um 1926, Berlin-Adlershof, Adresse unbekannt
Westheim (1927), S. 87.

103***
Lory-Spital, Bern
1926–29 (2. Wettbewerb 1925), Freiburgstrasse 18 (vgl. Nr. 83)
SBZ, Bd. 87, 1926, S. 183–185. – *Die Baugilde*, 1928/4, S. 237–239. – *Das Werk*, 1929/7, S. 198–208. – *Architekturwerke und Innenausstattung*, Bern o.J. (1929), S. 1–33. – *MBF*, 1930/9, S. 368–372. – *Westheim* (1927), S. 103–107. – Hubert Ritter, *Der Krankenhausbau der Gegenwart*, Stuttgart 1932, S. 65 und Schutzumschlag.

104*
Haus Meyer
1926, Berlin-Wilmersdorf, Johannisberger Strasse 35
Die Baugilde, 1928/4, S. 243. – *Neue Baukunst*, 1928/5, S. 8.

105*
Vierfamilienhaus
1926, Berlin-Wilmersdorf, Johannisberger Strasse 33
Neue Baukunst, 1928/5, S. 15–17. – *Die Baugilde*, 1928/4, S. 242. – *Deutsche Bauhütte*, 1928/17, S. 259–260. – *BusB* IV C, S. 197.

106*
Gehag-Siedlung Onkel Toms Hütte
1926–28, Berlin-Zehlendorf (mit Bruno Taut und Hugo Häring); Bauabschnitt Salvisberg: Waldhüterpfad/Reiherbeize/Im Gestell/Am Fischtal; Bauherr: Gehag
Die Baugilde, 1926/17, S. 956–957, 960, 1017–1018. – *Zentralblatt der Bauverwaltung*, 1928/46, S. 737–743. – *Der Baumeister*, 1928/5, S. 97 (Beilage), S. 142. – *Die Form*, 1929/1, S. 4–14 (Beiträge von Adolf Behne und Alexander Schwab). – Sigfried Giedion: «Die gestellte Aufgabe muss sprechen – zum Zehlendorfer Dächerkrieg», in *Berliner Börsen-Courier*, 4.11.1928. – ders.: «Der Zehlendorfer Dächerkrieg», in *Neue Zürcher Zeitung*, 2.12.1928. – E.M. Hajos/Leopold Zahn, *Berliner Architektur der Nachkriegszeit*, Berlin 1928, S. 57. – Werner Hegemann, *Das Steinerne Berlin*, Berlin 1930, S. 288, Taf. 56. – Alexander Schwab, *Das Buch vom Bauen*, Neudruck, Düsseldorf 1973, S. 24. – *BusB* IV A, S. 163–165, 310. – *BusB* IV B, S. 22. – Annemarie Jaeggi, «Waldsiedlung Zehlendorf 'Onkel Toms Hütte'», in *Siedlungen der 20er Jahre – heute, vier Berliner Grosssiedlungen 1924–1984*, Berlin 1984, S. 137–146 ff.

107*
Mietshauskomplex am Hohenzollerndamm
1926–28, Berlin-Schmargendorf, Hohenzollerndamm/Davoser Strasse/Auguste-Victoria-Strasse/Kissinger Strasse; Bauherr: Heimstättensiedlung Wilmersdorf, Gemeinnützige AG
Westheim (1927), S. 98–99 (u.a. ursprünglicher Entwurf mit Atelier-Aufbauten). – *Neue Baukunst*, 1928/5, S. 12–13. – *Die Baugilde*, 1928/4, S. 241. – *BusB* IV A, S. 306, Obj. 152 IV (Situation).

108***
Schweizerische Volksbank, Solothurn
1926–28, Wettbewerbsentwurf, «Kopfbau», Wengistrasse 8
SBZ, Bd. 88, 1926/24, S. 324–327 und 1926/25, S. 338–339. – *Das Werk*, 1929/7, S. 193–197. – *DBZ*, 1929/104, S. 878–882. – *Architekturwerke und Innenausstattungen*, Bern o.J. (1929).

109*
Mietshauskomplex Berlin-Schmargendorf
1926–27, Heiligendammer Strasse/Misdrojerstrasse; Bauherr: Wohnbau GmbH (1945 zerstört)
Neue Baukunst, 1928/5, S. 12–13. – *Deutsche Bauhütte*, 1928/17, S. 260. – E.M. Hajos/Leopold Zahn, *Berliner Architektur der Nachkriegszeit*, Berlin 1928, S. 31.

110*
Parfümerie Scherk
1927, Ladenumbau, Berlin-Charlottenburg, Kurfürstendamm 231 (1965 abgebrochen)
Die Baugilde, 1928/4, S. 249–251. – Steen Eiler Rasmussen, «Neuzeitliche Baukunst in Berlin», in *WMH*, 1928, S. 527–538, im bes. S. 531, 533. – *Moderne Ladenbauten*, E. Pollak-Verlag, Berlin 1928, S. 132–137. – E.M. Hajos/Leopold Zahn, *Berliner Architektur der Nachkriegszeit*, Berlin 1928, S. 12. – *Schweizer Reklame*, 1930/5, S. 168. – *The Architects' Journal*, 1932/1957, 20.7.1932, Suppl. – A. Schuhmacher, *Ladenbau*, Stuttgart 1951, S. 147. – *BusB* VIII A, S. 195–196.

111*
Dreieinigkeitskirche
1927, Berlin-Steglitz, Ecke Albrechtstrasse/Filandastrasse
Deutsche Bauhütte, 1929/20, S. 316. – *Zentralblatt der Bauverwaltung*, 1930/44, S. 761–762.

112
Völkerbundgebäude, Genf
1927, Wettbewerbsentwurf, nicht prämiiert, keine erhaltenen Unterlagen; Bestätigung der Teilnahme durch Otto Brechbühl (1980)

113
Siedlung Invalidendank Klein-Schönebeck
1927, Adresse unbekannt
Erwähnung in *Wasmuths Lexikon der Baukunst*, Berlin 1932.

114
Rathaus Piesteritz/Wittenberg
1927, Adresse unbekannt
Erwähnung in *Wasmuths Lexikon der Baukunst*, Berlin 1932.

115
Mietshaus
1927, Berlin-Moabit, Lehrter Strasse, Adresse unbekannt
Schriftliche Erwähnung durch O.R. Salvisberg.

116
Mietshaus am Kissingenplatz
um 1927, Berlin-Pankow (DDR), Kissingenstrasse/Lohmestrasse; Bauherr: Gagfah
Jakob Schallenberger/Erwin Gutkind, *Berliner Wohnbauten der letzten Jahre*, Berlin o.J. (um 1931), S. 65.

117
Landesbibliothek Bern
1927 (mit Otto Brechbühl), Wettbewerbsentwurf, «Gutenberg»
SBZ, Bd. 90, 1927/26, S. 349.

118**
Doppelhaus Witwer-Krenger
1927 (mit Otto Brechbühl), Muri (BE), Adresse unbekannt

119***
Haus Brunn
1927, Berlin-Wilmersdorf, Binger Strasse 53
Die Baugilde, 1928/4, S. 244. – *BusB* IV C, S. 196.

120*
Pharmazeutische Fabrik Taeschner
um 1927, Potsdam, Adresse unbekannt
Die Baugilde, 1928/4, S. 248.

121*
Haus Tänzer
1927, Berlin-Grunewald, Griegstrasse 37 (verändert)
Neue Baukunst, 1928/5, S. 10–11. – *Die Baugilde*, 1928/4, S. 248. – *MBF*, 1929/5, S. 181.

122
Schulhausanlage Berlin-Wedding
1927, Wettbewerbsentwurf, Müllerstrasse,
Die Baugilde, 1928/4, S. 252 (Perspektivzeichnungen).

123*
Zweifamilienhaus
1927, Berlin-Dahlem, Bitterstrasse 21; Bauherr: Wohnbau GmbH
Die Baugilde, 1928/4, S. 247.

124*
Geschäftshaus Dierig
um 1927–28, Umbau, Berlin-Lankwitz, Ecke Kaiser-Wilhelm-Strasse/Spandauer Strasse
Schweizer Reklame, 1930/5, S. 165.

125*
Filmfabrik Geyer
um 1928, Erweiterung, Berlin-Neukölln, Adresse unbekannt
MBF, 1930/9, S. 374–375.

126
Mietshauskomplex und Strassenbahnhof an der Knobelsdorffstrasse
1927–28 (mit Jean Krämer), Berlin-Charlottenburg, Knobelsdorffstrasse/Königin Elisabethstrasse/Soorstrasse; Bauherren: Wohn- und Baugenossenschaft von 1872/Berliner Strassenbahngesellschaft
Westheim (1927), S. 83, 85. – E.M. Hajos/Leopold Zahn, *Berliner Architektur der Nachkriegszeit,* Berlin 1928, S. XI. – *WMH,* 1930, S. 581. – *BusB* IV A, Obj. 125 III, S. 281 (Situation). – *BusB* IV B, S. 388.

127*
Mietshaus an der Salzbrunnerstrasse
um 1928, Berlin-Dahlem, Salzbrunnerstrasse 46–48; Bauherr: Wohnbau GmbH

128
Landwerkssiedlung Köpenick-Mittelheide
um 1928–29 (mit Rudolf W. Reichel)
DBZ (1931), Beilage «Stadt und Siedlung», Nr. 5, S. 37 f.

129***
Haus Wiertz
1928, Berlin-Dahlem, Patschkauer Weg 56 (verändert)
MBF, 1929/1, S. 2–3. – *Das Ideale Heim,* 1929/3, S. 103–106. – Hans Eckstein, *Neue Wohnbauten – Beispiele neuzeitlicher Einfamilienhäuser,* München 1932, S. 9. – Heinz Johannes, *Neues Bauen in Berlin. Ein Führer,* Berlin 1931, S. 38. – *BusB* IV C, S. 221.

130*
Stabshaus Breslau
1928, Breslau (Polen), ehemals Gabitzstrasse; Bauherr: Deutsche Wehrmacht; örtliche Bauführung: Paul und Fritz Roder
DBZ, 1929/67, S. 581. – *Zentralblatt der Bauverwaltung,* 1930/18, S. 330–332. – *MBF,* 1930/9, S. 376. – *Das Werk,* 1929/7, S. 216.

131*
Haus Zoellner
1928–29, Klosterheide, Adresse unbekannt
MBF, 1930/8, S. 325–327. – *SBZ,* Bd. 97, 1931/23, S. 288, Taf. 13. – Hans Eckstein, *Neue Wohnbauten – Beispiele neuzeitlicher Einfamilienhäuser,* München 1932, S. 12–13.

132*
Stadtschaft der Provinz Brandenburg
1928, Ladenumbau, Berlin-Tempelhof, Viktoriastrasse 19–20

133*
Haus Buchholz
um 1928–29, Berlin Dahlem, Adresse unbekannt
MBF, 1930/8, S. 330–331. – *SBZ,* Bd. 97, 1931/23, S. 290, Taf. 16.

134*
Haus Penzlin
1928–29 (mit Rudolf W. Reichel), Berlin-Dahlem, Podbielskiallee 28
MBF, 1931/9, S. 475–478. – *BusB* IV C, S. 221.

135
Mietshaus Moltkestrasse
um 1929, Berlin-Spandau, Adresse unbekannt
Erwähnung in *Wasmuths Lexikon der Baukunst,* Berlin 1932.

136***
Kantonales Säuglings- und Mütterheim «Elfenau»
1928–30 (mit Otto Brechbühl; durch Brechbühl erweitert und umgebaut 1948 und 1967), Wettbewerb 1928, 1. Preis, «Geordneter Betrieb», Bern, Elfenauweg 68
Das Werk, 1929/7, S. 209–211 (Modell des Entwurfs). – *MBF,* 1930/9, S. 373 (Modell des Entwurfs). – *SBZ,* Bd. 97/1, S. 3–6. – *Einweihungsschrift,* Bern 1930. – *La Technique des Travaux,* 1933/11, S. 671–677. – *Moderne Schweizer Architektur* (Mappenwerk), Basel 1939 ff. – *L'Architecture d'Aujourd'hui,* 1939, Bd. 2, S. IX, X, 47.

137*
Grosssiedlung Schillerpromenade
(«Weisse Stadt»)
1928–30, Berlin-Reinickendorf, Aroser Allee/Romanshorner Weg (mit Bruno Ahrends, Wilhelm Büning und Friedrich Paulsen)
Die Bauwelt, 1930/48, S. 1–24. – *Deutsche Bauhütte,* 1930/16, S. 253–255. – *Deutsche Bauhütte,* 1931/5, S. 80–81. – Julius Posener, «Grand Lotissement à Berlin-Reinickendorf», in *L'Architecture d'Aujourd'hui,* 1931/5, S. 38–43. – Jakob Schallenberger/Erwin Gutkind, *Berliner Wohnbauten der letzten Jahre,* Berlin 1931, S. 110–114. – *BusB* IV A, S. 165–167, 376. – Annemarie Jaeggi, «Weisse Stadt», in *Siedlungen der 20er Jahre – heute, vier Berliner Grosssiedlungen 1924–84,* Berlin 1984, S. 181–200.

138*
Ladenumbau Troesch
1929 (mit Otto Brechbühl), Bern, Effingerstrasse 10

139***
Institute der Universität Bern
1929–31 (mit Otto Brechbühl), Bühlstrasse 20/Sahlistrasse/Freiestrasse 1, Wettbewerb 1928 «durch Randblock zur Freifläche», 1. Rang
SBZ, Bd. 93, 1929/4, S. 40–42 (Wettbewerbsentwurf). – *Das Werk,* 1929/7, S. 212–213. – *MBF,* 1930/9, S. 365–367 (weiterbearbeiteter Entwurf). – *Das Werk,* 1932/8, S. 225 ff. – *Die Neue Stadt,* 1932/6–7, S. 130. – *MBF,* 1933/2, S. 68–77. – *Zentralblatt der Bauverwaltung,* 1933/7, S. 73–78.

140*
Haus Flechtheim
1929, Berlin-Grunewald, Douglasstrasse 12
MBF, 1930/8, S. 328–329. – *BusB* IV C, S. 25, 209.

141*
Haus Charlton
1929, Berlin-Dahlem, Griegstrasse 33 (1976 abgebrochen)
MBF, 1930/8, S. 321–324. – *SBZ,* Bd. 97, 1931/23, S. 288, Taf. 14–15. – Hans Eckstein, *Neue Wohnbauten,* München 1932, S. 10–11.

142*
Warenhaus Wertheim
1928–29, Berlin-Steglitz, Schlossstrasse (nicht ausgeführt)
Der Baumeister, 1929/11, S. 363. – *Das Werk,* 1929/7, S. 214–215. – *MBF,* 1930/9, S. 378–380. – Louis Parnes, *Bauten des Einzelhandels,* Zürich 1935, S. 80, 197–198. – *BusB* VIII A, S. 20, 63–65.

143*
Mietshaus am Begonienplatz
um 1928–29, Berlin-Lichterfelde; Bauherr: Wohnbau GmbH (zerstört)

144***
Deutsche Krankenversicherungs-AG
1929–30, Berlin-Schöneberg, Innsbrucker Strasse 26–27; Bauleitung: Carl P.O. Baumgarten (stark verändert)
DBZ, 1931/1, S. 6. – *MBF,* 1930/9, S. 377. – *Die Baugilde,* 1931/16, S. 1323. – Hermann Werner/Fritz Hellwag, *Moderner Berliner Zweckbau,* Bd. 1, Berlin 1932, o.S. – *BusB* IX, S. 148–149.

145***
Evangelisches Kirchgemeindehaus
1928–30 (mit Rudolf W. Reichel), Berlin-Steglitz, Schlossstrasse 44
DBZ, 1931/23–24, S. 137–141. – *MBF,* 1931/9, S. 471–474.

146*
Haus Stern
um 1930, Berlin-Wannsee, Adresse unbekannt (Umbau?)
MBF, 1930/8, S. 332.

147*
Haus Miller
1930 (mit Otto Brechbühl), Feldbrunnen (SO), Langackerstrasse 12

148
Mietshauskomplex Friedrichsruher Strasse
1929–30, Berlin-Steglitz
BusB IV A, Obj. 173 Id, S. 326 (Situation).

149
Mälarseebrücke Stockholm
1930 (mit Wilhelm Büning), Wettbewerbsentwurf 1. Preis; Ausführung 1934–36

150
Mietshauskomplex Havensteinstrasse/Dillgesstrasse
1929–30, Berlin-Lankwitz; Bauherr: Gagfah
Heinz Johannes, *Neues Bauen in Berlin. Ein Führer,* Berlin 1931, S. 65. – Leo Adler, *Neuzeitliche Mietshäuser und Siedlungen,* Berlin 1931, S. 136 ff. – Jakob Schallenberger/Erwin Gutkind, *Berliner Wohnbauten der letzten Jahre,* Berlin 1931, S. 95. – *BusB* IV A, S. 154, 335 (Situation). – *BusB* IV B, S. 34, 479.

151
Siedlung Attilahöhe
1929–30 (mit Bruno Taut, Max Taut und Franz Hoffmann), Berlin-Tempelhof, Attila-/Arnulf-/Tankred-/Wittekindstrasse (teilweise zerstört)
75 Jahre Berliner Bau- und Wohnungsgenossenschaft von 1892, Berlin 1967, o.S. – *BusB* IV A, Obj. 189, XXV b, c, S. 342. – *BusB* IV B, S. 498. – Plansammlung der TU Berlin

152*
Reihenhäuser an der Heerstrasse
1930 (mit Rudolf W. Reichel), (nicht ausgeführt)

153
Haus Frank
um 1930 (mit Rudolf W. Reichel), Berlin-Dahlem, Adresse unbekannt
MBF, 1931/9, S. 479–480.

154***
Haus Salvisberg II
1930–31, Zürich, Restelbergstrasse 97; Ingenieurarbeiten: A. Wickart, Zürich (erweitert und verändert)
SBZ, Bd. 99, 1931/13, S. 161–171. – *Der Baumeister,* 1932/3, S. 77–86. – *Das Werk,* 1932/8, S. 244–253. – *Die Wohnung der Neuzeit,* 1936/8, S. 6–7. – F.R.S. Yorke, *The Modern House,* London 1934ff, 5. Aufl. 1951, S. 53, 102–105, Titelvignette.

155*
Haus Aubin
um 1930, Halle, Adresse unbekannt

156*
Mietshauskomplex Dievenowstrasse
1930–31, Berlin-Schmargendorf, Heiligen-/Dievenow-/Hohmannstrasse; Bauherr: Wohnbau GmbH

157
Kunst- und Konzerthaus in Luzern
1930 (mit Otto Brechbühl), Wettbewerbsentwurf, «Ton und Farbe», 4. Preis
SBZ, Bd. 95, 1930/24, S. 327, 330.

158***
SUVA-Haus
1930–31 (mit Otto Brechbühl), Bern, Laupenstrasse 9–11/Seilerstrasse 3, Wettbewerb 1930, «r=40m», 1. Preis (verändert)
SBZ, Bd. 96, 1930/5, S. 54–61. – *Das Werk,* 1932/8, S. 237–243. – *MBF,* 1933/2, S. 63–78. – *Die Neue Stadt,* 1932/6, S. 130.

159
Synagoge in Zürich
1930, Wettbewerbsentwurf, Ankauf
SBZ, Bd. 96, 1930, S. 173–174.

160*
Dreirosenbrücke, Basel
1930, Wettbewerbsentwurf (mit Maschinenfabrik Augsburg-Nürnberg AG, Grün und Bilfinger AG, Mannheim), 1. Preis; Ausführung 1932–34
SBZ, Bd. 97, 1931/11, S. 129–131. – *Das Werk,* 1939/2, S. 51.

161
Wochenendhaus Salvisberg
um 1931, Hof «Vorrain» (Umbau), Herrliberg bei Zürich

162*
ETH-Ausbau, Gesamtplanung
um 1930 (teilweise verwirklicht, vgl. Nr. 163)

163***
Fernheizkraftwerk und Maschinenlaboratorium der ETH
1930–34, Zürich, Sonneggstrasse 3/Clausiusstrasse (erweitert und verändert)
Schweizerische Illustrierte Zeitung, 1932/38, S. 1324. – *Neue Zürcher Nachrichten,* 28.6.1932. – *SBZ,* Bd. 101, 1933/21, S. 252–255. – *NZZ,* 16.5.1934 (Mittagausgabe). – *SBZ,* Bd. 104/1–2, 19, S. 1–9, 16–21. – *SBZ,* Bd. 106/13, 1935, S. 141–156. – *Der Baumeister,* 1935/5, S. 161–170. – *MBF,* 1936/2, S. 88–104. – *Das Werk,* 1935/6, S. 221, 1935/8, S. 269–287. – *La Technique des Travaux,* 1936/7, S. 357–364. – *Engineering,* 1936, S. 275–276. – *De 8 en Opbouw,* 1937/17, S. 17–19 (Beitrag von van Loghem). – *Einweihungsschrift,* Zürich 1935. – *Um 1930,* Neues Bauen in Zürich (Katalog), Zürich 1977, S. 215–223. – *Dreissiger Jahre Schweiz – ein Jahrzehnt im Widerspruch* (Katalog), Zürich 1981, S. 166–171.

164
Ladenstrasse im Bahnhof Onkel Toms Hütte
1931 (mit Rudolf W. Reichel), Berlin-Zehlendorf (verändert)
BusB VIII, S. 276–277. – *BusB* X B 1, S. 74.

165**
Hochhaus-Hotel am Aeschengraben in Basel
1931, Wettbewerbsentwurf, 1. Rang (nicht ausgeführt)
SBZ, Bd. 97, 1931/19, S. 238–243.

166
Studie zur Altstadtsanierung Bern
1931 (mit Otto Brechbühl), Wettbewerbsentwurf, 2. Rang
SBZ, Bd. 99, 1932/9, S. 114. – *Das Wohnungswesen in der Schweiz,* Stuttgart 1932, S. 113.

167*
Säuglingsheim an der «Hyspa» Bern
(Hygiene- und Sport-Ausstellung)
1931 (mit Otto Brechbühl), Auftraggeber: Dr. Wander AG (abgebrochen)
Geschichte der Stiftung Kantonal-bernisches Säuglings- und Mütterheim 1915–1965, Bern 1965, S. 46.

168**
Stadthaus Bern
1931 (mit Otto Brechbühl), Wettbewerbsentwurf, 6. Rang
SBZ, Bd. 99, 1932/8, S. 101 (Situation, Modell).

169
Kirchgemeindehaus Bern
1932 (mit Otto Brechbühl), Wettbewerbsentwurf, «Harmonische Baugruppe», 2. Preis
SBZ, Bd. 100, 1932/3, S. 37.

170
Vorstudie zum Kantonsspital Zürich
1932
SBZ, Bd. 117, 1941/9, S. 92 (Situation).

171*
Bezirksspital St-Imier
1932–34 (mit Otto Brechbühl), St-Imier (JU), Les Fontenayes 17 (verändert)
MBF, 1936/2, S. 79–82, 85–86.

172*
Tuberkulosesanatorium Pruntrut
1933–34 (mit Otto Brechbühl), Pruntrut (JU), Rue de Brure
MBF, 1932/2, S. 83–84.

173
Kunstmuseum Bern
1931–32, Erweiterung (mit Otto Brechbühl, nach einem Entwurf von Karl InderMühle), Bern, Hodlerstrasse 10–12 (1981 abgebrochen)
Erwähnung durch Salvisberg.

174***
Haus Barell
1932–34 (mit Otto Brechbühl), Basel, Rennweg 62/Ecke Hirzbodenweg (1983 im Innern umgebaut)
MBF, 1936/1, S. 33–44. – *Das Werk,* 1936/4, S. 102–108. – *Das Ideale Heim,* 1936/4, S. 125–130. – *Die Wohnung der Neuzeit,* 1936/8, S. 1–7.

175*
Vorprojekt Kantonsspital Chur
1933
SBZ, Bd. 103, 1934/25, S. 297. – Bd. 104, 1934/3, S. 29–31.

176*
Studie für Beleuchtungskandelaber
um 1935, Kirchenfeldbrücke, Bern.

177**
Mütterschule «Elfenau»
1935, Umbau (mit Otto Brechbühl), Bern, Elfenauweg
Geschichte der Stiftung Kantonal-bernisches Säuglings- und Mütterheim, 1915–1965, Bern 1965, S. 72.

178
Gewerbeschule mit Lehrwerkstätten in Bern
1935 (mit Otto Brechbühl), Wettbewerbsentwurf, Ankauf
SBZ, Bd. 106, 1935/24, S. 284–285.

179
Mietshäuser an der Gallwitzallee
1935–36, Berlin-Lankwitz
BusB IV A, Obj. I b 4, S. 335 (Situation).

180
Chemielabor der ETH
1935–37, Erweiterung und Einbau, Zürich, Universitätsstrasse 6 (teilweise verändert)
Eidgenössisches Amt für Bundesbauten, Zürich.

181
Mietshaus Zürich-Enge (Touring-Haus)
um 1935 (mit H. Merkli), Alfred-Escher-Strasse 32–38/General-Wille-Strasse 11/Breitingerstrasse 16 (verändert).

182*
Versammlungsraum der First Church of Christ, Scientist
1935–36 (mit F. Willi Brandenberger), Basel, Picassoplatz
MBF, 1937/9, S. 454–460.

183*
Haus Gsell
1935, Riehen bei Basel, Dinkelbergstrasse 4
MBF, 1937/9, S. 461–464.

184***
Haus Favre
1936 (mit Otto Brechbühl), Biel (BE), Alpenstrasse 64

185
Eisenbahnviadukt in Bern
1936, Wettbewerbsentwurf (mit Stahlbau-Arbeitsgemeinschaft), 2. und 3. Rang (nicht ausgeführt)
Hinweis durch den Denkmalpfleger der Stadt Bern.

186*
Verwaltungsgebäude der Hoffmann-La Roche AG
1935–36, Basel, Grenzacherstrasse 124
Das Werk, 1937/7, S. 193–207. – *MBF,* 1937/9, S. 441–453, 465–472. – *Moderne Schweizer Architektur* (Mappenwerk), Basel 1939ff, o.S. – *SBZ,* Bd. 113, 1939/4, S. 44–47. – *L'Architecture d'Aujourd'hui,* 1939/6, S. 11–14. – *werk/archithese,* 1977/10, S. 41.

187*
Betriebsgebäude Hoffmann-La Roche AG
1936–37, Basel, Grenzacherstrasse/Solitudepark (erweitert und verändert)
Moderne Schweizer Architektur (Mappenwerk), Basel 1939ff, o.S. – *SBZ,* Bd. 113, 1939/4, S. 45. – *werk/archithese,* 1977/10, S. 42.

188**
Mietshaus «Lindengut»
1936–37, Zürich, Manessestrasse 40–46; Bauherr: Ernst Göhner AG (verändert)

189*
Produktionsstätte Hoffmann-La Roche (England)
1936–38, Welwyn Garden City (bei London), Broadwater Road
The Architects' Journal, 1939/19, S. 126–132. – *Architectural Review,* 1939/4, S. 193–195. – Frederick Osborn, *Green-Belt Cities: The British Contribution,* Faber, 1946. – Dennis Sharp, «Salvisberg in England», in *werk/archithese* 1977/10, S. 26–28.

190
Studie Zürich-Niederdorf
1938, Zürich, Limmatquai/Central (nicht ausgeführt)
Baugeschichtliches Archiv der Stadt Zürich, Sig.-Nr. G 233 a–h.

191***
Bankverein Zürich
1931/1937, Zürich, Paradeplatz, Ecke Talacker/Bleicherweg (nicht ausgeführt)
NZZ, 15.3.1938, Nr. 462 (Peter Meyer). – *NZZ,* 27.3.1938, Nr. 541 (O.R. Salvisberg). – *NZZ,* 8.4.1938, Nr. 640 (Hans Schmidt). – *SBZ,* Bd. 111, 1938/16, S. 210–211, 236. – *Das Werk,* 1941/11, S. 305.

192*
Pflegeheim «Seeried»
1937, Umbau und Erweiterung, Küsnacht, Seestrasse 264
Das Werk, 1941/11, S. 289.

193*
Kinderspital und Chirurgische Poliklinik
1937–38, Zürich, Steinwiesstrasse 75 (Hörsaal 1981 abgebrochen)

194*
Chemie-Fabrikationsgebäude Hoffmann-La Roche
1938–40, Basel, Grenzacherstrasse
werk-archithese, 1977/10, S. 42. – Archiv der Hoffmann-La Roche AG, Basel.

195*
Forschungsgebäude Hoffmann-La Roche
um 1938, Entwurf, Grenzacherstrasse (in der Schweiz nicht verwirklicht; in veränderter Form durch Roland Rohn in Nutley/New Jersey-USA gebaut)
Ausstellungs-Zeitung *LA* 39 (Schweizerische Landesausstellung 1939), Nr. 43, 16.6.1939.

196*
Forschungsbibliothek Hoffmann-La Roche
um 1938, Basel, Grenzacherstrasse (nicht ausgeführt)

197*
Produktionsstätte Hoffmann-La Roche (Italien)
1938–39, Mailand, Piazza Durante (erweitert und verändert)
Rassegna di Architettura, 1940/5, S. 1–8. – *Il Giardino di Esculapio*, 1940/1, S. 4–21.

198*
Mietshaus «Dreikönigsegg»
1939–40 (mit Karl Knell), Zürich, Dreikönig-/Stockerstrasse 32–34 (verändert)

199*
Geschäftshaus «Bleicherhof»
1939–40, Zürich, Bleicherweg 18–20
Das Werk, 1941/11, S. 290–292. – *Die Tat* (Zürich), 11.11.1940. – K. Gatz/F. Hierl, *Läden*, München 1950, S. 69–70.

200
Draht- und Gummiwerke Dätwyler
1940–41, Erweiterung, Altdorf (UR), Gotthardstrasse 31 (verändert)
Archiv der Dätwyler AG, Altdorf.

Schriften von O. R. Salvisberg

«Architektenschule», in *Das Werk*, 1929/7, S. 209.

«Konstruktives im Lory-Spital», in *Das Lory-Spital, Einweihungsschrift*, Bern o.J. (1929), S. 21–27.

«Zur Reorganisation der Architektenschule an der ETH», in *Schweizerische Bauzeitung*, Bd. 96, 1930/18, S. 2–6.

«Das SUVA-Haus in Bern», *Einweihungsschrift*, Bern o.J. (1931).

«Technik und Formausdruck im Bauen», in *Technische Rundschau* (Bern), 1933/51, S. 1–4. Reprint in *werk-archithese*, 1977/10, S. 52 ff.

«Grundlagen der Gestaltung im Krankenhausbau», in *Nosokomeion* (Stuttgart), 1934, S. 229–237 und in *Technische Rundschau* (Bern), 1935/4, S. 1–3.

«Das Maschinenlaboratorium der ETH Zürich», *Einweihungsschrift*, Zürich o.J. (1935), S. 7–9.

«Die Anordnung der chirurgischen Behandlungsräume», in *Das Werk*, 1935/3, S. 90.

«Zeitfragen der Architektur», in *Festschrift «Die ETH dem SIA zur Jahrhundertfeier»*, Zürich 1937, S. 9–10.

«Entwicklung und Ziele der Architektenschule ETH», *ebd.*, S. 11–21.

«Die städtebauliche Verpflichtung der Stadt», (Zuschrift im Zusammenhang mit dem Kongresshaus in Zürich) in *Neue Zürcher Zeitung*, Nr. 1898, 23.10.1937.

«Zum Bankneubau am Zürcher Paradeplatz», in *Neue Zürcher Zeitung*, Nr. 541, 27.3.1938.

«Architekten-Semesterarbeiten an der ETH», in *Schweizerische Bauzeitung*, Bd. 116, 1940/20, S. 231–232.

Zum Tode von O. R. Salvisberg

Von Hans Bernoulli. In: Basler Nachrichten, 27.12.1940

Wie wir in Nr. 354 der Basler Nachrichten bereits gemeldet haben, ist Prof. Otto Salvisberg auf einem Skiausflug in Arosa einem Herzschlag erlegen.

Ein fröhliches, offenes Gesicht, von frischer Luft und Sonne gebräunt, pechschwarzes Haar, eine mittelgrosse, gedrungene Gestalt, rundliche, feste Hände, wie zum Greifen bereit, das Bild eines unbeschwerten Gemüts, einer selbstbewussten Kraft und einer unbedenklichen, selbstverständlichen Zugriffigkeit – so trat uns Kollege Salvisberg entgegen, so wird seine Erinnerung in uns fortleben.

Seine so bestimmt auftretende Person hatte etwas durchaus Eindeutiges, Unproblematisches. Alles war auf einen Ton gestimmt: Temperament und Körper, Kleid und Wagen, das eigene Haus und die vielen Häuser, die er in aller Welt gebaut hat. Unproblematisch: stark, unbekümmert, auf eine Lösung, auf die Lösung hinsteuernd in allen Fragen; unbewusst autoritär. Könnte irgend etwas anders sein? Könnte irgend jemand etwas anderes wollen?

Diese Urwüchsigkeit – war es das? – verfehlte ihre Wirkung nicht auf seine Umgebung. Seine Schüler empfanden seine Führung als etwas Beruhigendes, als etwas Absolutes; seine Bauherren hörten gerne die etwas laute, kräftige Stimme, die ihre Nöte so einfach zu kommandieren wusste; die Behörden und Kommissionen wurden durch seine wie mit der Axt zurechtgehauenen Urteile immer wieder darin bestärkt: wir sind gut beraten, nun wissen wir, was wir zu tun haben.

Diese Wirkung seiner Persönlichkeit, verbunden mit einer einfach-verbindlichen Art und einer unverwüstlichen Arbeitskraft, führten Salvisberg von Erfolg zu Erfolg. Sie spielten ihm die grössten Aufträge diskussionslos in die Hände und stellten ihn allen äussern Unmöglichkeiten zum Trotz (er war doch noch auf Jahre hinaus in Berlin verpflichtet!) auf die Lehrkanzel, von der als erster Gottfried Semper gesprochen.

Salvisbergs Bauten – wie könnte es anders sein? – sind ein getreues Spiegelbild seines Wesens, ja seiner Erscheinung. Eine sehr bestimmte Verteilung von Hell und Dunkel, ein hohes plastisches Gefühl zeichnen sie aus. Alles, Wichtiges und Unwichtiges, wird einem einfachen Gesamtbild eingeordnet, ein Bild, das oft ins rein Dekorative, Plakatmässige abzugleiten droht, dessen Unerschütterlichkeit sogar, wenn es darauf ankommt, den Eindruck der Roheit nicht scheut.

Eine gewisse schöne Sorglosigkeit, wie sie beruflicher Erfolg und Wohlstand verleihen, spricht sich aus in der wohlgefälligen Anwendung all der kostbaren und schönen Materialien, die der Bauwelt in der Zeit zwischen den Kriegen zur Verfügung standen: fernab von äusserer wie innerer Not breiten sich da Räume aus, Raumgruppen, Fluchten, spiegeln sich glitzernde Fronten in den stillen, von zierlichen Bäumen überschatteten Weihern.

Das ursprüngliche Wesen des Berners mag sich im Berner Loryspital am unverhohlensten aussprechen, und in jenem derben, schweren Bauwerk, das bei näherem Hinsehen den zartesten menschlichen Wesen, den Säuglingen, zu dienen hat, dem kantonal-bernischen Säuglings- und Mütterheim; im Verwaltungsgebäude von Hoffmann-La Roche am Rhein spricht sich der zu weltmännischer Sicherheit Aufgestiegene aus. Salvisberg war es oft weniger darum zu tun, auf das Wesen eines Bauwerks einzugehen, als vielmehr aus dem gegebenen Thema einen Organismus zu bilden, der den stärksten Eindruck vermitteln konnte. Den stärksten Eindruck des Lebensgefühls, von dem er besessen war. Die für unsere Schweizer Verhältnisse enorme Praxis verlieh ihm eine Sicherheit allen Aufgaben, allen Konstruktionen, allen Materialien gegenüber, dass alles, um das wir uns sorgend bemühen, ihm spielend gelang.

Durch seine Bauten und vor allem durch seine Lehrtätigkeit ist er nun Träger und Exponent geworden eines Stückes Schweizer Architekturgeschichte, das nicht mehr wegzudenken ist, das seinem Namen ein Andenken schafft, und ein Weiterleben und Weiterwirken nach dem Tode, wie es nur wenigen von uns gegönnt ist.

Bericht einer Studienreise mit Professor Salvisberg nach Belgien und England, Sommer 1938

Von Henry P. Proskauer, Student an der Architekturabteilung ETH Zürich 1935–39

Diese Studienreise fand Mitte Juli 1938 statt. Beteiligt waren die Studenten, die zu dieser Zeit bei Prof. Salvisberg studierten. Auch Frau Professor Salvisberg und Herr Assistent Platz, der Baukonstruktion lehrte und später eine Professur erhielt, beteiligten sich an dieser Fahrt.

Am 15. Juli besichtigten wir in Antwerpen ein Apartmenthaus sowie ein Lungen-Krankenhaus bei Brüssel.

Von besonderem Interesse war am nächsten Tag, 16. Juli, die Begegnung mit dem damals schon sehr alten und berühmten Architekten Henry van de Velde, der uns seine im Bau befindliche Universitätsbibliothek in Gent erklärte.

Nach unserer Überfahrt nach Dover am 16. Juli trafen wir dort den Amerikaner Hermann Field, der an der ETH Zürich Architektur studiert hatte und zu dieser Zeit für Prof. Salvisberg die Bauleitung seines neuen Gebäudes für Hoffmann-La Roche in Welwyn leitete. Er hatte den englischen Teil der Studienreise genau ausgearbeitet und begleitete uns auf der ganzen folgenden Fahrt mit seiner jungen Schwägerin. Ferner erwarteten uns hier auch der bekannte Zeichner und Illustrator Walter Trier mit seiner Frau und Tochter, die mit Herrn und Frau Prof. Salvisberg seit dessen Tätigkeit in Berlin sehr befreundet waren. Triers hatten Deutschland verlassen und lebten zu diesem Zeitpunkt in England, gingen aber später nach Kanada. In England wurden seine Umschlagzeichnungen für das englische Magazin *Lilliput* ebenso berühmt wie früher seine Umschläge für *Uhu* und seine Zeichnungen zu *Emil und die Detektive* von Erich Kästner.

In Dover erwartete uns ein Autobus, der uns zunächst nach Canterbury brachte, wo wir die Kathedrale besichtigten. Dann fuhren wir nach Gravesend, an die Mündung der Themse, wo wir am 17. Juli ein Schiff bestiegen, das uns am Greenwich Hospital vorbei am Parlament und unter der Tower Bridge nach London brachte.

In London besichtigten wir u.a. ein Wohnhaus, das Walter Gropius – und eine Villa, die Erich Mendelsohn entworfen hatten, die beide inzwischen aus Deutschland ausgewandert waren und später nach Amerika gingen. Jedoch war ein besonderer Genuss in London ein Abend im Penthaus des Architekten Lubetkin, dessen Architekturgruppe «Tecton» dieses interessante und oft reproduzierte Apartmenthaus entworfen hatte (18. Juli).

Am 20. Juli besichtigten wir in dem Gartenvorort Welwyn, das im Bau begriffene Bürogebäude für Hoffmann-La Roche – von Prof. Salvisberg entworfen.

Am 20. Juli fuhren wir dann weiter nach Cambridge, wo wir im Kings College vom Vizepräsidenten empfangen wurden und in der grossen Halle zum Lunch eingeladen waren. Am gleichen Tage besichtigten wir die Kathedrale in Ely, und am nächsten Tage fuhren wir in das Cottswold Gebiet mit seinen alten malerischen kleinen Häusern.

Am 22. Juli sahen wir dann die Kathedrale in Bath und in Stonehenge die steinzeitalterlichen Kultstätten.

Am 23. Juli fuhren wir dann in den Badeort Bexhill, wo wir den De La Warr Pavilion, den Erich Mendelsohn entworfen hatte, besichtigten. Dieser Bau war in zwei Gebäudeteile gegliedert: in einen nach aussen geschlossenen Theaterbau und einen in grosse Fensterflächen aufgeteilten Restaurant- und Aufenthaltsraum – verbunden durch eine glasumschlossene freischwingende Treppenanlage. Am gleichen Tage fuhren wir wieder von Dover zurück nach dem Kontinent – und nach Zürich, wo wir uns dann der vielen schönen und interessanten Eindrücke, die wir auf dieser Reise gehabt hatten, erinnern konnten.

Quellennachweis Werkkatalog

1
gta. Aus: *Die Bauschule am Technikum in Biel,* Zürich, Stuttgart o.J. (1904)

3
1–3. Aus: *SBZ,* Bd. 49–50, 1907, S. 240 ff.

11
1–3. Aus: *MBF,* 1914/3, Sonderdruck «Ausgeführte Bauten und Entwürfe von Architekt Otto Salvisberg (Bern) Berlin Steglitz. Plastische Arbeiten Bildhauer P.R. Henning Berlin-Friedenau. Text von Paul Westheim Berlin-Wilmersdorf», Stuttgart 1914

12
1. Aus: *MBF,* 1914/3, Sonderdruck
2, 3. Repros, gta

16
1. Aus: *BusB* IV B, S. 258
2. gta

19
1, 2. Aus: *MBF,* 1914/3, Sonderdruck
3. gta

22
1. Aus: *Berliner Architekturwelt,* Jg. 15, 1913, S. 438
2, 3. gta. Photo Atelier Leonard, Berlin-Wilmersdorf
4. Aus: *MBF,* 1914/3, Sonderdruck

24
1–6. gta

29
1. Aus: *Blätter für Architektur und Kunsthandwerk,* 1915/5, S. 18
2. Aus: *ebd.,* 1915/12, Tafel 50
3. gta

30
Aus: *SBZ,* Bd. 64, 1914, S. 15 ff.

37
1, 2, 4. Aus: *Zentralblatt der Bauverwaltung,* 1.11.1919
3, 5. Aus: *Die Schweizerische Baukunst,* 1920–21/11

39
1. Aus: Henry de Fries (Hg.), *Moderne Villen und Landhäuser,* Berlin 1924, S. 34
2, 4. gta
3. Aus: *Neue Baukunst,* 1928/5, S. 6

47
1. Aus: *MBF,* 1925/2
2–6. Aus: *Westheim (1927)*

48
1. Aus: *Die Schweizerische Baukunst,* 1920–21/11
2, 3. Bauaufsichtsamt, Berlin-Wilmersdorf

52
1, 6. Aus: *Das ideale Heim,* 1929/3
2. Baugeschäft Hermann Schäler Berlin (Hg.), *Neue Bauten von Architekt Otto Rudolf Salvisberg Berlin-Südende.* Sonderdruck aus Neue Baukunst
3, 4, 5. gta

55
1. Aus: *Musik-Industrie,* 1922/21, S. 719
2–8. gta. Photo Boedecker, Berlin-Steglitz

56
1. Bauaufsichtsamt, Berlin-Neukölln
2, 3. gta. Photo Franz Linkhorst, Berlin-Halensee

64
gta

74
1. gta. Repro
2–5. gta. Photo Franz Linkhorst, Berlin-Halensee

80
gta

84
1. gta. Repro
2, 3. gta. Photo Franz Linkhorst, Berlin-Halensee

86
1. Bauaufsichtsamt, Berlin-Dahlem
2, 3. gta. Photo Heinrich Helfenstein, Zürich, 1984

87
1. Umzeichnungen Bruno Jenni, Sandra Snozzi, 1984
2, 4. gta. Photo Heinrich Helfenstein, Zürich, 1984
3. Photo Claude Lichtenstein, Zürich, 1984

88
1. Aus: *Westheim* (1927)
2, 3. Aus: *DBZ,* 1925/43–44, Beilage «Stadt und Siedlung»

89
1, 3, 5, 6, 7. gta
2. Aus: *BusB* IV A, S. 332
4. Bauaufsichtsamt, Berlin-Lichterfelde

97/98
1–5. gta
6. Bauaufsichtsamt, Berlin-Lichterfelde
7. Aus: *Westheim* (1927)

99
1. oben aus: *BusB* IV B, S. 430; unten gta. Repro
2, 3. gta. Photo Arthur Köster, Berlin-Lichterfelde

102
gta

103
1, 3–9. gta. Photo Franz Henn, Bern
2. Aus: *Das Loryspital der Inselkorporation Bern* hg. Zeitschrift Architekturwerke und Innenausstattung, Bern 1929

106
1, 3. gta. Photo Heinrich Helfenstein, Zürich. 1984
2. Aus: *BusB* IV A, S. 310
4. Aus: *Zentralblatt der Bauverwaltung,* 1928/46, S. 739
5. gta
6. Aus: Werner Hegemann, *Das Steinerne Berlin,* Berlin 1930, S. 56

108
1. Aus: *SBZ,* Bd. 88, 1926/24, S. 324
2–5. gta. Repros

109
1. Aus: *Deutsche Bauhütte,* 1928, S. 260
2, 3. gta. Photo Arthur Köster, Berlin-Lichterfelde

110
1. Aus: *Wasmuths Monatshefte für Baukunst,* 1928, S. 527
2–7. gta. Photo Arthur Köster, Berlin-Lichterfelde

111
1–3. Aus: *Zentralblatt der Bauverwaltung,* 1930/44, S. 761 ff.

119
1. Bauaufsichtsamt, Berlin-Wilmersdorf
2. gta

124
1–3. gta

126
1, 4, 6. gta. Photo Heinrich Helfenstein, Zürich, 1984
2, 7. Bauaufsichtsamt Berlin-Charlottenburg
3. Aus: *BusB* IV A, Obj. 125 III, S. 281
5. Aus: *BusB* IV B, S. 388

125
1. Aus: *MBF, 1930/9, S. 374*
2–4. gta

129
1. Bauaufsichtsamt, Berlin-Dahlem
2. Aus: *MBF,* 1929/1, S. 2
3–5. gta

130
1. Aus: *Zentralblatt der Bauverwaltung,* 1930/18, S. 2
2, 3. gta. Photo Heinrich Klette, Breslau

136
1. Aus: *La Technique des Travaux*,1933/11
2, 4–8. gta. Photo Franz Henn, Bern
3. Aus: *Das Werk*, 1929/7, S. 209

137 (1. Doppelseite)
1–3, 5. Aus: *Bauwelt*, 1930/48
4. gta. Photo Max Krajewsky, Berlin-Charlottenburg

137 (2. Doppelseite)
1, 3, 4, 5, 7, 8, 11. Aus: *Bauwelt*, 1930/48, S. 3 ff.
2. Umzeichnung Claude Lichtenstein nach *Bauwelt*, 1930/48, S. 9
6. gta. Photo Heinrich Helfenstein, Zürich, 1984
9, 10. Bauaufsichtsamt, Berlin-Reinickendorf

139
1–7. gta. Photo Franz Henn, Bern
5. gta. Repros

140
1. Aus: *MBF*, 1930/8–9
2, 3. gta

141
1. Aus: *MBF*, 1930/8–9
1, 2. gta. Photo Arthur Köster, Berlin-Lichterfelde

142
1–3. gta. Repro; Photo Arthur Köster, Berlin-Lichterfelde
4. Aus: *MBF*, 1930/9

144
1–3. gta
4. Oben: aus: *MBV*, 1930/9; unten: Nachzeichnung Bruno Jenni, Sandra Snozzi, 1984

145
1. Archiv Matthäus-Kirchgemeinde Berlin-Steglitz
2. Aus: *DBZ*, 1931/23–24, S. 138
3–6. gta. Photo Arthur Köster, Berlin-Lichterfelde

151
1, 4. Aus: *BusB* IV B, S. 498
2. gta. Photo Heinrich Helfenstein, Zürich, 1984
3. Photo Claude Lichtenstein, Zürich, 1984
4. Aus: *BusB*, IV A, S. 342, Ausschnitt

153
gta

154
1, 5. Baugeschichtliches Archiv der Stadt Zürich. Photo Nachlass Wolf Bender's Erben
2, 3. Hochbauamt der Stadt Zürich, Baupolizei
6, 7. Aus: *SBZ*, Bd. 99, 1931/13, S. 161 ff.
4. gta. Repro

158
1, 2, 4, 5, 6. gta. Photo Franz Henn, Bern
3. Aus: *Das neue SUVA-Haus, Einweihungsschrift* hg. Salvisberg & Brechbühl. gta

163 (1. Doppelseite)
1–7. gta
5. Aus: *Das Maschinenlaboratorium und Fernheizkraftwerk der Eidg. Technischen Hochschule Zürich, Einweihungsschrift*, Zürich 1935
8. Aus: *Neue Zürcher Zeitung*, 16.5.34, B1.6. gta

163 (2. Doppelseite)
1–5. Aus: *Einweihungsschrift*, Zürich 1935
6. Baugeschichtliches Archiv der Stadt Zürich. Photo Nachlass Wolf Bender's Erben

163 (3. Doppelseite)
1–3, 6. gta
4. Aus: *Architetti*, Nr. 17, o.J. (1941?), Sonderdruck Otto Rudolf Salvisberg 1882–1940, S. 7
5. Aus: *Einweihungsschrift*, Zürich 1935

165
1, 3. Aus: *SBZ*, 1931/19, S. 238
2. gta

168
gta

171
1. Aus: *MBF*, 1935/1–2
2–4. gta. Photo Otto Brechbühl, Bern

173
1, 2. gta
3–6. gta. Photo Gerhard Howald, Bern

174
1, 2, 4, 7. gta
3. Grundrisse: Aus: *MBF*, 1935/1–2; Fassade: gta
5. Aus: *MBF*, 1935/1–2
6. Aus: *MBF*, 1936/1

182
gta

184
1, 5, 6. Hochbauamt Biel
2–4. gta. Photo Heinrich Helfenstein, Zürich, 1984

186
1, 4–7. Archiv Hoffmann-La Roche, Basel. Photo Robert Spreng, Basel
2. Photo Claude Lichtenstein, Zürich, 1984
3. Aus: *Werk*, 1937/7, S. 194 f.

187
1, 3. Aus: *Moderne Schweizer Architektur*, Basel 1939 ff., o.S.
2, 4. gta. Photo Robert Spreng, Basel

188
gta

189
1. gta
2. Aus: *The Architect's Journal*, 1939/19
3, 4, 7, 8. gta. Photo Lisa. Welwyn Garden City
5, 6. gta. Photo Dell & Wainwright

190
Baugeschichtliches Archiv der Stadt Zürich, Sig. G 233

191
gta

193
1, 3–5. Baugeschichtliches Archiv der Stadt Zürich. Photo Nachlass Wolf Bender's Erben
2. Hochbauamt der Stadt Zürich, Baupolizei

194–196
1. Photo Claude Lichtenstein, Zürich, 1984
2–6. gta. Photo Robert Spreng, Basel

197
1, 2, 4, 5. Aus: *Rassegna di Architettura*, 1940/5, S. 1–8
3. Archiv Hoffmann-La Roche, Basel

198
1. gta. Repro
2. gta. Photo Heinrich Helfenstein, Zürich, 1985
3. Baugeschichtliches Archiv der Stadt Zürich

199
1, 3, 5–8. gta. Photo L. Beringer, Zürich
2, 4. Aus: *Das Werk*, 1941/11, S. 292

Quellennachweis
Aufsätze

Eine andere Moderne?
1. gta
2. Aus: *Erich Mendelsohn,* Ausstellungskatalog, Akademie der Künste, Berlin 1960.

Biographie
1–13, 19, 20. gta
14–17. Photo Henry Proskauer, New York
18. Stiftung für Photographie, Kunsthaus Zürich. Photo Hans Staub, 1938

Eine Deutsche Versicherungsgesellschaft um 1930
gta

Die Moderne im Sandkasten
1, 6, 7, 9, 10, 12–14. gta
2, 3. Aus: *Archithese,* 1984/2
4, 5. Baugeschichtliches Archiv der Stadt Zürich
11, 16. Aus: *Dreissiger Jahre – Ein Jahrzehnt im Widerspruch,* Ausstellungskatalog, Zürich 1981
8. Photo Alfred Roth, Zürich
15. Aus: Alfred Roth, *Die Neue Architektur,* Zürich 1940

Villen und Landhäuser 1911–1936
Photos und Planreproduktionen. gta
S. 152: Aus: H. Muthesius, *Das englische Haus,* Bd. 1, Berlin 1903; und aus: H. Muthesius, *Wie baue ich mein Haus?* München 1917
Zeichnungen Anna Müller

Möbel und Innenraum
1, 12, 13, 14. Aus: *MBF,* 1925/1–2
2–11, 17. Baugeschichtliches Archiv der Stadt Zürich. Photo Nachlass Wolf Bender's Erben
15. gta. Photo Arthur Köster, Berlin
16. gta
18, 19. Archiv Hoffmann-La Roche, Basel. Photo Robert Spreng, Basel

Von der Gartenstadt zur Grosssiedlung
1. Aus: Raymond Unwin, *Grundlagen des Städtebaus,* Berlin 1910
2. Aus: P. Schmitthenner, F. Oppenheimer, F. Stahl (Hg.), *Die Gartenstadt Staaken,* Berlin 1918
3, 4, 5, 6, 7, 8, 9, 11, 12. gta
10. Aus: *BusB* IV A, S. 310
13, 14. Aus: *L'Architecture d'aujourd'hui,* 1931/5

Industrielle Repräsentation und Eleganz
1, 2. Aus: *Das Werk,* 1937/7
3–9. Archiv Hoffmann-La Roche, Basel. Photo Robert Spreng, Basel, 1936

Zwei Hochschulbauten
1. gta. Photo Jansky, Bern
2, 3, 14 unten. gta. Repros
4, 5. gta. Publikationspläne
6, 8–11, 13, 16–18. gta
7. Aus: Hugo Marti, *Die Universität Bern,* Bern 1932, S. 59
12, 14. Aus: *Einweihungsschrift,* Zürich 1935
15. Aus: *SBZ,* 104, 1934/1
19. W. Pehnt, *Die Architektur des Expressionismus,* Teufen 1973

Spitalbauten
Grundrisse und Photos Lory-Spital, Elfenau, St-Imier, Pruntrut: gta
SBZ, Bd. 103, 1934/25
SBZ, Bd. 99, 1932/15
MBF, 1935/1–2
Richard Döcker, *Terrassentyp,* Stuttgart 1929

Detailzeichnungen
Haus Barell. Aus: *MBF,* 1936/1
Institutsgebäude der Universität Bern. Aus: *MBF,* 1933/2
Maschinenlaboratorium und Fernheizkraftwerk der ETH Zürich. Aus: *MBF,* 1936/2
Verwaltungsgebäude der Hoffmann-La Roche, Basel. Aus: *MBF,* 1937/8
Photos. gta

Unser Umgang mit Salvisberg
1, 2, 8, 15, 16. gta
4–7, 10, 17, 18. Denkmalpflege der Stadt Bern
3, 9, 11, 12, 13, 14, 19. Photo Bernhard Furrer, Bern

Wir sind folgenden Personen, Firmen und Institutionen zu Dank verpflichtet, die uns mit Auskünften oder bei der Beschaffung von Unterlagen behilflich waren:

Rudolf Benteli, Bern
Werner Block (Haus und Heim Wohnungsbau-AG, vormals Adolf Sommerfeld, Berlin)
Berliner Bau- und Wohnungsgenossenschaft von 1892
Otto Brechbühl †, Bern
Max Frisch
Dr. W. Hain, Berlin
Familie Happatz, Berlin
Paul Rudolf Henning, Berlin
Firma Hoffmann-La Roche AG, Basel
Dr. R. Lamboy, Berlin
Richard Paul Lohse, Zürich
Matthäus-Kirchgemeinde, Berlin-Steglitz
Annemarie Monteil, Basel
Dr. E. Naef (Dätwyler-AG, Altdorf)
Deutsche Krankenversicherungs-AG
L. Oettli-Salvisberg, Arosa
Architekturwerkstatt Helge Pitz und Winfried Brenne, Berlin
Architekturbüro Dora und Pilloud, Zürich
I + B Architekten, Itten + Brechbühl AG
Julius Posener, Berlin
Henry Proskauer, New York
Dieter Radicke (TU Berlin, Plansammlung)
Lisbeth Sachs, Zürich
Anna Sommerfield, Baden
Robert Spoerli, Winterthur
Prof. Albert H. Steiner, Zürich
Dr. Michael Stettler, Steffisburg
Prof. Ernst Zietschmann, Küsnacht

Folgende Institutionen und Firmen haben die Realisierung von Ausstellung und Monographie ermöglicht:

Öffentliche Hand
Ecole Polytechnique Fédérale Lausanne
Eidgenössische Technische Hochschule Zürich, Institut für Geschichte und Theorie der Architektur
Kanton Basel-Stadt
Kanton Bern
Kanton Zürich
Stiftung Pro Helvetia
Stadt Bern
Stadt Zürich

Privatwirtschaft
Schweizerischer Bankverein, Jubiläumsstiftung
Hoffmann-La Roche AG
I + B Architekten, Itten + Brechbühl AG
Migros Genossenschaft
Motor Columbus AG
Testina AG
Schweizerische Volksbank, Jubiläumsstiftung
Wander AG, Bern

Fachvereine
BSA, Ortsgruppe Bern
SIA, Fachgruppe für Architektur
SIA, Central-Comité